2024

해양수산부
청원경찰
ALL PASS

과목별 이론정리 + 실전모의고사

고용수 편저

북스케치
합격을 스케치하다

해양수산부 청원경찰 시험 안내

1 채용기관 및 인원 분석 (2019~2023년도)

(단위 : 명)

| 기관 | 지방해양수산청 | | | | | | | | | | | 국립수산 과학원 | 국립해양 측위정보원 | 합계 |
	부산 (제주)	인천	여수	울산	마산	동해	군산	목포	포항	평택	대산			
2019년	38	3	3	1	25	37	24	26	23	17	26	25	1	249
2020년	3	–	9	–	5	11	2	2	12	11	2	4	–	61
2021년	–	1	–	8	14	17	3	8	6	21	2	3	2	85
2022년	3	–	–	–	9	–	–	6	6	6	–	4	–	34
2023년	2	1	–	2	–	–	3	3	7	4	–	2	–	24

2 청원경찰 응시자격 (2023년도 공고 기준)

(1) 응시연령 및 국적
  ① 18세 이상인 자
  ② 대한민국 국적을 가진 자(외국인이 아닌 자), 복수국적자의 경우 임용 전까지 외국 국적을 포기해야 함

(2) 신체조건(청원경찰법 시행규칙 제4조)
  ① 신체가 건강하고 팔다리가 온전할 것
  ② 시력(교정시력을 포함)은 양쪽 눈이 각각 0.8 이상일 것
    ※ 최종합격자를 대상으로 공무원채용 신체검사서를 제출받아 확인 예정

(3) 학력 및 경력
  제한 없음(단, 주·야간 교대가 가능한 자를 명시하는 경우가 있음)

(4) 지역제한(해당 지역 공고문 반드시 확인)
  시험공고일 전일 기준 주민등록상 주소지가 응시지역(도 또는 광역시)으로 등록되어 있는 자

(5) 결격사유
  ① 국가공무원법 제33조의 결격사유에 해당되지 아니한 자
  ② 다른 법령 등에 의하여 국가에서 시행하는 채용시험 등의 응시자격에 결격사유가 없는 자

3 **청원경찰 채용절차 (2023년도 공고 기준)**

(1) 서류전형(1차)
응시자격 등의 적격여부를 심사(적격자 모두 합격)

(2) 체력시험(2차)
① 체력시험 기준 : 급박한 항만보안사고 발생 등 현장에서 즉시 대응이 가능한 기본적인 체력 요건 검정
② 체력시험 측정방법 : 「국민체육진흥법」제16조의2에 따라 생활체육 활동 및 체력인증기관에서 발급한 국민체력 인증서 제출
　1) 측정기간 : 채용공고일부터 제출기간 종료일까지 체력인증센터에서 체력측정 후 발급받은 인증서만 인정
　2) 측정방법 : 국민체력100 체력인증센터에서 응시생별 체력 측정

(3) 필기시험(3차)
① 필기시험 기준 : 청원경찰 업무 수행에 필요한 지식 및 응용능력을 검정하며 객관식 **4지선다**로 시행(**본 교재는 학습 난이도 대비를 위해 5지선다형으로 구성**하였습니다)
② 필기시험 과목

대상		시험과목	시간
청원경찰	제1과목	청원경찰법, 경찰관직무집행법 (30문항)	50분 (문항당 1분)
	제2과목	국제항해선박 및 항만시설의 보안에 관한 법률 (20문항) ※ 제2장 국제항해선박(제7조~제22조) 출제 제외	

③ 합격자 결정 방법
- 합격자 기준 : 각 과목 만점의 40% 이상, 전 과목 총점의 60% 이상 득점한 사람 중에서 점수가 높은 사람부터 차례로 선발예정 인원의 130%의 범위(선발예정인원이 3명 이하인 경우에는 선발예정인원에 2명을 합한 인원)에서 합격자를 결정
- 문항당 점수 및 평균점수 산정 방법 : 각 과목 문항별 점수는 5점으로 배정하며, 제1과목의 경우 100점으로 환산하여 평균점수 산정
- 필기시험 동점자가 있는 때에는 동점자를 모두 합격자로 결정
- 각 과목별 40% 미만 득점인 경우 과락 처리(제1과목 12문제, 제2과목 8문제 미만 득점 시)

(4) 면접시험(4차)
① 심사 기준 : 필기시험 합격자를 대상으로 청원경찰로서의 정신자세, 전문지식 등을 검정하여 최종합격자 결정

면접 시험 평가 항목

① 청원경찰로서의 정신자세　　　　② 전문지식과 그 응용능력

③ 의사발표의 정확성과 논리성　　　④ 용모 · 예의 · 품행 및 성실성

⑤ 창의력 · 의지력 및 기타 발전가능성

---

② 합격자 결정 방법

- 평가 요소는 상, 중, 하로 나뉘며 불합격 기준에 해당하지 아니한 자 중에서 평가성적이 우수한 자 순으로 합격자 결정
- '상'의 개수가 많은 순('상'의 개수가 같을 경우 '중'의 개수가 많은 순)으로 합격자 결정
- 면접위원 과반수가 평정요소 중 동일한 1개 항목에 대해 '하'로 평정하거나, 평정요소 중 2개 항목 이상을 '하'로 평정한 경우는 불합격 처리
- 면접 동점자는 1. 필기시험, 2. 체력시험 고득점자, 3. 생년월일이 빠른 순서로 합격자 결정

4 청원경찰 원서접수 (2023년도 공고 기준)

(1) 접수 일시 및 접수처

① **접수 일시** : 각 기관마다 기간이 다르므로 <u>채용 기관 홈페이지에서 반드시 확인</u>해야 함

② **접수처** : 각 기관별 해당 운영지원과(공고문 확인)

(2) 접수 방법

① 접수처 방문접수(대리접수 가능) 또는 등기우편 접수

(채용 시기 또는 지역에 따라 차이가 있을 수 있으므로 공고문 반드시 확인)

② 기관별로 방법이 상이할 수 있으므로 해당 기관 홈페이지 공고문을 반드시 확인

5 응시자 유의사항

(1) 응시자는 자격요건의 적합여부를 확인하고 응시원서를 제출하여야 하며, 접수된 서류는 일체 반환하지 않습니다.

(2) 최종합격자로 결정되더라도 응시원서와 구비서류에 허위기재 사실이 판명되거나 신원조사 등에서 부적격 판정을 받은 경우, 공무원 신체검사규정에 의한 신체검사 결과에 미달되거나 불합격 판정을 받은 경우에는 합격을 취소할 수 있습니다.

(3) 응시자는 응시표 및 신분증(주민등록증, 운전면허증, 여권 중 1개)을 지참하고 단계별로 별도 안내하는 시간까지 시험실에 입실하여야 하며(이후 입실 불가), 해당 시간까지 시험실에 입실하기 않거나 등록하지 않은 경우 시험응시 포기로 간주합니다.

(4) 최종합격자의 임용포기 및 임용 결격사유 발생 등으로 결원을 보충할 필요가 있는 때에는 최종합격자 발표일로부터 6개월 이내에 예비합격자 중 고득점자 순으로 추가 합격자를 결정합니다.

(5) 응시자가 선발예정인원과 같거나 적을 경우에는 원서접수일, 시험일정 등을 다시 정하여 1회 이상 재공고 후 시험을 시행할 수 있으며, 해당분야에 적격자가 없을 경우 채용하지 않을 수 있습니다.

(6) 외국어로 기재된 증빙자료의 경우, 한글번역본을 첨부하여 제출하시기 바랍니다.

(7) 응시원서상의 기재 착오 또는 누락, 연락불능, 합격자 발표 미확인 등으로 인한 불이익은 응시자의 책임이므로 합격자 발표일 등 시험 일정과 합격 여부를 반드시 확인해야 합니다.

(8) 부정행위 등 금지

> 1. 다른 수험생의 답안지를 보거나 본인의 답안지를 보여주는 행위
> 2. 대리 시험을 의뢰하거나 대리로 시험에 응시하는 행위
> 3. 통신기기, 그 밖의 신호 등을 이용하여 시험 내용에 관하여 다른 사람과 의사소통하는 행위
> 4. 부정한 자료를 가지고 있거나 이용하는 행위
> 5. 병역, 가점, 영어 및 한국사능력검정시험 등 시험에 관한 증명서류에 거짓 사실을 적거나 위조·변조하여 시험결과에 부당한 영향을 주는 행위
> 6. 실기시험에 영향을 미칠 목적으로 인사혁신처장이 정하여 고시하는 금지약물을 복용하거나 금지방법을 사용하는 행위
> 7. 그 밖에 부정한 수단으로 본인 또는 다른 사람의 시험결과에 영향을 미치는 행위

(9) 시험 정지 및 무효 사유

> 1. 시험 시작 전에 시험문제를 열람하는 행위
> 2. 시험 시작 전 또는 종료 후에 답안을 작성하는 행위
> 3. 허용되지 아니한 통신기기 또는 전자계산기기를 가지고 있는 행위
> 4. 그 밖에 시험의 공정한 관리에 영향을 미치는 행위로서 시험의 정지 또는 무효 처리기준으로 정하여 공고한 행위

(10) 기타 자세한 사항은 해당 지원 기관 운영지원과에 문의하도록 합니다.

Contents

Part 03 국제항해선박 및 항만시설의 보안에 관한 법률(국제선박항만보안법)

Part 04 해양수산부 청원경찰 실전모의고사

Part 01

청원경찰법

제1장

청원경찰법

[시행 2022. 11. 15.] [법률 제19033호, 2022. 11. 15., 일부개정]

제1조(목적)

이 법은 청원경찰의 직무·임용·배치·보수·사회보장 및 그 밖에 필요한 사항을 규정함으로써 청원경찰의 원활한 운영을 목적으로 한다.

제2조(정의)

이 법에서 "청원경찰"이란 다음 각 호의 어느 하나에 해당하는 기관의 장 또는 시설·사업장 등의 경영자가 경비{"청원경찰경비"(請願警察經費)}를 부담할 것을 조건으로 경찰의 배치를 신청하는 경우 그 기관·시설 또는 사업장 등의 경비(警備)를 담당하게 하기 위하여 배치하는 경찰을 말한다.

1. 국가기관 또는 공공단체와 그 관리하에 있는 중요 시설 또는 사업장
2. 국내 주재(駐在) 외국기관
3. 그 밖에 행정안전부령으로 정하는 중요 시설, 사업장 또는 장소

■ 청원경찰법 시행규칙 제2조(배치대상)

「청원경찰법」(법) 제2조제3호에서 "그 밖에 행정안전부령으로 정하는 중요 시설, 사업장 또는 장소"란 다음 각 호의 시설, 사업장 또는 장소를 말한다.

1. 선박, 항공기 등 수송시설
2. 금융 또는 보험을 업(業)으로 하는 시설 또는 사업장
3. 언론, 통신, 방송 또는 인쇄를 업으로 하는 시설 또는 사업장
4. 학교 등 육영시설
5. 「의료법」에 따른 의료기관
6. 그 밖에 공공의 안녕질서 유지와 국민경제를 위하여 고도의 경비(警備)가 필요한 중요 시설, 사업체 또는 장소

제3조(청원경찰의 직무)

청원경찰은 제4조제2항에 따라 청원경찰의 배치 결정을 받은 자{"청원주"(請願主)}와 배치된 기관·시설 또는 사업장 등의 구역을 관할하는 경찰서장의 감독을 받아 그 경비구역만의 경비를 목적으로 필요한 범위에서 「경찰관 직무집행법」에 따른 경찰관의 직무를 수행한다.

■ 청원경찰법 시행규칙 제21조(주의사항)

① 청원경찰이 법 제3조에 따른 직무를 수행할 때에는 경비 목적을 위하여 필요한 최소한의 범위에서 하여야 한다.

② 청원경찰은 「경찰관 직무집행법」에 따른 직무 외의 수사활동 등 사법경찰관리의 직무를 수행해서는 아니 된다.

■ 청원경찰법 시행규칙 제22조(보고)

청원경찰이 법 제3조에 따라 직무를 수행할 때에 「경찰관 직무집행법」 및 같은 법 시행령에 따라 하여야 할 모든 보고는 관할 경찰서장에게 서면으로 보고하기 전에 지체 없이 구두로 보고하고 그 지시에 따라야 한다.

 Plus Tip

▶ 대법원 2009. 1. 15. 선고 2008도9919 판결 [공무집행방해]

[1] **형법 제136조 제1항의 공무집행방해죄**에 있어서 '직무를 집행하는'이라 함은 공무원이 직무수행에 직접 필요한 행위를 현실적으로 행하고 있는 때만을 가리키는 것이 아니라 공무원이 직무수행을 위하여 근무 중인 상태에 있는 때를 포괄한다. 직무의 성질에 따라서는 그 직무수행의 과정을 개별적으로 분리하여 부분적으로 각각의 개시와 종료를 논하는 것이 부적절하거나, 여러 종류의 행위를 포괄하여 일련의 직무수행으로 파악함이 상당한 경우도 있다.

[2] 야간 당직 근무 중인 청원경찰이 불법주차 단속요구에 응하여 현장을 확인만 하고 주간 근무자에게 전달하여 단속하겠다고 했다는 이유로 민원인이 청원경찰을 폭행한 사안에서, 야간 당직 근무자는 불법주차 단속권한은 없지만 민원 접수를 받아 다음날 관련 부서에 전달하여 처리하고 있으므로 불법주차 단속업무는 야간 당직 근무자들의 민원업무이자 경비업무로서 공무집행방해죄의 '직무집행'에 해당하여 공무집행방해죄가 성립한다.

제4조(청원경찰의 배치)

① 청원경찰을 배치받으려는 자는 대통령령으로 정하는 바에 따라 관할 시·도경찰청장에게 청원경찰 배치를 신청하여야 한다. <개정 2020. 12. 22.>

> ■ **청원경찰법 시행령 제2조(청원경찰의 배치 신청 등)**
>
> 「청원경찰법」 제4조제1항에 따라 청원경찰의 배치를 받으려는 자는 청원경찰 배치신청서에 다음 각 호의 서류를 첨부하여 법 제2조 각 호의 기관·시설·사업장 또는 장소("사업장")의 소재지를 관할하는 경찰서장("관할 경찰서장")을 거쳐 시·도경찰청장에게 제출하여야 한다. 이 경우 배치 장소가 둘 이상의 도(특별시, 광역시, 특별자치시 및 특별자치도를 포함한다.)일 때에는 주된 사업장의 관할 경찰서장을 거쳐 시·도경찰청장에게 한꺼번에 신청할 수 있다. <개정 2020. 12. 31.>
>
> 1. 경비구역 평면도 1부
> 2. 배치계획서 1부
>
> ■ **청원경찰법 시행규칙 제3조(청원경찰 배치신청서 등)**
>
> ① 「청원경찰법 시행령」(영) 제2조에 따른 청원경찰 배치신청서는 별지 제1호서식에 따른다.
> ② 법 제4조제2항에 따른 청원경찰 배치 결정 통지 또는 청원경찰 배치 불허 통지는 별지 제2호서식에 따른다.

② 시·도경찰청장은 제1항의 청원경찰 배치 신청을 받으면 지체 없이 그 배치 여부를 결정하여 신청인에게 알려야 한다. <개정 2020. 12. 22.>

③ 시·도경찰청장은 청원경찰 배치가 필요하다고 인정하는 기관의 장 또는 시설·사업장의 경영자에게 청원경찰을 배치할 것을 요청할 수 있다. <개정 2020. 12. 22.>

> ■ **청원경찰법 시행령 제19조(근무 배치 등의 위임)**
>
> ① 「경비업법」에 따른 경비업자("경비업자")가 중요 시설의 경비를 도급받았을 때에는 청원주는 그 사업장에 배치된 청원경찰의 근무 배치 및 감독에 관한 권한을 해당 경비업자에게 위임할 수 있다.
> ② 청원주는 제1항에 따라 경비업자에게 청원경찰의 근무 배치 및 감독에 관한 권한을 위임한 경우에 이를 이유로 청원경찰의 보수나 신분상의 불이익을 주어서는 아니 된다.

제5조(청원경찰의 임용 등)

① 청원경찰은 청원주가 임용하되, 임용을 할 때에는 미리 시·도경찰청장의 승인을 받아야 한다. 〈개정 2020. 12. 22.〉

■ 청원경찰법 시행규칙 제5조(임용승인신청서 등)

① 법 제4조제2항에 따라 청원경찰의 배치 결정을 받은 자["청원주"(請願主)]가 영 제4조제1항에 따라 시·도경찰청장에게 청원경찰 임용승인을 신청할 때에는 별지 제3호서식의 청원경찰 임용승인신청서에 그 해당자에 관한 다음 각 호의 서류를 첨부해야 한다. 〈개정 2021. 3. 30.〉

  1. 이력서 1부

  2. 주민등록증 사본 1부

  3. 민간인 신원진술서(「보안업무규정」 제36조에 따른 신원조사가 필요한 경우만 해당한다) 1부

  4. 최근 3개월 이내에 발행한 채용신체검사서 또는 취업용 건강진단서 1부

  5. 가족관계등록부 중 기본증명서 1부

② 제1항에 따른 신청서를 제출받은 시·도경찰청장은 「전자정부법」 제36조제1항에 따라 행정정보의 공동이용을 통하여 해당자의 병적증명서를 확인하여야 한다. 다만, 그 해당자가 확인에 동의하지 아니할 때에는 해당 서류를 첨부하도록 하여야 한다. 〈개정 2020. 12. 31.〉

② 「국가공무원법」 제33조 각 호의 어느 하나의 결격사유에 해당하는 사람은 청원경찰로 임용될 수 없다.

** 국가공무원법 제33조(결격사유)

다음 각 호의 어느 하나에 해당하는 자는 공무원으로 임용될 수 없다. 〈개정 2021. 1. 12.〉

1. 피성년후견인

2. 파산선고를 받고 복권되지 아니한 자

3. 금고 이상의 실형을 선고받고 그 집행이 종료되거나 집행을 받지 아니하기로 확정된 후 5년이 지나지 아니한 자

4. 금고 이상의 형을 선고받고 그 집행유예 기간이 끝난 날부터 2년이 지나지 아니한 자

5. 금고 이상의 형의 선고유예를 받은 경우에 그 선고유예 기간 중에 있는 자

6. 법원의 판결 또는 다른 법률에 따라 자격이 상실되거나 정지된 자

6의2. 공무원으로 재직기간 중 직무와 관련하여 「형법」 제355조 및 제356조에 규정된 죄를 범한 자로서 300만원 이상의 벌금형을 선고받고 그 형이 확정된 후 2년이 지나지 아니한 자

6의3. 「성폭력범죄의 처벌 등에 관한 특례법」 제2조에 규정된 죄를 범한 사람으로서 100만원 이상의 벌금형을 선고받고 그 형이 확정된 후 3년이 지나지 아니한 사람

6의4. 미성년자에 대한 다음 각 목의 어느 하나에 해당하는 죄를 저질러 파면·해임되거나 형 또는 치료감호를 선고받아 그 형 또는 치료감호가 확정된 사람(집행유예를 선고받은 후 그 집행유예기간이 경과한 사람을 포함한다)

　　가. 「성폭력범죄의 처벌 등에 관한 특례법」 제2조에 따른 성폭력범죄

　　나. 「아동·청소년의 성보호에 관한 법률」 제2조제2호에 따른 아동·청소년대상 성범죄

7. 징계로 파면처분을 받은 때부터 5년이 지나지 아니한 자

8. 징계로 해임처분을 받은 때부터 3년이 지나지 아니한 자

③ 청원경찰의 임용자격·임용방법·교육 및 보수에 관하여는 대통령령으로 정한다.

> **■ 청원경찰법 시행령 제3조(임용자격)**
>
> 법 제5조 제3항에 따른 청원경찰의 임용자격은 다음 각 호와 같다. 〈개정 2021. 8. 24.〉
>
> 1. 18세 이상인 사람
> 2. 행정안전부령으로 정하는 신체조건에 해당하는 사람

> **■ 청원경찰법 시행규칙 제4조(임용의 신체조건)**
>
> 영 제3조 제2호에 따른 신체조건은 다음 각 호와 같다.
>
> 1. 신체가 건강하고 팔다리가 완전할 것
> 2. 시력(교정시력을 포함한다)은 양쪽 눈이 각각 0.8 이상일 것

> **■ 청원경찰법 시행령 제4조(임용방법 등)**
>
> ① 법 제4조 제2항에 따라 청원경찰의 배치 결정을 받은 자("청원주")는 법 제5조 제1항에 따라 그 배치 결정의 통지를 받은 날부터 30일 이내에 배치 결정된 인원수의 임용예정자에 대하여 청원경찰 임용 승인을 시·도경찰청장에게 신청하여야 한다. 〈개정 2020. 12. 31.〉
>
> ② 청원주가 법 제5조 제1항에 따라 청원경찰을 임용하였을 때에는 임용한 날부터 10일 이내에 그 임용 사항을 관할 경찰서장을 거쳐 시·도경찰청장에게 보고하여야 한다. 청원경찰이 퇴직하였을 때에도 또한 같다. 〈개정 2020. 12. 31.〉

④ 청원경찰의 복무에 관하여는 「국가공무원법」 제57조, 제58조제1항, 제60조 및 「경찰공무원법」 제24조를 준용한다. 〈개정 2020. 12. 22.〉

[2018. 9. 18. 법률 제15765호에 의하여 2017. 9. 28. 헌법재판소에서 헌법불합치 결정된 이 조 제4항을 개정함.]

■ **청원경찰법 시행령 제7조(복무)**

법 제5조 제4항에서 규정한 사항 외에 청원경찰의 복무에 관하여는 해당 사업장의 취업규칙에 따른다.

■ **청원경찰법 시행령 제18조(청원경찰의 신분)**

청원경찰은 「형법」이나 그 밖의 법령에 따른 벌칙을 적용하는 경우와 법 및 이 영에서 특별히 규정한 경우를 제외하고는 공무원으로 보지 아니한다.

 Plus Tip

▶ 헌법재판소 결정 2017. 9. 28. 2015헌마653 [청원경찰법 제5조 제4항 등 위헌확인]

1. 청원경찰의 복무에 관하여 국가공무원법 제66조 제1항을 준용함으로써 노동운동을 금지하는 청원경찰법(2010. 2. 4. 법률 제10013호로 개정된 것) 제5조 제4항 중 국가공무원법 제66조 제1항 가운데 '노동운동' 부분을 준용하는 부분(이하 '심판대상조항'이라 한다)이 국가기관이나 지방자치단체 이외의 곳에서 근무하는 청원경찰인 청구인들의 근로3권을 침해하는지 여부(적극) 청원경찰은 일반근로자일 뿐 공무원이 아니므로 원칙적으로 헌법 제33조 제1항에 따라 근로3권이 보장되어야 한다. 청원경찰은 제한된 구역의 경비를 목적으로 필요한 범위에서 경찰관의 직무를 수행할 뿐이며, 그 신분보장은 공무원에 비해 취약하다. 또한 국가기관이나 지방자치단체 이외의 곳에서 근무하는 청원경찰은 근로조건에 관하여 공무원뿐만 아니라 국가기관이나 지방자치단체에 근무하는 청원경찰에 비해서도 낮은 수준의 법적 보장을 받고 있으므로, 이들에 대해서는 근로3권이 허용되어야 할 필요성이 크다.

청원경찰에 대하여 직접행동을 수반하지 않는 단결권과 단체교섭권을 인정하더라도 시설의 안전 유지에 지장이 된다고 단정할 수 없다. 헌법은 주요방위산업체 근로자들의 경우에도 단체행동권만을 제한하고 있고, 경비업법은 무기를 휴대하고 국가중요시설의 경비 업무를 수행하는 특수경비원의 경우에도 쟁의행위를 금지할 뿐이다.

청원경찰은 특정 경비구역에서 근무하며 그 구역의 경비에 필요한 한정된 권한만을 행사하므로, 청원경찰의 업무가 가지는 공공성이나 사회적 파급력은 군인이나 경찰의 그것과는 비교하여 견주기 어렵다.

그럼에도 심판대상조항은 군인이나 경찰과 마찬가지로 모든 청원경찰의 근로3권을 획일적으로 제한하고 있다.

이상을 종합하여 보면, 심판대상조항이 모든 청원경찰의 근로3권을 전면적으로 제한하는 것은 과잉금지원칙을 위반하여 청구인들의 근로3권을 침해하는 것이다.

2. 헌법불합치결정을 하되 계속 적용을 명한 사례 심판대상조항의 위헌성은 모든 청원경찰에 대해 획일적으로 근로3권 전부를 제한하는 점에 있으며, 입법자는 청원경찰의 구체적 직무내용, 근무장소의 성격, 근로조건이나 신분보장 등을 고려하여 심판대상조항의 위헌성을 제거할 재량을 가진다. 만약 심판대상조항에 대해 단순위헌결정을 하여 즉시 효력을 상실시킨다면, 근로3권의 제한이 필요한 청원경찰까지 근로3권 모두를 행사하게 되는 혼란이 발생할 우려가 있다. 그러므로 심판대상조항에 대하여 잠정적용 헌법불합치결정을 선고하되, 입법자는 늦어도 2018. 12. 31.까지 개선입법을 하여야 한다.

 Plus Tip

▶ 헌법재판소 결정 2011. 10. 25. 2011헌마85 [당연퇴직처분취소]

1. 청원경찰이 법원에서 자격정지의 형을 선고받은 경우 국가공무원법을 준용하여 당연퇴직하도록 한 청원경찰법제10조의6 제1호 중 제5조 제2항에 의한 국가공무원법 제33조 제6호 '법원의 판결에 따라 자격이 정지된 자' 부분(이 사건 법률조항)이 청원경찰의 직업의 자유를 침해하는지 여부(소극) 이 사건 법률조항은 자격정지의 형을 선고받은 자를 청원경찰직에서 당연퇴직시킴으로써 청원경찰의 사회적 책임 및 청원경찰직에 대한 국민의 신뢰를 제고하고, 청원경찰로서의 성실하고 공정한 직무수행을 담보하기 위한 법적 조치이므로, 그 입법목적의 정당성이 인정되고, 범죄행위로 인하여 형사처벌을 받은 청원경찰은 청원경찰로서의 자질에 심각한 흠결이 생겼다고 볼 수 있고, 그 자질에 심각한 흠결이 생긴 청원경찰에 대하여 경비 및 공안업무 수행의 위임을 거두어들여 그에 상응하는 신분상의 불이익을 과하는 것은 국민전체의 이익을 위해 적절한 수단이 될 수 있으므로, 이 사건 법률조항이 범죄행위로 자격정지의 형을 선고받은 자를 청원경찰직에서 배제하도록 한 것은 위와 같은 입법목적을 달성하기 위해 효과적이고 적절한 수단이 될 수 있다. 또한 이 사건 법률조항이 정한 바와 같이 자격정지의 형을 선고받은 자를 청원경찰직에서 당연퇴직시키는 것은 위와 같은 입법목적을 달성하면서도 기본권침해를 최소화하는 수단이라고 할 것이어서 기본권 침해의 최소성 원칙을 준수하였고, 자격정지의 형을 선고받은 청원경찰이 이 사건 법률조항에 따라 당연퇴직 되어 입게 되는 직업의 자유에 대한 제한이라는 불이익이 자격정지의 형을 선고받은 자를 청원경찰직에서 당연퇴직시킴으로써 청원경찰에 대한 국민의 신뢰를 제고하고 청원경찰로서의 성실하고 공정한 직무

수행을 담보하려는 공익에 비하여 더 중하다고 볼 수는 없으므로, 법익균형성도 지켜지고 있다. 따라서 이 사건 법률조항은 과잉금지원칙을 위반하여 청구인의 직업의 자유를 침해하지 아니한다.

2. 이 사건 법률조항이 청구인의 평등권을 침해하는지 여부(소극) 청원경찰의 임면관계는 기본적으로 사법관계이지만, 청원경찰법은 청원경찰이 일정한 장소적 한계 내에서는 공무원인 경찰관과 동일하게 국가기관 등의 경비 및 공안업무를 부여받은 수임자라는 사실을 고려하여, 일반 근로자와 달리 청원경찰을 공무원과 유사하게 처우하여 신분보장이나 사회보장 등에 있어 일반 사기업체에 근무하는 근로자보다 두터운 보호를 하고 있으므로, 이와 같이 그 신분에 있어 특별한 법적 보호를 받고 있는 청원경찰에게는 이에 부합하는 특별한 책임이 요구된다. 따라서 이 사건 법률조항이 위와 같이 공공적 성격이 강한 청원경찰 업무의 공정한 수행 및 청원경찰에 대한 국민의 신뢰 제고 등을 위하여 청원경찰이 자격정지의 형을 선고받은 경우 일반 근로자와는 달리 당연퇴직되도록 규정하고 있는 것은 앞서 본 바와 같은 사정에 비추어 합리적 이유가 있는 차별에 해당한다. 그러므로 이 사건 법률조항은 청구인의 평등권을 침해하지 않는다.

 Plus Tip

▶ 헌법재판소 결정 1999. 5. 27. 97헌마368 전원재판부 [청원경찰법시행령 제19조 위헌확인]

1. 청구인의 법적 지위에 아무런 영향을 미치지 아니하는 법령조항을 대상으로 헌법소원을 청구할 수 있는지 여부(소극) 어떤 법령조항이 헌법소원을 청구하고자 하는 자의 법적 지위에 아무런 영향을 미치지 아니하는 경우라면 애당초 기본권침해의 가능성이나 위험성이 없으므로 그 법령조항을 대상으로 헌법소원을 청구하는 것은 허용되지 아니한다.

2. 청원경찰의 신분이 공무원이 아님을 확인하고 있는 청원경찰법시행령 제19조가 청원경찰의 법적 지위에 어떠한 영향을 미치는지 여부(소극) 위 시행령조항은 벌칙적용 등의 경우를 제외하고는 청원경찰을 공무원으로 보지 아니한다고 규정하고 있으나, 청원경찰의 신분이 공무원이 아니라는 것과 다만 벌칙의 적용에 있어서만 공무원신분이 의제된다는 것, 그리고 명시적 규정이 있는 경우에 한하여 공무원에 관한 규정이 준용될 수 있을 뿐이라는 것은 청원경찰법의 규정에 의하여 이미 확정적으로 정하여져 있는 것이고, 위 조항은 청원경찰의 신분이나 법적 지위에 관하여 하등 새로운 규율을 행하고 있는 것이 아니며, 법률의 내용을 보충하기 위한 보다 구체적인 시행내용을 담고 있는 것도 아니어서, 청구인과 같은 청원경찰의 법적 지위에 아무런 변화를 가져오지 아니하는 것이므로, 위 조항을 대상으로 기본권침해를 주장하며 헌법소원을 청구할 수 없다.

Plus Tip

1. 대법원 1996. 6. 28. 선고 95다24074 판결 [연월차수당지급]

[청원경찰의 복무에 관하여 적용할 법규 및 그 휴가에 관하여 근로기준법 규정이 적용되는지 여부 (소극)] : 청원경찰의 복무에 관하여 경찰공무원에 관한 규정을 준용하도록 규정하고 있는 청원경찰법 제5조 제4항에 따른 같은법시행령 제10조에 의하면 청원경찰의 복무에 관하여 공무원복무규정 제14조 내지 제19조를 준용하도록 되어 있고, 한편 경찰공무원복무규정 제20조는 경찰공무원의 복무에 관하여 그 영에서 규정한 사항 외에는 공무원복무규정을 적용한다고 되어 있으며 공무원복무규정 제14조 내지 제19조는 공무원의 휴가에 관하여 근로기준법과는 달리 연가·병가·공가로 세분하여 별도의 규정을 두고 있는 터이므로, 결국 청원경찰의 경우 휴가에 관하여는 공무원복무규정 제14조 내지 제19조가 우선적으로 적용되고 근로기준법 소정의 휴가에 관한 규정은 그 적용이 배제된다.

2. 대법원 1986. 1. 28. 선고 85도2448, 85감도356 판결

[청원경찰관의 직무집행을 방해한 경우 공무집행방해죄의 성부] 청원경찰관법 제3조, 경찰관직무집행법 제2조 규정에 비추어 보면 군 도시과 ○○계 요원으로 근무하고 있는 청원경찰관이 허가 없이 창고를 주택으로 개축하는 것을 단속하는 것은 그의 정당한 공무집행에 속한다고 할 것이므로 이를 폭력으로 방해하는 소위는 공무집행방해죄에 해당된다.

제5조의2(청원경찰의 징계)

① 청원주는 청원경찰이 다음 각 호의 어느 하나에 해당하는 때에는 대통령령으로 정하는 징계 절차를 거쳐 징계처분을 하여야 한다.

　1. 직무상의 의무를 위반하거나 직무를 태만히 한 때

　2. 품위를 손상하는 행위를 한 때

② 청원경찰에 대한 징계의 종류는 파면, 해임, 정직, 감봉 및 견책으로 구분한다.

③ 청원경찰의 징계에 관하여 그 밖에 필요한 사항은 대통령령으로 정한다.

■ 청원경찰법 시행령 제8조(징계)

① 관할 경찰서장은 청원경찰이 법 제5조의2 제1항 각 호의 어느 하나에 해당한다고 인정되면 청원주
　에게 해당 청원경찰에 대하여 징계처분을 하도록 요청할 수 있다.

② 법 제5조의2 제2항의 정직(停職)은 1개월 이상 3개월 이하로 하고, 그 기간에 청원경찰의 신분은
　보유하나 직무에 종사하지 못하며, 보수의 3분의 2를 줄인다.

③ 법 제5조의2 제2항의 감봉은 1개월 이상 3개월 이하로 하고, 그 기간에 보수의 3분의 1을 줄인다.

④ 법 제5조의2 제2항의 견책(譴責)은 전과(前過)에 대하여 훈계하고 회개하게 한다.

⑤ 청원주는 청원경찰 배치 결정의 통지를 받았을 때에는 통지를 받은 날부터 15일 이내에 청원경찰
　에 대한 징계규정을 제정하여 관할 시·도경찰청장에게 신고하여야 한다. 징계규정을 변경할 때
　에도 또한 같다. 〈개정 2020. 12. 31.〉

⑥ 시·도경찰청장은 제5항에 따른 징계규정의 보완이 필요하다고 인정할 때에는 청원주에게 그 보
　완을 요구할 수 있다. 〈개정 2020. 12. 31.〉

 Plus Tip

▶ 헌법재판소 결정 헌재 2010. 2. 25. 2008헌바160

[청원경찰법 제5조 제3항 위헌소원]

**1. 청원경찰의 징계에 관하여 대통령령으로 정하도록 하고 있는 청원경찰법 제5조 제3항(이 사건
법률조항)이 법치주의의 한 내용인 법률유보원칙에 위반되는지 여부(소극)**

헌법상 법치주의의 한 내용인 법률유보의 원칙은 국민의 기본권 실현에 관련된 영역에 있어서 국가
행정권의 행사에 관하여 적용되는 것이지, 기본권규범과 관련 없는 경우에까지 준수되도록 요청되
는 것은 아니라 할 것인데, 청원경찰은 근무의 공공성 때문에 일정한 경우에 공무원과 유사한 대우를
받고 있는 등으로 일반 근로자와 공무원의 복합적 성질을 가지고 있지만, 그 임면주체는 국가 행정권
이 아니라 청원경찰법상의 청원주로서 그 근로관계의 창설과 존속 등이 본질적으로 사법상 고용계
약의 성질을 가지는바, 청원경찰의 징계로 인하여 사적 고용계약상의 문제인 근로관계의 존속에 영
향을 받을 수 있다 하더라도 이는 국가 행정주체와 관련되고 기본권의 보호가 문제되는 것이 아니어
서 여기에 법률유보의 원칙이 적용될 여지가 없으므로, 그 징계에 관한 사항을 법률에 정하지 않았다
고 하여 법률유보의 원칙에 위반된다 할 수 없다.

2. 이 사건 법률조항이 포괄위임금지원칙에 위반되는지 여부(소극)

청원경찰의 징계 사유나 종류, 효력, 절차 등은 청원경찰이 배치된 기관·시설 또는 사업장의 특성에 따라 달라질 수 있어 탄력적인 규율의 필요성이 인정되고, 청원경찰 복무의 복합적 성격을 감안하면 대통령령에 규정될 징계 사유, 종류, 효력 및 절차 등, 내용의 대강이 일반 근로자를 기본으로 하되 국가공무원 내지는 경찰공무원의 성질이 가미되는 복합적 내용이 될 것이라는 점을 충분히 예측할 수 있으므로, 이 사건 법률조항은 포괄위임입법금지원칙에 위반되지 아니한다.

3. 이 사건 법률조항이 공무원에 비하여 청원경찰을 합리적 이유 없이 차별하여 청구인의 평등권을 침해하는지 여부(소극)

청원경찰은 기본적으로 공무원이 아니고 청원주가 임명하는 일반 근로자이므로 공무원과 청원경찰을 동일한 비교집단이라고 보기 어려워 동일한 비교집단임을 전제로 공무원과 비교하여 합리적 이유 없는 차별이 있다고 볼 수 없고, 설령 청원경찰 복무의 공공성만을 취하여 일반 공무원이나 경찰공무원과 비교하더라도 청원경찰의 징계사유나 종류, 효력, 절차 등이 사업장의 특성에 따라 다르고 경영자가 소요경비를 부담하고 임용 역시 청원주가 결정한다는 점을 고려하면 징계에 관한 규정형식이 일반 공무원과 다르다고 하여 합리적인 이유 없는 차별에 해당한다고 보기 어렵다.

 Plus Tip

▸ 헌법재판소 결정 2022. 5. 26. 2019헌바530.

[청원경찰법 제5조의2 제1항 본문 등 위헌소원]

1. 청원주로 하여금 청원경찰이 품위를 손상하는 행위를 한 때에는 대통령령으로 정하는 징계절차를 거쳐 징계처분을 하도록 규정한 청원경찰법 제5조의2 제1항 제2호(이 사건 품위손상조항)가 명확성원칙 및 과잉금지원칙에 위배되는지 여부(소극)

이 사건 품위손상조항에서 규정하고 있는 품위손상행위란, 청원경찰직에 대한 국민의 신뢰를 제고하고 성실하고 공정한 직무수행을 담보하고자 하는 입법취지, 용어의 사전적 의미 등을 종합하면, '청원경찰이 경찰관에 준하여 경비 및 공안업무를 하는 주체로서 직책을 맡아 수행해 나가기에 손색이 없는 인품에 어울리지 않는 행위를 함으로써 국민이 가지는 청원경찰에 대한 정직성, 공정성, 도덕성에 대한 믿음을 떨어뜨릴 우려가 있는 행위' 라고 해석할 수 있으므로 명확성원칙에 위배되지 않는다.

또한 이 사건 품위손상조항은 청원경찰이 품위손상행위를 한 경우 청원경찰 전체에 대한 국민의 신뢰가 손상되고 그 결과 직무수행이 어려워지며 공공의 이익을 해하는 결과를 초래할 수 있다는 점에서 제재가 불가피하다는 점, 청원경찰이 수행하는 업무의 특수성으로 인해 일반 근로자보다 두텁게 신분이 보장되므로 이에 부합하는 특별한 책임이 요구된다는 점, 직무와 관련된 사유에 한해 징계사유로 삼는 것만으로 국민의 신뢰를 제고하려는 입법목적을 달성하기 어려운 점 등을 고려하면 과잉금지원칙에 위배되어 일반적 행동의 자유를 침해한다고 보기도 어렵다.

2. 이 사건 품위손상조항 및 청원경찰법 제5조의2 제3항('이 사건 위임조항'이라 하고, 이 사건 품위손상조항과 합하여 '심판대상조항'이라 한다)이 법률유보원칙 및 포괄위임금지원칙에 위배되는지 여부(소극)

심판대상조항은 징계의 절차나 그 밖에 징계에 필요한 사항들에 관하여 이를 대통령령에 위임하고 있고, 징계의 사유와 종류는 청원경찰법에서 직접 정하고 있다. 그런데 징계의 절차 등은 징계기관이나 징계권자가 누구인지에 따라 그 내용이 얼마든지 달라질 수 있는 사항으로서 이를 반드시 법률에서 정해야 할 본질적인 사항이라고 보기는 어려우므로 심판대상조항은 법률유보원칙에 위배된다고 볼 수 없다.

청원경찰의 징계에 관한 사항에 있어 임용권자인 청원주의 의사를 존중할 필요가 있고, 징계에 필요한 구체적이고 세부적인 사항들은 각 기관 등에 따라 달리 규율할 필요가 있으므로 그 구체적 내용을 하위법령에 위임할 필요성이 인정되고, 청원경찰의 신분, 업무의 특성 등을 종합하면 하위법령에 규정될 징계절차 등에 관한 내용은 일반 근로자를 기본으로 하되 국가공무원 내지는 경찰공무원의 성질이 가미되는 복합적 내용이 될 것이라는 점을 예측할 수 있으므로 심판대상조항은 포괄위임금지원칙에 위배되지 않는다.

 Plus Tip

1. 대법원 2011. 11. 10. 선고 2011두13767 판결 [파면처분취소]

지방국토관리청장 산하 국도유지관리사무소 소속 청원경찰로서 과적차량단속업무를 담당하던 갑이 건설장비 대여업자에게서 과적단속을 피할 수 있는 이동단속반의 위치정보 등을 알려달라는 청탁을 받고 이를 알려준 대가로 6회에 걸쳐 190만 원의 뇌물을 받아 직무상 의무를 위반하고 품위를 손상하였다는 이유로 지방국토관리청장이 파면처분을 한 사안에서, 이는 갑이 권한을 악용하여 과적단속을 피할 수 있도록 이동과적단속차량의 위치를 알려주고 대가로 금전을 수수한 것으로서 이에 대하여 엄격한 징계를 가하지 않을 경우 이러한 단속업무를 수행하는 청원경찰의 공정하고 엄정한 단속을 기대하기 어렵게 되고, 일반 국민 및 함께 근무하는 청원경찰들에게 법적용의 공평성과 청원경찰의 청렴의무에 대한 불신을 불러일으킬 수 있으며, 금품제공자의 지위, 금품수수 액수, 횟수, 방법 등에 비추어 청원경찰징계규정에서 파면사유로 규정한 '비위의 도가 중하고 고의가 있는 경우'에 해당하므로, 파면처분은 갑의 직무 특성과 비위 내용 및 성질, 징계양정 기준, 징계 목적 등에 비추어 객관적으로 명백히 부당한 것으로서 사회통념상 현저하게 타당성을 잃었다고 볼 수 없다.

 Plus Tip

2. 대법원 2002. 2. 8. 선고 2000두4057 판결 [직권면직무효확인]

[1] 청원경찰면직처분의 법적 성질(=재량행위)

청원경찰법 제5조 제1항, 제3항, 제11조, 구 청원경찰법시행령 제16조 제1항 등의 규정을 종합하면, 청원주는 청원경찰이 인원의 감축으로 과원이 되었을 때에는 직권으로 면직시킬 수 있는바, 지방자치단체의 장이 청원주인 경우 그 면직처분은 재량행위라 할 것이므로, 지방자치단체의 장이 합리적이고 공정한 기준에 의하여 면직대상자를 선정하고 그에 따라 면직처분을 하였다면 일응 적법한 재량행사라 할 것이나, 그 기준이 평등의 원칙에 위배되는 등 비합리적이고 불공정하다면 그에 따른 면직처분은 재량권의 일탈·남용으로서 위법하다.

[2] 하자 있는 행정처분이 당연무효로 되기 위한 요건과 그 판단 기준

하자 있는 행정처분이 당연무효가 되기 위하여는 그 하자가 법규의 중요한 부분을 위반한 중대한 것으로서 객관적으로 명백한 것이어야 하고, 하자가 중대하고 명백한 것인지 여부를 판별함에 있어서는 그 법규의 목적, 의미, 기능 등을 목적론적으로 고찰함과 동시에 구체적 사안 자체의 특수성에 관하여도 합리적으로 고찰함을 요한다.

[3] 청원경찰에 대한 면직처분이 위법하기는 하나 당연무효로 보기는 어렵다고 한 사례

행정자치부의 지방조직 개편지침의 일환으로 청원경찰의 인원감축을 위한 면직처분대상자를 선정함에 있어서 초등학교 졸업 이하 학력소지자 집단과 중학교 중퇴 이상 학력소지자 집단으로 나누어 각 집단별로 같은 감원비율 상당의 인원을 선정한 것은 합리성과 공정성을 결여하고, 평등의 원칙에 위배하여 그 하자가 중대하다 할 것이나, 그렇게 한 이유가 시험문제 출제 수준이 중학교 학력 수준이어서 초등학교 졸업 이하 학력소지자에게 상대적으로 불리할 것이라는 판단 아래 이를 보완하기 위한 것이었으므로 그 하자가 객관적으로 명백하다고 보기는 어렵다.

Plus Tip

3. 대법원 1993. 7. 13. 선고 92다47564 판결 [파면처분취소]

[국가나 지방자치단체에 근무하는 청원경찰에 대한 징계처분에 대한 불복방법]

국가나 지방자치단체에 근무하는 청원경찰은 국가공무원법이나 지방공무원법상의 공무원은 아니지만, 다른 청원경찰과는 달리 그 임용권자가 행정기관의 장이고, 국가나 지방자치단체로부터 보수를 받으며, 산업재해보상보험법이나 근로기준법이 아닌 공무원연금법에 따른 재해보상과 퇴직급여를 지급받고, 직무상의 불법행위에 대하여도 민법이 아닌 국가배상법이 적용되는 등의 특질이 있으며 그 외 임용자격, 직무, 복무의무 내용 등을 종합하여 볼 때, 그 근무관계를 사법상의 고용계약관계로 보기는 어려우므로 그에 대한징계처분의 시정을 구하는 소는 행정소송의 대상이지 민사소송의 대상이 아니다.

 Plus Tip

4. 대구고법 2021. 9. 15. 선고 2021나21372 판결 [해고무효확인]

갑이 을 국립대학병원의 신규직원 공개채용 공고에 따라 청원경찰에 응시하여 합격하였는데, 그 후 갑이 채용 당시 시각장애 6급으로 '좌안 시력 0.025 이하' 인데도 '시력(교정) 좌 1.0, 우 1.0' 으로 기재된 신체검사서를 제출한 사실이 발견되어 을 병원이 갑에게 직권면직 통보를 한 사안에서, 위 직권면직 통보에는 임용발령취소의 의사표시도 포함되어 있다고 봄이 타당한데, 을 병원의 정관에 따르면 인사규정에 의한 당연퇴직 또는 인사위원회의 징계에 의한 경우를 제외하고는 직원의 의사에 반하여 면직할 수 없고, 갑의 직권면직사유인 '부정한 방법으로 임용된 경우' 또는 '신체상의 이상으로 직무를 감당하지 못하는 경우' 는 인사규정 또는 청원경찰법이 정한 당연퇴직사유에 해당하지 아니하므로, 을 병원이 인사위원회의 징계에 의하지 아니한 채 갑을 직권면직한 것은 효력이 없으나, 을 병원은 갑이 제출한 허위의 신체검사서를 믿고 갑이 청원경찰법 시행규칙 제4조 제2호의 '시력(교정시력을 포함한다)은 양쪽 눈이 각각 0.8 이상일 것' 에 해당하는 것으로 잘못 알고 갑을 청원경찰로 임용한 것으로 봄이 타당하므로, 을 병원이 갑을 임용한 것은 인사규정에서 임용취소사유로 정한 '사무의 착오 또는 허위서류 제출로 임용된 때' 에 해당하여 갑에 대한 임용취소는 효력이 있다.

Plus Tip

5. 부산고법 2011. 11. 2. 선고 2011누1870 판결 [해임처분취소] 확정

[1] 국가나 지방자치단체에서 근무하는 청원경찰에게 행한 해임이 행정소송 대상이 되는 처분에 해당하는지 여부(적극) 국가나 지방자치단체에서 근무하는 청원경찰은 국가공무원법이나 지방공무원법상 공무원은 아니지만 다른 청원경찰과는 달리 임용권자가 행정기관의 장이고, 국가나 지방자치단체에게서 보수를 받으며, 산업재해보상보험법이나 근로기준법이 아닌 공무원연금법에 따른 재해보상과 퇴직급여를 지급받고, 직무상 불법행위에 대하여도 민법이 아닌 국가배상법이 적용되는 등 특징이 있으며, 그 외 임용자격, 직무, 복무의무 내용 등을 종합하여 볼 때, 그 근무관계를 사법상 고용계약관계로 보기는 어렵다. 따라서 지방자치단체장이 지방자치단체에서 근무하는 청원경찰에게 징계로서 한 해임은 행정소송 대상이 되는 처분에 해당한다.

[2] 구청 소속 청원경찰 갑이 항공사진촬영 결과를 기초로 개발제한구역 내 불법건축 실태를 확인하기 위한 현장조사를 하고 그 결과를 토대로 공문서인 항측조사 결과보고서 등을 작성하면서 불법건축물 위반면적을 축소하거나 위반사실을 누락하는 방법으로 항측조사 결과보고서를 허위로 작성·행사한 행위에 대하여, 관할 구청장이 직무상 의무를 위반하고 품위를 손상하는 행위를 하였다는 징계사유로 구 청원경찰법 제5조 제3항, 구 청원경찰법 시행령 제17조 등을 적용하여 갑을 해임하는 처분을 한 사안에서, 비위행위 당시 시행되던 구 청원경찰법 제5조 제3항은 청원경찰의 징계에 관한 사항을 대통령령에 위임하였고, 그에 따라 구 청원경찰법 시행령 제17조 제2항은 청원경찰에 대한 징계 종류를 파면, 감봉, 견책 3가지로 규정하였을 뿐 해임을 징계 종류에 포함시키지 않았으므로, 위 처분은 근거 법령 없이 발한 제재적 행정처분으로서 위법하다.

 Plus Tip

6. 광주지법 2007. 12. 13. 선고 2007구합3176 판결 [고용보험료부과처분취소] 항소

[1] 고용보험료는 사업주로부터 재산권을 박탈하는 것을 목적으로 하며(침익적인 측면) 행정처분에 의해 강제로 부과·징수된다는 점에서(행정처분적 측면) 조세와 유사한 성격을 갖는 공과금이므로, 고용보험료 역시 조세에 준하여 그 적용요건 및 적용제외요건을 엄격하게 해석하는 것이 헌법상의 대원칙인 법치주의 및 평등의 원칙에 부합한다.

[2] **청원경찰에 대한 고용보험료 부과처분이 적법한지 여부(적극)** 고용보험 적용제외 근로자에 관한 구 고용보험법 제8조 및 같은 법 시행령 제3조가 청원경찰에 대하여 적용제외를 따로 정하지 아니하였고, 청원경찰에 대해서는 청원주의 재량에 의한 구조조정이 허용되며, 공무원연금과 고용보험은 그 제도의 취지·기능이 동일하지 않다는 사정을 종합하면, 청원경찰에게 공무원연금과 고용보험을 동시에 적용하는 것은 신분상의 특이성 및 직무내용의 성격을 모두 고려한 입법자의 정책적 판단의 결과로서 비합리적인 이중의 과도한 보호라고 볼 수 없으므로, 청원경찰은 고용보험법의 적용을 받으며, 따라서 청원경찰에 대한 고용보험료 부과처분은 적법하다.

제6조(청원경찰경비)

① 청원주는 다음 각 호의 청원경찰경비를 부담하여야 한다.

1. 청원경찰에게 지급할 봉급과 각종 수당
2. 청원경찰의 피복비
3. 청원경찰의 교육비
4. 제7조에 따른 보상금 및 제7조의2에 따른 퇴직금

■ 청원경찰법 시행령 제12조(청원경찰경비의 고시 등)

① 법 제6조 제1항 제1호부터 제3호까지의 청원경찰경비의 지급방법 또는 납부방법은 행정안전부령으로 정한다.

② 법 제6조 제3항에 따른 청원경찰경비의 최저부담기준액 및 부담기준액은 경찰공무원 중 순경의 것을 고려하여 다음 연도분을 매년 12월에 고시하여야 한다. 다만, 부득이한 사유가 있을 때에는 수시로 고시할 수 있다.

② 국가기관 또는 지방자치단체에 근무하는 청원경찰의 보수는 다음 각 호의 구분에 따라 같은 재직기간에 해당하는 경찰공무원의 보수를 감안하여 대통령령으로 정한다.

1. 재직기간 15년 미만: 순경
2. 재직기간 15년 이상 23년 미만: 경장
3. 재직기간 23년 이상 30년 미만: 경사
4. 재직기간 30년 이상: 경위

■ 청원경찰법 시행령 제9조(국가기관 또는 지방자치단체에 근무하는 청원경찰의 보수)

① 법 제6조 제2항에 따른 국가기관 또는 지방자치단체에 근무하는 청원경찰의 봉급은 별표 1과 같다.

② 법 제6조 제2항에 따른 국가기관 또는 지방자치단체에 근무하는 청원경찰의 각종 수당은 「공무원 수당 등에 관한 규정」에 따른 수당 중 가계보전수당, 실비변상 등으로 하며, 그 세부 항목은 경찰청장이 정하여 고시한다.

③ 법 제6조 제2항에 따른 재직기간은 청원경찰로서 근무한 기간으로 한다.

③ 청원주의 제1항제1호에 따른 봉급 · 수당의 최저부담기준액(국가기관 또는 지방자치단체에 근무하는 청원경찰의 봉급 · 수당은 제외한다)과 같은 항 제2호 및 제3호에 따른 비용의 부담기준액은 경찰청장이 정하여 고시(告示)한다.

■ 청원경찰법 시행규칙 제8조(청원경찰경비의 지급방법 등)

영 제12조에 따른 청원경찰경비의 지급방법 및 납부방법은 다음 각 호와 같다.

1. 봉급과 각종 수당은 청원주가 그 청원경찰이 배치된 기관 · 시설 · 사업장 또는 장소("사업장")의 직원에 대한 보수 지급일에 청원경찰에게 직접 지급한다.

2. 피복은 청원주가 제작하거나 구입하여 별표 2에 따른 정기지급일 또는 신규 배치 시에 청원경찰에게 현품으로 지급한다.

3. 교육비는 청원주가 해당 청원경찰의 입교(入校) 3일 전에 해당 경찰교육기관에 낸다.

■ 청원경찰법 시행령 제11조(보수 산정 시의 경력 인정 등)

① 청원경찰의 보수 산정에 관하여 그 배치된 사업장의 취업규칙에 특별한 규정이 없는 경우에는 다음 각 호의 경력을 봉급 산정의 기준이 되는 경력에 산입(算入)하여야 한다.

 1. 청원경찰로 근무한 경력

 2. 군 또는 의무경찰에 복무한 경력

 3. 수위 · 경비원 · 감시원 또는 그 밖에 청원경찰과 비슷한 직무에 종사하던 사람이 해당 사업장의 청원주에 의하여 청원경찰로 임용된 경우에는 그 직무에 종사한 경력

 4. 국가기관 또는 지방자치단체에서 근무하는 청원경찰에 대해서는 국가기관 또는 지방자치단체에서 상근(常勤)으로 근무한 경력

② 국가기관 또는 지방자치단체에 근무하는 청원경찰 보수의 호봉 간 승급기간은 경찰공무원의 승급기간에 관한 규정을 준용한다.

③ 국가기관 또는 지방자치단체에 근무하는 청원경찰 외의 청원경찰 보수의 호봉 간 승급기간 및 승급액은 그 배치된 사업장의 취업규칙에 따르며, 이에 관한 취업규칙이 없을 때에는 순경의 승급에 관한 규정을 준용한다.

Plus Tip

▸ 대법원 1996. 7. 30. 선고 95다12804 판결 [임금]

청원경찰의 보수가 당해 사업장에서 동종 또는 유사 직무 근로자에게 지급하는 임금보다 적어서는 아니 됨을 규정한 청원경찰법 제6조, 같은법시행령 제8조 제1항을 근거로 한 공항 소방대원과의 임금 차액 상당의 금원 지급 청구에 대하여, 한 사업장 내에서 근무하는 근로자라고 하더라도 그 업무의 내용과 성격, 업무의 난이도, 근로자의 경력 기타 모든 사정을 고려하여 그 직급과 직책을 나누어 이에 상응하는 보수를 책정하여 지급하는 것은 원칙적으로 사용자의 권한이라 할 것인데, 한국공항공단의 청원경찰과 소방대의 각 설치 근거 및 감독 관계가 서로 다르고 각 그 업무의 내용이 구별되어 있으므로, 청원경찰이 순찰 중에 화재를 발견하여 진압하는 경우가 있었다고 하더라도 그 점만으로 한국공항공단 소속 청원경찰의 직무가 같은 공단 소방직 근로자인 공항 소방대원의 직무와 동일 또는 유사하다고 볼 수 없어 이를 전제로 한 임금 차액 지급 청구는 이유 없다.

제7조(보상금)

청원주는 청원경찰이 다음 각 호의 어느 하나에 해당하게 되면 대통령령으로 정하는 바에 따라 청원경찰 본인 또는 그 유족에게 보상금을 지급하여야 한다.

1. 직무수행으로 인하여 부상을 입거나, 질병에 걸리거나 또는 사망한 경우
2. 직무상의 부상·질병으로 인하여 퇴직하거나, 퇴직 후 2년 이내에 사망한 경우

▪ 청원경찰법 시행령 제13조(보상금)

청원주는 법 제7조에 따른 보상금의 지급을 이행하기 위하여 「산업재해보상보험법」에 따른 산업재해보상보험에 가입하거나, 「근로기준법」에 따라 보상금을 지급하기 위한 재원(財源)을 따로 마련하여야 한다.

제7조의2(퇴직금)

청원주는 청원경찰이 퇴직할 때에는 「근로자퇴직급여 보장법」에 따른 퇴직금을 지급하여야 한다. 다만, 국가기관이나 지방자치단체에 근무하는 청원경찰의 퇴직금에 관하여는 따로 대통령령으로 정한다.

제8조(제복 착용과 무기 휴대)

① 청원경찰은 근무 중 제복을 착용하여야 한다.

② 시·도경찰청장은 청원경찰이 직무를 수행하기 위하여 필요하다고 인정하면 청원주의 신청을 받아 관할 경찰서장으로 하여금 청원경찰에게 무기를 대여하여 지니게 할 수 있다. 〈개정 2020. 12. 22.〉

③ 청원경찰의 복제(服制)와 무기 휴대에 필요한 사항은 대통령령으로 정한다.

■ 청원경찰법 시행령 제14조(복제)

① 청원경찰의 복제(服制)는 제복·장구(裝具) 및 부속물로 구분한다.

② 청원경찰의 제복·장구 및 부속물에 관하여 필요한 사항은 행정안전부령으로 정한다.

③ 청원경찰이 그 배치지의 특수성 등으로 특수복장을 착용할 필요가 있을 때에는 청원주는 시·도경찰청장의 승인을 받아 특수복장을 착용하게 할 수 있다. 〈개정 2020. 12. 31.〉

■ 청원경찰법 시행규칙 제9조(복제)

① 영 제14조에 따른 청원경찰의 제복·장구(裝具) 및 부속물의 종류는 다음 각 호와 같다. 〈개정 2021. 12. 31.〉

1. 제복: 정모(正帽), 기동모(활동에 편한 모자를 말한다. 이하 같다), 근무복(하복, 동복), 한여름옷, 기동복, 점퍼, 비옷, 방한복, 외투, 단화, 기동화 및 방한화

2. 장구: 허리띠, 경찰봉, 호루라기 및 포승(捕繩)

3. 부속물: 모자표장, 가슴표장, 휘장, 계급장, 넥타이핀, 단추 및 장갑

② 영 제14조에 따른 청원경찰의 제복·장구(裝具) 및 부속물의 형태·규격 및 재질은 다음 각 호와 같다. 〈개정 2021. 12. 31.〉

1. 제복의 형태·규격 및 재질은 청원주가 결정하되, 경찰공무원 또는 군인 제복의 색상과 명확하게 구별될 수 있어야 하며, 사업장별로 통일해야 한다. 다만, 기동모와 기동복의 색상은 진한 청색으로 하고, 기동복의 형태·규격은 별도 1과 같이 한다.

2. 장구의 형태·규격 및 재질은 경찰 장구와 같이 한다.

3. 부속물의 형태·규격 및 재질은 다음 각 목과 같이 한다.

　가. 모자표장의 형태·규격 및 재질은 별도 2와 같이 하되, 기동모의 표장은 정모 표장의 2분의 1 크기로 할 것.

　나. 가슴표장, 휘장, 계급장, 넥타이핀 및 단추의 형태·규격 및 재질은 별도 3부터 별도 7까지와 같이 할 것.

③ 청원경찰은 평상근무 중에는 정모, 근무복, 단화, 호루라기, 경찰봉 및 포승을 착용하거나 휴대하여야 하고, 총기를 휴대하지 아니할 때에는 분사기를 휴대하여야 하며, 교육훈련이나 그 밖의 특수근무 중에는 기동모, 기동복, 기동화 및 휘장을 착용하거나 부착하되, 허리띠와 경찰봉은 착용하거나 휴대하지 아니할 수 있다.

④ 가슴표장, 휘장 및 계급장을 달거나 부착할 위치는 별도 8과 같다.

■ **청원경찰법 시행규칙 제10조(제복의 착용시기)**

하복 · 동복의 착용시기는 사업장별로 청원주가 결정하되, 착용시기를 통일하여야 한다.

■ **청원경찰법 시행규칙 제11조(신분증명서)**

① 청원경찰의 신분증명서는 청원주가 발행하며, 그 형식은 청원주가 결정하되 사업장별로 통일하여야 한다.

② 청원경찰은 근무 중에는 항상 신분증명서를 휴대하여야 한다.

■ **청원경찰법 시행규칙 제12조(급여품 및 대여품)**

① 청원경찰에게 지급하는 급여품은 별표 2와 같고, 대여품은 별표 3과 같다.

② 청원경찰이 퇴직할 때에는 대여품을 청원주에게 반납하여야 한다.

■ **청원경찰법 시행령 제15조(분사기 휴대)**

청원주는 「총포 · 도검 · 화약류 등의 안전관리에 관한 법률」에 따른 분사기의 소지허가를 받아 청원경찰로 하여금 그 분사기를 휴대하여 직무를 수행하게 할 수 있다.

■ **청원경찰법 시행령 제16조(무기 휴대)**

① 청원주가 법 제8조제2항에 따라 청원경찰이 휴대할 무기를 대여받으려는 경우에는 관할 경찰서장을 거쳐 시 · 도경찰청장에게 무기대여를 신청하여야 한다. <개정 2020. 12. 31.>

② 제1항의 신청을 받은 시 · 도경찰청장이 무기를 대여하여 휴대하게 하려는 경우에는 청원주로부터 국가에 기부채납된 무기에 한정하여 관할 경찰서장으로 하여금 무기를 대여하여 휴대하게 할 수 있다. <개정 2020. 12. 31.>

③ 제1항에 따라 무기를 대여하였을 때에는 관할 경찰서장은 청원경찰의 무기관리 상황을 수시로 점검하여야 한다.

④ 청원주 및 청원경찰은 행정안전부령으로 정하는 무기관리수칙을 준수하여야 한다.

■ **청원경찰법 시행규칙 제15조(무기대여 신청서)**

영 제16조제1항에 따른 무기대여 신청은 별지 제5호서식에 따른다.

■ **청원경찰법 시행규칙 제16조(무기관리 수칙)**

① 영 제16조에 따라 무기와 탄약을 대여받은 청원주는 다음 각 호에 따라 무기와 탄약을 관리해야 한다. <개정 2020. 12. 31., 2021. 12. 31.>

　1. 청원주가 무기와 탄약을 대여받았을 때에는 경찰청장이 정하는 무기 · 탄약 출납부 및 무기장비 운영카드를 갖춰 두고 기록하여야 한다.

　2. 청원주는 무기와 탄약의 관리를 위하여 관리책임자를 지정하고 관할 경찰서장에게 그 사실을 통보하여야 한다.

　3. 무기고 및 탄약고는 단층에 설치하고 환기 · 방습 · 방화 및 총받침대 등의 시설을 갖추어야 한다.

　4. 탄약고는 무기고와 떨어진 곳에 설치하고, 그 위치는 사무실이나 그 밖에 여러 사람을 수용하거나 여러 사람이 오고 가는 시설로부터 격리되어야 한다.

　5. 무기고와 탄약고에는 이중 잠금장치를 하고, 열쇠는 관리책임자가 보관하되, 근무시간 이후에는 숙직책임자에게 인계하여 보관시켜야 한다.

　6. 청원주는 경찰청장이 정하는 바에 따라 매월 무기와 탄약의 관리 실태를 파악하여 다음 달 3일까지 관할 경찰서장에게 통보하여야 한다.

　7. 청원주는 대여받은 무기와 탄약이 분실되거나 도난당하거나 빼앗기거나 훼손되는 등의 사고가 발생했을 때에는 지체 없이 그 사유를 관할 경찰서장에게 통보해야 한다.

　8. 청원주는 무기와 탄약이 분실되거나 도난당하거나 빼앗기거나 훼손되었을 때에는 경찰청장이 정하는 바에 따라 그 전액을 배상해야 한다. 다만, 전시 · 사변 · 천재지변이나 그 밖의 불가항력적인 사유가 있다고 시 · 도경찰청장이 인정하였을 때에는 그렇지 않다.

② 영 제16조에 따라 무기와 탄약을 대여받은 청원주가 청원경찰에게 무기와 탄약을 출납하려는 경우에는 다음 각 호에 따라야 한다. 다만, 관할 경찰서장의 지시에 따라 제2호에 따른 탄약의 수를 늘리거나 줄일 수 있고, 무기와 탄약의 출납을 중지할 수 있으며, 무기와 탄약을 회수하여 집중관리할 수 있다.

　1. 무기와 탄약을 출납하였을 때에는 무기 · 탄약 출납부에 그 출납사항을 기록하여야 한다.

　2. 소총의 탄약은 1정당 15발 이내, 권총의 탄약은 1정당 7발 이내로 출납하여야 한다. 이 경우 생산된 후 오래된 탄약을 우선하여 출납하여야 한다.

　3. 청원경찰에게 지급한 무기와 탄약은 매주 1회 이상 손질하게 하여야 한다.

  4. 수리가 필요한 무기가 있을 때에는 그 목록과 무기장비 운영카드를 첨부하여 관할 경찰서장에게 수리를 요청할 수 있다.

③ 청원주로부터 무기와 탄약을 지급받은 청원경찰은 다음 각 호의 사항을 준수하여야 한다.

  1. 무기를 지급받거나 반납할 때 또는 인계인수할 때에는 반드시 "앞에 총" 자세에서 "검사 총"을 하여야 한다.

  2. 무기와 탄약을 지급받았을 때에는 별도의 지시가 없으면 무기와 탄약을 분리하여 휴대하여야 하며, 소총은 "우로 어깨 걸어 총"의 자세를 유지하고, 권총은 "권총집에 넣어 총"의 자세를 유지하여야 한다.

  3. 지급받은 무기는 다른 사람에게 보관 또는 휴대하게 할 수 없으며 손질을 의뢰할 수 없다.

  4. 무기를 손질하거나 조작할 때에는 반드시 총구를 공중으로 향하게 하여야 한다.

  5. 무기와 탄약을 반납할 때에는 손질을 철저히 하여야 한다.

  6. 근무시간 이후에는 무기와 탄약을 청원주에게 반납하거나 교대근무자에게 인계하여야 한다.

④ 청원주는 다음 각 호의 어느 하나에 해당하는 청원경찰에게 무기와 탄약을 지급해서는 안 되며, 지급한 무기와 탄약은 즉시 회수해야 한다. 〈개정 2021. 12. 31., 2022. 11. 10.〉

  1. 직무상 비위(非違)로 징계 대상이 된 사람

  2. 형사사건으로 조사 대상이 된 사람

  3. 사직 의사를 밝힌 사람

  4. 치매, 조현병, 조현정동장애, 양극성 정동장애(조울병), 재발성 우울장애 등의 정신질환으로 인하여 무기와 탄약의 휴대가 적합하지 않다고 해당 분야 전문의가 인정하는 사람

  5. 제1호부터 제4호까지의 규정 중 어느 하나에 준하는 사유로 청원주가 무기와 탄약을 지급하기에 적절하지 않다고 인정하는 사람

  6. 삭제 〈2022. 11. 10.〉

⑤ 청원주는 제4항에 따라 무기와 탄약을 지급하지 않거나 회수할 때에는 별지 제5호의2서식의 결정 통지서를 작성하여 지체 없이 해당 청원경찰에게 통지해야 한다. 다만, 지급한 무기와 탄약의 신속한 회수가 필요하다고 인정되는 경우에는 무기와 탄약을 먼저 회수한 후 통지서를 내줄 수 있다.
  〈신설 2022. 11. 10.〉

⑥ 청원주는 제4항에 따라 청원경찰에게 무기와 탄약을 지급하지 않거나 회수한 경우 7일 이내에 관할 경찰서장에게 별지 제5호의3서식의 결정 통보서를 작성하여 통보해야 한다.
  〈신설 2022. 11. 10.〉

⑦ 제6항에 따라 통보를 받은 관할 경찰서장은 통보받은 날부터 14일 이내에 무기와 탄약의 지급 제한 또는 회수의 적정성을 판단하기 위해 현장을 방문하여 해당 청원경찰의 의견을 청취하고 필요한 조치를 할 수 있다. 〈신설 2022. 11. 10.〉

⑧ 청원주는 제4항 각 호의 사유가 소멸하게 된 경우에는 청원경찰에게 무기와 탄약을 지급할 수 있다. 〈신설 2022. 11. 10.〉

제9조, 제9조의2 삭제

■ **청원경찰법 시행규칙 제17조(문서와 장부의 비치)**

① 청원주는 다음 각 호의 문서와 장부를 갖춰 두어야 한다.

  1. 청원경찰 명부

  2. 근무일지

  3. 근무 상황카드

  4. 경비구역 배치도

  5. 순찰표철

  6. 무기 · 탄약 출납부

  7. 무기장비 운영카드

  8. 봉급지급 조서철

  9. 신분증명서 발급대장

  10. 징계 관계철

  11. 교육훈련 실시부

  12. 청원경찰 직무교육계획서

  13. 급여품 및 대여품 대장

  14. 그 밖에 청원경찰의 운영에 필요한 문서와 장부

② 관할 경찰서장은 다음 각 호의 문서와 장부를 갖춰 두어야 한다.

  1. 청원경찰 명부

  2. 감독 순시부

  3. 전출입 관계철

  4. 교육훈련 실시부

  5. 무기 · 탄약 대여대장

  6. 징계요구서철

  7. 그 밖에 청원경찰의 운영에 필요한 문서와 장부

③ 시 · 도경찰청장은 다음 각 호의 문서와 장부를 갖춰 두어야 한다.

1. 배치 결정 관계철
2. 청원경찰 임용승인 관계철
3. 전출입 관계철
4. 그 밖에 청원경찰의 운영에 필요한 문서와 장부

④ 제1항부터 제3항까지의 규정에 따른 문서와 장부의 서식은 경찰관서에서 사용하는 서식을 준용한다.

■ 청원경찰법 시행규칙 제18조(표창)

시 · 도경찰청장, 관할 경찰서장 또는 청원주는 청원경찰에게 다음 각 호의 구분에 따라 표창을 수여할 수 있다. 〈개정 2020. 12. 31.〉

1. 공적상: 성실히 직무를 수행하여 근무성적이 탁월하거나 헌신적인 봉사로 특별한 공적을 세운 경우
2. 우등상: 교육훈련에서 교육성적이 우수한 경우

제9조의3(감독)

① 청원주는 항상 소속 청원경찰의 근무 상황을 감독하고, 근무 수행에 필요한 교육을 하여야 한다.
② 시 · 도경찰청장은 청원경찰의 효율적인 운영을 위하여 청원주를 지도하며 감독상 필요한 명령을 할 수 있다. 〈개정 2020. 12. 22.〉

■ 청원경찰법 시행령 제5조(교육)

① 청원주는 청원경찰로 임용된 사람으로 하여금 경비구역에 배치하기 전에 경찰교육기관에서 직무수행에 필요한 교육을 받게 하여야 한다. 다만, 경찰교육기관의 교육계획상 부득이하다고 인정할 때에는 우선 배치하고 임용 후 1년 이내에 교육을 받게 할 수 있다.
② 경찰공무원(의무경찰을 포함한다) 또는 청원경찰에서 퇴직한 사람이 퇴직한 날부터 3년 이내에 청원경찰로 임용되었을 때에는 제1항에 따른 교육을 면제할 수 있다.
③ 제1항의 교육기간 · 교육과목 · 수업시간 및 그 밖에 교육의 시행에 필요한 사항은 행정안전부령으로 정한다.

■ 청원경찰법 시행규칙 제6조(교육기간 등)

영 제5조제3항에 따른 교육기간은 2주로 하고, 교육과목 및 수업시간은 별표 1과 같다.

■ **청원경찰법 시행규칙 제13조(직무교육)**

① 청원주는 소속 청원경찰에게 그 직무집행에 필요한 교육을 매월 4시간 이상 하여야 한다.

② 청원경찰이 배치된 사업장의 소재지를 관할하는 경찰서장(이하 "관할 경찰서장"이라 한다)은 필요하다고 인정하는 경우에는 그 사업장에 소속 공무원을 파견하여 직무집행에 필요한 교육을 할 수 있다.

■ **청원경찰법 시행규칙 제14조(근무요령)**

① 자체경비를 하는 입초근무자는 경비구역의 정문이나 그 밖의 지정된 장소에서 경비구역의 내부, 외부 및 출입자의 움직임을 감시한다.

② 업무처리 및 자체경비를 하는 소내근무자는 근무 중 특이한 사항이 발생하였을 때에는 지체 없이 청원주 또는 관할 경찰서장에게 보고하고 그 지시에 따라야 한다.

③ 순찰근무자는 청원주가 지정한 일정한 구역을 순회하면서 경비 임무를 수행한다. 이 경우 순찰은 단독 또는 복수로 정선순찰(정해진 노선을 규칙적으로 순찰하는 것을 말한다)을 하되, 청원주가 필요하다고 인정할 때에는 요점순찰(순찰구역 내 지정된 중요지점을 순찰하는 것을 말한다) 또는 난선순찰(임의로 순찰지역이나 노선을 선정하여 불규칙적으로 순찰하는 것을 말한다)을 할 수 있다. 〈개정 2021. 12. 31.〉

④ 대기근무자는 소내근무에 협조하거나 휴식하면서 불의의 사고에 대비한다.

■ **청원경찰법 시행규칙 제19조(감독자의 지정)**

① 2명 이상의 청원경찰을 배치한 사업장의 청원주는 청원경찰의 지휘·감독을 위하여 청원경찰 중에서 유능한 사람을 선정하여 감독자로 지정하여야 한다.

② 제1항에 따른 감독자는 조장, 반장 또는 대장으로 하며, 그 지정기준은 별표 4와 같다.

■ **청원경찰법 시행규칙 제20조(경비전화의 가설)**

① 관할 경찰서장은 청원주의 신청에 따라 경비를 위하여 필요하다고 인정할 때에는 청원경찰이 배치된 사업장에 경비전화를 가설할 수 있다.

② 제1항에 따라 경비전화를 가설할 때 드는 비용은 청원주가 부담한다.

■ **청원경찰법 시행령 제6조(배치 및 이동)**

① 청원주는 청원경찰을 신규로 배치하거나 이동배치하였을 때에는 배치지(이동배치의 경우에는 종전의 배치지)를 관할하는 경찰서장에게 그 사실을 통보하여야 한다.

② 제1항의 통보를 받은 경찰서장은 이동배치지가 다른 관할구역에 속할 때에는 전입지를 관할하는 경찰서장에게 이동배치한 사실을 통보하여야 한다.

■ **청원경찰법 시행규칙 제7조(청원경찰 배치통보서 등)**

영 제6조 제1항에 따른 청원경찰 배치 통보 및 영 제6조 제2항에 따른 청원경찰 전출 통보는 별지 제4호서식에 따른다.

제9조의4(쟁의행위의 금지)

청원경찰은 파업, 태업 또는 그 밖에 업무의 정상적인 운영을 방해하는 일체의 쟁의행위를 하여서는 아니 된다. [본조신설 2018. 9. 18.]

 Plus Tip

▶ 헌법재판소 결정(2008. 7. 31. 2004헌바9 전원재판부)

노동조합 및 노동관계조정법 제7조 제3항 등 위헌소원

1. '이 법에 의하여 설립된 노동조합이 아니면 노동조합이라는 명칭을 사용할 수 없다.' 라고 하고, 이에 위반할 경우 형사 처벌하도록 규정한 '노동조합 및 노동관계조정법' (1997. 3. 13. 법률 제5310호로 제정된 것, 이하 '노동조합법' 이라 한다) 제7조 제3항, 제93조 제1호가 과잉금지의 원칙을 위배하여 청구인들의 단결권을 침해하거나 청구인들의 평등권을 침해하는지 여부(소극)

노동조합설립 신고주의를 기초로 하는 이 사건 노동조합법 조항은 노동조합법에 따른 적법한 노동조합의 설립을 유도하기 위한 것으로 입법목적이 정당하고, 형식적인 요건을 갖추지 못한 단결체에 대하여 노동조합이라는 명칭 사용을 금하고 위반 시 형사상 제재를 가함으로써 합법적인 노동조합의 설립을 촉진하고자 하는 것으로 입법목적을 달성하기 위한 적정한 수단으로 볼 수 있으며, 그로 인하여 근로자들이나 단결체가 입는 손해는 노동조합의 명칭을 사용하지 못하고 명칭사용을 위하여 노동조합 설립신고를 해야만 하는 불편함 정도인데 반하여, 실질적인 요건을 갖추지 못한 여러 단결체의 난립을 막고 노동조합의 공신력을 줄 수 있어 근로자의 단결권을 강화하는 효과도 있고, 노동행정에 편의를 기할 수 있는 등 공익이 매우 커서 법익의 균형성도 갖추었다. 또한, 우리의 노동현실하에서 이 사건 노동조합법 조항이 입법재량의 범위를 벗어난 자의적인 입법권의 행사에 해당한다고 보기 어렵고, 법정형에 비추어 과잉형벌의 문제가 발생한다거나 책임과 형벌의 비례원칙에 반하는 것으로도 볼 수 없으므로, 이 사건 노동조합법 조항이 헌법 제37조 제2항의 과잉금지원칙을 위배하여 청구인들의 단결권을 침해한다고 볼 수 없다.

한편, 노동조합법상 설립신고를 마쳤는지 여부를 기준으로 노동조합이라는 명칭의 사용 여부를 결정함으로써 법상 설립신고를 마친 노동조합과 실질적인 요건을 갖추었으나 형식적인 요건을 갖추지 못한 헌법상 근로자들의 단결체를 차별 취급하는 것에는, 위에서 본 사정들에 비추어 볼 때 합리적인 이유가 있다 할 것이므로, 이 사건 노동조합법 조항이 설립신고를 마친 노동조합과 그렇지 아니한 헌법상 근로자들의 단결체를 자의적으로 차별하여 청구인들의 평등권을 침해한다고 할 수 없다.

2. 청원경찰로서 국가공무원법 제66조 제1항의 규정에 위반하여 노동운동 기타 공무이외의 일을 위한 집단적 행위를 한 자를 형사처벌하도록 규정한 청원경찰법(2001. 4. 7. 법률 제6466호로 개정된 것) 제11조가 과잉금지의 원칙을 위배하여 청구인들의 근로3권을 침해하는지 여부(소극)

청원경찰법 제11조는 청원경찰의 근로3권을 제한함으로써 청원경찰들이 관리하는 국가 등의 중요시설의 안전을 기하려고 하는 것으로서 그 입법목적의 정당성과 수단의 적정성을 인정할 수 있다. 청원경찰 업무의 특성상 단결권행사나 단체교섭권의 행사만으로도 시설의 경비업무에 지장을 초래할 가능성이 높고, 청원경찰에 대한 신분보장과 그 업무의 공공성, 업무수행의 특수성 등을 고려할 때, 군인이나 경찰관과 마찬가지로 청원경찰에 대하여도 단체행동권뿐만 아니라 단결권과 단체교섭권도 제한할 필요성이 충분히 인정되므로, 제한의 필요성과 피해의 최소성도 갖추었다. 또한 청원경찰법 조항으로 인하여 입는 청원경찰의 불이익에 비하여 국가나 사회의 중추를 이루는 중요시설의 운영에 안정을 기함으로써 얻게 되는 국가안전보장, 질서유지 등의 공익이 매우 크므로 법익의 균형성도 갖추었고, 유사한 집단행위 또는 쟁의행위에 대한 처벌 규정에 비추어 볼 때 과잉형벌의 문제를 제기하지 아니하며, 형벌체계상의 균형을 상실하였다거나 책임과 형벌 간의 비례원칙에 위반된다고 보기도 어렵다.

따라서, 이 사건 청원경찰법 조항이 과잉금지의 원칙이나 책임과 형벌 간의 비례성원칙에 위반되어 청구인들의 근로3권을 침해한다고 인정되지 아니한다.

제10조(직권남용 금지 등)

① 청원경찰이 직무를 수행할 때 직권을 남용하여 국민에게 해를 끼친 경우에는 6개월 이하의 징역이나 금고에 처한다.

② 청원경찰 업무에 종사하는 사람은 「형법」이나 그 밖의 법령에 따른 벌칙을 적용할 때에는 공무원으로 본다.

제10조의2(청원경찰의 불법행위에 대한 배상책임)

청원경찰(국가기관이나 지방자치단체에 근무하는 청원경찰은 제외한다)의 직무상 불법행위에 대한 배상책임에 관하여는 「민법」의 규정을 따른다.

** 국가배상법 제2조(배상책임)

① 국가나 지방자치단체는 공무원 또는 공무를 위탁받은 사인(이하 "공무원"이라 한다)이 직무를 집행하면서 고의 또는 과실로 법령을 위반하여 타인에게 손해를 입히거나, 「자동차손해배상 보장법」에 따라 손해배상의 책임이 있을 때에는 이 법에 따라 그 손해를 배상하여야 한다. 다만, 군인·군무원·경찰공무원 또는 예비군대원이 전투·훈련 등 직무 집행과 관련하여 전사(戰死)·순직(殉職)하거나 공상(公傷)을 입은 경우에 본인이나 그 유족이 다른 법령에 따라 재해보상금·유족연금·상이연금 등의 보상을 지급받을 수 있을 때에는 이 법 및 「민법」에 따른 손해배상을 청구할 수 없다.

② 제1항 본문의 경우에 공무원에게 고의 또는 중대한 과실이 있으면 국가나 지방자치단체는 그 공무원에게 구상(求償)할 수 있다.

제10조의3(권한의 위임)

이 법에 따른 시·도경찰청장의 권한은 그 일부를 대통령령으로 정하는 바에 따라 관할 경찰서장에게 위임할 수 있다. 〈개정 2020. 12. 22.〉

■ 청원경찰법 시행령 제20조(권한의 위임)

시·도경찰청장은 법 제10조의3에 따라 다음 각 호의 권한을 관할 경찰서장에게 위임한다. 다만, 청원경찰을 배치하고 있는 사업장이 하나의 경찰서의 관할구역에 있는 경우로 한정한다. 〈개정 2020. 12. 31.〉

1. 법 제4조제2항 및 제3항에 따른 청원경찰 배치의 결정 및 요청에 관한 권한
2. 법 제5조제1항에 따른 청원경찰의 임용승인에 관한 권한
3. 법 제9조의3제2항에 따른 청원주에 대한 지도 및 감독상 필요한 명령에 관한 권한
4. 법 제12조에 따른 과태료 부과·징수에 관한 권한

제10조의4(의사에 반한 면직)

① 청원경찰은 형의 선고, 징계처분 또는 신체상·정신상의 이상으로 직무를 감당하지 못할 때를 제외하고는 그 의사(意思)에 반하여 면직(免職)되지 아니한다.

② 청원주가 청원경찰을 면직시켰을 때에는 그 사실을 관할 경찰서장을 거쳐 시·도경찰청장에게 보고하여야 한다. 〈개정 2020. 12. 22.〉

제10조의5(배치의 폐지 등)

① 청원주는 청원경찰이 배치된 시설이 폐쇄되거나 축소되어 청원경찰의 배치를 폐지하거나 배치인원을 감축할 필요가 있다고 인정하면 청원경찰의 배치를 폐지하거나 배치인원을 감축할 수 있다. 다만, 청원주는 다음 각 호의 어느 하나에 해당하는 경우에는 청원경찰의 배치를 폐지하거나 배치인원을 감축할 수 없다.

  1. 청원경찰을 대체할 목적으로 「경비업법」에 따른 특수경비원을 배치하는 경우
  2. 청원경찰이 배치된 기관·시설 또는 사업장 등이 배치인원의 변동사유 없이 다른 곳으로 이전하는 경우

② 제1항에 따라 청원주가 청원경찰을 폐지하거나 감축하였을 때에는 청원경찰 배치 결정을 한 경찰관서의 장에게 알려야 하며, 그 사업장이 제4조제3항에 따라 시·도경찰청장이 청원경찰의 배치를 요청한 사업장일 때에는 그 폐지 또는 감축 사유를 구체적으로 밝혀야 한다. 〈개정 2020. 12. 22.〉

> **■ 청원경찰법 시행규칙 제23조(청원경찰 배치의 폐지·감축 통보)**
> 법 제10조의5제2항에 따른 청원경찰 배치의 폐지 또는 감축의 통보는 별지 제6호서식에 따른다.

③ 제1항에 따라 청원경찰의 배치를 폐지하거나 배치인원을 감축하는 경우 해당 청원주는 배치 폐지나 배치인원 감축으로 과원(過員)이 되는 청원경찰 인원을 그 기관·시설 또는 사업장 내의 유사 업무에 종사하게 하거나 다른 시설·사업장 등에 재배치하는 등 청원경찰의 고용이 보장될 수 있도록 노력하여야 한다.

 Plus Tip

▶ 대법원 1997. 8. 29. 선고 97다12006 판결 [임금]

[1] 의원면직처분이 해고에 해당하는지 여부

사용자가 근로자로부터 사직서를 제출받고 이를 수리하는 의원면직의 형식을 취하여 근로계약관계를 종료시킨 경우, 사직의 의사 없는 근로자로 하여금 어쩔 수 없이 사직서를 작성, 제출하게 하였다

면 실질적으로 사용자의 일방적인 의사에 의하여 근로계약관계를 종료시키는 것이어서 해고에 해당한다고 할 것이나, 그렇지 않은 경우에는 사용자가 사직서 제출에 따른 사직의 의사표시를 수락함으로써 사용자와 근로자 사이의 근로계약관계는 합의해지에 의하여 종료되는 것이므로 사용자의 의원면직처분을 해고라고 볼 수 없다.

[2] 구 청원경찰법 제9조, 구 청원경찰법시행령 제13조의 규정에 의한 청원경찰배치의 폐지 등에 관한 도지사의 결정 및 폐지신청서의 제출 없이 행해진 청원경찰 의원면직처분의 효력(유효)

구 청원경찰법 제9조, 구 청원경찰법시행령 제13조 제1항의 규정에 반하여, 청원주가 청원경찰배치의 폐지·중지 또는 인원감축에 관한 도지사의 결정 또는 명령 없이 또한 청원경찰배치의 폐지·중지 또는 감축신청서를 제출하지 않은 채 청원경찰과 사이의 사법상 근로계약관계를 해소하였다고 하더라도 사법상 행위의 효력에 무슨 영향이 있는 것은 아니다.

제10조의6(당연 퇴직)

청원경찰이 다음 각 호의 어느 하나에 해당할 때에는 당연 퇴직된다. 〈개정 2022. 11. 15.〉

1. 제5조제2항에 따른 임용결격사유에 해당될 때. 다만, 「국가공무원법」 제33조제2호는 파산선고를 받은 사람으로서 「채무자 회생 및 파산에 관한 법률」에 따라 신청기한 내에 면책신청을 하지 아니하였거나 면책불허가 결정 또는 면책 취소가 확정된 경우만 해당하고, 「국가공무원법」 제33조제5호는 「형법」 제129조부터 제132조까지, 「성폭력범죄의 처벌 등에 관한 특례법」 제2조, 「아동·청소년의 성보호에 관한 법률」 제2조제2호 및 직무와 관련하여 「형법」 제355조 또는 제356조에 규정된 죄를 범한 사람으로서 금고 이상의 형의 선고유예를 받은 경우만 해당한다.
2. 제10조의5에 따라 청원경찰의 배치가 폐지되었을 때
3. 나이가 60세가 되었을 때. 다만, 그 날이 1월부터 6월 사이에 있으면 6월 30일에, 7월부터 12월 사이에 있으면 12월 31일에 각각 당연 퇴직된다.

[단순위헌, 2017헌가26, 2018. 1. 25., 청원경찰법(2010. 2. 4. 법률 제10013호로 개정된 것) 제10조의6 제1호 중 제5조 제2항에 의한 국가공무원법 제33조 제5호("5. 금고 이상의 형의 선고유예를 받은 경우에 그 선고유예 기간 중에 있는 자")에 관한 부분은 헌법에 위반된다.]

Plus Tip

▸ 헌법재판소 결정 [2018. 1. 25. 2017헌가26] 청원경찰법 제10조의6 제1호 위헌제청

청원경찰이 금고 이상의 형의 선고유예를 받은 경우 당연 퇴직되도록 규정한 청원경찰법(2010. 2. 4. 법률 제10013호로 개정된 것) 제10조의6 제1호 중 제5조 제2항에 의한 국가공무원법 제33조 제5호에 관한 부분이 직업의 자유를 침해하는지 여부(적극)

금고 이상의 형의 선고유예를 받은 경우 사회적 비난가능성이 크거나 직무수행에 대한 국민의 신뢰 등에 미치는 부정적인 영향이 크다고 일률적으로 단정하기 어렵고, 같은 금고 이상의 형의 선고유예를 받은 경우라고 하여도 범죄의 종류, 죄질, 내용이 지극히 다양하므로, 그에 따라 국민의 청원경찰 직에 대한 신뢰 등에 미치는 영향도 큰 차이가 있다. 따라서 선고유예 판결의 확정에 따른 당연 퇴직 사유를 규정함에 있어서 직업의 자유에 대한 제한을 최소화하기 위해서는 입법목적을 달성함에 반드시 필요한 범죄의 유형, 내용 등으로 그 범위를 가급적 한정하여 규정하거나, 혹은 적어도 청원경찰법상에 마련된 징계 등 별도의 제도로도 입법목적을 충분히 달성할 수 있는 것으로 판단되는 경우를 당연 퇴직 사유에서 제외시켜 규정하여야 한다.

그럼에도 불구하고 심판대상조항은 청원경찰이 저지른 범죄의 종류나 내용을 불문하고 금고 이상의 형의 선고유예를 받게 되면 당연히 퇴직되도록 규정함으로써 청원경찰에게 공무원보다 더 가혹한 제재를 가하고 있으므로, 침해의 최소성 원칙에 위배된다.

심판대상조항은 청원경찰이 저지른 범죄의 종류나 내용을 불문하고 범죄행위로 금고 이상의 형의 선고유예를 받게 되면 당연히 퇴직되도록 규정함으로써 그것이 달성하려는 공익의 비중에도 불구하고 청원경찰의 직업의 자유를 과도하게 제한하고 있어 법익의 균형성 원칙에도 위배된다.

따라서, 심판대상조항은 과잉금지원칙에 반하여 직업의 자유를 침해한다.

 Plus Tip

1. 대법원 1995. 9. 15. 선고 95누6496 판결 [퇴직연금청구반려처분취소등]

[1] 임용결격자의 당연퇴직에 관한 청원경찰법 제5조 제2항, 같은법시행령 제15조의 규정이 헌법에 위배되어 무효인지 여부

청원경찰법 제5조 제2항에 의하면 국가공무원법 제33조 제1항 각 호의 1에 해당하는 자는 청원경찰로 임용될 수 없다고 규정하고 있고 국가공무원법 제33조 제1항은 임용 결격사유를 규정하면서 그

제5호에서 금고 이상의 형의 선고유예를 받은 경우에 그 선고유예기간 중에 있는 자를 들고 있으며, 청원경찰법시행령 제15조에 의하면 청원경찰이 다음 각 호의 1에 해당할 때에는 당연퇴직된다고 규정하면서 그 제1호에서 법 제5조 제2항에 의한 임용결격사유에 해당된 때를 들고 있는데, 이들 각 규정은 임용결격사유에 해당하는 자를 청원경찰직무로부터 배제함으로써 그 직무수행에 대한 국민의 신뢰, 청원경찰직에 대한 신용 등을 유지하고 그 직무의 정상적인 운영을 확보하기 위한 것이므로, 이것을 청원경찰임용결격사유 및 당연퇴직사유로 한 입법자의 의사결정은 수긍이 간다.

[2] 당연퇴직 대상자가 사실상 공무원으로 계속 근무하면서 기여금을 납부하여 온 경우, 그 근무기간을 공무원연금법상의 재직기간에 합산할 것인지 여부

당연퇴직사유에 해당하여 공무원 신분을 상실한 자가 사실상 공무원으로서 계속 근무하면서 기여금을 납부하여 왔다고 하더라도 그 근무기간은 공무원연금법상의 재직기간에 합산할 수 없다.

 Plus Tip

2. 대법원 1996. 10. 15. 선고 95다53188 판결 [퇴직금]

취업규칙이 근로자의 동의 없이 불이익하게 변경된 후에 이루어진 자의에 따른 사직 및 재입사로 근로관계가 단절된 근로자에 대하여 재입사 후 적용되는 취업규칙(= 변경된 취업규칙)

보수규정이 근로자 집단의 동의 없이 불이익하게 변경될 당시 청원경찰로 근무하던 근로자가 다른 직종으로의 전직을 위하여 자유로운 의사에 따라 청원경찰을 사직하고 그 다음날 신규채용 형식으로 고용원으로 재입사함으로써 근로관계가 단절된 경우, 그 재입사 당시 시행중인 법규적 효력을 가진 취업규칙은 개정된 보수규정이므로 재입사 후의 근속기간에 적용되는 보수규정은 개정된 보수규정이며, 그 근로자의 최초 입사일이 근로자 집단의 동의 없이 불이익하게 변경된 보수규정의 개정 이전이라고 하여 이와 달리 볼 것은 아니다.

제10조의7(휴직 및 명예퇴직)

국가기관이나 지방자치단체에 근무하는 청원경찰의 휴직 및 명예퇴직에 관하여는 「국가공무원법」 제71조부터 제73조까지 및 제74조의2를 준용한다.

> **■ 청원경찰법 시행령 제20조의2(민감정보 및 고유식별정보의 처리)**
>
> 시 · 도경찰청장 또는 경찰서장은 다음 각 호의 사무를 수행하기 위하여 불가피한 경우 「개인정보 보호법」 제23조에 따른 건강에 관한 정보와 같은 법 시행령 제18조제2호에 따른 범죄경력자료에 해당하는 정보, 같은 영 제19조제1호 또는 제4호에 따른 주민등록번호 또는 외국인등록번호가 포함된 자료를 처리할 수 있다. <개정 2020. 12. 31.>
>
> 1. 법 및 이 영에 따른 청원경찰의 임용, 배치 등 인사관리에 관한 사무
> 2. 법 제8조에 따른 청원경찰의 제복 착용 및 무기 휴대에 관한 사무
> 3. 법 제9조의3에 따른 청원주에 대한 지도 · 감독에 관한 사무
> 4. 제1호부터 제3호까지의 규정에 따른 사무를 수행하기 위하여 필요한 사무

제11조(벌칙)

제9조의4를 위반하여 파업, 태업 또는 그 밖에 업무의 정상적인 운영을 방해하는 쟁의행위를 한 사람은 1년 이하의 징역 또는 1천만원 이하의 벌금에 처한다.

 Plus Tip

> ▶ 대법원 2008. 9. 11. 선고 2004도746 판결 (청원경찰법위반)
>
> 원심은, 청원경찰을 형법 기타 법령의 적용에 있어서는 공무원으로 의제하여 근로자인 청원경찰에게 근로3권을 제한 또는 금지하는 청원경찰법 제10조 제2항이 헌법 제10조, 제11조, 제33조 제1항 및 제37조 제2항에 위반된다고 할 수 없다고 하여 피고인들의 주장을 배척한 다음, 원심에서 이루어진 공소장변경에 따라 이 부분에 관한 죄명과 적용법조 등이 변경되었음을 이유로 피고인 2, 피고인 3이 청원경찰의 신분에 있으면서도 원심 판시와 같이 대한항공 운항승무원 노동조합('조종사 노조')을 인정해 달라는 집회를 개최함으로써 집단적 행위를 하였다는 공소사실에 대하여 청원경찰법 제11조, 국가공무원법 제66조 제1항, 형법 제8조 본문, 제1조 제2항, 제50조를 각 적용하여 위 피고인들의 청원경찰법 위반의 범행을 유죄로 판단하였는바, 기록에 의하여 살펴보면, 원심의 위와 같은 판단은 정당하다.

제12조(과태료)

① 다음 각 호의 어느 하나에 해당하는 자에게는 500만원 이하의 과태료를 부과한다. 〈개정 2020. 12. 22.〉

1. 제4조 제2항에 따른 시·도경찰청장의 배치 결정을 받지 아니하고 청원경찰을 배치하거나 제5조 제1항에 따른 시·도경찰청장의 승인을 받지 아니하고 청원경찰을 임용한 자

2. 정당한 사유 없이 제6조제3항에 따라 경찰청장이 고시한 최저부담기준액 이상의 보수를 지급하지 아니한 자

3. 제9조의3 제2항에 따른 감독상 필요한 명령을 정당한 사유 없이 이행하지 아니한 자

② 제1항에 따른 과태료는 대통령령으로 정하는 바에 따라 시·도경찰청장이 부과·징수한다. 〈개정 2020. 12. 22.〉

■ 청원경찰법 시행령 제21조(과태료의 부과기준 등)

① 법 제12조 제1항에 따른 과태료의 부과기준은 별표 2와 같다.

② 시·도경찰청장은 위반행위의 동기, 내용 및 위반의 정도 등을 고려하여 별표 2에 따른 과태료 금액의 100분의 50의 범위에서 그 금액을 줄이거나 늘릴 수 있다. 다만, 늘리는 경우에는 법 제12조제1항에 따른 과태료 금액의 상한을 초과할 수 없다.

■ 청원경찰법 시행규칙 제24조(과태료의 부과 고지서 등)

① 법 제12조 제1항에 따른 과태료 부과의 사전 통지는 별지 제7호서식의 과태료 부과 사전 통지서에 따른다.

② 법 제12조 제1항에 따른 과태료의 부과는 별지 제8호서식의 과태료 부과 고지서에 따른다.

③ 경찰서장은 과태료처분을 하였을 때에는 과태료 부과 및 징수 사항을 별지 제9호서식의 과태료 수납부에 기록하고 정리하여야 한다.

Plus Tip

▶ 대법원 판례 및 헌법재판소 결정

1. 대법원 2013. 10. 31. 선고 2011도8649 판결[정치자금법위반]〈청목회 입법로비 사건〉

[1] 정치자금법 제31조 제1항, 제2항의 입법 취지와 연혁, 각 규정의 내용 및 관계 등에 비추어 볼 때, 정치자금법 제31조 제1항에서 "법인 또는 단체는 정치자금을 기부할 수 없다."고 한 것은 법인 또는 단체 스스로 자신의 자금으로 정치자금을 기부하는 행위를 금지하는 규정이라고 보아야 하고, 한편 정치자금법 제31조 제2항에서 법인 또는 단체 스스로 정치자금을 기부하지 않더라도 그와 관련된 자금으로 정치자금을 기부하는 것을 금지한다고 하여 법인 또는 단체가 기부자금 마련에 어떤 형태로든 관련되기만 하면 모두 정치자금법 제31조 제2항에서 규정한 기부금지 대상인 '법인 또는 단체와 관련된 자금'에 해당한다고 보아서는 안 될 것이지만, 법인 또는 단체가 기부자금의 모집·조성에 주도적·적극적으로 관여함으로써 모집·조성된 자금을 법인 또는 단체가 처분할 수 있거나 적어도 그와 동일시할 수 있는 정도의 자금인 경우에는 '법인 또는 단체와 관련된 자금'에 해당한다고 보아야 한다. 나아가 구체적 사안에서 자금이 법인 또는 단체와 그와 같은 관련이 있는지 여부는 자금 모집과 기부가 이루어진 일련의 과정을 전체적으로 파악하여 판단하여야 한다.

[2] 전국청원경찰친목협의회(이하 '청목회'라고 한다) 임원인 피고인들이 공모하여, 청원경찰법 개정과정에서 입법로비를 위하여 청목회 내에서 모금된 특별회비 자금을 회원 개인 명의의 후원금 명목으로 다수의 국회의원들에게 정치자금으로 기부하였다고 하여 정치자금법 위반으로 기소된 사안에서, 위 특별회비 자금은 단체인 청목회가 자신의 이름을 사용하여 주도적으로 모집·조성하여 청목회 자신의 의사결정에 따라 기부할 수 있는 돈으로서 정치자금법 제31조 제2항에서 정한 '단체와 관련된 자금'에 해당한다고 한 사례.

[3] 정치자금법 제32조의 입법 취지, 정치자금법 제32조 제3호가 "누구든지 공무원이 담당·처리하는 사무에 관하여 청탁 또는 알선하는 일과 관련하여 정치자금을 기부하거나 받을 수 없다."고 규정하여 청탁행위와 알선행위를 모두 금지대상으로 하고 있는데 '청탁'은 알선과는 달리 기부행위를 받은 공무원과 분리된 다른 공무원이 담당·처리하는 사무를 당연한 전제로 하고 있지 아니한 점 등에 비추어 보면, 기부자가 당해 정치자금을 받은 공무원이 직접 담당·처리하는 사무에 관하여 청탁하는 일과 관련하여 정치자금을 기부하는 행위 역시 위 조항에 위배된다.

제2장 청원경찰법 시행령 부록

■ 청원경찰법 시행령 [별표 1] <개정 2022. 5. 3.>

국가기관 또는 지방자치단체에 근무하는 청원경찰의 봉급표
(제9조제1항 관련)

(월 지급액, 단위: 원)

재직기간 호봉	15년 미만	15년 이상 23년 미만	23년 이상 30년 미만	30년 이상
1	1,686,500	-	-	-
2	1,732,900	-	-	-
3	1,816,000	-	-	-
4	1,904,000	-	-	-
5	1,993,000	-	-	-
6	2,083,900	-	-	-
7	2,171,000	-	-	-
8	2,254,800	-	-	-
9	2,335,200	-	-	-
10	2,412,500	-	-	-
11	2,486,200	-	-	-
12	2,559,300	-	-	-
13	2,629,600	2,774,700	-	-
14	2,697,800	2,845,600	-	-
15	2,763,000	2,913,800	-	-
16	2,826,100	2,979,700	-	-
17	2,887,800	3,041,100	-	-
18	2,945,200	3,100,700	-	-
19	3,001,700	3,158,000	3,476,400	-
20	3,055,400	3,212,500	3,535,000	-
21	3,106,000	3,264,600	3,590,900	-
22	3,154,900	3,314,600	3,643,600	-
23	3,201,400	3,362,200	3,694,800	-
24	3,246,000	3,408,100	3,743,200	4,008,000
25	3,288,300	3,451,800	3,789,100	4,055,800
26	3,326,900	3,494,000	3,833,200	4,099,600
27	3,360,000	3,529,300	3,870,300	4,137,100
28	3,391,800	3,563,200	3,905,000	4,173,200
29	3,422,600	3,595,300	3,938,500	4,207,200
30	3,452,600	3,626,400	3,970,600	4,239,500
31	3,481,800	3,656,600	4,000,700	4,270,100

■ 청원경찰법 시행령 [별표 2] 〈개정 2020. 12. 31.〉

과태료의 부과기준(제21조제1항 관련)

위 반 행 위	해당 법조문	과태료 금액
1. 법 제4조제2항에 따른 시·도경찰청장의 배치 결정을 받지 않고 다음 각 목의 시설에 청원경찰을 배치한 경우 가. 국가 중요 시설(국가정보원장이 지정하는 국가보안 목표시설을 말한다)인 경우 나. 가목에 따른 국가 중요 시설 외의 시설인 경우	법 제12조 제1항제1호	 500만원 400만원
2. 법 제5조제1항에 따른 시·도경찰청장의 승인을 받지 않고 다음 각 목의 청원경찰을 임용한 경우 가. 법 제5조제2항에 따른 임용 결격사유에 해당하는 청원경찰 나. 법 제5조제2항에 따른 임용 결격사유에 해당하지 않고 청원경찰	법 제12조 제1항제1호	 500만원 300만원
3. 정당한 사유 없이 법 제6조제3항에 따라 경찰청장이 고시한 최저부담기준액 이상의 보수를 지급하지 않은 경우	법 제12조 제1항제2호	500만원
4. 법 제9조의3제2항에 따른 시·도경찰청장의 감독상 필요한 다음 각 목의 명령을 정당한 사유 없이 이행하지 않은 경우 가. 총기·실탄 및 분사기에 관한 명령 나. 가목에 따른 명령 외의 명령	법 제12조 제1항제3호	 500만원 300만원

제3장 청원경찰법 시행규칙 부록

■ 청원경찰법 시행규칙 [별표 1]

청원경찰의 교육과목 및 수업시간표(제6조 관련)

학 과 별		과 목	시 간
정 신 교 육		정신교육	8
학 술 교 육		형 사 법	10
		청원경찰법	5
실 무 교 육	경 무	경찰관직무집행법	5
	방 범	방범업무	3
		경범죄처벌법	2
	경 비	시설경비	6
		소 방	4
	정 보	대공이론	2
		불심검문	2
	민방위	민 방 공	3
		화 생 방	2
	기본훈련		5
	총기조작		2
	총검술		2
	사 격		6
술 과		체포술 및 호신술	6
기 타		입교 · 수료 및 평가	3

■ 청원경찰법 시행규칙 [별표 2] 〈개정 2021. 12. 31.〉

청원경찰 급여품표(제12조 관련)

품 명	수 량	사 용 기 간	정 기 지 급 일
근무복(하복)	1	1년	5월 5일
근무목(동복)	1	1년	9월 25일
한여름 옷	1	1년	6월 5일
외투·방한복 또는 점퍼	1	2~3년	9월 25일
기동화 또는 단화	1	단화 1년 기동화 2년	9월 25일
비 옷	1	3년	5월 5일
정 모	1	3년	9월 25일
기 동 모	1	3년	필요할 때
기 동 복	1	2년	필요할 때
방 한 화	1	2년	9월 25일
장 갑	1	2년	9월 25일
호 루 라 기	1	2년	9월 25일

■ 청원경찰법 시행규칙 [별표 3] 〈개정 2013.2.26〉

청원경찰 대여품표(제12조 관련)

품 명	수 량
허 리 띠	1
경 찰 봉	1
가 슴 표 장	1
분 사 기	1
포 승	1

■ 청원경찰법 시행규칙 [별표 4]

감독자 지정기준(제19조제2항 관련)

근 무 인 원	직급별 지정기준		
	대 장	반 장	조 장
9명까지			1명
10명 이상 29명 이하		1명	2 ~ 3명
30명 이상 40명 이하		1명	3 ~ 4명
41명 이상 60명 이하	1명	2명	6명
61명 이상 120명 이하	1명	4명	12명

■ 청원경찰법 시행규칙 [별도 1] 〈개정 2021. 12. 31.〉

기동복의 형태 및 규격

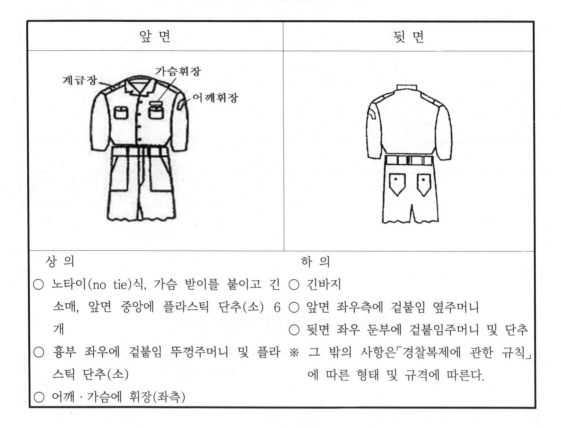

앞 면	뒷 면

상 의
○ 노타이(no tie)식, 가슴 받이를 붙이고 긴 소매, 앞면 중앙에 플라스틱 단추(소) 6 개
○ 흉부 좌우에 겉붙임 뚜껑주머니 및 플라스틱 단추(소)
○ 어깨·가슴에 휘장(좌측)

하 의
○ 긴바지
○ 앞면 좌우측에 겉붙임 옆주머니
○ 뒷면 좌우 둔부에 겉붙임주머니 및 단추
※ 그 밖의 사항은「경찰복제에 관한 규칙」에 따른 형태 및 규격에 따른다.

■ 청원경찰법 시행규칙 [별도 2]

모 자 표 장

색상 및 재질 : 금색 금속지

■ 청원경찰법 시행규칙 [별도 3]

가 슴 표 장

색상 및 재질: 금색 금속지

"청원경찰"은 음각으로 새겨 넣는다.

"번호"에는 소속 기관과 그 일련번호를 새겨 넣는다(예: 체신 112).

■ 청원경찰법 시행규칙 [별도 4] 〈개정 2013.2.26〉

휘장

어깨휘장(좌측)	가슴휘장(좌측)
○ 너비 2cm, 바깥지름 10cm의 반원형 ○ 바탕색: 상의 색상과 동일 ○ 글자(청원경찰)색: 바탕이 밝은 색일 경우 검은색, 바탕이 어두운 색일 경우 흰색 ○ 글씨의 굵기는 2mm, 크기는 한 글자 기준으로 가로 1.7cm, 세로 1.9cm ○ 모든 제복 왼쪽 어깨에 부착	○ 가로 10cm, 세로 6.5㎝ ○ 흰색 바탕에 글자(청원경찰)는 검은색 ○ 글씨의 굵기는 4mm, 크기는 한 글자 기준으로 가로 2cm, 세로 5.5cm ○ 기동복, 점퍼, 비옷, 방한복 및 외투 왼쪽 가슴에 부착

■ 청원경찰법 시행규칙 [별도 5]

계급장

조원(신임)

조원(8년 이상 근속)

조장

반장

대장

색상 및 재질: 금색 금속지

■ 청원경찰법 시행규칙 [별도 6]

넥타이핀

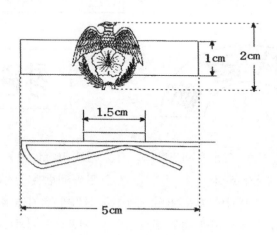

색상 및 재질: 은색 금속지

■ 청원경찰법 시행규칙 [별도 7]

단추

1.5cm

색상 및 재질: 은색 금속지

■ 청원경찰법 시행규칙 [별도 8]

부속물의 위치

부속물 위 치	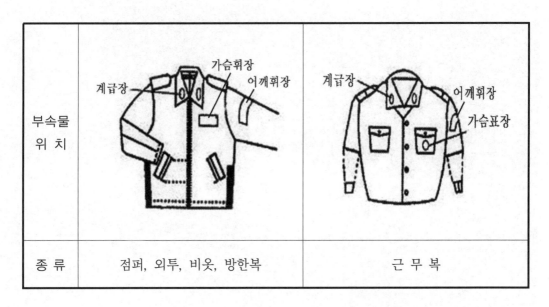	
종 류	점퍼, 외투, 비옷, 방한복	근 무 복

Part 02

경찰관 직무집행법

제1장 경찰관 직무집행법

[시행 2022. 2. 3.] [법률 제19033호, 2022. 11. 15., 일부개정]

제1조(목적)

① 이 법은 국민의 자유와 권리 및 모든 개인이 가지는 불가침의 기본적 인권을 보호하고 사회공공의 질서를 유지하기 위한 경찰관(경찰공무원만 해당한다. 이하 같다)의 직무 수행에 필요한 사항을 규정함을 목적으로 한다. 〈개정 2020. 12. 22.〉

② 이 법에 규정된 경찰관의 직권은 그 직무 수행에 필요한 최소한도에서 행사되어야 하며 남용되어서는 아니 된다.

 Plus Tip

▶ 비례의 원칙, 법률유보의 원칙(대법원 2020. 9. 3. 선고 2016두32992 전원합의체 판결)

[1] 헌법 제37조 제2항은 "국민의 모든 자유와 권리는 국가안전보장·질서유지 또는 공공복리를 위하여 필요한 경우에 한하여 법률로써 제한할 수 있으며, 제한하는 경우에도 자유와 권리의 본질적인 내용을 침해할 수 없다."라고 규정하고 있다. 헌법상 법치주의는 법률유보원칙, 즉 행정작용에는 국회가 제정한 형식적 법률의 근거가 요청된다는 원칙을 핵심적 내용으로 한다. 나아가 오늘날의 법률유보원칙은 단순히 행정작용이 법률에 근거를 두기만 하면 충분한 것이 아니라, 국가공동체와 그 구성원에게 기본적이고도 중요한 의미를 갖는 영역, 특히 국민의 기본권 실현에 관련된 영역에 있어서는 행정에 맡길 것이 아니고 국민의 대표자인 입법자 스스로 그 본질적 사항에 대하여 결정하여야 한다는 요구, 즉 의회유보원칙까지 내포하는 것으로 이해되고 있다. 여기서 어떠한 사안이 국회가 형식적 법률로 스스로 규정하여야 하는 본질적 사항에 해당되는지는, 구체적 사례에서 관련된 이익 내지 가치의 중요성, 규제 또는 침해의 정도와 방법 등을 고려하여 개별적으로 결정하여야 하지만, 규율대상이 국민의 기본권과 관련한 중요성을 가질수록 그리고 그에 관한 공개적 토론의 필요성 또는 상충하는 이익 사이의 조정 필요성이 클수록, 그것이 국회의 법률에 의하여 직접 규율될 필요성은 더 증대된다. 따라서 국민의 권리·의무에 관한 기본적이고 본질적인 사항은 국회가 정하여야 하고, 헌법상 보장된 국민의 자유나 권리를 제한할 때에는 적어도 그 제한의 본질적인 사항에 관하여 국회가 법률로써 스스로 규율하여야 한다.

[2] 헌법 제75조는 "대통령은 법률에서 구체적으로 범위를 정하여 위임받은 사항과 법률을 집행하기 위하여 필요한 사항에 관하여 대통령령을 발할 수 있다."라고 규정하고 있다. 따라서 대통령은 법률에서 구체적으로 범위를 정하여 위임받은 사항과 법률을 집행하기 위하여 필요한 사항에 관하여만 대통령령을 발할 수 있으므로, 법률의 시행령은 모법인 법률에 의하여 위임받은 사항이나 법률이 규정한 범위 내에서 법률을 현실적으로 집행하는 데 필요한 세부적인 사항만을 규정할 수 있을 뿐, 법률에 의한 위임이 없는 한 법률이 규정한 개인의 권리·의무에 관한 내용을 변경·보충하거나 법률에 규정되지 아니한 새로운 내용을 규정할 수는 없다.

비례의 원칙(과잉금지의 원칙)이란 어떤 행정목적을 달성하기 위한 수단은 그 목적달성에 유효·적절하고 또한 가능한 한 최소 침해를 가져오는 것이어야 하며 아울러 그 수단의 도입으로 인한 침해가 의도하는 공익을 능가하여서는 아니 된다는 헌법상의 원칙을 말하는 것이다(대법원 1997. 9. 26. 선고 96누10096 판결).

제2조(정의)

경찰관은 다음 각 호의 직무를 수행한다. 〈개정 2020. 12. 22.〉

1. 국민의 생명·신체 및 재산의 보호
2. 범죄의 예방·진압 및 수사
2의2. 범죄피해자 보호
3. 경비, 주요 인사(人士) 경호 및 대간첩·대테러 작전 수행
4. 공공안녕에 대한 위험의 예방과 대응을 위한 정보의 수집·작성 및 배포
5. 교통 단속과 교통 위해(危害)의 방지
6. 외국 정부기관 및 국제기구와의 국제협력
7. 그 밖에 공공의 안녕과 질서 유지

■ **경찰관 직무집행법 시행령 제8조(민감정보 및 고유식별정보의 처리)**

경찰공무원은 법 제2조에 따른 경찰관의 직무를 수행하기 위하여 불가피한 경우 「개인정보 보호법」

제23조에 따른 건강에 관한 정보, 같은 법 시행령 제18조제2호에 따른 범죄경력자료에 해당하는 정보,

같은 영 제19조에 따른 주민등록번호, 여권번호, 운전면허의 면허번호 또는 외국인등록번호가 포함된

자료를 처리할 수 있다. <개정 2020. 12. 31.>

 Plus Tip

▶ **행정상 즉시강제 [헌법재판소 결정 : 헌재 2002. 10. 31. 2000헌가12]**

행정상 즉시강제란 행정강제의 일종으로서 목전의 급박한 행정상 장해를 제거할 필요가 있는 경우
에, 미리 의무를 명할 시간적 여유가 없을 때 또는 그 성질상 의무를 명하여 가지고는 목적달성이 곤란
할 때에, 직접 국민의 신체 또는 재산에 실력을 가하여 행정상 필요한 상태를 실현하는 작용이며, 법
령 또는 행정처분에 의한 선행의 구체적 의무의 존재와 그 불이행을 전제로 하는 행정상 강제집행과
구별된다.

행정강제는 **행정상 강제집행**을 원칙으로 하며, 법치국가적 요청인 예측가능성과 법적 안정성에 반
하고, 기본권 침해의 소지가 큰 권력작용인 **행정상 즉시강제는 어디까지나 예외적인 강제수단**이라
고 할 것이다. 이러한 행정상 즉시강제는 엄격한 실정법상의 근거를 필요로 할 뿐만 아니라, 그 발동
에 있어서는 법규의 범위 안에서도 다시 행정상의 장해가 목전에 급박하고, 다른 수단으로는 행정목
적을 달성할 수 없는 경우이어야 하며, 이러한 경우에도 그 행사는 필요 최소한도에 그쳐야 함을 내용
으로 하는 조리상의 한계에 기속된다.

제3조(불심검문)

① 경찰관은 다음 각 호의 어느 하나에 해당하는 사람을 정지시켜 질문할 수 있다.

  1. 수상한 행동이나 그 밖의 주위 사정을 합리적으로 판단하여 볼 때 어떠한 죄를 범
     하였거나 범하려 하고 있다고 의심할 만한 상당한 이유가 있는 사람

  2. 이미 행하여진 범죄나 행하여지려고 하는 범죄행위에 관한 사실을 안다고 인정되는
     사람

② 경찰관은 제1항에 따라 같은 항 각 호의 사람을 정지시킨 장소에서 질문을 하는 것이
   그 사람에게 불리하거나 교통에 방해가 된다고 인정될 때에는 질문을 하기 위하여 가

까운 경찰서·지구대·파출소 또는 출장소(지방해양경찰관서를 포함하며, 이하 "경찰관서"라 한다)로 동행할 것을 요구할 수 있다. 이 경우 동행을 요구받은 사람은 그 요구를 거절할 수 있다. 〈개정 2014. 11. 19., 2017. 7. 26.〉

 Plus Tip

▶ 대법원 2020. 5. 14. 선고 2020도398 판결 [마약류관리에관한법률위반(향정)]

[1] **경찰관 직무집행법 제3조 제2항**에 따라 행정경찰 목적의 경찰활동으로 행하여지는 **임의동행** 외에 **형사소송법 제199조 제1항에 따라 범죄 수사를 위하여 이루어진 임의동행의 적법성**이 인정되는 경우 : 임의동행은 경찰관 직무집행법 제3조 제2항에 따른 행정경찰 목적의 경찰활동으로 행하여지는 것 외에도 형사소송법 제199조 제1항에 따라 범죄 수사를 위하여 수사관이 동행에 앞서 피의자에게 동행을 거부할 수 있음을 알려 주었거나 동행한 피의자가 언제든지 자유로이 동행과정에서 이탈 또는 동행장소로부터 퇴거할 수 있었음이 인정되는 등 오로지 피의자의 자발적인 의사에 의하여 이루어진 경우에도 가능하다.

[2] 피고인이 메트암페타민(일명 필로폰) 투약 혐의로 임의동행 형식으로 경찰서에 간 후 자신의 소변과 모발을 경찰관에게 제출하여 마약류 관리에 관한 법률 위반(향정)으로 기소된 사안에서, 경찰관은 당시 피고인의 정신 상태, 신체에 있는 주사바늘 자국, 알콜솜 휴대, 전과 등을 근거로 피고인의 마약류 투약 혐의가 상당하다고 판단하여 경찰서로 임의동행을 요구하였고, 동행장소인 경찰서에서 피고인에게 마약류 투약 혐의를 밝힐 수 있는 소변과 모발의 임의제출을 요구하였으므로 피고인에 대한 임의동행은 마약류 투약 혐의에 대한 수사를 위한 것이어서 형사소송법 제199조 제1항에 따른 임의동행에 해당한다는 이유로, 피고인에 대한 임의동행은 경찰관 직무집행법 제3조 제2항에 의한 것인데 같은 조 제6항을 위반하여 불법구금 상태에서 제출된 피고인의 소변과 모발은 위법하게 수집된 증거라고 본 원심판단에 임의동행에 관한 법리를 오해한 잘못이 있다.

③ 경찰관은 제1항 각 호의 어느 하나에 해당하는 사람에게 질문을 할 때에 그 사람이 흉기를 가지고 있는지를 조사할 수 있다.

④ 경찰관은 제1항이나 제2항에 따라 질문을 하거나 동행을 요구할 경우 자신의 신분을 표시하는 증표를 제시하면서 소속과 성명을 밝히고 질문이나 동행의 목적과 이유를 설명하여야 하며, 동행을 요구하는 경우에는 동행 장소를 밝혀야 한다.

■ **경찰관 직무집행법 시행령 제5조(신분을 표시하는 증표)**

법 제3조 제4항 및 법 제7조 제4항의 신분을 표시하는 증표는 경찰공무원의 공무원증으로 한다. ⟨개정 2020.12.31⟩

⑤ 경찰관은 제2항에 따라 동행한 사람의 가족이나 친지 등에게 동행한 경찰관의 신분, 동행 장소, 동행 목적과 이유를 알리거나 본인으로 하여금 즉시 연락할 수 있는 기회를 주어야 하며, 변호인의 도움을 받을 권리가 있음을 알려야 한다.

⑥ 경찰관은 제2항에 따라 동행한 사람을 6시간을 초과하여 경찰관서에 머물게 할 수 없다.

⑦ 제1항부터 제3항까지의 규정에 따라 질문을 받거나 동행을 요구받은 사람은 형사소송에 관한 법률에 따르지 아니하고는 신체를 구속당하지 아니하며, 그 의사에 반하여 답변을 강요당하지 아니한다.

 Plus Tip

1. 대법원 2014. 12. 11. 선고 2014도7976 판결 [공무집행방해·상해]

경찰관이 신분증을 제시하지 않고 불심검문을 하였으나, 검문하는 사람이 경찰관이고 검문하는 이유가 범죄행위에 관한 것임을 피고인이 알고 있었던 경우, 그 불심검문이 위법한 공무집행인지 여부(소극) 경찰관직무집행법 제3조 제4항은 경찰관이 불심검문을 하고자 할 때에는 자신의 신분을 표시하는 증표를 제시하여야 한다고 규정하고, 경찰관직무집행법 시행령 제5조는 위 법에서 규정한 신분을 표시하는 증표는 경찰관의 공무원증이라고 규정하고 있는데, 불심검문을 하게 된 경위, 불심검문 당시의 현장상황과 검문을 하는 경찰관들의 복장, 피고인이 공무원증 제시나 신분 확인을 요구하였는지 여부 등을 종합적으로 고려하여, 검문하는 사람이 경찰관이고 검문하는 이유가 범죄행위에 관한 것임을 피고인이 충분히 알고 있었다고 보이는 경우에는 신분증을 제시하지 않았다고 하여 그 불심검문이 위법한 공무집행이라고 할 수 없다.

2. 대법원 2014. 2. 27. 선고 2011도13999 판결 [상해·공무집행방해]

[경찰관이 불심검문 대상자 해당 여부를 판단하는 기준 및 불심검문의 적법 요건과 내용] 경찰관직무집행법의 목적, 법 제1조 제1항, 제2항, 제3조 제1항, 제2항, 제3항, 제7항의 내용 및 체계 등을 종합하면, 경찰관이 법 제3조 제1항에 규정된 대상자('불심검문 대상자') 해당 여부를 판단할 때에는

불심검문 당시의 구체적 상황은 물론 사전에 얻은 정보나 전문적 지식 등에 기초하여 불심검문 대상자인지를 객관적·합리적인 기준에 따라 판단하여야 하나, 반드시 불심검문 대상자에게 형사소송법상 체포나 구속에 이를 정도의 혐의가 있을 것을 요한다고 할 수는 없다. 그리고 경찰관은 불심검문 대상자에게 질문을 하기 위하여 범행의 경중, 범행과의 관련성, 상황의 긴박성, 혐의의 정도, 질문의 필요성 등에 비추어 목적 달성에 필요한 최소한의 범위 내에서 사회통념상 용인될 수 있는 상당한 방법으로 대상자를 정지시킬 수 있고 질문에 수반하여 흉기의 소지 여부도 조사할 수 있다.

3. 대법원 2012. 9. 13. 선고 2010도6203 판결 [상해·공무집행방해·모욕]

[1] 불심검문의 적법 요건 및 그 내용

경찰관직무집행법(이하 '법' 이라 한다)의 목적, 법 제1조 제1항, 제2항, 제3조 제1항, 제2항, 제3항, 제7항의 규정 내용 및 체계 등을 종합하면, 경찰관은 법 제3조 제1항에 규정된 대상자에게 질문을 하기 위하여 범행의 경중, 범행과의 관련성, 상황의 긴박성, 혐의의 정도, 질문의 필요성 등에 비추어 목적 달성에 필요한 최소한의 범위 내에서 사회통념상 용인될 수 있는 상당한 방법으로 대상자를 정지시킬 수 있고 질문에 수반하여 흉기의 소지 여부도 조사할 수 있다.

[2] 검문 중이던 경찰관들이, 자전거를 이용한 날치기 사건 범인과 흡사한 인상착의 피고인이 자전거를 타고 다가오는 것을 발견하고 정지를 요구하였으나 멈추지 않아, 앞을 가로막고 소속과 성명을 고지한 후 검문에 협조해 달라는 취지로 말하였음에도 불응하고 그대로 전진하자, 따라가서 재차 앞을 막고 검문에 응하라고 요구하였는데, 이에 피고인이 경찰관들의 멱살을 잡아 밀치거나 욕설을 하는 등 항의하여 공무집행방해 등으로 기소된 사안에서, 범행의 경중, 범행과의 관련성, 상황의 긴박성, 혐의의 정도, 질문의 필요성 등에 비추어 경찰관들은 목적 달성에 필요한 최소한의 범위 내에서 사회통념상 용인될 수 있는 상당한 방법을 통하여 경찰관직무집행법 제3조 제1항에 규정된 자에 대해 의심되는 사항을 질문하기 위하여 정지시킨 것으로 보아야 하는데도, 이와 달리 경찰관들의 불심검문이 위법하다고 보아 피고인에게 무죄를 선고한 원심판결에 불심검문의 내용과 한계에 관한 법리오해의 위법이 있다.

4. 대법원 2011. 6. 30. 선고 2009도6717 판결 [식품위생법위반]

[1] '임의동행'의 적법성을 인정하기 위한 요건

[1] 형사소송법 제199조 제1항은 임의수사 원칙을 명시하고 있는데, 수사관이 수사과정에서 동의를

받는 형식으로 피의자를 수사관서 등에 동행하는 것은, 피의자의 신체의 자유가 제한되어 실질적으로 체포와 유사한데도 이를 억제할 방법이 없어서 이를 통해서는 제도적으로는 물론 현실적으로도 임의성을 보장할 수 없을 뿐만 아니라, 아직 정식 체포·구속단계 이전이라는 이유로 헌법 및 형사소송법이 체포·구속된 피의자에게 부여하는 각종 권리보장 장치가 제공되지 않는 등 형사소송법의 원리에 반하는 결과를 초래할 가능성이 크므로, 수사관이 동행에 앞서 피의자에게 동행을 거부할 수 있음을 알려 주었거나 동행한 피의자가 언제든지 자유로이 동행과정에서 이탈 또는 동행장소에서 퇴거할 수 있었음이 인정되는 등 오로지 피의자의 자발적인 의사에 의하여 수사관서 등에 동행이 이루어졌다는 것이 객관적인 사정에 의하여 명백하게 입증된 경우에 한하여, 동행의 적법성이 인정된다고 보는 것이 타당하다.

[2] 수사기관이 '피고인 아닌 자'를 상대로 위법하게 수집한 증거를 '피고인'에 대한 유죄 인정의 증거로 삼을 수 있는지 여부(원칙적 소극)

[2] 형사소송법 제308조의2는 "적법한 절차에 따르지 아니하고 수집한 증거는 증거로 할 수 없다."고 규정하고 있는데, 수사기관이 헌법과 형사소송법이 정한 절차에 따르지 아니하고 수집한 증거는 유죄 인정의 증거로 삼을 수 없는 것이 원칙이므로, 수사기관이 피고인 아닌 자를 상대로 적법한 절차에 따르지 아니하고 수집한 증거는 원칙적으로 피고인에 대한 유죄 인정의 증거로 삼을 수 없다.

[3] 유흥주점 업주와 종업원인 피고인들이 영업장을 벗어나 시간적 소요의 대가로 금품을 받아서는 아니 되는데도, 이른바 '티켓영업' 형태로 성매매를 하면서 금품을 수수하였다고 하여 구 식품위생법(2007. 12. 21. 법률 제8779호로 개정되기 전의 것) 위반으로 기소된 사안에서, 경찰이 피고인 아닌 갑, 을을 사실상 강제연행하여 불법체포한 상태에서 갑, 을 간의 성매매행위나 피고인들의 유흥업소 영업행위를 처벌하기 위하여 갑, 을에게서 자술서를 받고 갑, 을에 대한 진술조서를 작성한 경우, 위 각 자술서와 진술조서는 헌법과 형사소송법이 규정한 체포·구속에 관한 영장주의 원칙에 위배하여 수집된 것으로서 수사기관이 피고인 아닌 자를 상대로 적법한 절차에 따르지 아니하고 수집한 증거에 해당하여 형사소송법 제308조의2에 따라 증거능력이 부정된다는 이유로, 이를 피고인들에 대한 유죄 인정의 증거로 삼을 수 없다.

5. 대법원 2006. 7. 6. 선고 2005도6810 판결 [도주]

[1] 임의동행의 적법요건 형사소송법 제199조 제1항은 "수사에 관하여 그 목적을 달성하기 위하여 필요한 조사를 할 수 있다. 다만, 강제처분은 이 법률에 특별한 규정이 있는 경우에 한하며, 필요한 최소한도의 범위 안에서만 하여야 한다."고 규정하여 임의수사의 원칙을 명시하고 있는바, 수사관

이 수사과정에서 당사자의 동의를 받는 형식으로 피의자를 수사관서 등에 동행하는 것은, 상대방의 신체의 자유가 현실적으로 제한되어 실질적으로 체포와 유사한 상태에 놓이게 됨에도, 영장에 의하지 아니하고 그 밖에 강제성을 띤 동행을 억제할 방법도 없어서 제도적으로는 물론 현실적으로도 임의성이 보장되지 않을 뿐만 아니라, 아직 정식의 체포ㆍ구속단계 이전이라는 이유로 상대방에게 헌법 및 형사소송법이 체포ㆍ구속된 피의자에게 부여하는 각종의 권리보장 장치가 제공되지 않는 등 형사소송법의 원리에 반하는 결과를 초래할 가능성이 크므로, 수사관이 동행에 앞서 피의자에게 동행을 거부할 수 있음을 알려 주었거나 동행한 피의자가 언제든지 자유로이 동행과정에서 이탈 또는 동행장소로부터 퇴거할 수 있었음이 인정되는 등 오로지 피의자의 자발적인 의사에 의하여 수사관서 등에의 동행이 이루어졌음이 객관적인 사정에 의하여 명백하게 입증된 경우에 한하여, 그 적법성이 인정되는 것으로 봄이 상당하다. 형사소송법 제200조 제1항에 의하여 검사 또는 사법경찰관이 피의자에 대하여 임의적 출석을 요구할 수는 있겠으나, 그 경우에도 수사관이 단순히 출석을 요구함에 그치지 않고 일정 장소로의 동행을 요구하여 실행한다면 위에서 본 법리가 적용되어야 하고, 한편 행정경찰 목적의 경찰활동으로 행하여지는 경찰관직무집행법 제3조 제2항 소정의 질문을 위한 동행요구도 형사소송법의 규율을 받는 수사로 이어지는 경우에는 역시 위에서 본 법리가 적용되어야 한다.

[2] 사법경찰관이 피고인을 수사관서까지 동행한 것이 사실상의 강제연행, 즉 불법 체포에 해당하고, 불법 체포로부터 6시간 상당이 경과한 후에 이루어진 긴급체포 또한 위법하므로 피고인이 불법 체포된 자로서 형법 제145조 제1항에 정한 '법률에 의하여 체포 또는 구금된 자' 가 아니어서 도주죄의 주체가 될 수 없다.

6. 대법원 1997. 8. 22. 선고 97도1240 판결 [공무집행방해·폭력행위등처벌에관한법률위반]
임의동행은 상대방의 동의 또는 승낙을 그 요건으로 하는 것이므로 경찰관으로부터 임의동행 요구를 받은 경우 상대방은 이를 거절할 수 있을 뿐만 아니라 임의동행 후 언제든지 경찰관서에서 퇴거할 자유가 있다 할 것이고, 경찰관직무집행법 제3조 제6항이 임의동행한 경우 당해인을 6시간을 초과하여 경찰관서에 머물게 할 수 없다고 규정하고 있다고 하여 그 규정이 **임의동행한 자를 6시간 동안 경찰관서에 구금하는 것**을 허용하는 것은 아니다.

제4조(보호조치 등)

① 경찰관은 수상한 행동이나 그 밖의 주위 사정을 합리적으로 판단해 볼 때 다음 각 호의 어느 하나에 해당하는 것이 명백하고 응급구호가 필요하다고 믿을 만한 상당한 이유가 있는 사람(이하 "구호대상자"라 한다)을 발견하였을 때에는 보건의료기관이나 공공구호 기관에 긴급구호를 요청하거나 경찰관서에 보호하는 등 적절한 조치를 할 수 있다.

1. 정신착란을 일으키거나 술에 취하여 자신 또는 다른 사람의 생명·신체·재산에 위해를 끼칠 우려가 있는 사람

2. 자살을 시도하는 사람

3. 미아, 병자, 부상자 등으로서 적당한 보호자가 없으며 응급구호가 필요하다고 인정되는 사람. 다만, 본인이 구호를 거절하는 경우는 제외한다.

② 제1항에 따라 긴급구호를 요청받은 보건의료기관이나 공공구호기관은 정당한 이유 없이 긴급구호를 거절할 수 없다.

③ 경찰관은 제1항의 조치를 하는 경우에 구호대상자가 휴대하고 있는 무기·흉기 등 위험을 일으킬 수 있는 것으로 인정되는 물건을 경찰관서에 임시로 영치(領置)하여 놓을 수 있다.

> **■ 경찰관 직무집행법 시행령 제2조(임시영치)**
>
> 경찰공무원이 법 제4조 제3항의 규정에 의하여 무기·흉기등을 임시영치한 때에는 소속 국가경찰관서의 장(지방해양경찰관서의 장을 포함한다.)은 그 물건을 소지하였던 자에게 별지 제1호서식에 의한 임시영치증명서를 교부하여야 한다. 〈개정 2020.12.31〉

④ 경찰관은 제1항의 조치를 하였을 때에는 지체 없이 구호대상자의 가족, 친지 또는 그밖의 연고자에게 그 사실을 알려야 하며, 연고자가 발견되지 아니할 때에는 구호대상자를 적당한 공공보건의료기관이나 공공구호기관에 즉시 인계하여야 한다.

⑤ 경찰관은 제4항에 따라 구호대상자를 공공보건의료기관이나 공공구호기관에 인계하였을 때에는 즉시 그 사실을 소속 경찰서장이나 해양경찰서장에게 보고하여야 한다. 〈개정 2014. 11. 19., 2017. 7. 26.〉

⑥ 제5항에 따라 보고를 받은 소속 경찰서장이나 해양경찰서장은 대통령령으로 정하는 바에 따라 구호대상자를 인계한 사실을 지체 없이 해당 공공보건의료기관 또는 공공구호기관의 장 및 그 감독행정청에 통보하여야 한다.

■ **경찰관 직무집행법 시행령 제3조(피구호자의 인계통보)**

법 제4조 제6항의 규정에 의한 경찰서장 또는 해양경찰서장의 공중보건의료기관 · 공공구호기관의 장 및 그 감독행정청에 대한 통보는 별지 제2호서식에 의한다.

⑦ 제1항에 따라 구호대상자를 경찰관서에서 보호하는 기간은 24시간을 초과할 수 없고, 제3항에 따라 물건을 경찰관서에 임시로 영치하는 기간은 10일을 초과할 수 없다.

 Plus Tip

1. 대법원 2012. 12. 13. 선고 2012도11162 판결 [공용물건 손상 · 도로교통법 위반(무면허운전) · 공무집행 방해 · 상해 · 도로교통법 위반(음주측정거부)]

[1] 경찰관직무집행법 제4조 제1항에서 정한 '술에 취한 상태'의 의미 및 위 조항에 따른 경찰관의 보호조치를 필요로 하는 피구호자에 해당하는지 판단하는 기준

경찰관직무집행법 제4조 제1항 제1호(이하 '이 사건 조항'이라 한다)에서 규정하는 술에 취한 상태로 인하여 자기 또는 타인의 생명·신체와 재산에 위해를 미칠 우려가 있는 피구호자에 대한 보호조치는 경찰 행정상 즉시강제에 해당하므로, 그 조치가 불가피한 최소한도 내에서만 행사되도록 발동·행사 요건을 신중하고 엄격하게 해석하여야 한다. 따라서 이 사건 조항의 '술에 취한 상태'란 피구호자가 술에 만취하여 정상적인 판단능력이나 의사능력을 상실할 정도에 이른 것을 말하고, 이 사건 조항에 따른 보호조치를 필요로 하는 피구호자에 해당하는지는 구체적인 상황을 고려하여 경찰관 평균인을 기준으로 판단하되, 그 판단은 보호조치의 취지와 목적에 비추어 현저하게 불합리하여서는 아니 되며, 피구호자의 가족 등에게 피구호자를 인계할 수 있다면 특별한 사정이 없는 한 경찰관서에서 피구호자를 보호하는 것은 허용되지 않는다.

[2] 경찰관직무집행법 제4조 제1항에 따른 보호조치 요건이 갖추어지지 않았음에도 경찰관이 범죄수사를 목적으로 피의자에 해당하는 사람을 위 조항의 피구호자로 삼아 의사에 반하여 경찰관서에 데려간 경우, 위법한 체포에 해당하는지 여부

경찰관직무집행법 제4조 제1항 제1호(이하 '이 사건 조항'이라 한다)의 보호조치 요건이 갖추어지지 않았음에도, 경찰관이 실제로는 범죄수사를 목적으로 피의자에 해당하는 사람을 이 사건 조항의 피구호자로 삼아 그의 의사에 반하여 경찰관서에 데려간 행위는, 달리 현행범체포나 임의동행 등의 적법 요건을 갖추었다고 볼 사정이 없다면, 위법한 체포에 해당한다고 보아야 한다.

[3] 음주측정을 위하여 운전자를 강제로 연행할 때 준수하여야 하는 절차를 위반한 경우 위법한 체포에 해당하는지 여부(적극) 및 위법한 체포 상태에서 이루어진 음주측정요구에 불응한 행위를 음주측정거부에 관한 도로교통법 위반죄로 처벌할 수 있는지 여부(소극)

교통안전과 위험방지를 위한 필요가 없음에도 주취운전을 하였다고 인정할 만한 상당한 이유가 있다는 이유만으로 이루어지는 음주측정은 이미 행하여진 주취운전이라는 범죄행위에 대한 증거 수집을 위한 수사절차로서 의미를 가지는데, 도로교통법상 규정들이 음주측정을 위한 강제처분의 근거가 될 수 없으므로 위와 같은 음주측정을 위하여 운전자를 강제로 연행하기 위해서는 수사상 강제처분에 관한 형사소송법상 절차에 따라야 하고, 이러한 절차를 무시한 채 이루어진 강제연행은 위법한 체포에 해당한다. 이와 같은 위법한 체포 상태에서 음주측정요구가 이루어진 경우, 음주측정요구를 위한 위법한 체포와 그에 이은 음주측정요구는 주취운전이라는 범죄행위에 대한 증거 수집을 위하여 연속하여 이루어진 것으로서 개별적으로 적법 여부를 평가하는 것은 적절하지 않으므로 일련의 과정을 전체적으로 보아 위법한 음주측정요구가 있었던 것으로 볼 수밖에 없고, 운전자가 주취운전을 하였다고 인정할 만한 상당한 이유가 있다 하더라도 운전자에게 경찰공무원의 이와 같은 위법한 음주측정요구까지 응할 의무가 있다고 보아 이를 강제하는 것은 부당하므로 그에 불응하였다고 하여 음주측정거부에 관한 도로교통법 위반죄로 처벌할 수 없다.

[4] 화물차 운전자인 피고인이 경찰의 음주단속에 불응하고 도주하였다가 다른 차량에 막혀 더 이상 진행하지 못하게 되자 운전석에서 내려 다시 도주하려다 경찰관에게 검거되어 지구대로 보호조치된 후 2회에 걸쳐 음주측정요구를 거부하였다고 하여 도로교통법 위반(음주측정거부)으로 기소된 사안에서, 당시 피고인이 술에 취한 상태이기는 하였으나 술에 만취하여 정상적인 판단능력이나 의사능력을 상실할 정도에 있었다고 보기 어려운 점, 당시 상황에 비추어 평균적인 경찰관으로서는 피고인이 경찰관직무집행법 제4조 제1항 제1호('이 사건 조항')의 보호조치를 필요로 하는 상태에 있었다고 판단하지 않았을 것으로 보이는 점, 경찰관이 피고인에 대하여 이 사건 조항에 따른 보호조치를 하고자 하였다면, 당시 옆에 있었던 피고인 처(妻)에게 피고인을 인계하였어야 하는데도, 피고인 처의 의사에 반하여 지구대로 데려간 점 등 제반 사정을 종합할 때, 경찰관이 피고인과 피고인 처의 의사에 반하여 피고인을 지구대로 데려간 행위를 적법한 보호조치라고 할 수 없고, 나아가 달리 적법 요건을 갖추었다고 볼 자료가 없는 이상 경찰관이 피고인을 지구대로 데려간 행위는 위법한 체포에 해당하므로, 그와 같이 위법한 체포 상태에서 이루어진 경찰관의 음주측정요구도 위법하다고 볼 수밖에 없어 그에 불응하였다고 하여 피고인을 음주측정거부에 관한 도로교통법 위반죄로 처벌할 수는 없는데도, 이와 달리 보아 유죄를 선고한 원심판결에 이 사건 조항의 보호조치에 관한 법리를 오해하여 위법한 체포상태에서의 도로교통법 위반(음주측정거부)죄 성립에 관한 판단을 그르친 위법이 있다.

2. 대법원 1998. 2. 13. 선고 96다28578 판결 [손해배상(기)]

[1] 구 윤락행위등방지법 소정의 '요보호여자'를 경찰서 보호실에 강제로 유치하는 것의 적부(소극) 구 윤락행위등방지법 및 같은법시행령 등 관계 규정에 의하더라도 '요보호여자'에 대한 수용보호처분은 오로지 보호지도소 측에서 할 수 있도록 되어 있고, 보호지도소에서 '요보호여자'를 수용할 때까지 경찰관서에서 '요보호여자'를 경찰서 보호실에 강제로 유치할 수 있는 아무런 근거 규정이 없을 뿐 아니라, 경찰관직무집행법 제4조 제1항, 제4항의 규정에 의하면 경찰서 보호실에의 유치는 정신착란자, 주취자, 자살기도자 등 응급의 구호를 요하는 자를 24시간을 초과하지 아니하는 범위 내에서 경찰관서에서 보호조치하기 위한 경우에만 제한적으로 허용될 뿐이라고 할 것이어서, 구 윤락행위등방지법 제7조 제1항 소정의 '요보호여자'에 해당한다 하더라도 그들을 경찰서 보호실에 유치하는 것은 영장주의에 위배되는 위법한 구금에 해당한다.

[2] 경찰관이 구 윤락행위등방지법 소정의 '요보호여자'에 해당하지 않는 여자를 '요보호여자'에 해당한다고 보아 지도소 측에서 신병을 인수해 갈 때까지 영장 없이 경찰서 보호실에 강제로 유치한 행위에 대하여, 영장주의의 적용이 배제되는 행정상의 즉시강제에 해당한다는 국가의 주장을 배척하고, 영장주의에 위배되는 위법한 구금에 해당할 뿐 아니라 '요보호여자'에 해당한다고 보아 수용보호를 의뢰한 데에도 과실이 있다고 보아 **국가배상책임을 인정**한 사례.

3. 대법원 1994. 3. 11. 선고 93도958 판결

[1] 구속영장을 교부받음이 없이 피의자를 보호실에 유치함이 적법한 공무수행인지 여부

경찰서에 설치되어 있는 보호실은 영장대기자나 즉결대기자 등의 도주방지와 경찰업무의 편의 등을 위한 수용시설로서 사실상 설치, 운영되고 있으나 현행법상 그 설치근거나 운영 및 규제에 관한 법령의 규정이 없고, 이러한 보호실은 그 시설 및 구조에 있어 통상 철창으로 된 방으로 되어 있어 그 안에 대기하고 있는 사람들이나 그 가족들이 출입이 제한되는 등 일단 그 장소에 유치되는 사람은 그 의사에 기하지 아니하고 일정장소에 구금되는 결과가 되므로, 경찰관직무집행법상 정신착란자, 주취자, 자살기도자 등 응급의 구호를 요하는 자를 24시간을 초과하지 아니하는 범위내에서 경찰관서에 보호조치할 수 있는 시설로 제한적으로 운영되는 경우를 제외하고는 구속영장을 발부받음이 없이 피의자를 보호실에 유치함은 영장주의에 위배되는 위법한 구금으로서 적법한 공무수행이라고 볼 수 없다.

[2] 현행범의 체포 및 긴급체포 당시의 이유고지의무 피의자를 구속영장 없이 현행범으로 체포하든지 긴급구속하기 위하여는 체포 또는 긴급구속 당시에 헌법 및 형사소송법에 규정된바와 같이 피의자에 대하여 범죄사실의 요지, 체포 또는 구속의 이유와 변호인을 선임할 수 있음을 말하고 변명할 기회를 준 후가 아니면 체포 또는 긴급구속할 수 없다.

[3] 경찰관직무집행법상 경찰관서에 보호조치하는 경우의 통지의무 경찰관직무집행법 제4조 제1항, 제4항에 의하면 경찰관은 수상한 거동 기타 주위의 사정을 합리적으로 판단하여 술취한 상태로 인하여 자기 또는 타인의 생명, 신체와 재산에 위해를 미칠 우려가 있는 자에 해당함이 명백하며 응급의 구호를 요한다고 믿을만한 상당한 이유가 있는 자를 발견한 때에는 24시간을 초과하지 아니하는 범위 내에서 동인을 경찰관서에 보호하는 등 적절한 조치를 취할 수 있으나, 이 경우에도 경찰관이 이러한 조치를 한 때에는 지체 없이 이를 피구호자의 가족, 친지 기타의 연고자에게 그 사실을 통지하여야 한다.

4. 대법원 1994. 2. 22. 선고 93다4472 판결 [치료비 등]

경찰관직무집행법상 경찰관이 응급을 요하는 자를 보건의료기관에게 긴급구호요청하는 것을 치료위임으로 볼 수 있는지 여부

경찰관이 응급의 구호를 요하는 자를 보건의료기관에게 긴급구호요청을 하고, 보건의료기관이 이에 따라 치료행위를 하였다고 하더라도 국가와 보건의료기관 사이에 국가가 그 치료행위를 보건의료기관에 위탁하고 보건의료기관이 이를 승낙하는 내용의 치료위임계약이 체결된 것으로는 볼 수 없다.

제5조(위험 발생의 방지 등)

① 경찰관은 사람의 생명 또는 신체에 위해를 끼치거나 재산에 중대한 손해를 끼칠 우려가 있는 천재(天災), 사변(事變), 인공구조물의 파손이나 붕괴, 교통사고, 위험물의 폭발, 위험한 동물 등의 출현, 극도의 혼잡, 그 밖의 위험한 사태가 있을 때에는 다음 각호의 조치를 할 수 있다.

　　1. 그 장소에 모인 사람, 사물(事物)의 관리자, 그 밖의 관계인에게 필요한 경고를 하는 것

2. 매우 긴급한 경우에는 위해를 입을 우려가 있는 사람을 필요한 한도에서 억류하거나 피난시키는 것

3. 그 장소에 있는 사람, 사물의 관리자, 그 밖의 관계인에게 위해를 방지하기 위하여 필요하다고 인정되는 조치를 하게 하거나 직접 그 조치를 하는 것

② 경찰관서의 장은 대간첩 작전의 수행이나 소요(騷擾) 사태의 진압을 위하여 필요하다고 인정되는 상당한 이유가 있을 때에는 대간첩 작전지역이나 경찰관서·무기고 등 국가중요시설에 대한 접근 또는 통행을 제한하거나 금지할 수 있다.

> **■ 경찰관 직무집행법 시행령 제4조(대간첩작전지역등에 대한 접근등의 금지·제한)**
>
> 국가경찰관서의 장은 법 제5조 제2항의 규정에 의하여 대간첩작전지역등에 대한 접근 또는 통행을 제한하거나 금지한 때에는 보안상 부득이한 경우를 제외하고는 지체없이 그 기간·장소 기타 필요한 사항을 방송·벽보·경고판·전단살포등 적당한 방법으로 일반인에게 널리 알려야 한다. 이를 해제한 때에도 또한 같다.

③ 경찰관은 제1항의 조치를 하였을 때에는 지체 없이 그 사실을 소속 경찰관서의 장에게 보고하여야 한다.

④ 제2항의 조치를 하거나 제3항의 보고를 받은 경찰관서의 장은 관계 기관의 협조를 구하는 등 적절한 조치를 하여야 한다.

 Plus Tip

1. 대법원 1998. 8. 25. 선고 98다16890 판결 [손해배상(자)]

[1] 경찰관의 경찰관직무집행법 제5조에 규정된 권한의 불행사가 직무상의 의무를 위반한 것이 되어 위법한 것으로 되기 위한 요건 경찰관직무집행법 제5조는 경찰관은 인명 또는 신체에 위해를 미치거나 재산에 중대한 손해를 끼칠 우려가 있는 위험한 사태가 있을 때에는 그 각 호의 조치를 취할 수 있다고 규정하여 형식상 경찰관에게 재량에 의한 직무수행권한을 부여한 것처럼 되어 있으나, 경찰관에게 그러한 권한을 부여한 취지와 목적에 비추어 볼 때 구체적인 사정에 따라 경찰관이 그 권한을 행사하여 필요한 조치를 취하지 아니하는 것이 현저하게 불합리하다고 인정되는 경우에는 그러한 권한의 불행사는 직무상의 의무를 위반한 것이 되어 위법하게 된다.

[2] 경찰관이 경찰관직무집행법 제5조에 규정된 위험발생방지조치를 취하지 아니하였음을 이유로 국가배상책임을 인정한 사례 경찰관이 농민들의 시위를 진압하고 시위과정에 도로 상에 방치된 트랙터 1대에 대하여 이를 도로 밖으로 옮기거나 후방에 안전표지판을 설치하는 것과 같은 위험발생방지조치를 취하지 아니한 채 그대로 방치하고 철수하여 버린 결과, 야간에 그 도로를 진행하던 운전자가 위 방치된 트랙터를 피하려다가 다른 트랙터에 부딪혀 상해를 입은 사안에서 국가배상책임을 인정한 사례.

2. 대법원 1998. 5. 8. 선고 97다54482 판결 [구상금]

[1] 주취운전을 적발한 경찰관이 주취운전의 계속을 막기 위하여 취할 수 있는 조치 내용 주취 상태에서의 운전은 도로교통법 제41조의 규정에 의하여 금지되어 있는 범죄행위임이 명백하고 그로 인하여 자기 또는 타인의 생명이나 신체에 위해를 미칠 위험이 큰 점을 감안하면, 주취운전을 적발한 경찰관이 주취운전의 계속을 막기 위하여 취할 수 있는 조치로는, 단순히 주취운전의 계속을 금지하는 명령 이외에 다른 사람으로 하여금 대신하여 운전하게 하거나 당해 주취운전자가 임의로 제출한 차량열쇠를 일시 보관하면서 가족에게 연락하여 주취운전자와 자동차를 인수하게 하거나 또는 주취 상태에서 벗어난 후 다시 운전하게 하며 그 주취 정도가 심한 경우에 경찰관서에 일시 보호하는 것 등을 들 수 있고, 한편 주취운전이라는 범죄행위로 당해 음주운전자를 구속·체포하지 아니한 경우에도 필요하다면 그 차량열쇠는 범행 중 또는 범행 직후의 범죄장소에서의 압수로서 형사소송법 제216조 제3항에 의하여 영장 없이 이를 압수할 수 있다.

[2] 단속경찰관의 주취운전자에 대한 권한 불행사가 직무상 위법행위에 해당하는지 여부(한정 적극) 경찰관의 주취운전자에 대한 권한 행사가 관계 법률의 규정 형식상 경찰관의 재량에 맡겨져 있다고 하더라도, 그러한 권한을 행사하지 아니한 것이 구체적인 상황하에서 현저하게 합리성을 잃어 사회적 타당성이 없는 경우에는 경찰관의 직무상 의무를 위배한 것으로서 위법하게 된다.

[3] 음주운전으로 적발된 주취운전자가 도로 밖으로 차량을 이동하겠다며 단속경찰관으로부터 보관중이던 차량열쇠를 반환받아 몰래 차량을 운전하여 가던 중 사고를 일으킨 경우, 국가배상책임을 인정한 사례.

제6조(범죄의 예방과 제지)

경찰관은 범죄행위가 목전(目前)에 행하여지려고 하고 있다고 인정될 때에는 이를 예방하기 위하여 관계인에게 필요한 경고를 하고, 그 행위로 인하여 사람의 생명·신체에 위해를 끼치거나 재산에 중대한 손해를 끼칠 우려가 있는 긴급한 경우에는 그 행위를 제지할 수 있다.

 Plus Tip

1. 대법원 2021. 11. 11. 선고 2018다288631 판결 [손해배상(기)]

[1] 미신고 옥외집회 또는 시위에 대하여 집회 및 시위에 관한 법률 제20조 제1항 제2호에 기하여 해산을 명하기 위해서는 그 옥외집회 또는 시위로 인하여 타인의 법익이나 공공의 안녕질서에 대한 직접적인 위험이 명백하게 초래되어야 하는지 여부(적극) 및 이러한 요건을 갖춘 **해산명령**에 불응하는 경우에만 같은 법 제24조 제5호에 따라 처벌할 수 있는지 여부(적극)

집회의 자유가 가지는 헌법적 가치와 기능, 집회에 대한 허가 금지를 선언한 헌법정신, 신고제도의 취지 등을 종합하여 보면, 신고는 행정관청에 집회에 관한 구체적인 정보를 제공함으로써 공공질서의 유지에 협력하도록 하는 데 의의가 있는 것으로 집회의 허가를 구하는 신청으로 변질되어서는 아니 되므로, 신고를 하지 아니하였다는 이유만으로 옥외집회 또는 시위를 헌법의 보호 범위를 벗어나 개최가 허용되지 않는 집회 내지 시위라고 단정할 수 없다. 따라서 집회 및 시위에 관한 법률(이하 '집시법'이라고 한다) 제20조 제1항 제2호가 미신고 옥외집회 또는 시위를 해산명령의 대상으로 하면서 별도의 해산 요건을 정하고 있지 않더라도, 그 옥외집회 또는 시위로 인하여 타인의 법익이나 공공의 안녕질서에 대한 직접적인 위험이 명백하게 초래된 경우에 한하여 위 조항에 기하여 해산을 명할 수 있고, 이러한 요건을 갖춘 해산명령에 불응하는 경우에만 집시법 제24조 제5호에 의하여 처벌할 수 있다고 보아야 한다.

[2] 경찰관 직무집행법 제6조에 따른 경찰관의 제지 조치가 적법한지 판단하는 기준

경찰관 직무집행법 제6조는 "경찰관은 범죄행위가 목전에 행하여지려고 하고 있다고 인정될 때에는 이를 예방하기 위하여 관계인에게 충분한 경고를 하고, 그 행위로 인하여 사람의 생명·신체에 위해를 끼치거나 재산에 중대한 손해를 끼칠 우려가 있는 긴급한 경우에는 그 행위를 제지할 수 있다."라고 규정하고 있다. 위 조항 중 경찰관의 제지에 관한 부분은 범죄의 예방을 위한 경찰행정상 즉시강제, 즉 눈앞의 급박한 경찰상 장해를 제거하여야 할 필요가 있고 의무를 명할 시간적 여유가 없거나 의무를 명하는 방법으로는 그 목적을 달성하기 어려운 상황에서 의무불이행을 전제로 하지 아니하고 경찰이 직접 실력을 행사하여 경찰상 필요한 상태를 실현하는 권력적 사실행위에 관한 근거조항이다. 경찰행정상 즉시강제는 그 본질상 행정 목적 달성을 위하여 불가피한 한도 내에서 예외적으로 허용되는 것이므로, 위 조항에 의한 경찰관의 제지 조치 역시 그러한 조치가 불가피한 최소한도 내에서만 행사되도록 그 발동·행사 요건을 신중하고 엄격하게 해석하여야 하고, 그러한 해석·적용의 범위 내에서만 우리 헌법상 신체의 자유 등 기본권 보장 조항과 그 정신 및 해석 원칙에 합치될 수 있다.

특히 경찰관 직무집행법은 제1조 제2항에서 "경찰관의 직권은 그 직무 수행에 필요한 최소한도에서 행사되어야 하며 남용되어서는 아니 된다."라고 선언하여 경찰비례의 원칙을 명시적으로 규정하고 있는데, 이는 경찰행정 영역에서의 헌법상 과잉금지원칙을 표현한 것으로서, 공공의 안녕과 질서유지라는 공익목적과 이를 실현하기 위하여 개인의 권리나 재산을 침해하는 수단 사이에는 합리적인 비례관계가 있어야 한다는 의미를 갖는다.

그러므로 경찰관은 형사처벌의 대상이 되는 행위가 눈앞에서 막 이루어지려고 하는 것이 객관적으로 인정될 수 있는 상황이고 그 행위를 당장 제지하지 않으면 곧 인명·신체에 위해를 미치거나 재산에 중대한 손해를 끼칠 우려가 있는 상황이어서, 직접 제지하는 방법 외에는 위와 같은 결과를 막을 수 없는 급박한 상태일 때에만 경찰관 직무집행법 제6조에 의하여 적법하게 그 행위를 제지할 수 있고, 그 범위 내에서만 경찰관의 제지 조치가 적법하다고 평가될 수 있다.

[3] 공무원이 공무를 수행하는 과정에서 위법행위로 타인에게 손해를 가한 경우, 공무원 개인은 고의 또는 중과실이 있는 경우에만 **손해배상책임**을 부담하는지 여부(적극) 및 여기에서 **공무원의 '중과실'** 의 의미
국가배상법 제2조 제1항 본문 및 제2항에 따르면, 공무원이 공무를 수행하는 과정에서 위법행위로 타인에게 손해를 가한 경우에 국가 등이 손해배상책임을 지는 외에 그 개인은 고의 또는 중과실이 있는 경우에는 손해배상책임을 지지만 경과실만 있는 경우에는 책임을 면한다고 해석된다. 위 규정의 입법 취지는 공무원의 직무상 위법행위로 타인에게 손해를 끼친 경우에는 변제자력이 충분한 국가 등에 선임감독상 과실 여부에 불구하고 손해배상책임을 부담시켜 국민의 재산권을 보장하되, 공무원이 직무를 수행함에 있어 경과실로 타인에게 손해를 입힌 경우에는 그로 인하여 발생한 손해에 대하여 공무원 개인에게는 배상책임을 부담시키지 아니하여 공무원의 공무집행의 안정성을 확보하려는 데에 있기 때문이다.

여기에서 공무원의 중과실이란 공무원에게 통상 요구되는 정도의 상당한 주의를 하지 않더라도 약간의 주의를 한다면 손쉽게 위법·유해한 결과를 예견할 수 있는 경우임에도 만연히 이를 간과한 경우와 같이, 거의 고의에 가까운 현저한 주의를 결여한 상태를 의미한다.

[4] 청원대상기관이 **청원법에 규정된 청원방법이 아닌 청원인이 요구하는 방식과 절차**에 개별적으로 응하여야 할 의무를 부담하는지 여부(원칙적 소극) 및 청원인이 자신이 원하는 절차와 방식에 따른 청원권 행사의 보장을 요구하는 것이 청원권의 보호 범위에 포함되는지 여부(소극)
헌법은 제26조 제1항에서 "모든 국민은 법률이 정하는 바에 의하여 청원할 권리를 가진다."라고 하여 청원권을 기본권으로 보장하고 있다. 청원권은 공권력과의 관계에서 일어나는 여러 가지 이해관계, 의견, 희망 등에 관하여 적법한 청원을 한 모든 국민에게 국가기관이 청원을 수리할 뿐만 아니라 이를 심사하여 청원자에게 처리결과를 통지할 것을 요구할 수 있는 권리를 의미한다. 청원권의 구체적 내용은 입법활동에 의하여 형성되며 이때의 입법형성에는 폭넓은 재량권이 인정된다.

청원법은 청원의 구체적인 절차와 방법에 대하여 정하고 있는바, 청원은 문서로 하되 청원서에는 청원의 이유와 취지를 명시하고 필요한 때에는 참고자료를 첨부한 후 청원인의 성명·주소 또는 거소 등을 기재하고 서명하여야 하며 공동청원의 경우에는 3인 이하의 대표자를 선임하여 청원서에 표시하여야 하고(제6조), 청원서는 청원사항을 관장하는 기관에 제출하되 어떤 처분 또는 처분의 시정을 요구하는 청원서는 처분관서에 제출하여야 한다(제7조 제1항, 제2항)고 규정하고 있을 뿐, 청원인이 개별적으로 선호하는 방식과 절차대로 청원할 기회를 제공하도록 규정하고 있지는 아니하다. 그러므로 청원대상기관은 특별한 사정이 없는 한 청원법에 규정된 앞서 본 청원방법 이외에는 청원인이 요구하는 방식과 절차에 개별적으로 응하여야 할 의무를 지지 않을뿐더러, 청원인 각자가 자신이 원하는 절차와 방식에 따른 청원권 행사의 보장을 요구하는 것은 청원권의 보호 범위에 포함되지 아니한다고 보는 것이 타당하다.

[5] 갑 등이 세월호 진상규명 등을 촉구하는 기자회견을 한 후 청와대에 서명지 박스를 전달하기 위한 행진을 시도하였으나 관할 경찰서장인 을 등이 해산명령과 통행차단 조치를 하였고, 이에 갑 등이 을 등을 상대로 손해배상을 구한 사안에서, 제반 사정을 고려하면 을 등에게 **중과실**이 있다고 단정하기 어려운데도 을 등의 손해배상책임을 인정한 원심판단에 법리오해의 잘못이 있다고 한 사례

갑 등이 세월호 진상규명 등을 촉구하는 기자회견을 한 후 청와대에 서명지 박스를 전달하기 위한 행진을 시도하였으나 관할 경찰서장인 을 등이 해산명령과 통행차단 조치를 하였고, 이에 갑 등이 을 등을 상대로 손해배상을 구한 사안에서, 기자회견 및 행진으로 인하여 타인의 법익이나 공공의 안녕질서에 대한 직접적인 위험이 명백하게 초래되었다고 보기 어려우므로 갑 등에 대한 해산명령 및 통행차단 조치는 위법하지만, 기자회견 및 행진이 옥외집회 및 시위가 금지되는 특정 지역과 시간적·장소적으로 상당히 근접한 지역에서 이루어졌다는 점, 경찰관의 해산명령과 제지 조치가 각각의 요건을 충족함으로써 적법한지는 개별 사안 자체의 특수성을 합리적으로 고찰하여야 하는 속성을 지니는 점 등의 제반 사정을 고려하면, 을 등은 당시 갑 등에게 내린 해산명령 및 통행차단 조치가 집회 및 시위에 관한 법률 및 경찰관 직무집행법에서 허용되는 범위를 넘어선다는 것을 인식하지 못하였다고 볼 여지가 있고, 나아가 위와 같이 인식하지 못한 데에 고의에 가까울 정도로 현저히 주의를 결여하였다고 단정하기 어려운데도, 을 등에게 중과실이 있다고 보아 을 등의 손해배상책임을 인정한 원심판단에 법리오해의 잘못이 있다고 한 사례. (대법원 2021. 11. 11. 선고 2018다288631 판결 [손해배상(기)])

2. 대법원 2021. 10. 28. 선고 2017다219218 판결 [손해배상(기)]

[1] 공무원의 행위가 국가배상책임을 인정할 수 있을 정도로 객관적 정당성을 잃었는지 판단하는 기준

공무원의 행위를 원인으로 한 국가배상책임을 인정하려면 '공무원이 직무를 집행하면서 고의 또는 과실로 법령을 위반하여 타인에게 손해를 입힌 때'라고 하는 국가배상법 제2조 제1항의 요건이 충족되어야 한다. 보통 일반의 공무원을 표준으로 공무원이 객관적 주의의무를 소홀히 하고 그로 말미암아 객관적 정당성을 잃었다고 볼 수 있으면 국가배상법 제2조가 정한 국가배상책임이 성립할 수 있다. 객관적 정당성을 잃었는지는 행위의 양태와 목적, 피해자의 관여 여부와 정도, 침해된 이익의 종류와 손해의 정도 등 여러 사정을 종합하여 판단하되, 손해의 전보책임을 국가가 부담할 만한 실질적 이유가 있는지도 살펴보아야 한다.

[2] 집회 및 시위에 관한 법률 제20조 제1항 제5호에 따른 집회 또는 시위에 대한 해산명령이 객관적 정당성을 잃은 것인지 판단할 때 고려할 사항

집회 및 시위에 관한 법률 제20조 제1항 제5호, 제16조 제4항 제2호는 폭행, 협박, 손괴, 방화 등으로 질서를 유지할 수 없는 집회 또는 시위의 경우에는 해산을 명할 수 있도록 정하고 있다.

집회·시위의 경우 많은 사람이 관련되고 시위 장소 주변의 사람이나 시설에 적지 않은 영향을 줄 수 있으므로 집회 장소에서 예상치 못한 행동이 발생했을 때 경찰공무원이 집회를 허용할 것인지는 많은 시간을 두고 심사숙고하여 결정할 수 있는 것이 아니고, 현장에서 즉시 허용 여부를 결정하여 이에 따른 조치를 신속하게 취해야 할 사항이다.

[3] 구 경찰관 직무집행법 제6조 제1항에 따른 경찰관의 제지 조치가 범죄의 예방을 위한 경찰 행정상 즉시강제에 해당하는지 여부(적극)

구 경찰관 직무집행법(2014. 5. 20. 법률 제12600호로 개정되기 전의 것) 제6조 제1항은 "경찰관은 범죄행위가 목전에 행하여지려고 하고 있다고 인정될 때에는 이를 예방하기 위하여 관계인에게 필요한 경고를 발하고, 그 행위로 인하여 인명·신체에 위해를 미치거나 재산에 중대한 손해를 끼칠 우려가 있어 긴급을 요하는 경우에는 그 행위를 제지할 수 있다."라고 정하고 있다. 위 조항 중 경찰관의 제지에 관한 부분은 범죄의 예방을 위한 경찰 행정상 즉시강제, 즉 눈앞의 급박한 경찰상 장해를 제거해야 할 필요가 있고 의무를 명할 시간적 여유가 없거나 의무를 명하는 방법으로는 그 목적을 달성하기 어려운 상황에서 의무불이행을 전제로 하지 않고 경찰이 직접 실력을 행사하여 경찰상 필요한 상태를 실현하는 권력적 사실행위에 관한 근거조항이다.

[4] 갑 등이 그들이 속한 단체가 개최한 집회와 기자회견에서 있었던 **을 등 경찰의 집회 장소 점거 행위와 을의 해산명령**이 위법한 공무집행에 해당하고 이로 인해 집회의 자유가 침해되었다며 국가와 을을 상대로 손해배상을 구한 사안에서, 제반 사정에 비추어 위 점거 행위와 해산명령이 객관적 정당성을 잃은 것이라고 볼 수 없는데도, 이를 법적 요건을 갖추지 못한 위법한 경찰력의 행사로 보아 국가와 을의 손해배상책임을 인정한 원심판단에는 법리오해 등 잘못이 있다.

갑 등이 그들이 속한 단체가 개최한 집회와 기자회견에서 있었던 을 등 경찰의 집회 장소 점거 행위와 을의 해산명령이 위법한 공무집행에 해당하고 이로 인해 집회의 자유가 침해되었다며 국가와 을을 상대로 손해배상을 구한 사안에서, 사건 당일 발생한 상황뿐만 아니라 위 집회 장소에서 점거와 농성이 시작된 이후 천막 등 철거의 행정대집행에 이르기까지 다수의 공무집행방해와 손괴행위가 발생하였고 장기간 불법적으로 물건이 설치되었던 일련의 과정을 고려하여 보면, 을 등 경찰의 집회 장소 점거 행위는 불법적인 사태가 반복되는 것을 막기 위한 필요 최소한도의 조치로 볼 수 있고, 경찰이 집회참가자들을 향하여 유형력을 행사하지 않고 소극적으로 자리를 지키고 서 있었을 뿐인데도 일부 집회참가자들이 경찰을 밀치는 행위를 하는 등 당시의 현장 상황에 비추어 보면, 을로서는 집회참가자들이 경찰에 대항하여 공공의 질서유지를 해치는 행위를 하는 것으로 판단할 수 있는 상황이었으므로, 당시 해산명령이 객관적 정당성을 잃은 것이라고 단정할 수 없는데도, 위 집회 장소 점거 행위와 해산명령을 법적 요건을 갖추지 못한 위법한 경찰력의 행사로 보아 국가와 을의 손해배상책임을 인정한 원심판단에는 국가배상책임의 성립 요건과 위법성 여부에 관한 법리오해 등 잘못이 있다.

3. 대법원 2021. 10. 14. 선고 2018도2993 판결 [공무집행방해 · 일반교통방해 · 집회및시위에관한법률위반]

[1] 공무집행방해죄의 전제인 '공무집행의 적법성'의 요건과 판단 기준

공무집행방해죄는 공무원의 적법한 공무집행이 전제되어야 하고, 공무집행이 적법하기 위해서는 그 행위가 공무원의 추상적 직무 권한에 속할 뿐만 아니라 구체적으로 그 권한 내에 있어야 하며, 직무 행위로서 중요한 방식을 갖추어야 한다. 추상적인 권한에 속하는 공무원의 어떠한 공무집행이 적법한지는 행위 당시의 구체적 상황에 기초를 두고 객관적 · 합리적으로 판단해야 하고, 사후적으로 순수한 객관적 기준에서 판단할 것은 아니다.

[2] 구 경찰관 직무집행법 제6조 제1항에 따른 경찰관의 제지 조치가 범죄의 예방을 위한 경찰 행정상 즉시강제에 해당하는지 여부(적극)

구 경찰관 직무집행법 제6조 제1항은 "경찰관은 범죄행위가 목전에 행하여지려고 하고 있다고 인정될 때에는 이를 예방하기 위하여 관계인에게 필요한 경고를 발하고, 그 행위로 인하여 인명 · 신체에 위해를 미치거나 재산에 중대한 손해를 끼칠 우려가 있어 긴급을 요하는 경우에는 그 행위를 제지할 수 있다."라고 정하고 있다. 위 조항 중 경찰관의 제지에 관한 부분은 범죄의 예방을 위한 경찰 행정상 즉시강제, 즉 눈앞의 급박한 경찰상 장해를 제거하여야 할 필요가 있고 의무를 명할 시간적 여유가 없거나 의무를 명하는 방법으로는 그 목적을 달성하기 어려운 상황에서 의무불이행을 전제로 하지 않고 경찰이 직접 실력을 행사하여 경찰상 필요한 상태를 실현하는 권력적 사실행위에 관한 근거조항이다.

[3] 피고인들을 포함한 '갑 주식회사 희생자 추모와 해고자 복직을 위한 범국민대책위원회'(약칭 '대책위')가 덕수궁 대한문 화단 앞 인도('농성 장소')를 불법적으로 점거한 뒤 천막 · 분향소 등을 설치하고 농성을 계속하다가 관할 구청이 행정대집행으로 농성 장소에 있던 물건을 치웠음에도 대책위 관계자들이 이에 대한 항의의 일환으로 기자회견 명목의 집회를 개최하려고 하자, 출동한 경찰 병력이 농성 장소를 둘러싼 채 대책위 관계자들의 농성 장소 진입을 제지하는 과정에서 피고인들이 경찰관을 밀치는 등으로 공무집행을 방해하였다는 내용으로 기소된 사안에서, 경찰의 농성 장소에 대한 점거와 대책위의 집회 개최를 제지한 직무집행이 '위법한 공무집행'이라고 본 원심판단에 법리오해의 잘못이 있다고 한 사례.

피고인들을 포함한 '갑 주식회사 희생자 추모와 해고자 복직을 위한 범국민대책위원회'('대책위')
가 덕수궁 대한문 화단 앞 인도('농성 장소')를 불법적으로 점거한 뒤 천막 · 분향소 등을 설치하고
농성을 계속하다가 관할 구청이 행정대집행으로 농성 장소에 있던 물건을 치웠음에도 대책위 관계
자들이 이에 대한 항의의 일환으로 기자회견 명목의 집회를 개최하려고 하자, 출동한 경찰 병력이
농성 장소를 둘러싼 채 대책위 관계자들의 농성 장소 진입을 제지하는 과정에서 피고인들이 경찰관
을 밀치는 등으로 공무집행을 방해하였다는 내용으로 기소된 사안에서, 경찰 병력이 행정대집행 직
후 대책위가 또다시 같은 장소를 점거하고 물건을 다시 비치하는 것을 막기 위해 농성 장소를 미리
둘러싼 뒤 대책위가 같은 장소에서 기자회견 명목의 집회를 개최하려는 것을 불허하면서 소극적으
로 제지한 것은 구 경찰관 직무집행법 제6조 제1항의 범죄행위 예방을 위한 경찰 행정상 즉시강제로
서 적법한 공무집행에 해당하고, 피고인 등 대책위 관계자들이 이와 같이 직무집행 중인 경찰 병력을
밀치는 등 유형력을 행사한 행위는 공무집행방해죄에 해당한다는 이유로, 이와 달리 경찰의 농성
장소에 대한 점거와 대책위의 집회 개최를 제지한 직무집행이 '위법한 공무집행'이라고 본 원심판
단에 법리오해의 잘못이 있다.

4. 대법원 2021. 9. 30. 선고 2014도17900 판결 [공무집행방해]

피고인을 포함한 '갑 주식회사 희생자 추모와 해고자 복직을 위한 범국민대책위원회'(약칭 '대책
위') 측 사람들이 덕수궁 대한문 앞 화단 주변('농성 장소')을 불법적으로 점거한 뒤 천막·분향소
등을 설치하고 농성을 계속하다가 관할 구청이 행정대집행으로 농성 장소에 있던 적치물들을 철거
하였음에도 이에 대한 항의의 일환으로 같은 장소에서 기자회견 명목의 집회를 개최하려고 하자,
출동한 경찰 병력이 농성 장소를 둘러싼 채 진입을 제지하는 과정에서 피고인 등이 경찰관들을 밀치
는 등으로 공무집행을 방해하였다는 내용으로 기소된 사안에서, 경찰 병력이 농성 장소를 사전에
둘러싼 뒤 기자회견 명목의 집회 개최를 불허하면서 소극적으로 제지만 한 것은 구 경찰관 직무집행
법 제6조 제1항의 범죄행위 예방을 위한 경찰 행정상 즉시강제로서 적법한 공무집행에 해당한다.

5. 대법원 2018. 12. 13. 선고 2016도19417 판결 [특수공무집행방해]

[1] 경찰관 직무집행법은 경찰관이 국민의 자유와 권리를 보호하고 사회공공의 질서를 유지하기
위하여 직무 수행에 필요한 사항을 정하면서 경찰관의 직권은 직무 수행에 필요한 최소한도에서 행
사되어야 한다고 정하고 있다(제1조). 경찰관 직무집행법 제2조는 경찰관 직무의 범위로 국민의 생
명·신체·재산의 보호(제1호), 범죄의 예방·진압·수사(제2호), 범죄피해자 보호(제2호의2), 공공
의 안녕과 질서 유지(제7호)를 포함하고 있다.

경찰관 직무집행법 제6조는 "경찰관은 범죄행위가 목전에 행하여지려고 하고 있다고 인정될 때에는 이를 예방하기 위하여 관계인에게 필요한 경고를 하고, 그 행위로 인하여 사람의 생명·신체에 위해를 끼치거나 재산에 중대한 손해를 끼칠 우려가 있어 긴급한 경우에는 그 행위를 제지할 수 있다."라고 정하고 있다. 위 조항 중 경찰관의 제지에 관한 부분은 범죄 예방을 위한 경찰 행정상 즉시강제, 즉 눈앞의 급박한 경찰상 장해를 제거할 필요가 있고 의무를 명할 시간적 여유가 없거나 의무를 명하는 방법으로는 그 목적을 달성하기 어려운 상황에서 의무불이행을 전제로 하지 않고 경찰이 직접 실력을 행사하여 경찰상 필요한 상태를 실현하는 권력적 사실행위에 관한 근거조항이다. 경찰관 직무집행법 제6조에 따른 경찰관의 제지 조치가 적법한 직무집행으로 평가되기 위해서는, 형사처벌의 대상이 되는 행위가 눈앞에서 막 이루어지려고 하는 것이 객관적으로 인정될 수 있는 상황이고, 그 행위를 당장 제지하지 않으면 곧 인명·신체에 위해를 미치거나 재산에 중대한 손해를 끼칠 우려가 있는 상황이어서, 직접 제지하는 방법 외에는 위와 같은 결과를 막을 수 없는 절박한 사태이어야 한다. 다만 경찰관의 제지 조치가 적법한지는 제지 조치 당시의 구체적 상황을 기초로 판단하여야 하고 사후적으로 순수한 객관적 기준에서 판단할 것은 아니다.

[2] 주거지에서 음악 소리를 크게 내거나 큰 소리로 떠들어 이웃을 시끄럽게 하는 행위는 경범죄 처벌법 제3조 제1항 제21호에서 경범죄로 정한 '인근소란 등'에 해당한다. 경찰관은 경찰관 직무집행법에 따라 경범죄에 해당하는 행위를 예방·진압·수사하고, 필요한 경우 제지할 수 있다.

[3] 피고인은 평소 집에서 심한 고성과 욕설, 시끄러운 음악 소리 등으로 이웃 주민들로부터 수회에 걸쳐 112신고가 있어 왔던 사람인데, 피고인의 집이 소란스럽다는 112신고를 받고 출동한 경찰관 갑, 을이 인터폰으로 문을 열어달라고 하였으나 욕설을 하였고, 경찰관들이 피고인을 만나기 위해 전기차단기를 내리자 화가 나 식칼(전체 길이 약 37cm, 칼날 길이 약 24cm)을 들고 나와 욕설을 하면서 경찰관들을 향해 찌를 듯이 협박함으로써 갑, 을의 112신고 업무 처리에 관한 직무집행을 방해하였다고 하여 특수공무집행방해로 기소된 사안에서, 피고인이 자정에 가까운 한밤중에 음악을 크게 켜놓거나 소리를 지른 것은 경범죄 처벌법 제3조 제1항 제21호에서 금지하는 인근소란행위에 해당하고, 그로 인하여 인근 주민들이 잠을 이루지 못하게 될 수 있으며, 갑과 을이 112신고를 받고 출동하여 눈앞에서 벌어지고 있는 범죄행위를 막고 주민들의 피해를 예방하기 위해 피고인을 만나려 하였으나 피고인은 문조차 열어주지 않고 소란행위를 멈추지 않았던 상황이라면 피고인의 행위를 제지하고 수사하는 것은 경찰관의 직무상 권한이자 의무라고 볼 수 있으므로, 위와 같은 상황에서 갑과 을이 피고인의 집으로 통하는 전기를 일시적으로 차단한 것은 피고인을 집 밖으로 나오도록

유도한 것으로서, 피고인의 범죄행위를 진압·예방하고 수사하기 위해 필요하고도 적절한 조치로 보이고, 경찰관 직무집행법 제1조의 목적에 맞게 제2조의 직무 범위 내에서 제6조에서 정한 즉시강제의 요건을 충족한 적법한 직무집행으로 볼 여지가 있다는 이유로, 이와 달리 보아 공소사실을 무죄로 판단한 원심판결에 필요한 심리를 다하지 않은 채 논리와 경험의 법칙에 반하여 자유심증주의의 한계를 벗어나거나 경찰관 직무집행법의 해석과 적용, 공무집행의 적법성 등에 관한 법리를 오해한 잘못이 있다고 한 사례.

6. 대법원 2013. 9. 26. 선고 2013도643 판결 [공무집행방해·상해]

경찰관직무집행법 제6조 제1항에 규정된 경찰관의 '경고'나 '제지'가 범죄행위에 관한 실행의 착수 이후 범죄행위가 계속되는 중에 그 진압을 위하여도 행하여질 수 있는지 여부(적극) 경찰관직무집행법 제6조 제1항은 '경찰관은 범죄행위가 목전에 행하여지려고 하고 있다고 인정될 때에는 이를 예방하기 위하여 관계인에게 필요한 경고를 발하고, 그 행위로 인하여 인명·신체에 위해를 미치거나 재산에 중대한 손해를 끼칠 우려가 있어 긴급을 요하는 경우에는 그 행위를 제지할 수 있다'고 규정하고 있다. 여기에 규정된 경찰관의 경고나 제지는 그 문언과 같이 범죄의 예방을 위하여 범죄행위에 관한 실행의 착수 전에 행하여질 수 있을 뿐만 아니라, 이후 범죄행위가 계속되는 중에 그 진압을 위하여도 당연히 행하여질 수 있다고 보아야 한다.

이와 같은 법리에 비추어, 공사현장 출입구 앞 도로 한복판을 점거하고 공사차량의 출입을 방해하던 피고인의 팔과 다리를 잡고 도로 밖으로 옮기려고 한 경찰관의 행위를 적법한 공무집행으로 보고 경찰관의 팔을 물어뜯은 피고인에 대한 공무집행방해 및 상해의 공소사실을 모두 유죄로 인정한 원심의 판단은 정당하다.

7. 대법원 2013. 6. 13. 선고 2012도9937 판결

경찰관직무집행법 제6조 제1항에 따른 경찰관의 제지 조치가 적법한 직무집행으로 평가될 수 있기 위한 요건 및 그 제지 조치가 적법한지 판단하는 기준

경찰관직무집행법 제6조 제1항에 따른 경찰관의 제지 조치가 적법한 직무집행으로 평가될 수 있기 위해서는, 형사처벌의 대상이 되는 행위가 눈앞에서 막 이루어지려고 하는 것이 객관적으로 인정될 수 있는 상황이고, 그 행위를 당장 제지하지 않으면 곧 인명·신체에 위해를 미치거나 재산에 중대한 손해를 끼칠 우려가 있는 상황이어서, 직접 제지하는 방법 외에는 위와 같은 결과를 막을 수 없는 절박한 사태이어야 한다. 다만, 경찰관의 제지 조치가 적법한지 여부는 제지 조치 당시의 구체적 상황을 기초로 판단하여야 하고 사후적으로 순수한 객관적 기준에서 판단할 것은 아니다.

8. 대법원 2008. 11. 13. 선고 2007도9794 판결

[1] 경찰관직무집행법 제6조 제1항에 의한 경찰관의 제지 조치 발동·행사 요건의 해석 방법 경찰관 직무집행법 제6조 제1항 중 경찰관의 제지에 관한 부분은 범죄의 예방을 위한 경찰 행정상 즉시강제에 관한 근거 조항이다. 행정상 즉시강제는 그 본질상 행정 목적 달성을 위하여 불가피한 한도 내에서 예외적으로 허용되는 것이므로, 위 조항에 의한 경찰관의 제지 조치 역시 그러한 조치가 불가피한 최소한도 내에서만 행사되도록 그 발동·행사 요건을 신중하고 엄격하게 해석하여야 한다. 그러한 해석·적용의 범위 내에서만 우리 헌법상 신체의 자유 등 기본권 보장 조항과 그 정신 및 해석 원직에 합치될 수 있다.

[2] 구 집회 및 시위에 관한 법률에 의하여 금지되어 그 주최 또는 참가행위가 형사처벌의 대상이 되는 위법한 집회·시위가 장차 특정지역에서 개최될 것이 예상된다고 하더라도, 이와 시간적·장소적으로 근접하지 않은 다른 지역에서 그 집회·시위에 참가하기 위하여 출발 또는 이동하는 행위를 함부로 제지하는 것은 경찰관직무집행법 제6조 제1항의 행정상 즉시강제인 경찰관의 제지의 범위를 명백히 넘어 허용될 수 없다. 따라서 이러한 제지 행위는 공무집행방해죄의 보호대상이 되는 공무원의 적법한 직무집행이 아니다.

제7조(위험 방지를 위한 출입)

① 경찰관은 제5조 제1항·제2항 및 제6조에 따른 위험한 사태가 발생하여 사람의 생명·신체 또는 재산에 대한 위해가 임박한 때에 그 위해를 방지하거나 피해자를 구조하기 위하여 부득이하다고 인정하면 합리적으로 판단하여 필요한 한도에서 다른 사람의 토지·건물·배 또는 차에 출입할 수 있다.

② 흥행장(興行場), 여관, 음식점, 역, 그 밖에 많은 사람이 출입하는 장소의 관리자나 그에 준하는 관계인은 경찰관이 범죄나 사람의 생명·신체·재산에 대한 위해를 예방하기 위하여 해당 장소의 영업시간이나 해당 장소가 일반인에게 공개된 시간에 그 장소에 출입하겠다고 요구하면 정당한 이유 없이 그 요구를 거절할 수 없다.

③ 경찰관은 대간첩 작전 수행에 필요할 때에는 작전지역에서 제2항에 따른 장소를 검색할 수 있다.

④ 경찰관은 제1항부터 제3항까지의 규정에 따라 필요한 장소에 출입할 때에는 그 신분을 표시하는 증표를 제시하여야 하며, 함부로 관계인이 하는 정당한 업무를 방해해서는 아니 된다.

Plus Tip

대법원 2008. 4. 24. 선고 2006다32132 판결 [손해배상(기)]

[1] 교통단속처리지침 제38조 제6항에서 음주운전자가 채혈을 요구할 경우 '즉시' 채혈을 하도록 규정한 것의 의미

교통단속처리지침 제38조 제6항은 호흡측정기에 의한 측정결과의 오류방지와 음주운전 단속자에게 정확한 혈중알콜농도 측정의 기회를 제공하기 위한 규정으로서, 위 규정의 '주취운전자 적발보고서를 작성한 후 즉시'의 의미는 상당한 시간 경과 등으로 운전 당시의 혈중알콜농도 입증이 곤란하여지는 것 등을 방지하기 위하여 운전자가 경찰공무원에 대하여 호흡측정기에 의한 측정결과에 불복하고 혈액채취의 방법에 의한 측정을 요구한 때로부터 상당한 이유 없이 장시간 지체하지 않을 것을 의미한다고 해석함이 상당하다.

[2] 경찰관이 구체적 상황하에서 업무상 판단에 따라 범죄의 진압 및 수사에 관한 직무를 수행한 경우, 그와 다른 조치를 취하지 아니한 부작위를 이유로 국가배상책임을 인정하기 위한 기준

범죄의 예방·진압 및 수사는 경찰관의 직무에 해당하며 그 직무행위의 구체적 내용이나 방법 등이 경찰관의 전문적 판단에 기한 합리적인 재량에 위임되어 있으므로, 경찰관이 구체적 상황하에서 그 인적·물적 능력의 범위 내에서의 적절한 조치라는 판단에 따라 범죄의 진압 및 수사에 관한 직무를 수행한 경우, 경찰관에게 그와 같은 권한을 부여한 취지와 목적, 경찰관이 다른 조치를 취하지 아니함으로 인하여 침해된 국민의 법익 또는 국민에게 발생한 손해의 심각성 내지 그 절박한 정도, 경찰관이 그와 같은 결과를 예견하여 그 결과를 회피하기 위한 조치를 취할 수 있는 가능성이 있는지 여부 등을 종합적으로 고려하여 볼 때, 그것이 객관적 정당성을 상실하여 현저하게 불합리하다고 인정되지 않는다면 그와 다른 조치를 취하지 아니한 부작위를 내세워 국가배상책임의 요건인 법령 위반에 해당한다고 할 수 없다.

[3] 경찰관이 음주운전 단속시 운전자의 요구에 따라 곧바로 채혈을 실시하지 않은 채 호흡측정기에 의한 음주측정을 하고 1시간 12분이 경과한 후에야 채혈을 하였다는 사정만으로는 위 행위가 법령에 위배된다거나 객관적 정당성을 상실하여 운전자가 음주운전 단속과정에서 받을 수 있는 권익이 현저하게 침해되었다고 단정하기 어렵다.

제8조(사실의 확인 등)

① 경찰관서의 장은 직무 수행에 필요하다고 인정되는 상당한 이유가 있을 때에는 국가기관이나 공사(公私) 단체 등에 직무 수행에 관련된 사실을 조회할 수 있다. 다만, 긴급한 경우에는 소속 경찰관으로 하여금 현장에 나가 해당 기관 또는 단체의 장의 협조를 받아 그 사실을 확인하게 할 수 있다.

② 경찰관은 다음 각 호의 직무를 수행하기 위하여 필요하면 관계인에게 출석하여야 하는 사유·일시 및 장소를 명확히 적은 출석 요구서를 보내 경찰관서에 출석할 것을 요구할 수 있다.

1. 미아를 인수할 보호자 확인
2. 유실물을 인수할 권리자 확인
3. 사고로 인한 사상자(死傷者) 확인
4. 행정처분을 위한 교통사고 조사에 필요한 사실 확인

■ **경찰관 직무집행법 시행령 제6조(출석요구서)**

법 제8조 제2항의 규정에 의한 출석요구서는 별지 제3호서식에 의한다.

■ **경찰관 직무집행법 시행령 제7조(보고)**

경찰공무원은 다음의 조치를 한 때에는 소속 국가경찰관서의 장에게 이를 보고하여야 한다. 〈개정 2020. 12. 31.〉

1. 법 제3조 제2항의 규정에 의한 동행요구를 한 때
2. 법 제4조 제1항의 규정에 의한 긴급구호요청 또는 보호조치를 한 때
3. 법 제4조 제3항의 규정에 의한 임시영치를 한 때
4. 법 제6조 제1항의 규정에 의하여 범죄행위를 제지한 때
5. 삭제
6. 법 제7조 제2항 및 제3항의 규정에 의하여 다수인이 출입하는 장소에 대하여 출입 또는 검색을 한 때
7. 법 제8조 제1항 단서의 규정에 의한 사실확인을 한 때

제8조의2(정보의 수집 등)

① 경찰관은 범죄·재난·공공갈등 등 공공안녕에 대한 위험의 예방과 대응을 위한 정보의 수집·작성·배포와 이에 수반되는 사실의 확인을 할 수 있다.

② 제1항에 따른 정보의 구체적인 범위와 처리 기준, 정보의 수집·작성·배포에 수반되는 사실의 확인 절차와 한계는 대통령령으로 정한다. [본조신설 2020. 12. 22.]

제8조의3(국제협력)

경찰청장 또는 해양경찰청장은 이 법에 따른 경찰관의 직무수행을 위하여 외국 정부기관, 국제기구 등과 자료 교환, 국제협력 활동 등을 할 수 있다.

제9조(유치장)

법률에서 정한 절차에 따라 체포·구속된 사람 또는 신체의 자유를 제한하는 판결이나 처분을 받은 사람을 수용하기 위하여 경찰서와 해양경찰서에 유치장을 둔다.

 Plus Tip

---

1. 대법원 1999. 4. 23. 선고 98다41377 판결 [손해배상(기)]

[1] 긴급구속절차를 밟음이 없이 영장집행을 위한 편의를 위해 피의자를 경찰서 보호실에 유치하는 것의 위법 여부(위법) 경찰서에 설치되어 있는 보호실은 영장대기자나 즉결대기자 등의 도주 방지와 경찰업무의 편의 등을 위한 수용시설로서 사실상 설치, 운영되고 있으나 이러한 보호실은 그 시설 및 구조에 있어 통상 철창으로 된 방으로 되어 있어 그 안에 대기하고 있는 사람들이나 그 가족들의 출입이 제한되는 등 일단 그 장소에 유치되는 사람은 그 의사에 기하지 아니하고 일정 장소에 구금되는 결과가 되므로, 경찰관직무집행법상 정신착란자, 주취자, 자살기도자 등 응급의 구호를 요하는 자를 24시간을 초과하지 아니하는 범위 내에서 경찰관서에 보호조치할 수 있는 시설로 제한적으로 운영되는 경우를 제외하고는 구속영장을 발부받음이 없이 피의자를 보호실에 유치함은 영장주의에 위배되는 위법한 구금이므로, 긴급구속절차를 밟음이 없이 영장집행을 위한 편의를 위해 보호실에 유치하는 것은 불법구금에 해당한다.

[2] 생명침해 아닌 불법행위의 경우에도 불법행위 피해자의 부모가 그 정신적 고통에 관한 위자료를 청구할 수 있는지 여부(적극)

민법 제752조는 생명침해의 경우에 있어서의 위자료 청구권자를 열거 규정하고 있으나 이는 예시적 열거 규정이라고 할 것이므로 생명침해 아닌 불법행위의 경우에도 불법행위 피해자의 부모는 그 정신적 고통에 관한 입증을 함으로써 일반 원칙인 같은 법 제750조, 제751조에 의하여 위자료를 청구할 수 있다고 해석하여야 한다.

[3] 타인의 불법행위로 부당하게 신체를 구금당한 피해자의 부모가 그 정신적 고통에 대하여 위자료를 청구할 수 있다고 본 사례

일반적으로 타인의 불법행위로 부당하게 신체를 구금당한 피해자의 직계존속은 특별한 사정이 없는 한 경험칙상 정신적 고통을 받았다 할 것이므로 특별한 사정이 없는 경우 피해자의 부모도 그 정신적 고통에 대하여 위자료를 청구할 수 있다고 한 사례.

[4] 불법행위로 입은 정신적 고통에 대한 위자료 수액 결정이 사실심 법원의 직권에 속하는 재량 사항인지 여부(적극)

불법행위로 입은 정신적 고통에 대한 위자료 액수에 관하여는 사실심 법원이 제반 사정을 참작하여 그 직권에 속하는 재량에 의하여 이를 확정할 수 있다.

2. 대법원 1997. 6. 13. 선고 97도877 판결 [특정범죄가중처벌등에관한법률위반(감금)]

[1] 경찰서 내에서의 심리적, 무형적 장애에 의한 감금행위의 성부(적극)

감금죄에 있어서의 감금행위는 사람으로 하여금 일정한 장소 밖으로 나가지 못하도록 하여 신체의 자유를 제한하는 행위를 가리키는 것이고, 그 방법은 반드시 물리적, 유형적 장애를 사용하는 경우뿐만 아니라 심리적, 무형적 장애에 의하는 경우도 포함되는 것이므로, 설사 그 장소가 경찰서 내 대기실로서 일반인과 면회인 및 경찰관이 수시로 출입하는 곳이고 여닫이문만 열면 나갈 수 있도록 된 구조라 하여도 경찰서 밖으로 나가지 못하도록 그 신체의 자유를 제한하는 유형, 무형의 억압이 있었다면 이는 감금에 해당한다.

[2] 즉결심판 피의자를 강제로 경찰서 보호실에 유치시키는 것이 불법감금죄에 해당하는지 여부(적극)

형사소송법이나 경찰관직무집행법 등의 법률에 정하여진 구금 또는 보호유치 요건에 의하지 아니하고는 즉결심판 피의자라는 사유만으로 피의자를 구금, 유치할 수 있는 아무런 법률상 근거가 없고,

경찰 업무상 그러한 관행이나 지침이 있었다 하더라도 이로써 원칙적으로 금지되어 있는 인신구속을 행할 수 있는 근거로 할 수 없으므로, 즉결심판 피의자의 정당한 귀가요청을 거절한 채 다음날 즉결심판법정이 열릴 때까지 피의자를 경찰서 보호실에 강제 유치시키려고 함으로써 피의자를 경찰서 내 즉결피의자 대기실에 10-20분 동안 있게 한 행위는 형법 제124조 제1항의 불법감금죄에 해당하고, 이로 인하여 피의자를 보호실에 밀어 넣으려는 과정에서 상해를 입게 하였다면 특정범죄가중처벌등에관한법률 제4조의2 제1항 위반죄에 해당한다.

3. 대법원 1995. 5. 26. 선고 94다37226 판결 [손해배상(기)]

[1] 현행범인인 범죄실행의 직후인 자로 인정되는 경우 형사소송법 제211조가 현행범인으로 규정한 범죄의 실행의 직후인 자라고 함은 범죄의 실행행위를 종료한 직후의 범인이라는 것이 체포자의 입장에서 볼 때 명백한 경우를 일컫는 것으로서, 범죄의 실행을 종료한 직후라고함은 범죄행위를 실행하여 끝마친 순간 또는 이에 아주 접착된 시간적 단계를 의미하는 것으로 해석되므로 시간적으로나 장소적으로 보아 체포를 당하는 자에게 방금 범죄를 실행한 범인이라는 점에 관한 죄증이 명백히 존재하는 것으로 인정되는 경우에만 현행범인으로 볼 수 있다.

[2] 피의자에 대하여 범죄사실의 요지, 체포 또는 구속의 이유와 변호인선임권을 고지하고 변명의 기회를 주지 않고 한 긴급구속의 위법성 여부 긴급구속 당시에 헌법 및 형사소송법에 규정된 바와 같이 피의자에 대하여 범죄사실의 요지, 체포 또는 구속의 이유와 변호인을 선임할 수 있음을 말하고 변명할 기회를 준 후가 아니면 긴급구속할 수 없으므로, 이러한 절차를 준수하지 않고, 연행될 것을 명백히 거부하는 피의자를 강제로 연행한 것은 임의동행에 해당된다고 볼 수 없어 부당한 신체의 구속이라고 할 것이다.

[3] 구속영장 없이 경찰서 조사대기실에 유치하는 것의 위법성 여부 경찰서 조사대기실이 조사대기자 등의 도주방지와 경찰업무의 편의 등을 위한 수용시설로서 그 안에 대기하고 있는 사람들의 출입이 제한되는 시설이라면, 일단 그 장소에 유치되는 사람은 그 의사에 기하지 아니하고 일정장소에 구금되는 결과가 되므로 경찰관직무집행법상 정신착란자, 주취자, 자살기도자 등 응급의 구호를 요하는 자를 24시간을 초과하지 아니하는 범위 내에서 경찰관서에 보호조치할 수 있는 시설로 제한적으로 운영되는 경우를 제외하고는 구속영장을 발부받음이 없이 조사대기실에 유치하는 것은 영장주의에 위배되는 위법한 구금이라고 하지 않을 수 없다.

제10조(경찰장비의 사용 등)

① 경찰관은 직무수행 중 경찰장비를 사용할 수 있다. 다만, 사람의 생명이나 신체에 위해를 끼칠 수 있는 경찰장비(이하 이 조에서 "위해성 경찰장비"라 한다)를 사용할 때에는 필요한 안전교육과 안전검사를 받은 후 사용하여야 한다.

② 제1항 본문에서 "경찰장비"란 무기, 경찰장구(警察裝具), 최루제(催淚劑)와 그 발사장치, 살수차, 감식기구(鑑識機具), 해안 감시기구, 통신기기, 차량·선박·항공기 등 경찰이 직무를 수행할 때 필요한 장치와 기구를 말한다.

③ 경찰관은 경찰장비를 함부로 개조하거나 경찰장비에 임의의 장비를 부착하여 일반적인 사용법과 달리 사용함으로써 다른 사람의 생명·신체에 위해를 끼쳐서는 아니 된다.

④ 위해성 경찰장비는 필요한 최소한도에서 사용하여야 한다.

⑤ 경찰청장은 위해성 경찰장비를 새로 도입하려는 경우에는 대통령령으로 정하는 바에 따라 안전성 검사를 실시하여 그 안전성 검사의 결과보고서를 국회 소관 상임위원회에 제출하여야 한다. 이 경우 안전성 검사에는 외부 전문가를 참여시켜야 한다.

⑥ 위해성 경찰장비의 종류 및 그 사용기준, 안전교육·안전검사의 기준 등은 **대통령령**으로 정한다.

위해성 경찰장비의 사용기준 등에 관한 규정
[시행 2021. 1. 5.] [대통령령 제31380호, 2021. 1. 5.]

제1조(목적) 이 영은 「경찰관 직무집행법」 제10조에 따라 경찰공무원이 직무를 수행할 때 사용할 수 있는 사람의 생명이나 신체에 위해를 끼칠 수 있는 경찰장비의 종류·사용기준 및 안전관리 등에 관한 사항을 규정함을 목적으로 한다.〈개정 2020. 12. 31.〉

제2조(위해성 경찰장비의 종류) 「경찰관 직무집행법」("법") 제10조제1항 단서에 따른 사람의 생명이나 신체에 위해를 끼칠 수 있는 경찰장비("위해성 경찰장비")의 종류는 다음 각 호와 같다.

1. 경찰장구 : 수갑·포승(捕繩)·호송용포승·경찰봉·호신용경봉·전자충격기·방패 및 전자방패

2. 무기 : 권총·소총·기관총(기관단총을 포함한다. 이하 같다)·산탄총·유탄발사기·박격포·3인치포·함포·크레모아·수류탄·폭약류 및 도검

3. 분사기·최루탄등 : 근접분사기·가스분사기·가스발사총(고무탄 발사겸용을 포함.) 및 최루탄(그 발사장치를 포함.)

4. 기타장비 : 가스차·살수차·특수진압차·물포·석궁·다목적발사기 및 도주차량차단장비
   〈제3조 삭제〉

제4조(영장집행 등에 따른 수갑 등의 사용기준) 경찰관(경찰공무원으로 한정한다.)은 체포·구속영장을 집행하거나 신체의 자유를 제한하는 판결 또는 처분을 받은 자를 법률이 정한 절차에 따라 호송하거나 수용하기 위하여 필요한 때에는 최소한의 범위 안에서 수갑·포승 또는 호송용 포승을 사용할 수 있다.〈개정 2020. 12. 31.〉

제5조(자살방지 등을 위한 수갑 등의 사용기준 및 사용보고) 경찰관은 범인·술에 취한 사람 또는 정신착란자의 자살 또는 자해기도를 방지하기 위하여 필요한 때에는 수갑·포승 또는 호송용 포승을 사용할 수 있다. 이 경우 경찰관은 소속 국가경찰관서의 장(경찰청장·해양경찰청장·시·도경찰청장·지방해양경찰청장·경찰서장 또는 해양경찰서장 기타 경무관·총경·경정 또는 경감을 장으로 하는 국가경찰관서의 장을 말한다.)에게 그 사실을 보고해야 한다.〈개정 2020. 12. 31., 2021. 1. 5.〉

제6조(불법집회 등에서의 경찰봉·호신용경봉의 사용기준) 경찰관은 불법집회·시위로 인하여 발생할 수 있는 타인 또는 경찰관의 생명·신체의 위해와 재산·공공시설의 위험을 방지하기 위하여 필요한 때에는 최소한의 범위 안에서 경찰봉 또는 호신용경봉을 사용할 수 있다.

제7조(경찰봉·호신용경봉의 사용시 주의사항) 경찰관이 경찰봉 또는 호신용경봉을 사용하는 때에는 인명 또는 신체에 대한 위해를 최소화하도록 주의하여야 한다.

제8조(전자충격기등의 사용제한) ① 경찰관은 14세미만의 자 또는 임산부에 대하여 전자충격기 또는 전자방패를 사용하여서는 아니된다.

② 경찰관은 전극침(電極針) 발사장치가 있는 전자충격기를 사용하는 경우 상대방의 얼굴을 향하여 전극침을 발사하여서는 아니된다.

제9조(총기사용의 경고) 경찰관은 법 제10조의4에 따라 사람을 향하여 권총 또는 소총을 발사하고자 하는 때에는 미리 구두 또는 공포탄에 의한 사격으로 상대방에게 경고하여야 한다. 다만, 다음 각 호의 어느 하나에 해당하는 경우로서 부득이한 때에는 경고하지 아니할 수 있다.

1. 경찰관을 급습하거나 타인의 생명·신체에 대한 중대한 위험을 야기하는 범행이 목전에 실행되고 있는 등 상황이 급박하여 특히 경고할 시간적 여유가 없는 경우
2. 인질·간첩 또는 테러사건에 있어서 은밀히 작전을 수행하는 경우

제10조(권총 또는 소총의 사용제한) ① 경찰관은 법 제10조의4의 규정에 의하여 권총 또는 소총을 사용하는 경우에 있어서 범죄와 무관한 다중의 생명·신체에 위해를 가할 우려가 있는 때에는 이를 사용하여서는 아니된다. 다만, 권총 또는 소총을 사용하지 아니하고는 타인 또는 경찰관의 생명·신체에 대한 중대한 위험을 방지할 수 없다고 인정되는 때에는 필요한 최소한의 범위 안에서 이를 사용할 수 있다.

② 경찰관은 총기 또는 폭발물을 가지고 대항하는 경우를 제외하고는 14세미만의 자 또는 임산부에 대하여 권총 또는 소총을 발사하여서는 아니된다.

제11조(동물의 사살) 경찰관은 공공의 안전을 위협하는 동물을 사살하기 위하여 부득이한 때에는 권총 또는 소총을 사용할 수 있다.

제12조(가스발사총 등의 사용제한) ① 경찰관은 범인의 체포 또는 도주방지, 타인 또는 경찰관의 생명 · 신체에 대한 방호, 공무집행에 대한 항거의 억제를 위하여 필요한 때에는 최소한의 범위 안에서 가스발사총을 사용할 수 있다. 이 경우 경찰관은 1미터이내의 거리에서 상대방의 얼굴을 향하여 이를 발사하여서는 아니된다.

② 경찰관은 최루탄발사기로 최루탄을 발사하는 경우 30도이상의 발사각을 유지하여야 하고, 가스차 · 살수차 또는 특수진압차의 최루탄발사대로 최루탄을 발사하는 경우에는 15도이상의 발사각을 유지하여야 한다.

제13조(가스차 · 특수진압차 · 물포의 사용기준) ① 경찰관은 불법집회 · 시위 또는 소요사태로 인하여 발생할 수 있는 타인 또는 경찰관의 생명 · 신체의 위해와 재산 · 공공시설의 위험을 억제하기 위하여 부득이한 경우에는 현장책임자의 판단에 의하여 필요한 최소한의 범위에서 가스차를 사용할 수 있다. 〈개정 2020. 1. 7.〉

② 경찰관은 소요사태의 진압, 대간첩 · 대테러작전의 수행을 위하여 부득이한 경우에는 필요한 최소한의 범위 안에서 특수진압차를 사용할 수 있다.

③ 경찰관은 불법해상시위를 해산시키거나 선박운항정지(정선)명령에 불응하고 도주하는 선박을 정지시키기 위하여 부득이한 경우에는 현장책임자의 판단에 의하여 필요한 최소한의 범위 안에서 경비함정의 물포를 사용할 수 있다. 다만, 사람을 향하여 직접 물포를 발사해서는 안 된다. 〈개정 2021. 1. 5.〉

제13조의2(살수차의 사용기준) ① 경찰관은 다음 각 호의 어느 하나에 해당하여 살수차 외의 경찰장비로는 그 위험을 제거 · 완화시키는 것이 현저히 곤란한 경우에는 시 · 도경찰청장의 명령에 따라 살수차를 배치 · 사용할 수 있다. 〈개정 2020. 12. 31.〉

1. 소요사태로 인해 타인의 법익이나 공공의 안녕질서에 대한 직접적인 위험이 명백하게 초래되는 경우

2. 「통합방위법」제21조 제4항에 따라 지정된 국가중요시설에 대한 직접적인 공격행위로 인해 해당 시설이 파괴되거나 기능이 정지되는 등 급박한 위험이 발생하는 경우

② 경찰관은 제1항에 따라 살수차를 사용하는 경우 별표 3의 살수거리별 수압기준에 따라 살수해야 한다. 이 경우 사람의 생명 또는 신체에 치명적인 위해를 가하지 않도록 필요한 최소한의 범위에서 살수해야 한다.

③ 경찰관은 제2항에 따라 살수하는 것으로 제1항 각 호의 어느 하나에 해당하는 위험을 제거·완화
시키는 것이 곤란하다고 판단하는 경우에는 시·도경찰청장의 명령에 따라 필요한 최소한의 범
위에서 최루액을 혼합하여 살수할 수 있다. 이 경우 최루액의 혼합 살수 절차 및 방법은 경찰청장
이 정한다. 〈개정 2020. 12. 31.〉

[본조신설 2020. 1. 7.]

제14조(석궁의 사용기준) 경찰관은 총기·폭발물 기타 위험물로 무장한 범인 또는 인질범의 체포,
대간첩·대테러작전 등 국가안전에 관련되는 작전을 은밀히 수행하거나 총기를 사용할 경우에는
화재·폭발의 위험이 있는 등 부득이한 때에 한하여 현장책임자의 판단에 의하여 필요한 최소한의
범위 안에서 석궁을 사용할 수 있다.

제15조(다목적발사기의 사용기준) 경찰관은 인질범의 체포 또는 대간첩·대테러작전등 국가안전
에 관련되는 작전을 수행하거나 공공시설의 안전에 대한 현저한 위해의 발생을 방지하기 위하여
필요한 때에는 최소한의 범위 안에서 다목적발사기를 사용할 수 있다.

제16조(도주차량차단장비의 사용기준 등) ① 경찰관은 무면허운전이나 음주운전 기타 범죄에 이용
하였다고 의심할 만한 차량 또는 수배중인 차량이 정당한 검문에 불응하고 도주하거나 차량으로 직
무집행중인 경찰관에게 위해를 가한 후 도주하려는 경우에는 도주차량차단장비를 사용할 수 있다.
② 도주차량차단장비를 운용하는 경찰관은 검문 또는 단속 장소의 전방에 동 장비의 운용중임을
알리는 안내표지판을 설치하고 기타 필요한 안전조치를 취하여야 한다.

제17조(위해성 경찰장비 사용을 위한 안전교육) 법 제10조 제1항 단서에 따라 직무수행 중 위해성
경찰장비를 사용하는 경찰관은 별표 1의 기준에 따라 위해성 경찰장비 사용을 위한 안전교육을 받
아야 한다.

제18조(위해성 경찰장비에 대한 안전검사) 위해성 경찰장비를 사용하는 경찰관이 소속한 국가경찰
관서의 장은 소속 경찰관이 사용할 위해성 경찰장비에 대한 안전검사를 별표 2의 기준에 따라 실시
하여야 한다.

제18조의2(신규 도입 장비의 안전성 검사) ① 경찰청장은 위해성 경찰장비를 새로 도입하려는 경우에는 법 제10조제5항에 따라 안전성 검사를 실시하여 새로 도입하려는 장비(이하 이 조에서 "신규 도입 장비"라 한다)가 사람의 생명이나 신체에 미치는 영향을 평가하여야 한다.

② 제1항에 따른 안전성 검사는 신규 도입 장비와 관련된 분야의 외부 전문가가 신규 도입 장비의 주요 특성이나 작동원리에 기초하여 제시하는 검사방법 및 기준에 따라 실시하되, 신규 도입 장비에 대하여 일반적으로 인정되는 합리적인 검사방법이나 기준이 있을 경우 그 검사방법이나 기준에 따라 안전성 검사를 실시할 수 있다.

③ 법 제10조제5항 후단에 따라 안전성 검사에 참여한 외부 전문가는 안전성 검사가 끝난 후 30일 이내에 신규 도입 장비의 안전성 여부에 대한 의견을 경찰청장에게 제출하여야 한다.

④ 경찰청장은 신규 도입 장비에 대한 안전성 검사를 실시한 후 3개월 이내에 다음 각 호의 내용이 포함된 안전성 검사 결과보고서를 국회 소관 상임위원회에 제출하여야 한다.

1. 신규 도입 장비의 주요 특성 및 기본적인 작동 원리
2. 안전성 검사의 방법 및 기준
3. 안전성 검사에 참여한 외부 전문가의 의견
4. 안전성 검사 결과 및 종합 의견

제19조(위해성 경찰장비의 개조 등) 국가경찰관서의 장은 폐기대상인 위해성 경찰장비 또는 성능이 저하된 위해성 경찰장비를 개조할 수 있으며, 소속경찰관으로 하여금 이를 본래의 용법에 준하여 사용하게 할 수 있다.

제20조(사용기록의 보관 등) ① 제2조 제2호부터 제4호까지의 위해성 경찰장비(제4호의 경우에는 살수차만 해당한다)를 사용하는 경우 그 현장책임자 또는 사용자는 별지 서식의 사용보고서를 작성하여 직근 상급 감독자에게 보고하고, 직근 상급 감독자는 이를 3년간 보관하여야 한다.

② 제1항의 규정에 의하여 제2조 제2호의 무기 사용보고를 받은 직근 상급 감독자는 지체 없이 지휘 계통을 거쳐 경찰청장 또는 해양경찰청장에게 보고하여야 한다.

제21조(부상자에 대한 긴급조치) 경찰관이 위해성 경찰장비를 사용하여 부상자가 발생한 경우에는 즉시 구호, 그 밖에 필요한 긴급조치를 하여야 한다.<개정 2014. 11. 19.>

Plus Tip

1. 대법원 2019. 1. 17. 선고 2015다236196 판결 [손해배상(기)]

[위해성 경찰장비인 살수차와 물포의 사용 범위 및 방법]

위해성 경찰장비인 살수차와 물포는 필요한 최소한의 범위에서만 사용되어야 하고, 특히 인명 또는 신체에 위해를 가할 가능성이 더욱 커지는 직사살수는 타인의 법익이나 공공의 안녕질서에 직접적이고 명백한 위험이 현존하는 경우에 한해서만 사용이 가능하다고 보아야 한다.

[경찰관이 직사살수의 방법으로 집회나 시위 참가자들을 해산시키기 위해서 집회 및 시위에 관한 법률 제20조 제1항 각호에서 정한 해산 사유를 구체적으로 고지하는 **적법한 절차에 따른 해산명령을 시행한 후에 직사살수의 방법을 사용**할 수 있는지 여부(적극)]

위해성 경찰장비인 살수차와 물포는 집회나 시위 참가자들을 해산하기 위한 목적의 경찰장비이고 경찰관이 직사살수의 방법으로 집회나 시위 참가자들을 해산시키는 것은 집회의 자유나 신체의 자유를 침해할 우려가 있으므로 적법절차의 원칙을 준수하여야 한다. 따라서 경찰관이 직사살수의 방법으로 집회나 시위 참가자들을 해산시키려면, 먼저 집회 및 시위에 관한 법률 제20조 제1항 각호에서 정한 해산 사유를 구체적으로 고지하는 적법한 절차에 따른 해산명령을 시행한 후에 직사살수의 방법을 사용할 수 있다고 보아야 한다. 경찰청 훈령인 '물포운용지침'에서도 '직사살수'의 사용요건 중 하나로서 '도로 등을 무단점거하여 일반인의 통행 또는 교통소통을 방해하고 경찰의 해산명령에 따르지 아니하는 경우'라고 규정하여, 사전에 적법한 '해산명령'이 있어야 함을 요구하고 있다.

제10조의2(경찰장구의 사용)

① 경찰관은 다음 각 호의 직무를 수행하기 위하여 필요하다고 인정되는 상당한 이유가 있을 때에는 그 사태를 합리적으로 판단하여 필요한 한도에서 경찰장구를 사용할 수 있다.

　1. 현행범이나 사형·무기 또는 장기 3년 이상의 징역이나 금고에 해당하는 죄를 범한 범인의 체포 또는 도주 방지

　2. 자신이나 다른 사람의 생명·신체의 방어 및 보호

　3. 공무집행에 대한 항거(抗拒) 제지

② 제1항에서 "경찰장구"란 경찰관이 휴대하여 범인 검거와 범죄 진압 등의 직무 수행에 사용하는 수갑, 포승(捕繩), 경찰봉, 방패 등을 말한다.

제10조의3(분사기 등의 사용)

경찰관은 다음 각 호의 직무를 수행하기 위하여 부득이한 경우에는 현장책임자가 판단하여 필요한 최소한의 범위에서 분사기(「총포·도검·화약류 등의 안전관리에 관한 법률」에 따른 분사기를 말하며, 그에 사용하는 최루 등의 작용제를 포함한다. 이하 같다) 또는 최루탄을 사용할 수 있다.

1. 범인의 체포 또는 범인의 도주 방지
2. 불법집회·시위로 인한 자신이나 다른 사람의 생명·신체와 재산 및 공공시설 안전에 대한 현저한 위해의 발생 억제

제10조의4(무기의 사용)

① 경찰관은 범인의 체포, 범인의 도주 방지, 자신이나 다른 사람의 생명·신체의 방어 및 보호, 공무집행에 대한 항거의 제지를 위하여 필요하다고 인정되는 상당한 이유가 있을 때에는 그 사태를 합리적으로 판단하여 필요한 한도에서 무기를 사용할 수 있다. 다만, 다음 각 호의 어느 하나에 해당할 때를 제외하고는 사람에게 위해를 끼쳐서는 아니 된다.

1. 「형법」에 규정된 정당방위와 긴급피난에 해당할 때
2. 다음 각 목의 어느 하나에 해당하는 때에 그 행위를 방지하거나 그 행위자를 체포하기 위하여 무기를 사용하지 아니하고는 다른 수단이 없다고 인정되는 상당한 이유가 있을 때
    가. 사형·무기 또는 장기 3년 이상의 징역이나 금고에 해당하는 죄를 범하거나 범하였다고 의심할 만한 충분한 이유가 있는 사람이 경찰관의 직무집행에 항거하거나 도주하려고 할 때
    나. 체포·구속영장과 압수·수색영장을 집행하는 과정에서 경찰관의 직무집행에 항거하거나 도주하려고 할 때
    다. 제3자가 가목 또는 나목에 해당하는 사람을 도주시키려고 경찰관에게 항거할 때
    라. 범인이나 소요를 일으킨 사람이 무기·흉기 등 위험한 물건을 지니고 경찰관으로부터 3회 이상 물건을 버리라는 명령이나 항복하라는 명령을 받고도 따르지 아니하면서 계속 항거할 때
3. 대간첩 작전 수행 과정에서 무장간첩이 항복하라는 경찰관의 명령을 받고도 따르지 아니할 때

② 제1항에서 "무기"란 사람의 생명이나 신체에 위해를 끼칠 수 있도록 제작된 권총 · 소총 · 도검 등을 말한다.

③ 대간첩 · 대테러 작전 등 국가안전에 관련되는 작전을 수행할 때에는 개인화기(個人火器) 외에 공용화기(共用火器)를 사용할 수 있다.

 Plus Tip

1. 대법원 2008. 2. 1. 선고 2006다6713 판결 [손해배상(기)]

[1] 경찰관의 무기 사용이 경찰관직무집행법 제10조의4에 정한 요건을 충족하는지 여부의 판단기준

[1] 경찰관은 범인의 체포, 도주의 방지, 자기 또는 타인의 생명·신체에 대한 방호, 공무집행에 대한 항거의 억제를 위하여 무기를 사용할 수 있으나, 이 경우에도 무기는 목적 달성에 필요하다고 인정되는 상당한 이유가 있을 때 그 사태를 합리적으로 판단하여 필요한 한도 내에서 사용하여야 하는바(경찰관직무집행법 제10조의4), 경찰관의 무기 사용이 이러한 요건을 충족하는지 여부는 범죄의 종류, 죄질, 피해법익의 경중, 위해의 급박성, 저항의 강약, 범인과 경찰관의 수, 무기의 종류, 무기 사용의 태양, 주변의 상황 등을 고려하여 사회통념상 상당하다고 평가되는지 여부에 따라 판단하여야 하고, 특히 사람에게 위해를 가할 위험성이 큰 권총의 사용에 있어서는 그 요건을 더욱 엄격하게 판단하여야 한다.

[2] 형사상 범죄를 구성하지 아니하는 침해행위가 민사상 불법행위를 구성할 수 있는지 여부(적극)

[2] 불법행위에 따른 형사책임은 사회의 법질서를 위반한 행위에 대한 책임을 묻는 것으로서 행위자에 대한 공적인 제재(형벌)를 그 내용으로 함에 비하여, 민사책임은 타인의 법익을 침해한 데 대하여 행위자의 개인적 책임을 묻는 것으로서 피해자에게 발생한 손해의 전보를 그 내용으로 하는 것이고, 손해배상제도는 손해의 공평·타당한 부담을 그 지도원리로 하는 것이므로, 형사상 범죄를 구성하지 아니하는 침해행위라고 하더라도 그것이 민사상 불법행위를 구성하는지 여부는 형사책임과 별개의 관점에서 검토하여야 한다.

[3] 경찰관이 범인을 제압하는 과정에서 총기를 사용하여 범인을 사망에 이르게 한 사안에서, 경찰관이 총기사용에 이르게 된 동기나 목적, 경위 등을 고려하여 형사사건에서 무죄판결이 확정되었더라도 당해 경찰관의 과실의 내용과 그로 인하여 발생한 결과의 중대함에 비추어 민사상 불법행위책임을 인정한 사례.

2. 대법원 2004. 5. 13. 선고 2003다57956 판결 [손해배상(기)]

[1] 경찰관의 무기 사용 요건 충족 여부의 판단 기준

[1] 경찰관은 범인의 체포, 도주의 방지, 자기 또는 타인의 생명·신체에 대한 방호, 공무집행에 대한 항거의 억제를 위하여 무기를 사용할 수 있으나, 이 경우에도 무기는 목적 달성에 필요하다고 인정되는 상당한 이유가 있을 때 그 사태를 합리적으로 판단하여 필요한 한도 내에서 사용하여야 하는바{구 경찰관직무집행법(1999. 5. 24. 법률 제5988호로 개정되기 전의 것) 제11조}, 경찰관의 무기 사용이 이러한 요건을 충족하는지 여부는 범죄의 종류, 죄질, 피해법익의 경중, 위해의 급박성, 저항의 강약, 범인과 경찰관의 수, 무기의 종류, 무기 사용의 태양, 주변의 상황 등을 고려하여 사회통념상 상당하다고 평가되는지 여부에 따라 판단하여야 하고, 특히 사람에게 위해를 가할 위험성이 큰 권총의 사용에 있어서는 그 요건을 더욱 엄격하게 판단하여야 한다.

[2] 50cc 소형 오토바이 1대를 절취하여 운전 중인 15~16세의 절도 혐의자 3인이 경찰관의 검문에 불응하며 도주하자, 경찰관이 체포 목적으로 오토바이의 바퀴를 조준하여 실탄을 발사하였으나 오토바이에 타고 있던 1인이 총상을 입게 된 경우, 제반 사정에 비추어 경찰관의 총기 사용이 사회통념상 허용범위를 벗어나 위법하다고 한 사례.

3. 대법원 2004. 3. 25. 선고 2003도3842 판결 [업무상과실치사]

[무기사용요건] 경찰관직무집행법 제10조의4 제1항 에 의하면, 경찰관은 범인의 체포, 도주의 방지, 자기 또는 타인의 생명·신체에 대한 방호, 공무집행에 대한 항거의 억제를 위하여 필요하다고 인정되는 상당한 이유가 있을 때 그 사태를 합리적으로 판단하여 필요한 한도 내에서 무기를 사용할 수 있되, 다만 형법에 규정한 정당방위나 긴급피난에 해당하는 때, 사형·무기 또는 장기 3년 이상의 징역이나 금고에 해당하는 죄를 범하거나 범하였다고 의심할 만한 충분한 이유가 있는 자가 경찰관의 직무집행에 대하여 항거하거나 도주하려고 할 때 또는 체포, 도주의 방지나 항거의 억제를 위하여 다른 수단이 없다고 인정되는 상당한 이유가 있는 때를 제외하고는 무기 사용으로 인하여 사람에게 위해를 주어서는 안 된다고 규정하고 있고, 경찰관의 무기 사용이 위와 같은 요건을 충족하는지 여부는 범죄의 종류, 죄질, 피해법익의 경중, 위해의 급박성, 저항의 강약, 범인과 경찰관의 수, 무기의 종류, 무기 사용의 태양, 주변의 상황 등을 고려하여 사회통념상 상당하다고 평가되는지 여부에 따라 판단하여야 하고, 특히 사람에게 위해를 가할 위험성이 큰 권총의 사용에 있어서는 그 요건을 더욱 엄격하게 판단하여야 한다.

4. 대법원 1999. 6. 22. 선고 98다61470 판결 [손해배상(기)]

[1] 경찰관직무집행법 제11조에서 정하는 '무기 사용'의 요건과 한계 경찰관직무집행법 제11조의 규정에 비추어 보면 경찰관은 범인의 체포, 도주의 방지, 자기 또는 타인의 생명, 신체에 대한 방호, 공무집행에 대한 항거의 억제를 위하여 상당한 이유가 있을 때에는 필요한 한도 내에서 무기를 사용할 수 있으나, 형법이 정하는 정당방위와 긴급피난에 해당할 때 또는 체포, 도주의 방지나 항거의 억제를 위하여 다른 수단이 없다고 인정되는 상당한 이유가 있는 때에 한하여 필요한 한도 내에서만 무기를 사용하여 사람에게 위해를 가할 수 있음이 명백하다.

[2] 경찰관이 신호위반을 이유로 한 정지명령에 불응하고 도주하던 차량에 탑승한 동승자를 추격하던 중 몸에 지닌 각종 장비 때문에 거리가 점점 멀어져 추격이 힘들게 되자 수차례에 걸쳐 경고하고 공포탄을 발사했음에도 불구하고 계속 도주하자 실탄을 발사하여 사망케 한 경우, 위 사망자가 아무런 흉기를 휴대하지 아니한 상태에서 경찰관을 공격하거나 위협하는 등 거칠게 항거하지 않고 단지 계속하여 도주하였다면 그러한 상황은 형법에 규정된 정당방위나 긴급피난의 요건에 해당한다고 보기 어렵고, 위 사망자가 경찰관의 정지명령에 응하지 아니하고 계속 도주하였다는 사실만으로 경찰관직무집행법 제11조에서 규정하는 범죄를 범하였거나 범하였다고 의심할 충분한 이유가 있다고 보기도 어려우며, 동료 경찰관이 총기를 사용하지 않고도 함께 도주하던 다른 일행을 계속 추격하여 체포한 점에 비추어 볼 때, 경찰관이 추격에 불필요한 장비를 일단 놓아둔 채 계속 추격을 하거나 공포탄을 다시 발사하는 방법으로 충분히 위 사망자를 제압할 여지가 있었다고 보이므로, 경찰관이 그러한 방법을 택하지 아니하고 실탄을 발사한 행위는 경찰관직무집행법 제11조에 정해진 총기 사용의 허용 범위를 벗어난 위법행위라고 본 사례.

5. 대법원 1999. 3. 23. 선고 98다63445 판결 [손해배상(기)]

[1] 경찰관의 총기 사용 요건의 판단 방법 경찰관은 범인의 체포, 도주의 방지, 자기 또는 타인의 생명·신체에 대한 방호, 공무집행에 대한 항거의 억제를 위하여 무기를 사용할 수 있으나, 이 경우에도 무기는 목적달성에 필요하다고 인정되는 상당한 이유가 있을 때 그 사태를 합리적으로 판단하여 필요한 한도 내에서 사용하여야 하는바, 경찰관의 무기사용이 이러한 요건을 충족하는지 여부는 범죄의 종류, 죄질, 피해법익의 경중, 위해의 급박성, 저항의 강약, 범인과 경찰관의 수, 무기의 종류, 무기 사용의 태양, 주변의 상황 등을 고려하여 사회통념상 상당하다고 평가되는지 여부에 따라 판단하여야 하고, 특히 사람에게 위해를 가할 위험성이 큰 총기의 사용에 있어서는 그 요건을 더욱 엄격하게 판단하여야 한다.

[2] 경찰관이 길이 40cm 가량의 칼로 반복적으로 위협하며 도주하는 차량 절도 혐의자를 추적하던 중, 도주하기 위하여 등을 돌린 혐의자의 몸 쪽을 향하여 약 2m 거리에서 실탄을 발사하여 혐의자를 복부관통상으로 사망케 한 경우, 경찰관의 총기사용은 사회통념상 허용범위를 벗어난 위법행위라고 본 사례.

6. 대법원 1993. 7. 27. 선고 93다9163 판결 [손해배상(기)]

경찰관은 범인의 체포·도주의 방지, 자기 또는 타인의 생명·신체에 대한 방호, 공무집행에 대한 항거의 억제를 위하여 상당한 이유가 있을 때에는 필요한 한도 내에서 무기를 사용할 수 있으나, 형법 소정의 정당방위와 긴급피난에 해당할 때 또는 체포·도주의 방지나 항거의 억제를 위하여 다른 수단이 없다고 인정되는 상당한 이유가 있는 때에 한하여 필요한 한도 내에서만 무기를 사용하여 사람에게 위해를 가할 수 있음이 경찰관직무집행법 제11조의 규정에 비추어 명백한바, 원심이 인정한 바와 같은 사정이라면, 소외 2는 원고 1이 체포를 면탈하기 위하여 항거하며 도주할 당시 그 항거의 내용, 정도 등에 비추어 소지하던 가스총과 경찰봉을 사용하거나 다시 한번 공포를 발사하여 위 원고를 제압할 여지가 있었다고 보여지므로, 소외 2가 그러한 방법을 택하지 않고 도망가는 원고 1의 다리를 향하여 권총을 발사한 행위는 경찰관직무집행법 제11조 소정의 총기사용의 허용범위를 벗어난 위법행위라고 아니할 수 없다.

7. 대법원 1991. 9. 10. 선고 91다19913 판결 [손해배상(기)]

[1] **병원에서의 난동을 제압키 위해 출동한 경찰관이 칼을 들고 항거하던 피해자를 총격 사망하게 한 것이 그 직무집행상의 총기사용 한계를 벗어난 것이라고 한 사례** 야간에 술이 취한 상태에서 병원에 있던 과도로 대형 유리창문을 쳐 깨뜨리고 자신의 복부에 칼을 대고 할복 자살하겠다고 난동을 부린 피해자가 출동한 2명의 경찰관들에게 칼을 들고 항거하였다고 하여도 위 경찰관 등이 공포를 발사하거나 소지한 가스총과 경찰봉을 사용하여 위 망인의 항거를 억제할 시간적 여유와 보충적 수단이 있었다고 보여지고, 또 부득이 총을 발사할 수 밖에 없었다고 하더라도 하체부위를 향하여 발사함으로써 그 위해를 최소한도로 줄일 여지가 있었다고 보여지므로, 칼빈소총을 1회 발사하여 피해자의 왼쪽 가슴 아래 부위를 관통하여 사망케 한 경찰관의 총기사용행위는 경찰관직무집행법 제11조 소정의 총기사용 한계를 벗어난 것이다.

[2] **정당방위의 요건** 정당방위에 있어서는 반드시 방위행위에 보충의 원칙은 적용되지 않으나 방위에 필요한 한도 내의 행위로서 사회윤리에 위배되지 않는 상당성 있는 행위임을 요한다.

> **8. 대법원 1991. 5. 28. 선고 91다10084 판결[손해배상(기)]**
>
> 타인의 집대문 앞에 은신하고 있다가 경찰관의 명령에 따라 순순히 손을 들고 나오면서 그대로 도주하는 범인을 경찰관이 뒤따라 추격하면서 등 부위에 권총을 발사하여 사망케 한 경우, 위와 같은 총기 사용은 현재의 부당한 침해를 방지하거나 현재의 위난을 피하기 위한 상당성 있는 행위라고 볼 수 없는 것으로서 범인의 체포를 위하여 필요한 한도를 넘어 무기를 사용한 것이라고 하여 국가의 손해배상책임을 인정한 사례

제11조(사용기록의 보관)

제10조 제2항에 따른 살수차, 제10조의3에 따른 분사기, 최루탄 또는 제10조의4에 따른 무기를 사용하는 경우 그 책임자는 사용 일시·장소·대상, 현장책임자, 종류, 수량 등을 기록하여 보관하여야 한다.

제11조의2(손실보상)

① 국가는 경찰관의 적법한 직무집행으로 인하여 다음 각 호의 어느 하나에 해당하는 손실을 입은 자에 대하여 정당한 보상을 하여야 한다. 〈개정 2018. 12. 24.〉

　1. 손실발생의 원인에 대하여 책임이 없는 자가 생명·신체 또는 재산상의 손실을 입은 경우(손실발생의 원인에 대하여 책임이 없는 자가 경찰관의 직무집행에 자발적으로 협조하거나 물건을 제공하여 생명·신체 또는 재산상의 손실을 입은 경우를 포함한다)

　2. 손실발생의 원인에 대하여 책임이 있는 자가 자신의 책임에 상응하는 정도를 초과하는 생명·신체 또는 재산상의 손실을 입은 경우

② 제1항에 따른 보상을 청구할 수 있는 권리는 손실이 있음을 안 날부터 3년, 손실이 발생한 날부터 5년간 행사하지 아니하면 시효의 완성으로 소멸한다.

③ 제1항에 따른 손실보상신청 사건을 심의하기 위하여 손실보상심의위원회를 둔다.

④ 경찰청장 또는 시·도경찰청장은 제3항의 손실보상심의위원회의 심의·의결에 따라 보상금을 지급하고, 거짓 또는 부정한 방법으로 보상금을 받은 사람에 대하여는 해당 보상금을 환수하여야 한다. 〈개정 2020. 12. 22.〉

⑤ 보상금이 지급된 경우 손실보상심의위원회는 대통령령으로 정하는 바에 따라 국가경찰위원회에 심사자료와 결과를 보고하여야 한다. 이 경우 국가경찰위원회는 손실보상의 적법성 및 적정성 확인을 위하여 필요한 자료의 제출을 요구할 수 있다. 〈신설 2018. 12. 24., 2020. 12. 22.〉

⑥ 경찰청장 또는 시·도경찰청장은 제4항에 따라 보상금을 반환하여야 할 사람이 대통령령으로 정한 기한까지 그 금액을 납부하지 아니한 때에는 국세 체납처분의 예에 따라 징수할 수 있다. 〈신설 2018. 12. 24., 2020. 12. 22.〉

⑦ 제1항에 따른 손실보상의 기준, 보상금액, 지급 절차 및 방법, 제3항에 따른 손실보상심의위원회의 구성 및 운영, 제4항 및 제6항에 따른 환수절차, 그 밖에 손실보상에 관하여 필요한 사항은 대통령령으로 정한다. 〈신설 2018. 12. 24.〉

■ 경찰관 직무집행법 시행령 제9조(손실보상의 기준 및 보상금액 등)

① 법 제11조의2 제1항에 따라 손실보상을 할 때 물건을 멸실·훼손한 경우에는 다음 각 호의 기준에 따라 보상한다.

  1. 손실을 입은 물건을 수리할 수 있는 경우: 수리비에 상당하는 금액

  2. 손실을 입은 물건을 수리할 수 없는 경우: 손실을 입은 당시의 해당 물건의 교환가액

  3. 영업자가 손실을 입은 물건의 수리나 교환으로 인하여 영업을 계속할 수 없는 경우: 영업을 계속할 수 없는 기간 중 영업상 이익에 상당하는 금액

② 물건의 멸실·훼손으로 인한 손실 외의 재산상 손실에 대해서는 직무집행과 상당한 인과관계가 있는 범위에서 보상한다.

③ 법 제11조의2 제1항에 따라 손실보상을 할 때 생명·신체상의 손실의 경우에는 별표의 기준에 따라 보상한다. 〈신설 2019. 6. 25.〉

④ 법 제11조의2 제1항에 따라 보상금을 지급받을 사람이 동일한 원인으로 다른 법령에 따라 보상금 등을 지급받은 경우 그 보상금 등에 상당하는 금액을 제외하고 보상금을 지급한다. 〈신설 2019. 6. 25.〉

▪ 경찰관 직무집행법 시행령 제10조(손실보상의 지급절차 및 방법)

① 법 제11조의2에 따라 경찰관의 적법한 직무집행으로 인하여 발생한 손실을 보상받으려는 사람은 별지 제4호서식의 보상금 지급 청구서에 손실내용과 손실금액을 증명할 수 있는 서류를 첨부하여 손실보상청구 사건 발생지를 관할하는 국가경찰관서의 장에게 제출하여야 한다.

② 제1항에 따라 보상금 지급 청구서를 받은 국가경찰관서의 장은 해당 청구서를 제11조 제1항에 따른 손실보상청구 사건을 심의할 손실보상심의위원회가 설치된 경찰청, 해양경찰청, 시·도경찰청 및 지방해양경찰청의 장("경찰청장등")에게 보내야 한다. 〈개정 2020. 12. 31.〉

③ 제2항에 따라 보상금 지급 청구서를 받은 경찰청장등은 손실보상심의위원회의 심의·의결에 따라 보상 여부 및 보상금액을 결정하되, 다음 각 호의 어느 하나에 해당하는 경우에는 그 청구를 각하(却下)하는 결정을 하여야 한다. 〈개정 2019. 6. 25.〉

1. 청구인이 같은 청구 원인으로 보상신청을 하여 보상금 지급 여부에 대하여 결정을 받은 경우. 다만, 기각 결정을 받은 청구인이 손실을 증명할 수 있는 새로운 증거가 발견되었음을 소명(疎明)하는 경우는 제외한다.

2. 손실보상 청구가 요건과 절차를 갖추지 못한 경우. 다만, 그 잘못된 부분을 시정할 수 있는 경우는 제외한다.

④ 경찰청장등은 제3항에 따른 결정일부터 10일 이내에 다음 각 호의 구분에 따른 통지서에 결정 내용을 적어서 청구인에게 통지하여야 한다.

1. 보상금을 지급하기로 결정한 경우: 별지 제5호서식의 보상금 지급 청구 승인 통지서

2. 보상금 지급 청구를 각하하거나 보상금을 지급하지 아니하기로 결정한 경우: 별지 제6호서식의 보상금 지급 청구 기각·각하 통지서

⑤ 보상금은 다른 법률에 특별한 규정이 있는 경우를 제외하고는 현금으로 지급하여야 한다.

⑥ 보상금은 일시불로 지급하되, 예산 부족 등의 사유로 일시금으로 지급할 수 없는 특별한 사정이 있는 경우에는 청구인의 동의를 받아 분할하여 지급할 수 있다.

⑦ 보상금을 지급받은 사람은 보상금을 지급받은 원인과 동일한 원인으로 인한 부상이 악화되거나 새로 발견되어 다음 각 호의 어느 하나에 해당하는 경우에는 보상금의 추가 지급을 청구할 수 있다. 이 경우 보상금 지급 청구, 보상금액 결정, 보상금 지급 결정에 대한 통지, 보상금 지급 방법 등에 관하여는 제1항부터 제6항까지의 규정을 준용한다. 〈신설 2019. 6. 25.〉

1. 별표 제2호에 따른 부상등급이 변경된 경우(부상등급 외의 부상에서 제1급부터 제8급까지의 등급으로 변경된 경우를 포함한다)

2. 별표 제2호에 따른 부상등급 외의 부상에 대해 부상등급의 변경은 없으나 보상금의 추가 지급이 필요한 경우

⑧ 제1항부터 제7항까지에서 규정한 사항 외에 손실보상의 청구 및 지급에 필요한 사항은 경찰청장 또는 해양경찰청장이 정한다.

■ **경찰관 직무집행법 시행령 제11조(손실보상심의위원회의 설치 및 구성)**

① 법 제11조의2 제3항에 따라 소속 경찰공무원의 직무집행으로 인하여 발생한 손실보상청구 사건을 심의하기 위하여 경찰청, 해양경찰청, 시·도경찰청 및 지방해양경찰청에 손실보상심의위원회("위원회")를 설치한다.

② 위원회는 위원장 1명을 포함한 5명 이상 7명 이하의 위원으로 구성한다.

③ 위원회의 위원은 소속 경찰공무원과 다음 각 호의 어느 하나에 해당하는 사람 중에서 경찰청장등이 위촉하거나 임명한다. 이 경우 위원의 과반수 이상은 경찰공무원이 아닌 사람으로 하여야 한다.

1. 판사·검사 또는 변호사로 5년 이상 근무한 사람

2. 「고등교육법」 제2조에 따른 학교에서 법학 또는 행정학을 가르치는 부교수 이상으로 5년 이상 재직한 사람

3. 경찰 업무와 손실보상에 관하여 학식과 경험이 풍부한 사람

④ 위촉위원의 임기는 2년으로 한다.

⑤ 위원회의 사무를 처리하기 위하여 위원회에 간사 1명을 두되, 간사는 소속 경찰공무원 중에서 경찰청장등이 지명한다.

■ **경찰관 직무집행법 시행령 제12조(위원장)**

① 위원장은 위원 중에서 호선(互選)한다.

② 위원장은 위원회를 대표하며, 위원회의 업무를 총괄한다.

③ 위원장이 부득이한 사유로 직무를 수행할 수 없는 때에는 위원장이 미리 지명한 위원이 그 직무를 대행한다.

■ **경찰관 직무집행법 시행령 제13조(손실보상심의위원회의 운영)**

① 위원장은 위원회의 회의를 소집하고, 그 의장이 된다.

② 위원회의 회의는 재적위원 과반수의 출석으로 개의(開議)하고, 출석위원 과반수의 찬성으로 의결한다.

■ **경찰관 직무집행법 시행령 제17조의2(보상금의 환수절차)**

① 경찰청장 또는 시 · 도경찰청장은 법 제11조의2 제4항에 따라 보상금을 환수하려는 경우에는 위원회의 심의 · 의결에 따라 환수 여부 및 환수금액을 결정하고, 거짓 또는 부정한 방법으로 보상금을 받은 사람에게 다음 각 호의 내용을 서면으로 통지해야 한다. 〈개정 2020. 12. 31.〉

　1. 환수사유

　2. 환수금액

　3. 납부기한

　4. 납부기관

② 법 제11조의2 제6항에서 "대통령령으로 정한 기한"이란 제1항에 따른 통지일부터 40일 이내의 범위에서 경찰청장 또는 시 · 도경찰청장이 정하는 기한을 말한다.

③ 제1항 및 제2항에서 규정한 사항 외에 보상금 환수절차에 관하여 필요한 사항은 경찰청장이 정한다.

■ **경찰관 직무집행법 시행령 제17조의3(국가경찰위원회 보고 등)**

① 법 제11조의2 제5항에 따라 위원회(경찰청 및 시 · 도경찰청에 설치된 위원회만 해당한다. 이하 이 조에서 같다)는 보상금 지급과 관련된 심사자료와 결과를 반기별로 국가경찰위원회에 보고해야 한다. 〈개정 2020. 12. 31.〉

② 국가경찰위원회는 필요하다고 인정하는 때에는 수시로 보상금 지급과 관련된 심사자료와 결과에 대한 보고를 위원회에 요청할 수 있다. 이 경우 위원회는 그 요청에 따라야 한다. 〈개정 2020. 12. 29.〉

제11조의3(범인검거 등 공로자 보상)

① 경찰청장, 시 · 도경찰청장 또는 경찰서장은 다음 각 호의 어느 하나에 해당하는 사람에게 보상금을 지급할 수 있다. 〈개정 2020. 12. 22.〉

　1. 범인 또는 범인의 소재를 신고하여 검거하게 한 사람

　2. 범인을 검거하여 경찰공무원에게 인도한 사람

　3. 테러범죄의 예방활동에 현저한 공로가 있는 사람

　4. 그 밖에 제1호부터 제3호까지의 규정에 준하는 사람으로서 대통령령으로 정하는 사람

② 경찰청장, 시 · 도경찰청장 및 경찰서장은 제1항에 따른 보상금 지급의 심사를 위하여 대통령령으로 정하는 바에 따라 각각 보상금심사위원회를 설치 · 운영하여야 한다.

③ 제2항에 따른 보상금심사위원회는 위원장 1명을 포함한 5명 이내의 위원으로 구성한다.

④ 제2항에 따른 보상금심사위원회의 위원은 소속 경찰공무원 중에서 경찰청장, 시·도경찰청장 또는 경찰서장이 임명한다.

⑤ 경찰청장, 시·도경찰청장 또는 경찰서장은 제2항에 따른 보상금심사위원회의 심사·의결에 따라 보상금을 지급하고, 거짓 또는 부정한 방법으로 보상금을 받은 사람에 대하여는 해당 보상금을 환수한다.

⑥ 경찰청장, 시·도경찰청장 또는 경찰서장은 제5항에 따라 보상금을 반환하여야 할 사람이 대통령령으로 정한 기한까지 그 금액을 납부하지 아니한 때에는 국세 체납처분의 예에 따라 징수할 수 있다.

⑦ 제1항에 따른 보상 대상, 보상금의 지급 기준 및 절차, 제2항 및 제3항에 따른 보상금심사위원회의 구성 및 심사사항, 제5항 및 제6항에 따른 환수절차, 그 밖에 보상금 지급에 관하여 필요한 사항은 대통령령으로 정한다.

■ 경찰관 직무집행법 시행령 제18조(범인검거 등 공로자 보상금 지급 대상자)

법 제11조의3 제1항제4호에서 "대통령령으로 정하는 사람"이란 다음 각 호의 어느 하나에 해당하는 사람을 말한다.

1. 범인의 신원을 특정할 수 있는 정보를 제공한 사람

2. 범죄사실을 입증하는 증거물을 제출한 사람

3. 그 밖에 범인 검거와 관련하여 경찰 수사 활동에 협조한 사람 중 보상금 지급 대상자에 해당한다고 법 제11조의3 제2항에 따른 보상금심사위원회가 인정하는 사람

■ 경찰관 직무집행법 시행령 제19조(보상금심사위원회의 구성 및 심사사항 등)

① 법 제11조의3 제2항에 따라 경찰청에 두는 보상금심사위원회의 위원장은 경찰청 소속 과장급 이상의 경찰공무원 중에서 경찰청장이 임명하는 사람으로 한다.

② 법 제11조의3 제2항에 따라 시·도경찰청 및 경찰서에 두는 보상금심사위원회의 위원장에 관하여는 제1항을 준용한다. 이 경우 "경찰청"은 각각 "시·도경찰청" 또는 "경찰서"로, "경찰청장"은 각각 "시·도경찰청장" 또는 "경찰서장"으로 본다.

③ 법 제11조의3 제2항에 따른 보상금심사위원회(이하 "보상금심사위원회"라 한다)는 다음 각 호의 사항을 심사·의결한다.

1. 보상금 지급 대상자에 해당하는 지 여부

2. 보상금 지급 금액

3. 보상금 환수 여부

4. 그 밖에 보상금 지급이나 환수에 필요한 사항

④ 보상금심사위원회의 회의는 재적위원 과반수의 찬성으로 의결한다.

■ **경찰관 직무집행법 시행령 제20조(범인검거 등 공로자 보상금의 지급 기준)**

법 제11조의3 제1항에 따른 보상금의 최고액은 5억 원으로 하며, 구체적인 보상금 지급 기준은 경찰청장이 정하여 고시한다.

■ **경찰관 직무집행법 시행령 제21조(범인검거 등 공로자 보상금의 지급 절차 등)**

① 경찰청장, 시 · 도경찰청장 또는 경찰서장은 보상금 지급사유가 발생한 경우에는 직권으로 또는 보상금을 지급받으려는 사람의 신청에 따라 소속 보상금심사위원회의 심사 · 의결을 거쳐 보상금을 지급한다.

② 보상금심사위원회는 제20조에 따라 경찰청장이 정하여 고시한 보상금 지급 기준에 따라 보상 금액을 심사 · 의결한다. 이 경우 보상금심사위원회는 다음 각 호의 사항을 고려하여 보상금액을 결정할 수 있다.

1. 테러범죄 예방의 기여도

2. 범죄피해의 규모

3. 범인 신고 등 보상금 지급 대상 행위의 난이도

4. 보상금 지급 대상자가 다른 법령에 따라 보상금 등을 지급받을 수 있는지 여부

5. 그 밖에 범인검거와 관련한 제반 사정

③ 경찰청장, 시 · 도경찰청장 및 경찰서장은 소속 보상금심사위원회의 보상금 심사를 위하여 필요한 경우에는 보상금 지급 대상자와 관계 공무원 또는 기관에 사실조사나 자료의 제출 등을 요청할 수 있다.

■ **경찰관 직무집행법 시행령 제21조의2(범인검거 등 공로자 보상금의 환수절차)**

① 경찰청장, 시 · 도경찰청장 또는 경찰서장은 법 제11조의3 제5항에 따라 보상금을 환수하려는 경우에는 보상금심사위원회의 심사 · 의결에 따라 환수 여부 및 환수금액을 결정하고, 거짓 또는 부정한 방법으로 보상금을 받은 사람에게 다음 각 호의 내용을 서면으로 통지해야 한다.

1. 환수사유

2. 환수금액

3. 납부기한

4. 납부기관

② 법 제11조의3 제6항에서 "대통령령으로 정한 기한"이란 제1항에 따른 통지일부터 40일 이내의 범위에서 경찰청장, 시 · 도경찰청장 또는 경찰서장이 정하는 기한을 말한다. 〈개정 2020. 12. 31.〉

■ **경찰관 직무집행법 시행령 제22조(범인검거 등 공로자 보상금의 지급 등에 필요한 사항)**

제18조부터 제21조까지 및 제21조의2에서 규정한 사항 외에 보상금의 지급 등에 필요한 사항은 경찰청장이 정하여 고시한다.

제11조의4(소송 지원)

경찰청장과 해양경찰청장은 경찰관이 제2조 각 호에 따른 직무의 수행으로 인하여 민·형사상 책임과 관련된 소송을 수행할 경우 변호인 선임 등 소송 수행에 필요한 지원을 할 수 있다.[본조신설 2021. 10. 19.]

제11조의5(직무 수행으로 인한 형의 감면)

다음 각 호의 범죄가 행하여지려고 하거나 행하여지고 있어 타인의 생명·신체에 대한 위해 발생의 우려가 명백하고 긴급한 상황에서, 경찰관이 그 위해를 예방하거나 진압하기 위한 행위 또는 범인의 검거 과정에서 경찰관을 향한 직접적인 유형력 행사에 대응하는 행위를 하여 그로 인하여 타인에게 피해가 발생한 경우, 그 경찰관의 직무수행이 불가피한 것이고 필요한 최소한의 범위에서 이루어졌으며 해당 경찰관에게 고의 또는 중대한 과실이 없는 때에는 그 정상을 참작하여 형을 감경하거나 면제할 수 있다.

1. 「형법」 제2편제24장 살인의 죄, 제25장 상해와 폭행의 죄, 제32장 강간과 추행의 죄 중 강간에 관한 범죄, 제38장 절도와 강도의 죄 중 강도에 관한 범죄 및 이에 대하여 다른 법률에 따라 가중처벌하는 범죄
2. 「가정폭력범죄의 처벌 등에 관한 특례법」에 따른 가정폭력범죄, 「아동학대범죄의 처벌 등에 관한 특례법」에 따른 아동학대범죄[본조신설 2022. 2. 3.]

제12조(벌칙)

이 법에 규정된 경찰관의 의무를 위반하거나 직권을 남용하여 다른 사람에게 해를 끼친 사람은 1년 이하의 징역이나 금고에 처한다.

** 국가배상법상 손해배상책임 (대법원 2011. 9. 8. 선고 2011다34521 판결)

공무원이 직무 수행 중 불법행위로 타인에게 손해를 입힌 경우에 국가나 지방자치단체가 국가배상책임을 부담하는 외에 공무원 개인도 **고의 또는 중과실**이 있는 경우에는 불법행위로 인한 손해배상책임을 지고, 공무원에게 **경과실**이 있을 뿐인 경우에는 공무원 개인은 불법행위로 인한 손해배상책임을 부담하지 아니하는데, 여기서 **공무원의 중과실**이란 공무원에게 통상 요구되는 정도의 상당한 주의를 하지 않더라도 약간의 주의를 한다면 손쉽게 위법·유해한 결과를 예견할 수 있는 경우임에도 만연히 이를 간과함과 같은 거의 고의에 가까운 현저한 주의를 결여한 상태를 의미한다. 공무원이 고의 또는 과실로 그에게 부과된 직무상 의무를 위반하였을 경우라고 하더라도 국가는 그러한 직무상의 의무위반과 피해자가 입은 손해 사이에 상당인과관계가 인정되는 범위 내에서만 배상책임을 지는 것이고, 이 경우 상당인과관계가 인정되기 위하여는 공무원에게 부과된 직무상 의무의 내용이 단순히 공공일반의 이익을 위한 것이거나 행정기관 내부의 질서를 규율하기 위한 것이 아니고 전적으로 또는 부수적으로 사회구성원 개인의 안전과 이익을 보호하기 위하여 설정된 것이어야 한다.

** 공무원의 부작위로 인한 국가배상책임(대법원 2021. 7. 21. 선고 2021두33838 판결)

공무원의 부작위로 인한 국가배상책임을 인정하기 위해서는 공무원의 작위로 인한 국가배상책임을 인정하는 경우와 마찬가지로 '공무원이 직무를 집행하면서 고의 또는 과실로 법령을 위반하여 타인에게 손해를 입힌 때'라고 하는 국가배상법 제2조 제1항의 요건이 충족되어야 한다. 여기서 **'법령을 위반하여'**란 엄격하게 형식적 의미의 법령에 명시적으로 공무원의 작위의무가 정하여져 있음에도 이를 위반하는 경우만을 의미하는 것은 아니고, 인권존중 · 권력남용금지 · 신의성실과 같이 공무원으로서 마땅히 지켜야 할 준칙이나 규범을 지키지 아니하고 위반한 경우를 포함하여 널리 그 행위가 객관적인 정당성을 결여하고 있는 경우도 포함한다. 따라서 **국민의 생명 · 신체 · 재산 등에 대하여 절박하고 중대한 위험상태가 발생하였거나 발생할 상당한 우려가 있어서 국민의 생명 등을 보호하는 것을 본래적 사명으로 하는 국가가 초법규적 · 일차적으로 그 위험의 배제에 나서지 아니하면 국민의 생명 등을 보호할 수 없는 경우에는 형식적 의미의 법령에 근거가 없더라도 국가나 관련 공무원에 대하여 그러한 위험을 배제할 작위의무를 인정할 수 있다.** 그러나 그와 같은 절박하고 중대한 위험상태가 발생하였거나 발생할 상당한 우려가 있는 경우가 아닌 한, 원칙적으로 공무원이 관련 법령에서 정하여진 대로 직무를 수행하였다면 그와 같은 공무원의 부작위를 가지고 '고의 또는 과실로 법령을 위반'하였다고 할 수는 없다.

Plus Tip

1. 대법원 2017. 11. 9. 선고 2017다228083 판결 [손해배상(기)]

[1] 경찰관에게 부여된 권한의 불행사가 현저하게 불합리하다고 인정되는 경우, 직무상의 의무를 위반한 것으로서 위법한지 여부(적극)

경찰은 범죄의 예방, 진압 및 수사와 함께 국민의 생명, 신체 및 재산의 보호 기타 공공의 안녕과 질서유지를 직무로 하고 있고, 직무의 원활한 수행을 위하여 경찰관 직무집행법, 형사소송법 등 관계 법령에 의하여 여러 가지 권한이 부여되어 있으므로, 구체적인 직무를 수행하는 경찰관으로서는 제반 상황에 대응하여 자신에게 부여된 여러 가지 권한을 적절하게 행사하여 필요한 조치를 취할 수 있는 것이고, 그러한 권한은 일반적으로 경찰관의 전문적 판단에 기한 합리적인 재량에 위임되어 있는 것이나, 경찰관에게 권한을 부여한 취지와 목적에 비추어 볼 때 구체적인 사정에 따라 경찰관이 권한을 행사하여 필요한 조치를 취하지 아니하는 것이 현저하게 불합리하다고 인정되는 경우에는 그러한 권한의 불행사는 직무상의 의무를 위반한 것이 되어 위법하게 된다.

[2] 공무원의 직무상 의무 위반으로 국가 또는 지방자치단체가 배상책임을 지는 경우의 직무상 의무의 내용 및 이때 상당인과관계 유무를 판단하는 기준

공무원에게 부과된 직무상 의무의 내용이 단순히 공공 일반의 이익을 위한 것이거나 행정기관 내부의 질서를 규율하기 위한 것이 아니고 전적으로 또는 부수적으로 사회구성원 개인의 안전과 이익을 보호하기 위하여 설정된 것이라면, 공무원이 그와 같은 직무상 의무를 위반함으로 인하여 피해자가 입은 손해에 대하여는 상당인과관계가 인정되는 범위 내에서 국가가 배상책임을 진다. 상당인과관계의 유무를 판단할 때에는 일반적인 결과 발생의 개연성은 물론 직무상 의무를 부과하는 법령 기타 행동규범의 목적이나 가해행위의 태양 및 피해의 정도 등을 종합적으로 고려하여야 한다.

[3] 국가가 소속 경찰관의 직무집행상의 과실로 피해자에게 손해를 배상할 책임이 있는 경우, 손해배상의 범위를 판단하는 방법 및 이때 책임감경사유에 관한 사실인정이나 비율을 정하는 것이 사실심의 전권사항인지 여부(원칙적 적극)

국가가 소속 경찰관의 직무집행상의 과실로 말미암아 피해자에게 손해를 배상할 책임이 있는 경우에 손해배상의 범위를 정함에 있어서는, 당해 직무집행에서 요구되는 경찰관의 주의의무의 내용과 성격, 당해 경찰관의 주의의무 위반의 경위 및 주의의무 위반행위의 태양, 피해자의 손해 발생 및 확대에 관여된 객관적인 사정이나 정도 등 제반 사정을 참작하여 손해분담의 공평이라는 손해배상제도의 이념에 비추어 손해배상액을 제한할 수 있다. 나아가 책임감경사유에 관한 사실인정이나 비율을 정하는 것은 그것이 형평의 원칙에 비추어 현저히 불합리하다고 인정되지 않는 한 사실심의 전권사항에 속한다.

[4] 불법행위로 입은 정신적 고통에 대한 위자료 액수 결정이 사실심 법원의 재량사항인지 여부 (적극)

불법행위로 입은 정신적 고통에 대한 위자료 액수에 관하여는 사실심 법원이 제반 사정을 참작하여 직권에 속하는 재량에 의하여 이를 확정할 수 있다.

[5] 범죄피해자 보호법 제17조 제2항에 규정한 유족구조금의 법적 성격 / 범죄피해자 보호법 제20조, 같은 법 시행령 제16조의 규정 취지 및 국가배상법에 따른 손해배상 급여와 범죄피해자 보호법에서 정한 유족구조금과의 관계

범죄피해자 보호법에 의한 범죄피해 구조금 중 위 법 제17조 제2항의 유족구조금은 사람의 생명 또는 신체를 해치는 죄에 해당하는 행위로 인하여 사망한 피해자 또는 그 유족들에 대한 손실보상을 목적으로 하는 것으로서, 위 범죄행위로 인한 손실 또는 손해를 전보하기 위하여 지급된다는 점에서 불법행위로 인한 소극적 손해의 배상과 같은 종류의 금원이라고 봄이 타당하다.

한편 범죄피해자 보호법 제20조는 "구조피해자나 유족이 해당 구조대상 범죄피해를 원인으로 하여 국가배상법이나 그 밖의 법령에 따른 급여 등을 받을 수 있는 경우에는 대통령령으로 정하는 바에 따라 구조금을 지급하지 아니한다."라고 규정하고, 범죄피해자 보호법 시행령 제16조는 "법 제16조에 따른 구조피해자(이하 '구조피해자'라 한다) 또는 그 유족이 다음 각 호의 어느 하나에 해당하는 보상 또는 급여 등을 받을 수 있을 때에는 법 제20조에 따라 그 받을 금액의 범위에서 법 제16조에 따른 구조금(이하 '구조금'이라 한다)을 지급하지 아니한다."라고 규정하면서 제1호에서 "국가배상법 제2조 제1항에 따른 손해배상 급여"를 규정하고 있다. 이는 수급권자가 동일한 범죄로 범죄피해자 보호법 소정의 구조금과 국가배상법에 의하여 국가 또는 지방자치단체의 부담으로 되는 같은 종류의 급여를 모두 지급받음으로써 급여가 중복하여 지급되는 것을 방지하기 위한 조정조항이라 할 것이다.

따라서 구조대상 범죄피해를 받은 구조피해자가 사망한 경우, 사망한 구조피해자의 유족들이 국가배상법에 의하여 국가 또는 지방자치단체로부터 사망한 구조피해자의 소극적 손해에 대한 손해배상금을 지급받았다면 지구심의회는 유족들에게 같은 종류의 급여인 유족구조금에서 그 상당액을 공제한 잔액만을 지급하면 되고, 유족들이 지구심의회로부터 범죄피해자 보호법 소정의 유족구조금을 지급받았다면 국가 또는 지방자치단체는 유족들에게 사망한 구조피해자의 소극적 손해액에서 유족들이 지급받은 유족구조금 상당액을 공제한 잔액만을 지급하면 된다고 봄이 타당하다.

2. 대법원 2003. 3. 14. 선고 2002다57218 판결 [손해배상(기)]

[1] 경찰관이 범인 검거를 위하여 가스총을 사용할 때의 주의의무

경찰관은 범인의 체포 또는 도주의 방지, 타인 또는 경찰관의 생명·신체에 대한 방호, 공무집행에 대한 항거의 억제를 위하여 필요한 때에는 최소한의 범위 안에서 가스총을 사용할 수 있으나, 가스총은 통상의 용법대로 사용하는 경우 사람의 생명 또는 신체에 위해를 가할 수 있는 이른바 위해성 장비로서 그 탄환은 고무마개로 막혀 있어 사람에게 근접하여 발사하는 경우에는 고무마개가 가스와 함께 발사되어 인체에 위해를 가할 가능성이 있으므로, 이를 사용하는 경찰관으로서는 인체에 대한 위해를 방지하기 위하여 상대방과 근접한 거리에서 상대방의 얼굴을 향하여 이를 발사하지 않는 등 가스총 사용시 요구되는 최소한의 안전수칙을 준수함으로써 장비 사용으로 인한 사고 발생을 미리 막아야 할 주의의무가 있다.

[2] 경찰관이 난동을 부리던 범인을 검거하면서 가스총을 근접 발사하여 가스와 함께 발사된 고무마개가 범인의 눈에 맞아 실명한 경우 국가배상책임을 인정한 사례.

3. 대법원 2000. 11. 10. 선고 2000다26807,26814 판결 [손해배상(자)·구상금]

[1] 국가배상책임의 성립요건으로서의 '법령 위반'의 의미

[1] 국가배상책임은 공무원의 직무집행이 법령에 위반한 것임을 요건으로 하는 것으로서, 공무원의 직무집행이 법령이 정한 요건과 절차에 따라 이루어진 것이라면 특별한 사정이 없는 한 이는 법령에 적합한 것이고 그 과정에서 개인의 권리가 침해되는 일이 생긴다고 하여 그 법령적합성이 곧바로 부정되는 것은 아니다.

[2] 경찰관이 교통법규 등을 위반하고 도주하는 차량을 순찰차로 추적하는 직무를 집행하는 중에 그 도주 차량의 주행에 의하여 제3자가 손해를 입은 경우, 경찰관의 추적행위가 위법한 것인지 여부 (한정 소극)

[2] 경찰관은 수상한 거동 기타 주위의 사정을 합리적으로 판단하여 어떠한 죄를 범하였거나 범하려 하고 있다고 의심할 만한 상당한 이유가 있는 자 또는 이미 행하여진 범죄나 행하여지려고 하는 범죄행위에 관하여 그 사실을 안다고 인정되는 자를 정지시켜 질문할 수 있고, 또 범죄를 실행중이거나 실행 직후인 자는 현행범인으로, 누구임을 물음에 대하여 도망하려 하는 자는 준현행범인으로 각 체포할 수 있으며, 이와 같은 정지 조치나 질문 또는 체포 직무의 수행을 위하여 필요한 경우에는 대상자를 추적할 수도 있으므로, 경찰관이 교통법규 등을 위반하고 도주하는 차량을 순찰차로 추적하는

직무를 집행하는 중에 그 도주차량의 주행에 의하여 제3자가 손해를 입었다고 하더라도 그 추적이 당해 직무 목적을 수행하는 데에 불필요하다거나 또는 도주차량의 도주의 태양 및 도로교통상황 등으로부터 예측되는 피해발생의 구체적 위험성의 유무 및 내용에 비추어 추적의 개시·계속 혹은 추적의 방법이 상당하지 않다는 등의 특별한 사정이 없는 한 그 추적행위를 위법하다고 할 수는 없다.

4. 대법원 1997. 7. 25. 선고 94다2480 판결 [손해배상(기)]

[1] 국가배상책임의 성립요건으로서의 법령 위반의 의미 국가배상책임은 공무원의 직무집행이 법령에 위반한 것임을 요건으로 하는 것으로서, 공무원의 직무집행이 법령이 정한 요건과 절차에 따라 이루어진 것이라면 특별한 사정이 없는 한 이는 법령에 적합한 것이고 그 과정에서 개인의 권리가 침해되는 일이 생긴다고 하여 그 법령 적합성이 곧바로 부정되는 것은 아니라고 할 것인바, 불법시위를 진압하는 경찰관들의 직무집행이 법령에 위반한 것이라고 하기 위하여는 그 시위진압이 불필요하거나 또는 불법시위의 태양 및 시위 장소의 상황 등에서 예측되는 피해 발생의 구체적 위험성의 내용에 비추어 시위진압의 계속 수행 내지 그 방법 등이 현저히 합리성을 결하여 이를 위법하다고 평가할 수 있는 경우이어야 한다.

[2] 경찰관들의 시위진압에 대항하여 시위자들이 던진 화염병에 의하여 발생한 화재로 인하여 손해를 입은 주민의 국가배상청구를 인정한 원심판결을 법리오해를 이유로 파기한 사례.

5. 대법원 2017. 5. 31. 선고 2016도21077 판결 [특수공무집행방해치상 · 특수공무집행방해 · 특수공용물건손상 · 일반교통방해 · 집회및시위에관한법률위반 · 업무방해]

[집회 및 시위에 관한 법률 제11조 제1호를 위반하여 국회의사당 인근에서 개최된 옥외집회 또는 시위라는 이유로 같은 법 제20조 제1항 제1호에 기하여 해산을 명할 수 있는지 여부(적극) 및 이 해산명령에 불응하는 경우 같은 법 제24조 제5호에 의하여 처벌할 수 있는지 여부(적극)]

집회의 자유는 우리 헌법이 보장하는 기본적인 권리이기는 하지만 헌법 제37조 제2항에 의하여 국가의 안전보장, 질서유지 또는 공공복리를 위하여 필요한 경우에는 그 본질적인 내용을 침해하지 아니하는 범위 내에서 법률로써 제한할 수 있다. 이에 따라 집회 및 시위에 관한 법률(이하 '집시법'이라 한다) 제11조 제1호는 누구든지 국회의사당 경계 지점으로부터 100m 이내의 장소에서는 옥외집회 또는 시위를 하여서는 아니 된다고 규정하고 있다.

국회의사당 인근의 옥외집회 또는 시위를 절대적으로 금지한 집시법 제11조 제1호의 입법목적과 집시법 제20조 제1항 제1호가 제11조를 위반한 집회 또는 시위를 해산명령의 대상으로 하면서 별도의 해산 요건을 정하고 있지 아니한 점 등을 종합하여 보면, 집시법 제11조 제1호를 위반하여 국회의사당 인근에서 개최된 옥외집회 또는 시위에 대하여는 이를 이유로 집시법 제20조 제1항 제1호에 기하여 해산을 명할 수 있고, 이 해산명령에 불응하는 경우 집시법 제24조 제5호에 의하여 처벌할 수 있다.

6. 대법원 2017. 4. 28. 선고 2016다213916 판결 [건물퇴거]

[1] 행정청이 행정대집행의 방법으로 건물의 철거 등 대체적 작위의무의 이행을 실현할 수 있는 경우, 민사소송의 방법으로 그 의무의 이행을 구할 수 있는지 여부(소극) 및 건물의 점유자가 철거의무자인 경우 별도로 퇴거를 명하는 집행권원이 필요한지 여부(소극) 관계 법령상 행정대집행의 절차가 인정되어 행정청이 행정대집행의 방법으로 건물의 철거 등 대체적 작위의무의 이행을 실현할 수 있는 경우에는 따로 민사소송의 방법으로 그 의무의 이행을 구할 수 없다. 한편 건물의 점유자가 철거의무자일 때에는 건물철거의무에 퇴거의무도 포함되어 있는 것이어서 별도로 퇴거를 명하는 집행권원이 필요하지 않다.

[2] 행정청이 건물철거 대집행 과정에서 부수적으로 건물의 점유자들에 대한 퇴거 조치를 할 수 있는지 여부(적극) 및 이 경우 필요하면 경찰의 도움을 받을 수 있는지 여부(적극) 행정청이 행정대집행의 방법으로 건물철거의무의 이행을 실현할 수 있는 경우에는 건물철거 대집행 과정에서 부수적으로 건물의 점유자들에 대한 퇴거 조치를 할 수 있고, 점유자들이 적법한 행정대집행을 위력을 행사하여 방해하는 경우 형법상 공무집행방해죄가 성립하므로, 필요한 경우에는 '경찰관 직무집행법'에 근거한 위험발생 방지조치 또는 형법상 공무집행방해죄의 범행방지 내지 현행범체포의 차원에서 경찰의 도움을 받을 수도 있다.

7. 대법원 2017. 3. 15. 선고 2013도2168 판결 [공무집행방해·상해]

[1] 구 경찰관 직무집행법에 따라 범죄를 예방하기 위한 경찰관의 제지 조치가 적법한 직무집행으로 평가되기 위한 요건 구 경찰관 직무집행법(2011. 8. 4. 법률 제11031호로 개정되기 전의 것)은 제2조 제1호에서 경찰관이 수행하는 직무 중 하나로 '범죄의 예방'을 정하고 있고(현행법에서는 제2조 제2호에서 동일한 내용을 규정하고 있다), 제6조 제1항에서 "경찰관은 범죄행위가 목전에 행하여지려고 하고 있다고 인정될 때에는 이를 예방하기 위하여 관계인에게 필요한 경고를 하고, 그 행위로

인하여 인명·신체에 위해를 끼치거나 재산에 중대한 손해를 끼칠 우려가 있어 긴급을 요하는 경우에는 그 행위를 제지할 수 있다."라고 정하고 있다(현행법에서는 제6조에서 동일한 내용을 규정하고 있다). 위 법률에 따라 범죄를 예방하기 위한 경찰관의 제지 조치가 적법한 직무집행으로 평가될 수 있기 위해서는 형사처벌의 대상이 되는 행위가 눈앞에서 막 이루어지려고 하는 것이 객관적으로 인정될 수 있는 상황이고, 그 행위를 당장 제지하지 않으면 곧 생명·신체에 위해를 미치거나 재산에 중대한 손해를 끼칠 우려가 있는 상황이어서, 직접 제지하는 방법 외에는 위와 같은 결과를 막을 수 없는 절박한 사태가 있어야 한다.

[2] 검사 또는 사법경찰관리가 현행범인을 체포하는 경우, 피의사실의 요지, 체포의 이유와 변호인 선임권 등을 고지하여야 하는 시기 검사 또는 사법경찰관리가 현행범인을 체포하는 경우에는 반드시 피의사실의 요지, 체포의 이유와 변호인을 선임할 수 있음을 말하고 변명할 기회를 주어야 한다(형사소송법 제213조의2, 제200조의5). 이와 같은 고지는 체포를 위한 실력행사에 들어가기 전에 미리 하는 것이 원칙이다. 그러나 달아나는 피의자를 쫓아가 붙들거나 폭력으로 대항하는 피의자를 실력으로 제압하는 경우에는 붙들거나 제압하는 과정에서 고지하거나, 그것이 여의치 않은 경우에는 일단 붙들거나 제압한 후에 지체없이 고지하여야 한다.

[3] 공무집행방해죄에서 '적법한 공무집행'의 의미 및 경찰관이 적법절차를 준수하지 않은 채 실력으로 현행범인을 연행하려 한 행위가 적법한 공무집행인지 여부(소극) 형법 제136조가 규정하는 공무집행방해죄는 공무원의 직무집행이 적법한 경우에 한하여 성립한다. 이때 적법한 공무집행은 그 행위가 공무원의 추상적 권한에 속할 뿐 아니라 구체적 직무집행에 관한 법률상 요건과 방식을 갖춘 경우를 가리키므로, 경찰관이 적법절차를 준수하지 않은 채 실력으로 현행범인을 연행하려 하였다면 적법한 공무집행이라고 할 수 없다.

[4] 정당방위의 성립요건 및 타인의 법익에 대한 현재의 부당한 침해를 방위하기 위한 행위도 상당한 이유가 있으면 정당방위에 해당하여 위법성이 조각되는지 여부(적극)
어떠한 행위가 정당방위로 인정되려면 그 행위가 자기 또는 타인의 법익에 대한 현재의 부당한 침해를 방어하기 위한 것으로서 상당성이 있어야 하므로, 위법하지 않은 정당한 침해에 대한 정당방위는 인정되지 않는다. 이때 방위행위가 사회적으로 상당한 것인지는 침해행위에 의해 침해되는 법익의 종류와 정도, 침해의 방법, 침해행위의 완급, 방위행위에 의해 침해될 법익의 종류와 정도 등 일체의 구체적 사정들을 참작하여 판단하여야 한다. 또한 자기의 법익뿐 아니라 타인의 법익에 대한 현재의

부당한 침해를 방위하기 위한 행위도 상당한 이유가 있으면 형법 제21조의 정당방위에 해당하여 위법성이 조각된다.

8. 대법원 2016. 4. 15. 선고 2013다20427 판결 [손해배상(기)]

[경찰관의 권한 불행사가 직무상 의무를 위반하여 위법하게 되는 경우]

경찰은 범죄의 예방, 진압 및 수사와 함께 국민의 생명, 신체 및 재산의 보호 기타 공공의 안녕과 질서유지를 직무로 하고 있고, 직무의 원활한 수행을 위하여 경찰관 직무집행법, 형사소송법 등 관계 법령에 의하여 여러 가지 권한이 부여되어 있으므로, 구체적인 직무를 수행하는 경찰관으로서는 제반 상황에 대응하여 자신에게 부여된 여러 가지 권한을 적절하게 행사하여 필요한 조치를 할 수 있고, 그러한 권한은 일반적으로 경찰관의 전문적 판단에 기한 합리적인 재량에 위임되어 있으나, 경찰관에게 권한을 부여한 취지와 목적에 비추어 볼 때 구체적인 사정에 따라 경찰관이 권한을 행사하여 필요한 조치를 하지 아니하는 것이 현저하게 불합리하다고 인정되는 경우에는 권한의 불행사는 직무상 의무를 위반한 것이 되어 위법하게 된다.

9.대법원 2004. 9. 23. 선고 2003다49009 판결 [손해배상(기)등]

[1] 경찰관에게 부여된 권한의 불행사가 직무상의 의무를 위반하여 위법하게 되는 경우

[1] 경찰은 범죄의 예방, 진압 및 수사와 함께 국민의 생명, 신체 및 재산의 보호 등과 기타 공공의 안녕과 질서유지도 직무로 하고 있고, 그 직무의 원활한 수행을 위하여 경찰관직무집행법, 형사소송법 등 관계 법령에 의하여 여러 가지 권한이 부여되어 있으므로, 구체적인 직무를 수행하는 경찰관으로서는 제반 상황에 대응하여 자신에게 부여된 여러 가지 권한을 적절하게 행사하여 필요한 조치를 취할 수 있는 것이고, 그러한 권한은 일반적으로 경찰관의 전문적 판단에 기한 합리적인 재량에 위임되어 있는 것이나, 경찰관에게 권한을 부여한 취지와 목적에 비추어 볼 때 구체적인 사정에 따라 경찰관이 그 권한을 행사하여 필요한 조치를 취하지 아니하는 것이 현저하게 불합리하다고 인정되는 경우에는 그러한 권한의 불행사는 직무상의 의무를 위반한 것이 되어 위법하게 된다.

[2] 윤락녀들이 윤락업소에 감금된 채로 윤락을 강요받으면서 생활하고 있음을 쉽게 알 수 있는 상황이었음에도, 경찰관이 이러한 감금 및 윤락강요행위를 제지하거나 윤락업주들을 체포·수사하는 등 필요한 조치를 취하지 아니하고 오히려 업주들로부터 뇌물을 수수하며 그와 같은 행위를 방치한 것은 경찰관의 직무상 의무에 위반하여 위법하므로 국가는 이로 인한 정신적 고통에 대하여 위자료를 지급할 의무가 있다.

10. 대법원 2007. 5. 31. 선고 2007도1903 판결 [절도]

[1] 위법한 함정수사에 기한 공소제기의 효력(무효) 및 범의를 가진 자에 대하여 단순히 범행의 기회를 제공하는 것에 불과한 경우, 위법한 함정수사에 해당하는지 여부(소극)

본래 범의를 가지지 아니한 자에 대하여 수사기관이 사술이나 계략 등을 써서 범의를 유발케 하여 범죄인을 검거하는 함정수사는 위법함을 면할 수 없고, 이러한 함정수사에 기한 공소제기는 그 절차가 법률의 규정에 위반하여 무효인 때에 해당한다 할 것이지만, 범의를 가진 자에 대하여 단순히 범행의 기회를 제공하는 것에 불과한 경우에는 위법한 함정수사라고 단정할 수 없다.

[2] 경찰관이 취객을 상대로 한 이른바 부축빼기 절도범을 단속하기 위하여, 공원 인도에 쓰러져 있는 취객 근처에서 감시하고 있다가, 마침 피고인이 나타나 취객을 부축하여 10m 정도를 끌고 가 지갑을 뒤지자 현장에서 체포하여 기소한 경우, 위법한 함정수사에 기한 공소제기가 아니라고 한 사례.

11. 대법원 2001. 5. 15. 선고 2001두1970 판결 [국가유공자비대상처분취소]

전투경찰대원이 교통단속 근무중 면허증 제시를 거절하면서 욕설을 하고 멱살을 잡는 등 폭력을 행사하는 교통법규 위반자와 실랑이를 벌이다가 팔로 운전석 유리를 쳐 상해를 입은 경우, 구 국가유공자등예우및지원에관한법률 제4조 제1항 제6호의 '직무수행중의 상이'에 해당한다.

12. 대법원 1992. 5. 22. 선고 92도506 판결 [공무집행방해]

[1] 공무집행방해죄에 있어 공무집행의 의미 형법 제136조가 규정하는 공무집행방해죄는 공무원의 직무집행이 적법한 경우에 한하여 성립하는 것이고, 여기서 적법한 공무집행이라고 함은 그 행위가 공무원의 추상적 권한에 속할 뿐 아니라 구체적 직무집행에 관한 법률상 요건과 방식을 갖춘 경우를 가리키는 것이므로, 이러한 적법성이 결여된 직무행위를 하는 공무원에게 대항하여 폭행을 가하였다고 하더라도 이를 공무집행방해죄로 다스릴 수 는 없다.

[2] 법정형이 5만 원 이하의 벌금, 구류 또는 과료에 해당하는 경미한 범죄의 현행범을 강제로 연행하려고 하는 경찰관의 행위는 적법한 공무집행이라고 볼 수 없으므로 이를 제지하고자 폭행을 가한 행위는 공무집행방해죄를 구성하지 아니한다고 본 사례

공소외인의 행위가 법정형 5만 원 이하의 벌금, 구류 또는 과료에 해당하는 경미한 범죄에 불과한 경우 비록 그가 현행범인이라고 하더라도 영장 없이 체포할 수 는 없고, 또한 범죄의 사전 진압이나 교통단속의 목적만을 이유로 그에게 임의동행을 강요할 수도 없다 할 것이므로, 경찰관이 그의 의사에 반하여 강제로 연행하려고 한 행위는 적법한 공무집행이라고 볼 수 없고, 따라서 피고인이 위 경찰관의 행위를 제지하기 위하여 경찰관에게 폭행을 가하였다고 하여도 이는 공무집행방해죄를 구성하지 아니한다.

13. 대법원 1991. 9. 24. 선고 91도1314 판결 [공무집행방해]

[1] **현행 범인을 규정한 형사소송법 제211조 제1항 소정의 "범죄의 실행의 즉후인 자"의 의미** 형사소송법 제211조가 현행범인으로 규정한 "범죄의 실행의 즉후인 자"라고 함은, 범죄의 실행행위를 종료한 직후의 범인이라는 것이 체포하는 자의 입장에서 볼 때 명백한 경우를 일컫는 것으로서, "범죄의 실행행위를 종료한 직후"라고 함은, 범죄행위를 실행하여 끝마친 순간 또는 이에 아주 접착된 시간적 단계를 의미하는 것으로 해석되므로, 시간적으로나 장소적으로 보아 체포를 당하는 자가 방금 범죄를 실행한 범인이라는 점에 관한 죄증이 명백히 존재하는 것으로 인정되는 경우에만 현행범인으로 볼 수 있는 것이다.

[2] **교사가 교장실에서 교장을 협박한 뒤 40여분 후 출동한 경찰관들이 서무실에서 동행을 거부하는 그를 체포한 경우에 현행범인의 체포라고 단정한 원심판결에는 심리미진 또는 법리오해의 위법이 있다고 하여 이를 파기한 사례** 교사가 교장실에 들어가 불과 약 5분 동안 식칼을 휘두르며 교장을 협박하는 등의 소란을 피운 후 40여분 정도가 지나 경찰관들이 출동하여 교장실이 아닌 서무실에서 그를 연행하려 하자 그가 구속영장의 제시를 요구하면서 동행을 거부하였다면, 체포 당시 서무실에 앉아 있던 위 교사가 방금 범죄를 실행한 범인이라는 죄증이 경찰관들에게 명백히 인식될 만한 상황이었다고 단정할 수 없는데도 이와 달리 그를 "범죄의 실행의 즉후인 자"로서 현행범인이라고 단정한 원심판결에는 현행범인에 관한 법리오해의 위법이 있다고 하여 이를 파기한 사례.

[3] **현행범인으로서의 요건을 갖추지 못한 자에 대한 경찰관의 강제연행을 폭행 등의 방법으로 방해한 것이 공무집행방해죄를 구성하는지 여부** 현행범인으로서의 요건을 갖추고 있었다고 인정되지 않는 상황에서 경찰관들이 동행을 거부하는 자를 체포하거나 강제로 연행하려고 하였다면, 이는 적법한 공무집행이라고 볼 수 없으므로 강제연행을 거부하는 자를 도와 경찰관들에 대하여 폭행을 하는 등의 방법으로 그 연행을 방해하였다고 하더라도, 공무집행방해죄는 성립되지 않는다.

14. 대법원 1986. 1. 28. 선고 85도2448, 85감도356 판결

[청원경찰관의 직무집행을 방해한 경우 공무집행방해죄] 청원경찰관법 제3조, 경찰관직무집행법 제2조 규정에 비추어 보면 군 도시과 ○○계 요원으로 근무하고 있는 청원경찰관이 허가 없이 창고를 주택으로 개축하는 것을 단속하는 것은 그의 정당한 공무집행에 속한다고 할 것이므로 이를 폭력으로 방해하는 소위는 공무집행방해죄에 해당된다.

15. 대법원 1972. 6. 27. 선고 72도863 판결 [독직폭행치사, 직무유기, 유기]

국민의 생명과 신체의 안전을 보호하기 위한 응급의 조치를 강구하여야 할 직무를 가진 경찰관인 피고인으로서는 술에 만취된 피해자가 향토예비군 4명에게 떼메어 운반되어 지서 나무의자 위에 눕혀 놓았을 때 숨이 가쁘게 쿨쿨 내뿜고 자신의 수족과 의사도 자제할 수 없는 상태에 있음에도 불구하고 근 3시간 동안이나 아무런 구호조치를 취하지 아니한 것은 유기죄에 대한 범의를 인정할 수 있다.

16. 대법원 1970. 3. 24. 선고 70다245 판결 [선박인도]

부가형인 몰수의 선고의 효력은 유죄판결을 받은 피고인에 대하여만 발생하는 것이므로 피고인 이외의 제3자는 몰수의 대상이 된 선박의 소유자로서 민사소송으로 국가에 대하여 그 반환을 청구할 수 있다.

경찰관 직무집행법 부록

제2장

■ 경찰관 직무집행법 시행령 [별표] 〈신설 2019. 6. 25.〉

생명ㆍ신체상의 손실에 대한 보상의 기준(제9조 제3항 관련)

1. 사망자의 보상금액 기준

「의사상자 등 예우 및 지원에 관한 법률 시행령」 제12조 제1항에 따라 보건복지부장관이 결정하여 고시하는 금액을 보상한다.

2. 부상등급의 기준

「의사상자 등 예우 및 지원에 관한 법률 시행령」 제2조 및 별표 1에 따른 부상범위 및 등급을 준용하되, 같은 영 별표 1에 따른 부상 등급 중 제1급부터 제8급까지의 등급에 해당하지 않는 신체상의 손실을 입은 경우에는 부상등급 외의 부상으로 본다.

3. 부상등급별 보상금액 기준

「의사상자 등 예우 및 지원에 관한 법률 시행령」 제12조 제2항 및 별표 2에 따른 의상자의 부상 등급별 보상금을 준용하되, 제2호에 따른 부상등급 외의 부상에 대한 보상금액의 기준은 제4호와 같다.

4. 부상등급 외의 부상에 대한 보상금액 기준

가. 부상등급 외의 부상에 대한 보상금액은 제1호에 따른 보상금의 100분의 5를 최고 한도로 하여 그 범위에서 진료비, 치료비, 수술비, 약제비, 입원비 등 실제로 지출된 의료비를 지급한다.

나. 가목에도 불구하고 위원회가 최고 한도를 초과하여 보상이 필요하다고 인정하는 경우에는 가목에 따른 최고 한도를 초과하여 실제로 지출된 의료비를 지급할 수 있다.

[별지 제1호서식] 〈개정 2021. 1. 5.〉

임시영치증명서

제   호

영 치 인	① 성 명		② 생년월일	
	③ 주 소			

영 치 물	④ 품 명	⑤ 단 위	⑥ 수 량	⑦ 비 고

⑧ 임시영치기간	. . . 시~ . . 시(일간)		
⑨ 수 령 일 시	. . . 시	⑩ 수령장소	

위 물건을 경찰관직무집행법 제4조 제3항의 규정에 의하여 임시영치하오니 지정된 날짜에 이 증명서와 주민등록증 및 도장을 가지고 수령하시기 바랍니다.

. . .

○○경찰서장

(○○지구대장 · 파출소장 · 출장소장)

귀하

2106-34A

81.5.2 승인

190mm × 268mm

(인쇄용지(2급) 60g/㎡)

※ 기입요령 : ⑧ 임시영치기간은 임시영치한 날로부터 수령한 날까지 10일을 초과할 수 없음

[별지 제2호서식] 〈개정 2017. 7. 26.〉

<table>
<tr><td colspan="5" align="center">○○경찰서</td></tr>
<tr><td colspan="5">분류기호 및
문서번호</td></tr>
<tr><td colspan="5">　　　　　　　　　　　　　　　　　　　시행일　　　.　　　.　　　.</td></tr>
<tr><td colspan="2">수 신</td><td colspan="3">발 신　　　　　　　　　(인)</td></tr>
<tr><td colspan="5">제 목 피구호자 인계서 송부</td></tr>
<tr><td rowspan="4" align="center">피
구
호
자</td><td>① 성 명</td><td></td><td>② 생년월일</td><td>.　　.　　.</td></tr>
<tr><td>③ 직 업</td><td></td><td>④ 주민등록번호</td><td>~</td></tr>
<tr><td>⑤ 주 소</td><td colspan="3"></td></tr>
<tr><td>⑥ 인상착의</td><td colspan="3"></td></tr>
<tr><td rowspan="2" align="center">발
견</td><td>⑦ 일 시</td><td>.　　.　　.</td><td rowspan="2">⑨ 당시개황</td><td rowspan="2"></td></tr>
<tr><td>⑧ 장 소</td><td></td></tr>
<tr><td colspan="2" align="center">⑩ 인계일시</td><td>.　　.　　.</td><td>⑪ 인계장소</td><td></td></tr>
<tr><td colspan="2" align="center">⑫ 인 계 인</td><td align="center">소속</td><td align="center">계급</td><td align="center">성명</td></tr>
<tr><td colspan="2" align="center">⑬ 인 수 인</td><td align="center">소속</td><td align="center">직위</td><td align="center">성명</td></tr>
<tr><td colspan="5">경찰관직무집행법 제4조 제6항의 규정에 의하여 피구호자인계서를 위와 같이 송부합니다.</td></tr>
</table>

2106-32D　　　　　　　　　　　　　　　　　　　　　　　190mm×268mm

81.5.2 승인　　　　　　　　　　　　　　　　　　　(인쇄용지(2급) 60g/㎡)

※ 기입요령 : ⑥ 피구호자의 인적사항이 확인되지 아니한 때에는 성별·신장·체격·착의 등 피보호자를 특정할 수 있는 사항을 기입

Part 03

국제항해선박 및 항만시설의
보안에 관한 법률

제1장 총칙

[시행 2021. 12. 9.] [법률 제17615호, 2020. 12. 8., 일부개정]

제1조(목적)

이 법은 국제항해에 이용되는 선박과 그 선박이 이용하는 항만시설의 보안에 관한 사항을 정함으로써 국제항해와 관련한 보안상의 위협을 효과적으로 방지하여 국민의 생명과 재산을 보호하는데 이바지함을 목적으로 한다.

제2조(정의)

이 법에서 사용하는 용어의 정의는 다음과 같다.

1. **"국제항해선박"**이란 「선박안전법」 제2조 제1호에 따른 선박으로서 국제항해에 이용되는 선박을 말한다.

   ** 선박안전법 제2조(정의) 이 법에서 사용하는 용어의 정의는 다음과 같다.

   1. **"선박"**이라 함은 수상(水上) 또는 수중(水中)에서 항해용으로 사용하거나 사용될 수 있는 것(선외기를 장착한 것을 포함한다)과 이동식 시추선·수상호텔 등 해양수산부령으로 정하는 부유식 해상구조물을 말한다.

   2. "선박시설"이라 함은 선체·기관·돛대·배수설비 등 선박에 설치되어 있거나 설치될 각종 설비로서 해양수산부령으로 정하는 것을 말한다.

   3. "선박용물건"이라 함은 선박시설에 설치·비치되는 물건으로서 해양수산부장관이 정하여 고시하는 것을 말한다.

   4. "기관"이라 함은 원동기·동력전달장치·보일러·압력용기·보조기관 등의 설비 및 이들의 제어장치로 구성되는 것을 말한다.

   5. "선외기(船外機)"라 함은 선박의 선체 외부에 붙일 수 있는 추진기관으로서 선박의 선체로부터 간단한 조작에 의하여 쉽게 떼어낼 수 있는 것을 말한다.

   6. "감항성"이라 함은 선박이 자체의 안정성을 확보하기 위하여 갖추어야 하는 능력으로서 일정한 기상이나 항해조건에서 안전하게 항해할 수 있는 성능을 말한다.

7. "만재흘수선(滿載吃水線)"이라 함은 선박이 안전하게 항해할 수 있는 적재한도(積載限度)의 흘수선으로서 여객이나 화물을 승선하거나 싣고 안전하게 항해할 수 있는 최대한도를 나타내는 선을 말한다.

8. "복원성"이라 함은 수면에 평형상태로 떠 있는 선박이 파도·바람 등 외력에 의하여 기울어졌을 때 원래의 평형상태로 되돌아오려는 성질을 말한다.

9. **"여객"이라 함은 선박에 승선하는 자로서 다음 각 목에 해당하는 자를 제외한 자를 말한다.**
   가. 선원
   나. 1세 미만의 유아
   다. 세관공무원 등 일시적으로 승선한 자로서 해양수산부령으로 정하는 자

10. **"여객선"이라 함은 13인 이상의 여객을 운송할 수 있는 선박을 말한다.**

11. "소형선박"이라 함은 제27조 제1항 제2호의 규정에 따른 측정방법으로 측정된 선박길이가 12미터 미만인 선박을 말한다.

12. "부선(艀船)"이란 원동기·동력전달장치 등 추진기관이나 돛대가 설치되지 아니한 선박으로서 다른 선박에 의하여 끌리거나 밀려서 항해하는 선박을 말한다.

13. "예인선(曳引船)"이라 함은 다른 선박을 끌거나 밀어서 이동시키는 선박을 말한다.

2. **"항만시설"**이란 국제항해선박과 선박항만연계활동이 가능하도록 갖추어진 시설로서 「항만법」 제2조 제5호에 따른 항만시설 및 해양수산부령으로 정하는 시설을 말한다.

** 항만법 제2조(정의) 이 법에서 사용하는 용어의 뜻은 다음과 같다. 〈개정 2022. 1. 4.〉

1. **"항만"**이란 선박의 출입, 사람의 승선·하선, 화물의 하역·보관 및 처리, 해양친수활동 등을 위한 시설과 화물의 조립·가공·포장·제조 등 부가가치 창출을 위한 시설이 갖추어진 곳을 말한다.

2. **"무역항"**이란 국민경제와 공공의 이해(利害)에 밀접한 관계가 있고, 주로 외항선이 입항·출항하는 항만으로서 제3조 제1항에 따라 대통령령으로 정하는 항만을 말한다.

3. **"연안항"**이란 주로 국내항 간을 운항하는 선박이 입항 · 출항하는 항만으로서 제3조제1항에 따라 대통령령으로 정하는 항만을 말한다.

4. **"항만구역"**이란 항만의 수상구역과 육상구역을 말한다.

5. **"항만시설"**이란 다음 각 목의 어느 하나에 해당하는 시설을 말한다. 이 경우 다음 각 목의 시설이 항만구역 밖에 있는 경우에는 해양수산부장관이 지정 · 고시하는 시설로 한정한다.

　가. 기본시설

　　1) 항로, 정박지, 소형선 정박지, 선회장(旋回場) 등 수역시설(水域施設)

　　2) 방파제, 방사제(防砂堤), 파제제(波除堤), 방조제, 도류제(導流堤), 갑문, 호안(해안보호둑을 말한다) 등 외곽시설

　　3) 도로, 교량, 철도, 궤도, 운하 등 임항교통시설(臨港交通施設)

　　4) 안벽, 소형선 부두, 잔교(棧橋: 선박이 부두에 닿도록 구름다리 형태로 만든 구조물), 부잔교(浮棧橋: 선박을 매어두거나 선박이 부두에 닿도록 물 위에 띄워 만든 구조물), 돌핀(계선말뚝을 말한다), 선착장, 램프(경사식 진출입로를 말한다) 등 계류시설(繫留施設)

　나. 기능시설

　　1) 선박의 입항 · 출항을 위한 항로표지 · 신호 · 조명 · 항무통신(港務通信)에 관련된 시설 등 항행 보조시설

　　2) 고정식 또는 이동식 하역장비, 화물 이송시설, 배관시설 등 하역시설

　　3) 대기실, 여객승강용 시설, 소하물 취급소 등 여객이용시설

　　4) 창고, 야적장, 컨테이너 장치장(藏置場) 및 컨테이너 조작장, 사일로[시멘트, 곡물 등 산적화물(散積貨物)의 저장시설을 말한다], 유류(油類)저장시설, 가스저장시설, 화물터미널 등 화물의 유통시설과 판매시설

　　5) 선박을 위한 연료공급시설과 급수시설, 얼음 생산 및 공급 시설 등 선박보급시설

　　6) 항만의 관제(管制) · 정보통신 · 홍보 · 보안에 관련된 시설

　　7) 항만시설용 부지

　　8)「어촌 · 어항법」제2조 제5호나목의 기능시설[제21조 제3호에 따른 어항구(漁港區)(이하 이 조에서 "어항구"라 한다)에 있는 것으로 한정한다]

　　9)「어촌 · 어항법」제2조 제5호다목의 어항편익시설(어항구에 있는 것으로 한정한다)

　　10) 방음벽, 방진망(防塵網), 수림대(樹林帶) 등 공해방지시설

다. 지원시설

1) 보관창고, 집배송장, 복합화물터미널, 정비고 등 배후유통시설

2) 선박기자재, 선용품(船用品) 등을 보관 · 판매 · 전시 등을 하기 위한 시설

3) 화물의 조립 · 가공 · 포장 · 제조 등을 위한 시설

4) 공공서비스의 제공, 시설관리 등을 위한 항만 관련 업무용 시설

5) 항만시설을 사용하는 사람, 항만시설 인근 지역의 주민, 여객 등 항만을 이용하는 사람 및 항만에서 일하는 사람을 위한 휴게소 · 숙박시설 · 진료소 등「공공보건의료에 관한 법률」 제2조 제3호에 따른 공공보건의료기관 · 위락시설 · 연수장 · 주차장 · 차량통관장 등 후생복지시설과 편의제공시설

6) 항만 관련 산업의 기술개발이나 벤처산업 지원 등을 위한 연구시설

7) 신 · 재생에너지 관련 시설, 자원순환시설 및 기후변화 대응 방재시설 등 저탄소 항만의 건설을 위한 시설

8) 그 밖에 항만기능을 지원하기 위한 시설로서 해양수산부령으로 정하는 것

라. 항만친수시설(港灣親水施設)

1) 낚시터, 유람선, 낚시어선, 모터보트, 요트, 윈드서핑용 선박 등을 수용할 수 있는 해양레저용 시설

2) 해양박물관, 어촌민속관, 해양유적지, 공연장, 학습장, 갯벌체험장 등 해양 문화 · 교육 시설

3) 해양전망대, 산책로, 해안 녹지, 조경(造景)시설 등 해양공원시설

4) 인공해변 · 인공습지 등 준설토(浚渫土)를 재활용하여 조성한 인공시설

마. 항만배후단지

6. **"관리청"**이란 항만의 개발 및 관리에 관한 행정업무를 수행하는 다음 각 목의 구분에 따른 행정관청을 말한다.

가. 제3조 제2항 제1호 및 제3항 제1호에 따른 국가관리무역항 및 국가관리연안항 : **해양수산부장관**

나. 제3조 제2항 제2호 및 제3항 제2호에 따른 지방관리무역항 및 지방관리연안항 : **특별시장 · 광역시장 · 도지사 또는 특별자치도지사**(이하 "시 · 도지사"라 한다)

> **■ 국제선박항만보안법 시행규칙 제2조(항만시설)**
>
> 「국제항해선박 및 항만시설의 보안에 관한 법률」(이하 "법"이라 한다) 제2조 제2호에서 "해양수산부령으로 정하는 시설"이란 「항만법」 제2조 제5호에 따른 항만시설 외의 시설로서 국제항해선박이 이용하는 다음 각 호의 시설 중 지방해양수산청장이 지정하는 시설을 말한다. 〈개정 2017. 6. 2.〉
> 1. 선박을 수리하거나 건조하는 조선소의 선박계류시설
> 2. 석유 비축기지, 액화천연가스 생산기지 또는 화력발전소의 선박계류시설
> 3. 「선박법」 제6조 단서에 따라 해양수산부장관의 허가를 받아 외국 국적선박이 기항하는 불개항장의 선박계류시설

3. **"선박항만연계활동"**이란 국제항해선박과 항만시설 사이에 승선·하선 또는 선적·하역과 같이 사람 또는 물건의 이동을 수반하는 상호작용으로서 그 활동의 결과 국제항해선박이 직접적으로 영향을 받게 되는 것을 말한다.

4. **"선박상호활동"**이란 국제항해선박과 국제항해선박 또는 국제항해선박과 그 밖의 선박 사이에 승선·하선 또는 선적·하역과 같이 사람 또는 물건의 이동을 수반하는 상호작용을 말한다.

5. **"보안사건"**이란 국제항해선박이나 항만시설을 손괴하는 행위 또는 국제항해선박이나 항만시설에 위법하게 폭발물 또는 무기류 등을 반입·은닉하는 행위 등 국제항해선박·항만시설·선박항만연계활동 또는 선박상호활동의 보안을 위협하는 행위 또는 그 행위와 관련된 상황을 말한다.

6. **"보안등급"**이란 보안사건이 발생할 수 있는 위험의 정도를 단계적으로 표시한 것으로서 「1974년 해상에서의 인명안전을 위한 국제협약」("협약")에 따른 등급구분 방식을 반영한 것을 말한다.

7. **"국제항해선박소유자"**란 국제항해선박의 소유자·관리자 또는 국제항해선박의 소유자·관리자로부터 선박의 운영을 위탁받은 법인·단체 또는 개인을 말한다.

8. **"항만시설소유자"**란 항만시설의 소유자·관리자 또는 항만시설의 소유자·관리자로부터 그 운영을 위탁받은 법인·단체 또는 개인을 말한다.

9. **"국가보안기관"**이란 국가정보원·국방부·관세청·경찰청 및 해양경찰청 등 보안업무를 수행하는 국가기관을 말한다.

제3조(적용범위)

① 이 법은 다음 각 호의 국제항해선박 및 항만시설에 대하여 적용한다. 다만, 이 법에 특별한 규정이 있으면 그 규정에 따른다.
1. **다음 각 목의 어느 하나에 해당하는 대한민국 국적의 국제항해선박**
   가. 모든 여객선
   나. 총톤수 500톤 이상의 화물선
   다. 이동식 해상구조물(천연가스 등 해저자원의 탐사·발굴 또는 채취 등에 사용되는 것을 말한다)
2. **제1호 각 목의 어느 하나에 해당하는 대한민국 국적 또는 외국 국적의 국제항해선박과 선박항만연계활동이 가능한 항만시설**
   ② 제1항에도 불구하고 비상용 목적으로 사용되는 선박으로서 국가 또는 지방자치단체가 소유하는 국제항해선박에 대하여는 이 법을 적용하지 아니한다.

제4조(국제협약과의 관계)

국제항해선박과 항만시설의 보안에 관하여 국제적으로 발효된 국제협약의 보안기준과 이 법의 규정내용이 다른 때에는 국제협약의 효력을 우선한다. 다만, 이 법의 규정내용이 국제협약의 보안기준 보다 강화된 기준을 포함하는 때에는 그러하지 아니하다.

제5조(국가항만보안계획 등)

① 해양수산부장관은 국제항해선박 및 항만시설의 보안에 관한 업무를 효율적으로 수행하기 위하여 10년마다 항만의 보안에 관한 종합계획("국가항만보안계획")을 수립·시행하여야 한다. 이 경우 해양수산부장관은 관계 행정기관의 장과 미리 협의하여야 한다.
② 국가항만보안계획은 제34조에 따른 보안위원회의 심의를 거쳐 확정한다.
③ 국가항만보안계획에는 다음 각 호의 사항이 포함되어야 한다.

1. 항만의 보안에 관한 기본방침
2. 항만의 보안에 관한 중 · 장기 정책방향
3. 항만의 보안에 관한 행정기관의 역할
4. 항만의 보안에 관한 항만시설소유자의 역할
5. 항만에서의 보안시설 · 장비의 설치 및 경비 · 검색인력의 배치
6. 항만시설보안책임자 등에 대한 교육 · 훈련계획
7. 보안사건에 대한 대비 · 대응조치
8. 항만보안에 관한 국제협력
9. 그 밖에 항만의 보안을 확보하기 위하여 필요한 사항

④ 해양수산부장관은 국가항만보안계획이 수립된 때에는 이를 관계 행정기관의 장과 항만에 관한 업무를 관장하는 해양수산부 소속 기관의 장(이하 "지방청장"이라 한다)에게 통보하여야 하며, 국가항만보안계획을 통보받은 관계 행정기관의 장 및 지방청장은 그 시행을 위하여 필요한 조치를 하여야 한다.

⑤ 제4항에 따라 국가항만보안계획을 통보받은 지방청장은 국가항만보안계획에 따른 관할 구역의 항만에 대한 보안계획("지역항만보안계획")을 수립 · 시행하여야 한다.

⑥ 지방청장은 제5항에 따라 지역항만보안계획을 수립하려는 때에는 해양수산부장관의 승인을 받아야 한다. 이 경우 관계 국가보안기관의 장과 미리 협의하여야 한다.

⑦ 해양수산부장관과 지방청장은 국가항만보안계획과 지역항만보안계획이 수립된 후 5년이 경과한 때에는 그 내용을 검토하여 변경 여부를 결정하여야 한다. 다만, 국내외 보안여건을 시급히 반영하여야 하는 등 긴급한 필요성이 인정되는 경우에는 해양수산부장관이 국가항만보안계획과 지역항만보안계획의 변경 여부를 결정할 수 있다.

⑧ 제7항에 따라 국가항만보안계획을 변경하는 경우에는 제1항부터 제4항까지의 절차에 따르고, 지역항만보안계획을 변경하는 경우에는 제5항 및 제6항의 절차에 따른다. 다만, 대통령령으로 정하는 경미한 사항을 변경하는 경우에는 대통령령으로 정하는 바에 따라 절차의 전부 또는 일부를 생략할 수 있다.

■ 국제선박항만보안법 시행령 제2조(국가항만보안계획의 수립 등)

① 「국제항해선박 및 항만시설의 보안에 관한 법률」("법") 제5조 제8항 단서에서 "대통령령으로 정하는 경미한 사항"이란 다음 각 호의 어느 하나에 해당하는 사항을 말한다.

1. 법 제5조 제3항 제6호에 따른 항만시설보안책임자 등에 대한 교육 · 훈련계획에 관한 사항 또는 제3조 제1항 제6호에 따른 관할 구역 항만의 항만시설보안책임자 등에 대한 교육 · 훈련계획에 관한 사항

2. 법령의 제정 · 개정으로 인한 해양항만관서의 조직 또는 관할 구역 변경에 따른 법 제5조 제1항의 국가항만보안계획("국가항만보안계획") 및 법 제5조 제5항의 지역항만보안계획("지역항만보안계획")의 변경에 관한 사항

② 법 제5조 제8항 단서에 따라 제1항 각 호의 경미한 사항을 변경할 때에는 다음 각 호의 구분에 따른 절차를 생략한다.

1. 국가항만보안계획 : 법 제5조 제1항에 따른 관계 행정기관의 장과의 협의 및 법 제5조 제2항에 따른 보안위원회의 심의

2. 지역항만보안계획 : 법 제5조 제6항에 따른 해양수산부장관의 승인 및 관계 국가보안기관의 장과의 협의

⑨ 지역항만보안계획의 세부내용 · 수립절차 및 방법에 관하여 필요한 사항은 대통령령으로 정한다.

■ 국제선박항만보안법 시행령 제3조(지역항만보안계획의 세부내용 등)

① 법 제5조 제9항에 따른 지역항만보안계획의 세부내용으로 다음 각 호의 사항이 포함되어야 한다.

1. 관할 구역 항만의 보안에 관한 기본방침
2. 관할 구역 항만의 보안에 관한 중 · 장기 추진방향
3. 관할 구역 항만의 항만시설보안에 관한 관련 행정기관의 역할
4. 관할 구역 항만의 보안에 관한 항만시설소유자의 역할
5. 관할 구역 항만에서의 보안시설 · 장비의 설치 및 경비 · 검색인력의 배치
6. 관할 구역 항만의 항만시설보안책임자 등에 대한 교육 · 훈련계획
7. 관할 구역 항만에서의 보안사건에 대한 대비 · 대응조치
8. 그 밖에 관할 구역 항만의 보안을 확보하기 위하여 필요한 사항

PART 03

국제항해선박 및 항만시설의 보안에 관한 법률

② 지방해양수산청장은 법 제5조 제9항에 따라 지역항만보안계획을 수립하려는 경우에 필요하면 항만시설소유자의 의견을 들어 반영할 수 있다.

③ 지방해양수산청장은 수립된 지역항만보안계획을 관할 구역 국가보안기관의 장에게 통보하여야 한다.

제6조(보안등급의 설정 · 조정 등)

① 해양수산부장관은 국제항해선박 및 항만시설에 대하여 대통령령으로 정하는 바에 따라 보안등급을 설정하여야 한다.

② 해양수산부장관은 제1항에 따라 설정된 보안등급의 근거가 되는 보안사건의 발생 위험의 정도가 변경되는 때에는 대통령령으로 정하는 바에 따라 그 보안등급을 조정하여야 한다.

■ 국제선박항만보안법 시행령 제4조(보안등급의 설정 · 조정 등)

① 해양수산부장관은 법 제6조 제1항 및 제2항에 따라 보안등급을 설정하거나 조정하는 경우에 다음 각 호의 사항을 고려하여야 한다.

1. 보안사건을 일으킬 수 있는 위험에 관한 정보의 구체성, 긴급성 및 신뢰성
2. 보안사건이 일어날 때 예상되는 피해 정도

② 제1항에 따른 보안등급은 다음 각 호로 구분한다.

1. **보안 1등급** : 국제항해선박과 항만시설이 정상적으로 운영되는 상황으로 일상적인 최소한의 보안조치가 유지되어야 하는 평상수준
2. **보안 2등급** : 국제항해선박과 항만시설에 보안사건이 일어날 가능성이 증대되어 일정기간 강화된 보안조치가 유지되어야 하는 경계수준
3. **보안 3등급** : 국제항해선박과 항만시설에 보안사건이 일어날 가능성이 뚜렷하거나 임박한 상황이어서 일정기간 최상의 보안조치가 유지되어야 하는 비상수준

③ 해양수산부장관은 국제항해선박에 대하여는 선박의 종류 · 항로 또는 해역별로 그 운항 특성을 고려하여 보안등급을 설정하거나 조정할 수 있으며, 항만시설에 대하여는 항만별 또는 항만시설 단위별로 그 기능별 특성을 고려하여 보안등급을 설정하거나 조정할 수 있다.

③ 해양수산부장관은 제1항 및 제2항에 따라 설정·조정된 보안등급을 해당 국제항해선박소유자 또는 항만시설소유자에게 해양수산부령으로 정하는 바에 따라 즉시 통보하여야 한다.

④ 해양수산부장관은 제1항 및 제2항에 따라 보안등급을 설정하거나 조정하는 경우 제34조에 따른 보안위원회의 심의를 거쳐야 한다. 다만, 해양수산부장관은 긴급한 필요가 있는 경우 관계 국가보안기관의 장과 미리 협의할 수 있다.

⑤ 제1항 및 제2항에 따른 보안등급별로 국제항해선박 또는 항만시설에서 준수하여야 하는 세부적인 보안조치사항은 해양수산부령으로 정한다.

⑥ 해양수산부장관은 제5항에 따라 정하여진 세부적인 보안조치사항에도 불구하고 예상하지 못한 보안사고의 발생 등 필요하다고 인정되는 때에는 준수하여야 하는 보안조치를 별도로 지시할 수 있다.

■ 국제선박항만보안법 시행규칙 제3조(보안등급 설정·조정의 통보 등)

① 법 제6조 제3항에 따른 보안등급 설정·조정의 통보는 해양수산부장관이 지방해양수산청장을 거쳐서 국제항해선박소유자 또는 항만시설소유자에게 서면(전자문서를 포함)으로 하되, 서면 통보에 추가하여 전화·전자우편·팩스 등을 이용하여 통보하거나 인터넷 홈페이지 등에 게시할 수 있다.

② 제1항에 따라 보안등급 설정·조정의 통보를 받은 국제항해선박소유자 또는 항만시설소유자는 법 제7조에 따른 총괄보안책임자("총괄보안책임자"), 법 제8조에 따른 선박보안책임자("선박보안책임자") 또는 법 제23조에 따른 항만시설보안책임자("항만시설보안책임자")로 하여금 설정·조정된 보안등급을 국제항해선박이나 항만시설에 대한 보안업무의 수행에 반영하도록 하여야 한다.

③ 법 제6조 제5항에 따라 보안등급별로 국제항해선박 또는 항만시설에서 국제항해선박소유자와 항만시설소유자가 지켜야 하는 보안등급별 세부 보안조치 사항은 별표 1과 같다.

제3장 항만시설의 보안확보를 위한 조치

"제2장 국제항해선박의 보안확보를 위한 조치" 제외(시험범위 밖) 제7조 ~ 제22조 : 생략

제23조(항만시설보안책임자)

① 항만시설소유자는 그가 소유하거나 관리 · 운영하는 항만시설의 보안업무를 효율적으로 수행하게 하기 위하여 해양수산부령으로 정하는 전문지식 등 자격요건을 갖춘 자를 보안책임자("항만시설보안책임자")로 지정하여야 한다. 이 경우 항만시설의 구조 및 기능에 따라 필요하다고 인정되는 때에는 2개 이상의 항만시설에 대하여 1인의 항만시설보안책임자를 지정하거나 1개의 항만시설에 대하여 2인 이상의 항만시설보안책임자를 지정할 수 있다.

② 제1항에 따라 항만시설소유자가 항만시설보안책임자를 지정한 때에는 7일 이내에 해양수산부령으로 정하는 바에 따라 그 사실을 해양수산부장관에게 통보하여야 한다. 항만시설보안책임자를 변경한 때에도 또한 같다.

③ 항만시설보안책임자는 다음 각 호의 사무를 수행한다.

1. 제25조에 따른 항만시설보안계획서의 작성 및 승인신청
2. 항만시설의 보안점검
3. 항만시설 보안장비의 유지 및 관리
4. 그 밖에 해양수산부령으로 정하는 사무

④ 해양수산부장관은 항만시설보안책임자가 제3항에 따른 사무를 게을리 하거나 이를 이행하지 아니할 때에는 항만시설소유자에 대하여 그 변경을 명할 수 있다.

▪ 국제선박항만보안법 시행규칙 제27조(항만시설보안책임자의 자격요건 등)

① 법 제23조 제1항에서 "해양수산부령으로 정하는 전문지식 등 자격요건"은 별표 2와 같다.

② 법 제23조 제2항 전단 및 후단에 따른 항만시설보안책임자의 지정 또는 변경지정의 통보는 별표 2에 따른 항만시설보안책임자의 자격요건을 증명하는 서류를 첨부하여 별지 제16호서식의 항만시설보안책임자 지정·변경지정 통보서로 한다.

③ 법 제23조 제3항 제4호에서 "그 밖에 해양수산부령으로 정하는 사무"란 다음 각 호의 사무를 말한다.

1. 법 제24조에 따른 항만시설보안평가("항만시설보안평가")의 준비

2. 국제항해선박소유자, 총괄보안책임자 및 선박보안책임자와 법 제25조에 따른 항만시설보안계획서("항만시설보안계획서") 시행에 관하여 협의·조정하는 일

3. 항만시설보안계획서의 이행·보완·관리 및 보안유지

4. 법 제27조 제1항에 따른 항만시설적합확인서("항만시설적합확인서")의 비치·관리

5. 법 제30조에 따른 항만시설보안기록부("항만시설보안기록부")의 작성·관리

6. 법 제31조에 따른 경비·검색인력과 보안시설·장비의 운용·관리

7. 법 제32조에 따른 항만시설보안정보의 보고 및 제공

8. 법 제39조 제2항에 따른 항만시설의 종사자에 대한 보안교육 및 훈련의 실시

9. 선박보안책임자가 요청하는 승선 요구자 신원확인에 대한 지원

10. 보안등급 설정·조정내용의 항만시설 이용 선박 또는 이용예정 선박에 대한 통보

11. 그 밖에 해당 항만시설의 보안에 관한 업무

제24조(항만시설보안평가)

① 해양수산부장관은 항만시설에 대하여 보안과 관련한 시설·장비·인력 등에 대한 보안평가("항만시설보안평가")를 실시하여야 한다. 이 경우 관계 국가보안기관의 장과 미리 협의하여야 한다.

▪ 국제선박항만보안법 시행령 제8조(항만시설보안평가 협의)

해양수산부장관은 법 제24조 제1항 후단에 따라 협의한 결과 국가정보원장이 요청하면 「보안업무규정」 제35조에 따른 보안측정의 실시와 연계하여 항만시설보안평가를 할 수 있다. 〈개정 2020. 1. 14.〉

② 해양수산부장관은 제1항에 따라 항만시설보안평가를 실시한 때에는 항만시설보안평가의 결과를 문서로 작성하여 해당 항만시설소유자에게 통보하여야 한다.

③ 해양수산부장관은 항만시설보안평가에 대하여 5년마다 재평가를 실시하여야 한다. 다만, 해당 항만시설에서 보안사건이 발생하는 등 항만시설의 보안에 관하여 중요한 변화가 있는 때에는 즉시 재평가를 실시하여야 한다.

④ 항만시설보안평가의 평가항목 및 평가방법 등에 관하여 필요한 사항은 해양수산부령으로 정한다.

■ 국제선박항만보안법 시행규칙 제28조(항만시설보안평가)

① 법 제24조 제4항에 따라 항만시설보안평가의 평가항목에는 각 호의 항목이 포함되어야 한다.

　1. 보안사건 또는 보안상의 위협으로부터 보호되어야 하는 사람·시설 및 장비의 확인과 보안상의 위협에 대한 분석

　2. 보안상 위협 또는 결함을 줄이기 위하여 필요한 보안조치 및 그 우선순위 결정, 보안조치의 실효성

　3. 항만시설의 보안상 결함의 보완과 수립된 보안절차의 검증

② 지방해양수산청장은 법 제24조제4항에 따라 해당 항만시설운영자를 포함하여 평가반을 구성하거나 전문가에게 자문하는 등의 방법으로 항만시설보안평가를 할 수 있다.

③ 지방해양수산청장은 항만시설보안평가를 마치면 다음 각 호의 사항이 포함된 항만시설보안평가 결과보고서를 작성하여 대외비로 관리하고, 해당 항만시설소유자에게 송부하여 항만시설보안계획서에 반영하도록 하여야 한다.

　1. 항만시설보안평가의 수행방법

　2. 항만시설보안평가 결과 발견된 보안상 결함의 분석

　3. 보안상 결함을 보완할 수 있는 보안조치

제25조(항만시설보안계획서)

① 항만시설소유자는 제24조에 따른 항만시설보안평가의 결과를 반영하여 보안취약요소에 대한 개선방안과 보안등급별 조치사항 등을 정한 보안계획서("항만시설보안계획서")를 작성하여 주된 사무소에 비치하고 동 계획서에 따른 조치 등을 시행하여야 한다.

② 항만시설보안계획서에는 보안사고와 같은 보안상의 위협으로부터 항만시설(항만운영과 관련된 정보와 전산·통신시스템을 포함한다)·선박·화물·선용품 및 사람 등을 보호하는데 필요한 보안조치사항이 포함되어야 하며, 그 세부적인 내용은 해양수산부령으로 정한다.

■ 국제선박항만보안법 시행규칙 제29조(항만시설보안계획서의 작성)

① 법 제25조 제2항에 따라 항만시설보안계획서에는 별표 1의 국제항해선박소유자 및 항만시설소유자의 보안등급별 세부 보안조치사항의 이행에 필요한 사항과 다음 각 호의 사항 또는 계획이 포함되어야 한다.

1. 폭발물 또는 무기류 등 허용되지 아니한 물품이나 장비를 항만시설 또는 선박으로 반입하거나, 항만시설 또는 선박에서 반출하는 것을 막기 위하여 필요한 조치

2. 항만시설에 계류 중인 국제항해선박이나 항만시설 내 법 제33조 제1항 제3호에 따른 지역을 정당한 출입절차 없이 무단으로 출입하는 것을 방지하기 위한 조치

3. 항만시설과 선박항만연계활동에 대한 보안상의 위협 또는 보안상의 침해에 대한 대응절차

4. 보안 3등급에서 정부의 지시를 이행하기 위한 절차

5. 항만시설보안책임자와 보안담당자의 임무

6. 항만시설보안계획서의 보완절차

7. 법 제32조에 따른 보안사건의 보고절차

8. 내부보안심사 절차

9. 항만시설보안책임자의 성명과 연락처

10. 항만시설에 있는 국제항선박에서 선박보안경보장치가 작동되는 경우의 조치

11. 항만시설과 국제항해선박에 대한 선원 및 방문자의 출입 절차

12. 보안합의서의 작성 · 시행에 관한 사항

13. 항만시설 내 폐쇄회로 텔레비전(CCTV)의 설치 간격, 기종, 감시방향 등을 나타내는 평면도

14. 그 밖에 항만시설의 보안에 관한 법령과 국제협약의 이행에 필요한 사항

② 항만시설보안계획서는 항만시설 단위별로 작성하되, 2개 이상 항만시설의 항만시설소유자가 같고, 항만시설의 구조, 위치, 운영방법 및 장비 등이 유사하면 하나의 항만시설보안계획서에 통합하여 작성하도록 할 수 있다.

③ 제1항 및 제2항의 항만시설보안계획서는 전자문서로 작성할 수 있다.

③ 항만시설보안계획서를 작성한 때에는 해양수산부장관의 승인을 받아야 한다. 항만시설보안계획서의 내용 중 해양수산부령으로 정하는 중요한 사항을 변경하는 때에도 또한 같다.

■ 국제선박항만보안법 시행규칙 제30조(항만시설보안계획서의 중요한 변경)

법 제25조 제3항에서 "해양수산부령으로 정하는 중요한 사항을 변경하는 때"란 다음 각 호의 어느 하나에 해당하는 때를 말한다.

1. 대상 항만시설의 규모를 변경하는 때

2. 해당 항만시설에서 중대한 보안사건이 발생하여 항만시설의 보안관리체제 등 보안조치사항을 변경하는 때

3. 해당 항만시설의 경비 · 검색인력 및 보안시설 · 장비를 변경하는 때

■ 국제선박항만보안법 시행규칙 제31조(항만시설보안계획서의 승인)

① 법 제25조 제3항에 따라 항만시설보안계획서의 승인 또는 변경승인을 받으려는 자는 별지 제17호 서식의 항만시설보안계획서 승인 · 변경승인 신청서에 다음 각 호의 구분에 따른 서류를 첨부하여 지방해양수산청장에게 제출하여야 한다.

   1. 승인 또는 변경승인을 받으려는 항만시설보안계획서 2부

   2. 변경사유서 1부(변경승인신청의 경우만 해당한다)

② 지방해양수산청장은 제1항의 항만시설보안계획서를 승인하거나 변경승인하였을 때에는 해당 항만시설보안계획서 1부는 항만시설소유자에게 내주고, 나머지 1부는 대외비로 관리하여야 하며, 승인한 사실을 해양수산부장관에게 보고하여야 한다.

④ 해양수산부장관은 제3항에 따라 항만시설보안계획서를 승인하는 경우에는 미리 관계 국가보안기관의 장과 미리 협의하여야 한다.

⑤ 제3항에 따른 항만시설보안계획서의 승인절차에 관하여 필요한 사항은 해양수산부령으로 정한다.

제26조(항만시설보안심사 등)

① 항만시설소유자는 그가 소유하거나 관리 · 운영하고 있는 항만시설에 대하여 제25조에 따른 항만시설보안계획서에 따른 조치 등을 적정하게 시행하고 있는지 여부를 확인받기 위하여 해양수산부장관에게 다음 각 호의 구분에 따른 보안심사("항만시설보안심사")를 받아야 한다.

1. **최초보안심사** : 제27조 제1항에 따른 항만시설적합확인서를 처음으로 교부받으려는 때에 실시하는 것으로서 해양수산부령으로 정하는 시기에 행하는 심사

2. **갱신보안심사** : 제28조에 따른 항만시설적합확인서의 유효기간이 만료되기 전에 해양수산부령으로 정하는 시기에 행하는 심사

3. **중간보안심사** : 최초보안심사와 갱신보안심사 사이 또는 갱신보안심사와 갱신보안심사 사이에 해양수산부령으로 정하는 시기에 행하는 심사

■ **국제선박항만보안법 시행규칙 제32조(항만시설보안심사의 시기 등)**

① 법 제26조 제1항 제1호에서 제3호까지의 항만시설보안심사("항만시설보안심사")는 다음의 각 호의 구분에 따른 시기에 시행한다.

  1. **최초보안심사** : 항만시설 운영개시일 3개월 전부터 운영개시일 전날까지

  2. **갱신보안심사** : 항만시설적합확인서의 유효기간 만료일 3개월 전부터 유효기간 만료일까지

  3. **중간보안심사** : 항만시설적합확인서 유효기간 개시일부터 매 1년이 되는 날을 기준일로 하여 그 기준일 3개월 전부터 그 기준일 이후 3개월이 되는 날까지

---

② 항만시설소유자는 제1항 제1호의 최초보안심사를 받기 전에 임시로 항만시설을 운영하는 경우로서 해양수산부령으로 정하는 때에는 해양수산부장관에게 항만시설보안계획서의 작성·시행 등에 관한 이행 여부를 확인하는 보안심사("**임시항만시설보안심사**")를 받아야 한다. 〈신설 2020. 2. 18.〉

■ **국제선박항만보안법 시행규칙 제32조(항만시설보안심사의 시기 등)**

② 법 제26조 제2항에서 "해양수산부령으로 정하는 때"란 항만시설에 국제항해선박을 접안시켜 하역장비 등 항만운영에 필요한 시설·장비 및 폐쇄회로텔레비전 등 항만보안에 필요한 시설·장비·인력을 시험 운영하려는 때를 말한다. 〈신설 2020. 8. 19.〉

---

③ 해양수산부장관은 항만시설에서 보안사건이 발생하는 등 해양수산부령으로 정하는 사유가 있는 때에는 그 항만시설에 대하여 항만시설보안계획서의 작성·시행 등에 관한 이행 여부를 확인하는 보안심사("**특별항만시설보안심사**")를 실시할 수 있다. 이 경우 관계 국가보안기관의 장과 미리 협의하여야 한다. 〈개정 2020. 2. 18.〉

■ **국제선박항만보안법 시행령 제9조(특별항만시설보안심사 등)**

해양수산부장관은 법 제26조 제3항 후단에 따라 협의한 결과 국가정보원장이 요청하면「보안업무규정」제38조에 따른 보안사고 조사와 연계하여 특별항만시설보안심사를 할 수 있다. 〈개정 2020. 8. 19.〉

■ **국제선박항만보안법 시행규칙 제32조(항만시설보안심사의 시기 등)**

③ 법 제26조 제3항에서 "해양수산부령으로 정하는 사유가 있는 때"란 다음 각 호의 어느 하나에 해당하는 사유가 있는 때를 말한다. 〈개정 2020. 8. 19.〉

1. 항만시설에서 보안사건이 발생하였을 때

2. 항만시설 보안관리체제의 중대한 결함에 대한 신뢰할 만한 신고가 있는 등 관할 지방해양수산청장이 항만시설의 보안관리체제에 대하여 보안심사가 필요하다고 인정할 때

3. 법 제25조 제3항 후단에 따라 항만시설보안계획서의 중요한 사항을 변경한 경우 관련된 항만시설에 대하여 변경된 항만시설보안계획서의 이행 여부에 관한 보안심사를 하려는 때

④ 제1항부터 제3항까지에 따른 항만시설보안심사·임시항만시설보안심사 및 특별항만시설보안심사의 세부내용과 절차·방법 등에 관하여 필요한 사항은 해양수산부령으로 정한다.

■ **국제선박항만보안법 시행규칙 제33조(항만시설보안심사 등의 세부내용 및 절차)**

① 법 제26조 제1항 또는 제2항에 따라 항만시설보안심사 또는 임시항만시설보안심사를 받으려는 자는 별지 제18호서식의 항만시설 최초·갱신·중간·임시 보안심사 신청서를 관할 지방해양수산청장에게 제출해야 한다. 〈개정 2020. 8. 19.〉

② 지방해양수산청장은 항만시설보안심사를 하려면 항만시설 현장조사 등을 통하여 다음 각 호의 사항을 확인하여야 한다.

  1. 승인받은 항만시설보안계획서의 비치 여부

  2. 항만시설보안계획서에 따른 항만시설 보안활동의 기록 여부

  3. 항만시설의 보안관리체제와 보안시설·장비의 정상운용 여부

③ 지방해양수산청장은 법 제26조 제2항에 따라 임시항만시설보안심사를 하는 경우 현장조사 등을 통해 다음 각 호의 사항을 확인해야 한다. 〈신설 2020. 8. 19.〉

  1. 승인받은 항만시설보안계획서의 비치 및 시행 여부

  2. 임시운영 기간 동안의 항만시설의 출입통제를 위한 경비·검색인력의 확보 여부

  3. 주된 출입구와 그 밖에 차량이 상시 출입하는 출입구의 금속탐지기 및 차단기 설치 여부

  4. 울타리, 울타리의 상단 장애물 및 조명등(보안등)의 설치 여부

④ 지방해양수산청장은 법 제26조 제3항에 따른 특별항만시설보안심사("특별항만시설보안심사")를 하려면 항만시설소유자에게 특별항만시설보안심사의 사유·방법·일시 등을 기재한 문서(전자문서를 포함)로 미리 통보해야 한다. 다만, 긴급히 심사해야 하거나 사전에 통지하면 증거인멸 등으로 특별항만시설보안심사의 목적을 달성할 수 없다고 인정되는 경우에는 사후에 통보할 수 있다. 〈개정 2020. 8. 19.〉

⑤ 지방해양수산청장이 제4항에 따라 특별항만시설보안심사를 하는 경우 제32조 제3항에 따른 특별항만시설보안심사의 사유를 고려하여 제2항 각 호의 사항을 확인해야 한다. 〈신설 2017. 6. 2., 2020. 8. 19.〉

제27조(항만시설적합확인서 또는 임시항만시설적합확인서의 교부 등)

① 해양수산부장관은 제26조 제1항 제1호 및 제2호에 따른 최초보안심사 또는 갱신보안심사에 합격한 항만시설에 대하여 해양수산부령으로 정하는 항만시설적합확인서를 교부하여야 한다.

② 해양수산부장관은 제26조 제1항 제3호 및 같은 조 제3항에 따른 중간보안심사 또는 특별항만시설보안심사에 합격한 항만시설에 대해서는 제1항에 따른 항만시설적합확인서에 해양수산부령으로 정하는 바에 따라 그 심사 결과를 표기하여야 한다. 〈개정 2020. 2. 18.〉

③ 해양수산부장관은 임시항만시설보안심사에 합격한 항만시설에 대하여 해양수산부령으로 정하는 임시항만시설적합확인서를 교부하여야 한다. 〈개정 2020. 2. 18.〉

④ 항만시설소유자는 항만시설적합확인서 또는 임시항만시설적합확인서("항만시설적합확인서등")의 원본을 주된 사무소에 비치하여야 한다. 〈신설 2020. 2. 18.〉

제28조(항만시설적합확인서등의 유효기간)

① 항만시설적합확인서의 유효기간은 5년의 범위에서 대통령령으로 정하고, 임시항만시설적합확인서의 유효기간은 6개월의 범위에서 대통령령으로 정한다. 〈개정 2020. 2. 18.〉

② 해양수산부장관은 제1항에 따른 항만시설적합확인서의 유효기간을 3개월의 범위에서 대통령령으로 정하는 바에 따라 연장할 수 있다.

③ 제26조 제1항 제3호에 따른 중간보안심사에 불합격한 항만시설의 항만시설적합확인서의 유효기간은 적합한 항만시설보안심사에 합격될 때까지 그 효력이 정지된다.

■ **국제선박항만보안법 시행령 제10조(항만시설적합확인서 등의 유효기간)**

① 법 제28조 제1항에 따른 항만시설적합확인서의 유효기간은 발급일부터 5년으로 하고, 같은 항에 따른 임시항만시설적합확인서의 유효기간은 발급일부터 6개월로 한다. 〈개정 2020. 8. 19.〉

② 제1항에도 불구하고 다음 각 호의 어느 하나에 해당하는 경우의 유효기간은 다음 각 호의 구분에 따른다. 〈신설 2020. 8. 19.〉

  1. 제1항에 따른 유효기간 중에 항만시설소유자가 변경된 경우: 항만시설소유자의 변경일에 해당 항만시설적합확인서 또는 임시항만시설적합확인서의 유효기간이 만료된 것으로 본다.

  2. 임시항만시설적합확인서의 유효기간 중에 항만시설적합확인서가 발급된 경우: 항만시설적합확인서가 발급된 때에 임시항만시설적합확인서의 유효기간이 만료된 것으로 본다.

  3. 법 제26조 제1항 제3호에 따른 중간보안심사를 받지 않고 그 심사 기간이 경과한 경우: 적합한 항만시설보안심사에 합격될 때까지 해당 항만시설적합확인서의 유효기간은 그 효력이 정지된 것으로 본다.

③ 항만시설소유자는 법 제28조 제2항에 따라 천재지변 또는 보안사건이 발생하는 등 중요한 보안 상황의 변경으로 법 제26조 제1항 제2호에 따른 갱신보안심사 기간 중에 갱신보안심사를 받을 수 없는 사유가 발생하면 해양수산부장관에게 항만시설적합확인서 유효기간의 연장을 신청할 수 있다. 〈개정 2020. 8. 19.〉

④ 해양수산부장관은 제3항에 따라 항만시설소유자로부터 항만시설적합확인서의 유효기간 연장신청을 받으면 그 사유의 타당성을 검토하여 3개월의 범위에서 항만시설적합확인서의 유효기간을 연장할 수 있다. 〈개정 2020. 8. 19.〉

⑤ 제3항에 따른 항만시설적합확인서 연장신청 절차는 해양수산부령으로 정한다.

■ **국제선박항만보안법 시행규칙 제35조(항만시설적합확인서의 유효기간 연장)**

① 항만시설소유자는 영 제10조 제3항에 따라 항만시설적합확인서의 유효기간 연장을 신청하려면 항만시설적합확인서 원본을 첨부하여 별지 제20호서식의 항만시설적합확인서 유효기간 연장 신청서를 지방해양수산청장에게 제출하여야 한다.

② 지방해양수산청장은 제1항에 따른 항만시설적합확인서의 유효기간 연장 신청을 받은 경우 유효기간을 연장할 필요성이 인정되면 법 제28조 제2항에 따른 기간의 범위에서 그 증서의 유효기간을 연장할 수 있다.

③ 지방해양수산청장은 제2항에 따라 유효기간을 연장하는 경우에 항만시설적합확인서에 연장한다는 내용을 표기하여 내주어야 한다.

제29조(항만시설적합확인서등 미소지 항만시설의 운영 금지)

누구든지 항만시설적합확인서등을 비치하지 아니하거나 그 효력이 정지되거나 상실된 항만시설적합확인서등을 비치한 항만시설을 운영하여서는 아니 된다. 다만, 부득이하게 일시적으로 항만시설을 운영하여야 하는 때로서 해양수산부령으로 정하는 경우에는 그러하지 아니하다. 〈개정 2020. 2. 18.〉

■ 국제선박항만보안법 시행규칙 제36조(항만시설의 운영 금지의 예외)

법 제29조 단서에서 "해양수산부령으로 정하는 경우"란 다음 각 호의 어느 하나에 해당하는 경우를 말한다.

1. 태풍이나 해일 등으로 해당 항만시설에 긴급피난을 하는 경우 〈2. 삭제〉
3. 국가보안기관이 국가 안보와 관련된 업무의 수행을 위하여 항만시설을 이용하는 경우

제30조(항만시설보안기록부의 작성 · 비치)

① 항만시설소유자는 그가 소유하거나 관리 · 운영하는 항만시설에 대하여 보안에 관한 위협 및 조치사항 등을 기록한 장부("항만시설보안기록부")를 작성하고, 이를 해당 항만시설에 위치한 사무소에 비치하여야 한다.

② 항만시설보안기록부의 기재사항 · 작성방법 및 비치방법 등에 관하여 필요한 사항은 해양수산부령으로 정한다.

■ 국제선박항만보안법 시행규칙 제37조(항만시설보안기록부의 기재사항 등)

① 항만시설소유자는 법 제30조 제2항에 따라 별지 제21호서식의 항만시설보안기록부에 다음 각 호의 사항을 기록하도록 하여야 한다.

1. 법 제39조에 따른 보안교육 · 훈련의 내용
2. 항만시설을 운영하는 과정에서 발생한 보안사건이나 보안침해의 내용
3. 항만시설의 보안등급
4. 내부보안심사 결과와 조치 내용
5. 항만시설보안평가서와 항만시설보안계획서의 검토 및 보완에 관한 사항

② 항만시설보안기록부는 전자문서로 작성할 수 있다.

③ 법 제30조 제1항 및 제2항에 따라 작성된 항만시설보안기록부는 무단으로 열람, 변경, 삭제 또는 파손되지 아니하도록 관리하여야 하고, 항만시설에는 최근 3년간의 항만시설보안에 관한 내용이 수록된 항만시설보안기록부를 갖추어 두어야 한다.

제30조의2(국제항해여객선 승객 등의 보안검색)

① 여객선으로 사용되는 대한민국 국적 또는 외국 국적의 국제항해선박("국제항해여객선")에 승선하는 자는 신체·휴대물품 및 위탁수하물에 대한 보안검색을 받아야 한다.

② 제1항에 따른 보안검색은 해당 국제여객터미널을 운영하는 항만시설소유자가 실시한다. 다만, 파업 등으로 항만시설소유자가 보안검색을 실시할 수 없는 경우에는 제4항에 따른 지도·감독 기관의 장이 소속직원으로 하여금 보안검색을 실시하게 하여야 한다. 〈③ 삭제〉

④ 항만시설소유자가 제2항 본문에 따라 실시하는 보안검색 중 신체 및 휴대물품의 보안검색의 업무에 대하여는 관할 경찰관서의 장이 지도·감독하고, 위탁수하물의 보안검색에 대하여는 관할 세관장이 지도·감독한다.

⑤ 제1항에 따른 보안검색의 실시방법과 절차 등에 관하여 필요한 사항은 해양수산부령으로 정한다.

■ **국제선박항만보안법 시행규칙 제37조의2(국제항해여객선 승객 등의 보안검색의 실시방법과 절차 등)**

① 국제여객터미널을 운영하는 항만시설소유자는 법 제30조의2 제1항에 따라 여객선으로 사용되는 대한민국 국적 또는 외국 국적의 국제항해선박("국제항해여객선")에 승선하는 자의 신체·휴대물품 및 위탁수하물에 대하여 법 제30조의3 제1항에 따라 성능 인증을 받은 보안검색장비("보안검색장비")를 사용하여 보안검색을 하여야 한다. 〈개정 2021. 12. 9.〉

② 제1항의 항만시설소유자는 보안검색을 거부하거나 폭발물이나 무기류 등을 휴대한 자가 보안검색이 완료된 지역으로 진입할 수 없도록 필요한 조치를 하여야 한다.

③ 제1항의 항만시설소유자는 다음 각 호의 어느 하나에 해당하는 경우에 승선하는 자의 동의를 받아 직접 신체의 검색을 하거나 휴대물품의 개봉검색을 하여야 한다.

1. 보안검색장비가 정상적으로 작동되지 않는 경우

2. 보안검색장비의 경보음이 울리는 경우

3. 폭발물이나 무기류 등을 휴대하거나 은닉하고 있다고 의심되는 경우

4. 보안검색장비를 통한 검색 결과 그 내용물을 판독할 수 없는 경우

5. 항만시설의 보안등급이 상향되거나 보안상 위협에 관한 정보의 입수 등에 따라 개봉검색이 필요하다고 인정되는 경우

④ 제1항의 항만시설소유자는 제1항부터 제3항까지에 따른 보안검색 결과 승선하는 자가 휴대한 폭발물이나 무기류 등이 선박보안을 침해하지 아니한다고 인정하는 경우에는 위탁수하물로 싣게 할 수 있다.

** [보안검색] (대법원 2013. 10. 11. 선고 2011도13101 판결 [외국환거래법위반])

[판시사항] 외국환거래법 제17조, 외국환거래법 시행령 제31조 제2항, 외국환거래규정 제4-7조 제1항, 제2항, 제4항, 제5-11조 제1항 제2호 (가)목 (2), 제2항, 제6-2조 제1항 제5호 (가)목, 제6-3조 제1항의 문언 및 취지를 종합하여 보면, 비거주자인 재외동포가 미화 1만 불을 초과하는 국내재산 내지 대외지급수단을 휴대수출하여 지급하고자 하는 경우 원칙적으로 관할세관의 장에게 이를 신고하여야 할 의무가 있고, 다만 외국환거래규정 제5-11조가 규정하는 절차에 따라 지정거래외국환은행의 장의 확인이 담긴 외국환신고(확인)필증의 발행·교부가 있는 경우에는 그와 같은 신고를 요하지 아니한다고 해석하여야 한다.

[사안] 피고인은 대한민국 국민인 비거주자로서 일본 영주권을 취득한 재외동포인데 2010. 11. 11. 자기 명의의 국민은행 예금계좌에서 인출한 20,355,000원을 일화 1,500,000엔(미화 18,048달러 상당)으로 환전하여 출금한 사실, 당시 피고인은 거래외국환은행 지정신청서, 재외동포재산반출신청서 등의 서류를 국민은행 담당자에게 작성·제출한 사실, 그런데 은행 담당자인 공소외인은 피고인에게 외국환거래규정 제5-11조 제2항의 규정에 의한 외국환신고(확인)필증을 발행·교부하지 않았던 사실, 피고인은 2010. 11. 16. 08:30경 인천공항에서 출발하는 항공편을 통하여 일본으로 출국하면서 위 1,500,000엔을 휴대하였으나, 이를 공항 세관에 신고하지 않았다가 보안검색과정에서 적발되었다.

[판결요지] 피고인은 거래외국환은행 지정신청서와 재외동포재산반출신청서를 작성·제출하였을 뿐 이로써 외국환거래규정 제5-11조가 규정하는 지정외국환은행의 장의 확인을 받은 것으로 볼 수 없으므로, 피고인으로서는 여전히 관할세관의 장에게 위 일화의 휴대수출 내지 반출 사실을 신고하여야 할 의무가 있다고 할 것이며, 피고인이 그와 같은 신고의무를 이행하지 않은 채 위 일화를 소지하고 출국하려다가 보안검색대에서 적발된 이상 외국환거래법 제29조 제2항, 제1항 제7호에 정한 지급수단 휴대수출 미수의 죄책을 부담하여야 한다.

제30조의3(보안검색장비 성능 인증 등)

① 항만시설소유자가 이 법에 따른 보안검색을 하는 경우에는 해양수산부장관으로부터 성능 인증을 받은 보안검색장비를 사용하여야 한다. 다만, 「항공보안법」 제27조 제1항 또는 「철도안전법」 제48조의3 제1항에 따른 성능 인증을 받은 보안검색장비 중 해양수산부장관이 이 법에 따른 성능 인증 기준을 충족하였다고 인정하는 경우에는 성능 인증을 받은 것으로 본다.

■ 국제선박항만보안법 시행규칙 제37조의3(보안검색장비의 종류)

법 제30조의3 제1항에 따른 성능 인증의 대상이 되는 보안검색장비의 종류는 다음 각 호와 같다.

1. 위해물품을 검색하기 위한 장비: 엑스선 검색장비, 신발검색장비, 원형(原形)검색장비 등

2. 위해물품을 탐지하기 위한 장비: 금속탐지장비(문형 금속탐지장비와 휴대용 금속탐지장비를 말한다), 폭발물 탐지장비, 폭발물 흔적탐지장비, 액체폭발물탐지장비 등

[본조신설 2021. 12. 9.]

■ 국제선박항만보안법 제37조의4(보안검색장비의 성능 인증 기준)

법 제30조의3 제1항에 따른 보안검색장비의 성능 인증 기준은 다음 각 호와 같다.

1. 해양수산부장관이 정하여 고시하는 성능 기준을 갖출 것

2. 그 밖에 보안검색장비의 활용 편의성, 안전성 및 내구성 등을 갖출 것

[본조신설 2021. 12. 9.]

---

② 제1항에 따른 보안검색장비의 성능 인증을 위한 기준 · 방법 · 절차 및 성능 인증의 대상이 되는 보안검색장비의 종류와 범위 등 운영에 필요한 사항은 해양수산부령으로 정한다.

③ 해양수산부장관은 성능 인증을 받은 보안검색장비의 운영, 유지관리 등에 관한 기준을 정하여 고시하여야 한다.

④ 해양수산부장관은 제1항에 따라 성능 인증을 받은 보안검색장비가 운영 중에 계속하여 성능을 유지하고 있는지를 확인하기 위하여 해양수산부령으로 정하는 바에 따라 정기적으로 또는 수시로 점검을 실시하여야 한다.[본조신설 2020. 12. 8.]

■ 국제선박항만보안법 시행규칙 제37조의6(보안검색장비의 성능 점검)

① 인증기관은 법 제30조의3 제4항에 따라 보안검색장비가 운영 중에 계속하여 성능을 유지하고 있는지를 확인하기 위해 다음 각 호의 구분에 따른 점검을 실시해야 한다.

　1. 정기점검: 보안검색장비가 성능 인증 기준에 맞게 제작되었는지 여부, 보안검색장비에 대한 품질관리체계를 적절하게 유지하고 있는지 여부 등을 매년 점검

　2. 수시점검: 해양수산부장관의 요청이나 특별 점검계획에 따라 실시하는 점검

② 해양수산부장관은 제1항에 따른 정기점검이나 수시점검을 실시하기 위해 필요하다고 인정하는 경우에는 인증기관으로 하여금 관계 전문가 등과 함께 점검하게 할 수 있다.

③ 제1항 및 제2항에서 규정한 사항 외에 성능 점검의 방법 및 절차 등에 필요한 사항은 해양수산부장관이 정하여 고시한다. [본조신설 2021. 12. 9.]

제30조의4(보안검색장비 성능 인증의 취소)

해양수산부장관은 성능 인증을 받은 보안검색장비가 다음 각 호의 어느 하나에 해당하는 경우에는 그 인증을 취소할 수 있다. 다만, 제1호에 해당하는 때에는 그 인증을 취소하여야 한다.

1. 거짓이나 그 밖의 부정한 방법으로 인증을 받은 경우
2. 보안검색장비가 제30조의3 제2항에 따른 성능 기준에 적합하지 아니하게 된 경우
3. 제30조의3 제4항에 따른 점검을 정당한 사유 없이 받지 아니한 경우
4. 제30조의3 제4항에 따른 점검을 실시한 결과 중대한 결함이 있다고 판단될 경우
[본조신설 2020. 12. 8.]

제30조의5(인증업무의 위탁)

해양수산부장관은 인증업무의 전문성과 신뢰성을 확보하기 위하여 제30조의3에 따른 보안검색장비의 성능 인증 및 점검 업무를 대통령령으로 정하는 기관("인증기관")에 위탁할 수 있다. [본조신설 2020. 12. 8.]

> **■ 국제선박항만보안법 시행령 제10조의2(인증업무의 위탁)**
>
> 해양수산부장관은 법 제30조의5에 따라 법 제30조의3에 따른 보안검색장비의 성능 인증 및 점검 업무를 「선박안전법」 제60조 제2항 전단에 따른 선급법인에 위탁한다. [본조신설 2021. 11. 23.]

제30조의6(시험기관의 지정)

① 해양수산부장관은 제30조의3에 따른 성능 인증을 위하여 보안검색장비의 성능을 평가하는 시험("성능시험")을 실시하는 기관("시험기관")을 지정할 수 있다.

② 제1항에 따라 시험기관 지정을 받으려는 법인이나 단체는 해양수산부령으로 정하는 지정기준을 갖추어 해양수산부장관에게 지정신청을 하여야 한다. [본조신설 2020. 12. 8.]

제30조의7(시험기관의 지정취소 등)

① 해양수산부장관은 제30조의6에 따라 시험기관으로 지정받은 법인이나 단체가 다음 각 호의 어느 하나에 해당하는 경우에는 그 지정을 취소하거나 1년 이내의 기간을 정하여 그 업무의 전부 또는 일부의 정지를 명할 수 있다. 다만, 제1호 또는 제2호에 해당하는 때에는 그 지정을 취소하여야 한다.

1. 거짓이나 그 밖의 부정한 방법을 사용하여 시험기관으로 지정을 받은 경우
2. 업무정지 명령을 받은 후 그 업무정지 기간에 성능시험을 실시한 경우
3. 정당한 사유 없이 성능시험을 실시하지 아니한 경우
4. 제30조의3 제2항에 따른 기준·방법·절차 등을 위반하여 성능시험을 실시한 경우
5. 제30조의6 제2항에 따른 시험기관 지정기준을 충족하지 못하게 된 경우
6. 성능시험 결과를 거짓으로 조작하여 수행한 경우

② 제1항에 따른 지정취소와 업무정지의 기준 등에 관하여 필요한 사항은 해양수산부령으로 정한다. [본조신설 2020. 12. 8.]

제30조의8(수수료)

제30조의3 제1항에 따른 보안검색장비 성능 인증, 제30조의3 제4항에 따른 점검 또는 제30조의6에 따른 성능시험을 받으려는 자는 해양수산부령으로 정하는 바에 따라 인증기관 및 시험기관에 수수료를 내야 한다. [본조신설 2020. 12. 8.]

■ **국제선박항만보안법 시행규칙 제37조의9(수수료)**

① 법 제30조의8에 따라 보안검색장비 성능 인증 등을 받으려는 자는 별표 3의4의 기준에 따라 산정한 수수료를 내야 한다.

② 인증기관 또는 시험기관은 제1항에 따른 수수료 외에 별도의 부과금을 받을 수 없다.

③ 제1항 및 제2항에서 규정한 사항 외에 수수료 금액, 납부기간, 납부방법 등에 필요한 세부 사항은 인증기관 또는 시험기관이 따로 정하여 공고해야 한다. [본조신설 2021. 12. 9.]

제31조(경비 · 검색인력 및 보안시설 · 장비의 확보 등)

① 항만시설소유자는 그가 소유하거나 관리 · 운영하는 항만시설에 대하여 보안을 확보 · 유지하고 제30조의2에 따른 국제항해여객선 승객 등의 보안검색을 하는 데 필요한 경비 · 검색인력을 확보하고 필요한 시설과 장비를 신축 · 증축 · 개축하거나 설치하고 이를 유지 · 보수하여야 한다.

② 항만시설소유자는 제1항에 따른 경비 · 검색인력을 다음 각 호의 어느 하나에 해당하는 방법으로 확보하여야 한다.
  1. 「청원경찰법」에 따른 청원경찰의 고용
  2. 「경비업법」 제2조 제1호 마목에 따른 특수경비업무의 허가를 받은 경비업자 중 제3항에 따라 지정받은 업체에 대한 경비 · 검색업무의 위탁

③ 해양수산부장관은 항만시설소유자의 추천을 받은 업체로서 자본금 등 해양수산부령으로 정하는 지정 요건을 갖춘 자를 해당 항만시설의 경비 · 검색업무의 수탁업체로 지정하여야 한다.

■ **국제선박항만보안법 시행규칙 [제38조(경비 · 검색업무 수탁업체 지정 요건)**

법 제31조 제3항에서 "자본금 등 해양수산부령으로 정하는 지정 요건"이란 다음 각 호의 요건을 말한다. 〈개정 2021. 2. 19.〉

1. 「경비업법」 제2조 제1호마목에 따른 특수경비업무의 허가를 받은 경비업자일 것
2. 다음 각 목의 구분에 따른 자본금을 갖출 것
  가. 부산항의 경우: 10억 원 이상일 것
  나. 그 밖의 「항만법」 제3조 제1항 제1호에 따른 무역항의 경우: 5억 원 이상일 것

3. 다음 각 목의 구분에 따른 인력을 갖출 것

　　가. 부산항 및 인천항의 경우: 「경비업법 시행규칙」 제15조 제2항에 따른 특수경비원 신임교육이
　　　　수증("특수경비원 신임교육이수증")을 교부받은 특수경비원이 100명 이상일 것

　　나. 울산항, 광양항, 포항항, 평택·당진항 및 대산항의 경우: 특수경비원 신임교육이수증을 교부
　　　　받은 특수경비원이 50명 이상일 것

　　다. 그 밖의 「항만법」 제3조 제1항 제1호에 따른 무역항의 경우: 특수경비원 신임교육이수증을 교
　　　　부받은 특수경비원이 20명 이상일 것

④ 해양수산부장관은 제3항에 따라 지정을 받은 업체가 다음 각 호의 어느 하나에 해당하는 경우에는 그 지정을 취소할 수 있다. 다만, 제1호 또는 제2호에 해당하면 지정을 취소하여야 한다.

1. 거짓이나 그 밖의 부정한 방법으로 지정을 받은 경우

2. 「경비업법」에 따른 경비업의 허가가 취소되거나 영업이 정지된 경우

3. 제3항에 따른 지정 요건에 미달하게 된 경우. 다만, 일시적으로 지정 요건에 미달하게 되어 3개월 이내에 지정 요건을 다시 갖춘 경우는 제외한다.

4. 해당 항만시설의 경비·검색업무의 수행 중 고의 또는 중대한 과실로 인명 피해가 발생하거나 경비·검색에 실패한 경우

⑤ 해양수산부장관은 제4항에 따라 경비·검색업무 수탁업체의 지정을 취소하는 경우 청문을 하여야 한다.

⑥ 제1항에 따라 확보하거나 갖추어야 하는 경비·검색인력 및 보안시설·장비의 세부기준, 제3항에 따른 경비·검색업무 수탁업체의 지정 절차 등 지정에 필요한 사항은 해양수산부령으로 정한다.

■ 국제선박항만보안법 시행규칙 제38조의3(경비·검색인력 및 보안시설·장비의 세부기준)
법 제31조 제6항에 따른 경비·검색인력 및 보안시설·장비의 세부기준은 별표 4와 같다.

제31조의2(폐쇄회로 텔레비전의 설치·운영)

① 항만시설소유자는 범죄 예방 및 보안을 확보하기 위하여 그가 소유하거나 관리·운영하는 항만시설에 대하여 폐쇄회로 텔레비전을 설치하여야 한다. 이 경우 해상도 기준은 범죄 예방 및 보안에 필요한 상황을 파악할 수 있도록 유지하여야 한다.

② 항만시설소유자는 폐쇄회로 텔레비전 운영으로 얻은 영상기록이 분실·도난·유출·변조 또는 훼손되지 아니하도록 폐쇄회로 텔레비전의 운영·관리 지침을 마련하여야 한다.

③ 제1항에 따른 폐쇄회로 텔레비전의 설치·관리 기준 및 해상도 기준과 제2항에 따른 운영·관리 지침 마련 등에 필요한 사항은 해양수산부령으로 정한다.

> **■ 국제선박항만보안법 시행규칙 제38조의4(폐쇄회로 텔레비전의 설치·운영)**
>
> ① 법 제31조의2 제1항에 따른 폐쇄회로 텔레비전의 설치·관리 기준 및 해상도 기준은 별표 4와 같다.
>
> ② 항만시설소유자는 법 제31조의2 제2항에 따라 다음 각 호의 사항을 포함하는 폐쇄회로 텔레비전의 운영·관리 지침을 마련하여야 한다. <개정 2021. 12. 9.>
>
> 1. 폐쇄회로 텔레비전의 설치 근거 및 목적
>
> 2. 폐쇄회로 텔레비전의 설치 수, 촬영범위, 촬영시간 및 촬영방법
>
> 3. 폐쇄회로 텔레비전 운영으로 얻은 영상기록의 보관기간, 보관장소 및 보관방법
>
> 4. 폐쇄회로 텔레비전의 설치 및 작동 상태에 대한 주기적 점검 및 관련 기록 유지를 위한 별지 제21호의9서식에 따른 점검기록부의 작성
>
> 5. 폐쇄회로 텔레비전의 관리부서, 관리책임자 및 그 권한, 관리책임자가 영상기록을 확인하는 방법과 비밀 유지에 관한 사항
>
> 6. 영상기록의 열람·제공·이용·파기에 관한 사항 및 관련 기록 유지를 위한 별지 제21호의10서식에 따른 영상기록 관리대장의 작성
>
> 7. 영상기록의 수집 목적 외의 열람·제공·이용의 제한
>
> 8. 영상기록의 분실·도난·유출·변조 또는 훼손을 방지하기 위한 조치

제32조(항만시설보안정보의 제공 등)

① 항만시설소유자는 그가 소유 하거나 관리·운영하고 있는 항만시설에서 보안사건이 발생한 때에는 해양수산부령으로 정하는 바에 따라 해양수산부장관 및 국가보안기관의 장에게 즉시 보고하여야 한다.

② 항만시설소유자는 해양수산부장관 또는 국가보안기관의 장으로부터 그가 소유하거나 관리·운영하고 있는 항만시설의 보안에 관한 정보의 제공을 요청받은 때에는 해양수산부령으로 정하는 바에 따라 관련 정보를 즉시 제공하여야 한다.

③ 제1항 및 제2항에 따라 보고하거나 제공하여야 하는 사항·정보의 내용 및 그 방법 등에 관하여 필요한 사항은 해양수산부령으로 정한다.

> **■ 국제선박항만보안법 시행규칙 제39조(항만시설보안정보의 제공 등)**
>
> ① 법 제32조제1항 및 제3항에 따라 항만시설소유자가 보고하여야 하는 사항은 다음 각 호와 같다.
>
>   1. 해당 항만시설에서 발생한 보안사건
>
>   2. 보안사건에 대한 조치결과 또는 대응계획
>
> ② 법 제32조 제2항 및 제3항에 따라 항만시설소유자가 제공하여야 하는 정보의 내용은 다음 각 호와 같다.
>
>   1. 항만시설을 이용하는 선박으로부터 입수된 보안상 위협에 관한 정보
>
>   2. 항만시설보다 높은 보안등급으로 입항하는 선박과 그 선박의 여객 또는 화물 등에 대한 정보
>
>   3. 그 밖의 입수된 보안상 위협에 관한 정보
>
> ③ 제1항 또는 제2항에 따른 보안사건 발생사실의 보고 또는 정보의 제공은 별지 제22호서식의 항만시설 보안사건발생보고서 · 보안정보제공서로 한다. 다만, 보고 또는 정보의 내용이 시급한 경우에는 전화 또는 팩스로 먼저 보고하거나 제공하고 사후에 해당 서식으로 보고하거나 제공할 수 있다.

제33조(항만시설 이용자의 의무)

① 항만시설을 이용하는 자는 보안사건이 발생하는 것을 예방하기 위하여 다음 각 호에 해당하는 행위를 하여서는 아니 된다. 〈개정 2020. 2. 18.〉

  1. 항만시설이나 항만 내의 선박에 위법하게 무기[탄저균(炭疽菌), 천연두균 등의 생화학무기를 포함한다], 도검류(刀劍類), 폭발물, 독극물 또는 연소성이 높은 물건 등 해양수산부장관이 정하여 고시하는 위해물품을 반입 · 은닉하는 행위

  2. 보안사건의 발생을 예방하기 위한 검문검색 및 지시 등에 정당한 사유 없이 불응하는 행위

  3. 항만시설 내 해양수산부령으로 정하는 지역을 정당한 출입절차 없이 무단으로 출입하는 행위

■ 국제선박항만보안법 시행규칙 제40조(항만시설 이용자의 출입제한 등)

① 법 제33조 제1항 제3호에서 "해양수산부령으로 정하는 지역"이란 울타리 · 담 또는 장벽으로 보호된 다음 각 호의 지역을 말한다. 〈개정 2021. 6. 30.〉

　1. 안벽(부두 벽), 소형선 부두, 잔교(棧橋: 선박이 부두에 닿도록 구름다리 형태로 만든 구조물), 돌핀, 선착장 및 램프(경사식 진출입로) 등 선박계류지역

　2. 갑문, 도로, 교량, 궤도 및 운하

　3. 창고, 화물장치장, 컨테이너 조작장, 화물터미널, 사일로 및 저유시설

　4. 선박의 입항과 출항을 위한 항로표지, 신호, 조명, 항만관제시설 등 항행보조시설이 설치된 지역

　5. 고정식 또는 이동식 하역장비, 화물이송시설 및 배관시설 등 하역시설이 설치된 지역

　6. 국제여객터미널 내 출입국심사장 · 세관검사장 · 방송실 · 경비보안상황실 및 보안검색을 마친 여객 또는 화물이 대기하는 지역 · 통로

　7. 항만운영 상황실, 경비보안 상황실, 발전실, 변전실, 통신실, 기계실, 전산장비실, 공기조화장치실 및 인화성 · 폭발성 화물 저장지역

　8. 비밀보관소, 무기고 및 탄약고

　9. 제1호부터 제8호까지의 규정에 따른 지역의 부대지역

■ 국제선박항만보안법 시행령 제11조(항만시설의 출입절차 등)

① 법 제33조 제1항 제3호의 지역을 출입하려는 사람은 항만시설소유자가 발급하는 출입증을 발급받아야 한다. 〈개정 2020. 8. 19.〉

② 제1항의 지역에 출입하려는 자는 다음 각 호의 사항을 준수하여야 한다.

　1. 출입증을 다른 사람에게 대여하거나 발급받은 용도 외의 용도로 사용하지 아니할 것

　2. 출입증은 해당 지역 출입 시 경비 · 검색 업무를 담당하는 직원이나 다른 사람이 볼 수 있도록 가슴에 달 것

　3. 출입증을 분실한 경우에는 지체 없이 출입증을 발급한 자에게 신고하고 분실 경위를 밝힐 것

　4. 출입증 발급 시 허용한 지역에만 출입할 것

　5. 출입증은 전출 · 퇴직 또는 발급받은 목적의 달성 등으로 필요가 없게 되었을 때에는 지체 없이 발급한 자에게 반납할 것

　6. 보안 업무를 담당하는 직원의 검문 · 검색 등 통제에 따를 것

③ 해양수산부장관은 제1항에 따른 지역의 보안 유지를 위하여 출입자의 협조가 필요한 사항과 출입자의 통제에 필요한 사항을 정할 수 있다.

4. 항만시설 내 해양수산부령으로 정하는 구역에서 항만시설보안책임자의 허가 없이 촬영을 하는 행위

> ■ **국제선박항만보안법 시행규칙 제40조(항만시설 이용자의 출입제한 등)**
> ② 법 제33조 제1항 제4호에 따른 "해양수산부령으로 정하는 구역"이란 다음 각 호의 어느 하나에 해당하는 구역을 말한다. 다만, 별도로 항만시설보안책임자의 촬영허가를 받은 경우에는 그렇지 않다. 〈개정 2020. 8. 19.〉
> 1. 제1항 제6호부터 제8호까지의 지역
> 2. 제1항의 지역을 보호하는 울타리 · 담 또는 장벽이 설치된 구역, 접근로, 출입구 및 보안검색이 이루어지는 구역

② 제1항 제1호에도 불구하고 항만시설의 경비 · 검색업무, 경호업무 등 대통령령으로 정하는 업무를 수행하기 위하여 필요한 경우에는 해양수산부장관의 허가를 받아 대통령령으로 정하는 무기를 반입하거나 소지할 수 있다. 〈신설 2020. 2. 18.〉

> ■ **국제선박항만보안법 시행규칙 제40조의2(무기 반입 · 소지 허가의 절차)**
> ① 법 제33조 제2항에 따른 허가를 받으려는 사람은 무기 반입 3일 전까지 다음 각 호의 사항을 적어 관할 지방해양수산청장에게 무기 반입 · 소지 허가를 신청해야 한다. 다만, 긴급한 경호 업무 수행 등의 사유로 사전에 허가를 신청할 수 없는 경우에는 반입 전까지 그 사실을 미리 유선 등으로 통보하고, 반입 후 3일 이내에 서면을 제출해야 한다.
> 1. 무기를 반입 · 소지하려는 사람의 성명, 생년월일 및 전화번호
> 2. 무기를 반입 · 소지하려는 사람의 여권번호(외국인만 해당한다)
> 3. 출입하려는 항만시설 · 선박의 명칭 및 출입 일시
> 4. 무기의 반입 · 소지 사유
> 5. 무기(탄약을 포함한다)의 종류 및 수량
>
> ② 지방해양수산청장은 제1항에 따른 신청을 받은 경우 무기의 반입 · 소지 목적 및 종류가 각각 영 제11조의2 및 제11조의3에 부합하면 그 반입 · 소지를 허가해야 한다.
>
> ③ 지방해양수산청장은 무기의 반입 · 소지를 허가한 경우 이를 해당 시설의 항만시설보안책임자, 해당 선박의 선박보안책임자 및 관할 구역 국가보안기관의 장에게 통보해야 한다. [본조신설 2020. 8. 19.]

■ **국제선박항만보안법 시행령 제11조의2(무기를 반입·소지할 수 있는 업무)**

법 제33조 제2항에서 "항만시설의 경비·검색업무, 경호업무 등 대통령령으로 정하는 업무"란 다음 각 호의 업무를 말한다.

1. 「경찰관 직무집행법」 제2조 제3호에 따른 주요 인사(人士) 경호

2. 「국제항해선박 등에 대한 해적행위 피해예방에 관한 법률」 제15조제1항에 따른 해상특수경비원의 경비

3. 항만시설 내 불법행위 방지를 위한 「청원경찰법」 제2조에 따른 청원경찰 및 「경비업법」 제2조 제3호나목에 따른 특수경비원의 경비·검색

4. 「대통령 등의 경호에 관한 법률」 제2조 제1호에 따른 경호

5. 외국정부의 중요 인물을 경호하는 해당국 정부의 경호 [본조신설 2020. 8. 19.]

■ **국제선박항만보안법 시행령 제11조의3(항만시설 등에 반입·소지할 수 있는 무기)**

법 제33조 제2항에서 "대통령령으로 정하는 무기"란 다음 각 호의 무기를 말한다.

1. 「총포·도검·화약류 등의 안전관리에 관한 법률 시행령」 제3조 제1항 제1호가목에 따른 권총

2. 「총포·도검·화약류 등의 안전관리에 관한 법률 시행령」 제6조의2에 따른 분사기

3. 「총포·도검·화약류 등의 안전관리에 관한 법률 시행령」 제6조의3에 따른 전자충격기

4. 국제협약 또는 외국정부와의 합의서에 따라 휴대가 허용되는 무기 [본조신설 2020. 8. 19.]

③ 제1항에 따른 항만시설 이용자의 의무와 관련하여 항만시설의 출입절차 및 출입자 준수사항 등에 관하여 필요한 사항은 대통령령으로 정한다. 〈개정 2020. 2. 18.〉

제4장 보칙

제34조(보안위원회)

① 국제항해선박 및 항만시설의 보안에 관한 주요사항을 심의 · 의결하기 위하여 해양수산부장관 소속으로 국제항해선박및항만시설보안위원회("보안위원회")를 둔다.

② 보안위원회는 다음 각 호의 사항을 심의한다.

1. 제5조에 따른 국가항만보안계획의 수립에 관한 사항
2. 제6조에 따른 보안등급의 설정 · 조정에 관한 사항
3. 선박 및 항만시설에 대한 보안의 확보 및 유지에 관한 사항
4. 선박 및 항만시설의 보안과 관련된 국제협력에 관한 사항
5. 그 밖에 선박 및 항만시설의 보안에 관련된 사항으로서 해양수산부령으로 정하는 사항

> ■ 국제선박항만보안법 시행규칙 제41조(보안위원회 심의사항)
> 법 제34조 제2항 제5호에 따른 "해양수산부령으로 정하는 사항"이란 다음 각 호의 사항을 말한다.
> 1. 국가안보와 관련된 보안사건 또는 보안상 위협에 대응하기 위하여 국가보안기관 간 협의가 필요한 사항
> 2. 국제항해선박 및 항만시설의 보안등급별 세부 조치사항의 일시조정에 관한 사항
> 3. 그 밖에 국가보안기관이나 보안위원회 위원의 3분의 1 이상이 심의를 요청하는 사항

③ 보안위원회는 위원장 1인과 부위원장 2인을 포함하여 10인 이내의 위원으로 구성한다.

④ 보안위원회의 위원장은 해양수산부차관이 되고, 부위원장은 해양수산부의 고위공무원단에 소속된 공무원으로, 위원은 3급 · 4급 공무원 또는 고위공무원단에 속하는 일반직 공무원(이에 상당하는 특정직 · 별정직 국가공무원을 포함한다)으로 구성한다.

⑤ 보안위원회는 재적위원 과반수의 출석과 출석위원 과반수의 찬성으로 의결한다.

⑥ 그 밖에 보안위원회의 구성 및 운영 등에 관하여 필요한 사항은 대통령령으로 정한다.

■ **국제선박항만보안법 시행령 제12조(보안위원회의 구성 · 운영 등)**

① 법 제34조 제6항에 따라 국제항해선박및항만시설보안위원회("보안위원회")의 부위원장은 해양수산부의 해운물류국장 · 해사안전국장으로 하고, 위원은 법무부, 국방부, 보건복지부, 국가정보원, 국무조정실, 관세청, 경찰청 및 해양경찰청 소속의 고위공무원단에 속하는 공무원과 이에 상당하는 공무원 중 해당 기관의 장이 추천한 사람 1명으로 한다.

② 해양수산부장관은 보안위원회에 선박이나 항만시설 보안에 관한 전문가를 참석하게 하여 의견을 들을 수 있다.

③ 그 밖에 보안위원회의 운영에 필요한 사항은 보안위원회의 위원장이 위원회의 심의를 거쳐 정할 수 있다.

제35조(보안합의서의 작성 등)

① 선박보안책임자와 항만시설보안책임자는 선박항만연계활동 또는 선박상호활동을 함에 있어서 상호 간에 이행하여야 하는 구체적인 보안조치사항에 대한 합의서("보안합의서")를 작성하여 교환할 수 있다.

② 해양수산부장관은 제1항에도 불구하고 보안사건이 발생하는 등 해양수산부령으로 정하는 사유가 있는 때에는 선박보안책임자와 항만시설보안책임자로 하여금 보안합의서를 작성 · 교환하도록 권고할 수 있다. 이 경우 선박보안책임자와 항만시설보안책임자는 특별한 사유가 없는 한 이에 따라야 한다.

③ 보안합의서의 작성방법 및 절차 등에 관하여 필요한 사항은 해양수산부령으로 정한다.

■ **국제선박항만보안법 시행규칙 제42조(보안합의서 작성 등)**

법 제35조 제2항에서 "해양수산부령으로 정하는 사유"란 다음 각 호의 어느 하나의 사유를 말한다.

1. 국제항해선박과 국제항해선박 간 또는 국제항해선박과 그 선박이 이용하는 항만시설 간의 보안등급이 다른 경우

2. 대한민국과 다른 특정 국가 간을 운항하는 국제항해선박에 대하여 당사국 간 협정이 있는 경우

3. 국제항해선박이나 항만시설에 보안사건이 발생하거나 보안상의 위협이 있는 경우

■ **국제선박항만보안법 시행규칙 제43조(보안합의서의 작성방법 및 절차)**

① 법 제35조 제3항에 따라 보안합의서는 별지 제23호서식에 따라 작성하고, 해당 선박보안책임자또는 항만시설보안책임자가 각각 서명한 후 교환한다.

② 제1항에 따라 교환한 보안합의서는 해당 국제항해선박과 항만시설에 각각 5년 이상 보관한다.

제36조(내부보안심사)

① 국제항해선박소유자 및 항만시설소유자는 선박 및 항만시설에서 이루어지고 있는 보안 상의 활동을 확인하기 위하여 보안에 관한 전문지식을 갖춘 자를 내부보안심사자로 지 정하여 1년 이내의 기간을 주기로 내부보안심사를 실시하여야 한다.

② 제1항에 따른 내부보안심사의 내용·절차 및 내부보안심사자의 자격요건 등은 해양수 산부령으로 정한다.

■ **국제선박항만보안법 시행규칙 제44조(내부보안심사의 내용·절차 등)**

① 법 제36조 제2항에 따라 내부보안심사는 다음 각 호의 내용을 포함하여야 한다.
  1. 선박보안계획서나 항만시설보안계획서에 따른 보안활동 이행상태
  2. 선박보안계획서나 항만시설보안계획서에 따른 보안시설·장비의 운용상태
  3. 보안교육·훈련의 이행상태
  4. 보안책임자와 보안담당자의 선박보안계획서나 항만시설보안계획서의 숙지상태 등

② 내부보안심사는 선박보안계획서나 항만시설보안계획서에 따라 시행하고, 각각의 계획서에 따라 보안활동이 이루어졌는지를 확인하고 이를 해당 보안계획서에 반영하도록 하며, 해당 내부보안심 사 결과에 관한 보고서는 다음 선박보안심사나 항만시설보안심사를 받을 때까지 보관하여야 한다.

③ 내부보안심사자의 자격요건은 국제항해선박의 경우 별표 2에 따른 총괄보안책임자의 자격요건을, 항만시설의 경우 같은 표에 따른 항만시설보안책임자의 자격요건을 각각 준용한다.

④ 국제항해선박소유자 및 항만시설소유자는 해당 내부보안심사 업무와 이해관계가 없는 자를 내부 보안심사자로 지정하여야 한다. 다만, 소속 회사나 해당 선박 또는 항만시설의 규모·특성에 비추 어 부득이하다고 인정되는 경우에는 그러하지 아니하다.

⑤ 국제항해선박소유자 및 항만시설소유자가 제3항 및 제4항에 따라 내부보안심사자를 지정한 경우 에는 지정한 날부터 7일 이내에 별지 제23호의2서식의 내부보안심사자 지정 통보서로 지방해양수 산청장에게 알려야 한다.

제37조(보안심사관)

① 해양수산부장관은 소속 공무원 중에서 해양수산부령으로 정하는 자격을 갖춘 자를 선박보안심사관으로 임명하여 다음 각 호에 해당하는 업무를 수행하게 할 수 있다. 〈개정 2020. 2. 18.〉

　1. 제10조 제3항에 따른 선박보안계획서의 승인

　2. 제11조 제1항부터 제3항까지에 따른 선박보안심사 · 임시선박보안심사 및 특별선박보안심사

　3. 제12조 제1항부터 제3항까지에 따른 국제선박보안증서등의 교부 등

　4. 제16조에 따른 선박이력기록부의 교부 · 재교부

　5. 제19조에 따른 항만국통제에 관한 업무

② 해양수산부장관은 소속 공무원 중에서 해양수산부령으로 정하는 자격을 갖춘 자를 항만시설보안심사관으로 임명하여 항만시설보안심사 · 임시항만시설보안심사 및 특별항만시설보안심사 업무를 수행하게 할 수 있다. 〈신설 2020. 2. 18.〉

> ■ **국제선박항만보안법 시행규칙 제45조(보안심사관의 자격기준 등)**
> 법 제37조에 따른 보안심사관의 자격기준은 별표 5와 같다.

제38조(보안심사업무 등의 대행)

① 해양수산부장관은 필요하다고 인정되는 경우에는 제26조 제1항에 따른 항만시설보안심사 및 제37조 제1항 제2호 · 제3호 및 같은 조 제2항에 따른 국제항해선박의 보안에 관한 보안심사관의 업무를 해양수산부장관이 정하는 기준을 충족하는 자("대행기관")를 지정하여 대행하게 할 수 있다. 이 경우 해양수산부장관은 대통령령으로 정하는 바에 따라 대행기관과 협정을 체결하여야 한다. 〈개정 2020. 2. 18.〉

> ■ **국제선박항만보안법 시행령 제13조(협정의 체결 등)**
> 해양수산부장관은 법 제38조 제1항에 따라 항만시설보안심사 및 국제항해선박의 보안에 관한 보안심사관의 업무를 대행하는 자("대행기관")와 협정을 체결하는 경우 협정에 포함되어야 할 내용은 다음 각 호와 같다.
> 1. 대행업무의 범위
> 2. 대행기간
> 3. 그 밖에 보안업무 등의 대행에 필요한 조건

② 해양수산부장관은 대행기관이 다음 각 호의 어느 하나에 해당하는 경우에는 그 지정을 취소하거나 6개월 이내의 기간을 정하여 그 업무를 정지할 수 있다. 다만, 제1호에 해당하는 경우에는 그 지정을 취소하여야 한다. 〈개정 2020. 2. 18.〉

1. 거짓이나 그 밖의 부정한 방법으로 지정받은 경우
2. 제1항에 따른 대행기관의 지정기준에 미달하게 된 경우
3. 제41조 제2항에 따른 보고 또는 자료 제출을 거부한 경우
4. 제41조 제3항에 따른 출입 또는 점검을 거부하거나 방해 또는 기피하는 경우
5. 제41조 제6항에 따른 개선명령 또는 시정 등의 조치를 이행하지 아니하는 경우

③ 해양수산부장관은 제2항에 따른 지정의 취소를 하는 때에는 청문을 실시하여야 한다.

④ 대행기관의 지정기준과 제2항에 따른 행정처분의 세부기준 및 지도 · 감독 등에 관하여 필요한 사항은 해양수산부령으로 정한다.

■ 국제선박항만보안법 시행규칙 제46조(대행기관의 지정기준)

법 제38조 제1항에 따른 대행기관("대행기관")으로 지정받으려는 자는 다음 각 호의 기준을 모두 갖춰야 한다. 〈개정 2020. 8. 19.〉

1. 선박보안심사 또는 항만시설보안심사 업무를 수행하는 전담조직을 갖출 것
2. 선박보안심사 업무를 대행하려는 경우에는 별표 5에 따른 선박보안심사관의 자격을 갖춘 기술인력을, 항만시설보안심사 업무를 대행하려는 경우에는 별표 5에 따른 항만시설보안심사관의 자격을 갖춘 기술인력을 각각 7명 이상 보유할 것
3. 11개 이상의 지방사무소를 둘 것. 이 경우 7곳 이상의 특별시, 광역시, 특별자치시, 도 또는 특별자치도에 각각 1개 이상의 지방사무소를 둘 것
4. 국제항해선박과 항만시설의 보안에 관한 법령과 국제협약에 따른 보안심사업무를 수행하기 위한 보안심사에 관한 규정을 갖출 것
5. 4개 이상의 해외사무소를 둘 것(외국에서 국제항해선박의 보안에 관한 보안심사관의 업무를 대행하려는 경우만 해당한다)

■ **국제선박항만보안법 시행규칙 제47조(대행기관의 지정신청 등)**

① 대행기관으로 지정받으려는 자는 다음 각 호의 서류를 첨부하여 별지 제24호 서식의 보안심사대행기관 지정 신청서를 해양수산부장관에게 제출하여야 한다. 이 경우 해양수산부장관은 「전자정부법」 제36조 제1항에 따른 행정정보의 공동이용을 통하여 법인 등기사항증명서(법인인 경우만 해당한다)를 확인하여야 한다

 1. 정관 또는 이에 준하는 서류

 2. 보안심사업무의 범위 등을 적은 사업계획서

 3. 보안심사업무 수행에 필요한 보안심사에 관한 내부규정

 4. 그 밖에 제46조의 지정기준을 갖추었음을 증명하는 서류

② 제1항 제3호에 따른 보안심사에 관한 규정에는 다음 각 호의 사항이 포함되어야 한다.

 1. 보안심사 절차와 방법에 관한 사항

 2. 보안심사 기준의 체계적인 수립 · 유지 및 준수에 관한 사항

 3. 보안심사업무에 종사하는 자의 책임 · 권한 및 교육에 관한 사항

 4. 보안심사업무의 기록유지에 관한 사항

 5. 대행기관 내부 감사 체계에 관한 사항

③ 해양수산부장관은 제1항에 따라 보안심사대행기관 지정 신청서를 제출한 기관을 대행기관으로 지정하는 경우에는 별지 제25호서식의 보안심사대행기관 지정서를 내주어야 한다.

■ **국제선박항만보안법 시행규칙 제48조(대행기관에 대한 행정처분의 세부기준 등)**

① 법 제38조 제2항에 따른 대행기관에 대한 행정처분의 세부기준은 별표 6과 같다 〈개정 2020. 8. 19.〉

② 해양수산부장관은 제1항에 따라 대행기관 지정을 취소하거나 업무를 정지한 경우에는 이를 공고하여야 한다.

■ **국제선박항만보안법 시행규칙 제49조(대행기관의 지도 · 감독)**

제47조 제3항에 따라 지정을 받은 대행기관은 매반기 종료일부터 10일까지 보안심사업무를 대행한 실적을 해양수산부장관에게 보고하여야 한다.

제39조(보안교육 및 훈련)

① 국제항해선박소유자 및 항만시설소유자는 총괄보안책임자·선박보안책임자 및 항만시설 보안책임자("보안책임자")와 보안책임자 외의 자로서 항만시설에서 보안업무를 담당하는 자("보안담당자")에 대한 보안교육 및 훈련에 관한 계획을 수립·시행하여야 한다.

② 국제항해선박소유자와 항만시설소유자는 각자의 소속 보안책임자로 하여금 해당 선박의 승무원과 항만시설의 경비·검색인력을 포함한 보안업무 종사자에 대하여 3개월 이내의 기간을 주기로 보안훈련을 실시하게 하여야 한다. 〈개정 2020. 2. 18.〉

③ 국제항해선박소유자와 항만시설소유자는 보안책임자 및 보안담당자 등이 공동으로 참여하는 합동보안훈련을 해양수산부령으로 정하는 바에 따라 매년 1회 이상 실시하여야 한다. 이 경우 보안훈련의 간격은 18개월을 초과하여서는 아니 된다.

■ **국제선박항만보안법 시행규칙 제50조(보안교육 및 훈련 등)**

① 법 제39조 제3항에 따른 합동보안훈련에는 다음 각 호의 어느 하나에 해당하는 훈련을 포함하여야 한다.

1. 파괴행위로부터 항만시설이나 국제항해선박을 보호하기 위한 훈련

2. 국제항해선박 또는 승선자의 납치 또는 강탈을 방지하기 위한 훈련

3. 국제항해선박과 국제항해선박의 설비, 화물 또는 선용품을 이용한 보안사건에 대응하기 위한 훈련

4. 대량살상무기를 포함한 폭발물 또는 무기류의 밀수나 밀항을 방지하기 위한 훈련

5. 항만 출입구, 갑문 또는 진입수로 등의 봉쇄에 관한 훈련

6. 핵무기나 생화학 공격에 대비한 훈련

② 제1항에 따른 합동보안훈련은 다음 각 호의 어느 하나에 해당하는 방법으로 실시할 수 있다.

1. 모의훈련 또는 세미나

2. 그 밖의 지방해양수산청장이 실시하는 다른 훈련·연습과의 병행

③ 제2항 제1호에 따른 모의훈련은 선박보안경보 수신 및 전파 훈련을 병행하여 할 수 있다. 이 경우 국제항해선박소유자는 유선·무선·위성통신이나 팩스로 해양수산부장관에게 미리 통보하여야 한다.

④ 국제항해선박소유자는 그가 소유하거나 관리·운영하고 있는 국제항해선박이 외국의 정부 등이 주관하는 국제적인 합동보안훈련에 참여한 경우 해양수산부령으로 정하는 바에 따라 그 사실을 해양수산부장관에게 보고하여야 한다.

■ **국제선박항만보안법 시행규칙 제50조(보안교육 및 훈련 등)**

④ 국제항해선박소유자는 법 제39조 제4항에 따른 국제적인 합동보안훈련에 참여한 경우에 다음 각 호의 사항을 팩스, 전자우편 또는 서면으로 해양수산부장관에게 보고하여야 한다.

   1. 합동훈련의 일시, 장소, 개요 및 참여 선박

   2. 합동훈련의 결과

⑤ 제1항부터 제4항까지에 따른 보안교육 및 훈련 등에 관하여 필요한 사항은 해양수산부령으로 정한다.

■ **국제선박항만보안법 시행규칙 제50조(보안교육 및 훈련 등)**

⑤ 선박보안책임자는 법 제39조 제5항에 따라 해당 국제항해선박 승선인원의 4분의 1 이상이 교체된 경우에는 선원이 교체된 날부터 일주일 이내에 그 선원에 대한 보안훈련·교육을 하여야 한다. 이 경우 최근 3개월 이내에 보안교육·훈련에 참여하지 아니한 선원이 있으면 그 선원도 함께 보안훈련·교육을 하여야 한다.

⑥ 국제항해선박소유자 및 항만시설소유자는 법 제39조 제5항에 따라 보안책임자 및 보안담당자에 대한 보안교육·훈련계획을 수립·시행할 때는 다음 각 호의 사항이 포함되어야 한다.

   1. 국제항해선박과 항만시설의 보안에 관하여 국제적으로 발효된 국제협약에 관한 사항

   2. 국제항해선박과 항만시설의 보안에 관한 국가보안기관의 책임과 기능에 관한 사항

   3. 선박보안평가 및 항만시설보안평가에 관한 사항

   4. 선박보안계획서 또는 항만시설보안계획서에 관한 사항

   5. 보안장비의 종류 및 기능에 관한 사항

   6. 국제항해선박 또는 항만시설에 대한 보안상 위협의 유형, 대응방법 및 보안조치에 관한 사항

   7. 보안사건에 대한 준비 및 대응계획에 관한 사항

   8. 보안 관련 정보의 취급 및 통신 요령에 관한 사항

   9. 보안 행정 및 훈련에 관한 사항

   10. 무기 등 위험물질의 탐지에 관한 사항

⑦ 항만시설소유자는 항만시설보안책임자 및 보안담당자가 매년 제6항 각 호의 사항이 포함된 보안교육·훈련을 6시간 이상 받을 수 있도록 계획을 수립·시행하여야 한다. 이 경우 제3호, 제4호 및 제6호는 항만시설에 관련된 내용만 해당한다.

제40조(보안교육기관)

① 해양수산부장관은 보안책임자와 보안담당자에 대한 보안교육 및 제37조에 따른 보안 심사관의 자격유지에 필요한 보안교육을 실시하기 위하여 보안교육기관을 지정할 수 있다.

■ **국제선박항만보안법 시행규칙 제51조(보안교육기관의 지정신청)**

① 법 제40조 제1항에 따라 보안교육기관으로 지정받으려는 자는 별지 제26호서식의 보안교육기관 지정 신청서에 다음 각 호의 서류를 첨부하여 해양수산부장관에게 제출하여야 한다. 이 경우 해양 수산부장관은 「전자정부법」 제36조 제1항에 따른 행정정보의 공동이용을 통하여 법인 등기사항 증명서(법인인 경우만 해당한다)를 확인하여야 한다.

1. 보안교육기관의 시설 등의 소유에 관한 증명서류(전세 또는 임대인 경우 계약서 사본)
2. 영 제14조의 보안교육기관의 지정요건을 갖추었음을 증명하는 서류
3. 보안교육 시행계획서

② 해양수산부장관은 제1항에 따라 보안교육기관 지정 신청서를 제출한 기관을 보안교육기관으로 지정하는 경우에는 별지 제27호서식의 보안교육기관 지정서를 내주어야 한다.

■ **국제선박항만보안법 시행규칙 제53조(보안교육기관에 대한 지도 · 감독)**

제51조 제2항에 따라 지정을 받은 보안교육기관은 매반기 종료일부터 10일까지 보안교육 실적을 해 양수산부장관에게 보고하여야 한다.

② 제1항에 따른 보안교육기관의 시설 기준 · 교수 인원 등 지정요건에 관하여 필요한 사 항은 대통령령으로 정한다.

■ **국제선박항만보안법 시행령 제14조(보안교육기관의 지정요건)**

법 제40조 제2항에 따른 보안교육기관의 지정요건은 별표 1과 같다.

③ 해양수산부장관은 보안교육기관이 다음 각 호의 어느 하나에 해당하는 경우에는 그 지 정을 취소하거나 6개월 이내의 기간을 정하여 그 업무를 정지할 수 있다. 다만, 제1호 에 해당하는 경우에는 그 지정을 취소하여야 한다. 〈개정 2020. 2. 18.〉

1. 거짓이나 그 밖의 부정한 방법으로 지정받은 경우
2. 제2항에 따른 보안교육기관의 지정요건에 미달하게 된 경우

3. 제41조 제2항에 따른 보고 또는 자료 제출을 거부한 경우

4. 제41조 제3항에 따른 출입 또는 점검을 거부하거나 방해 또는 기피하는 경우

5. 제41조 제6항에 따른 개선명령 또는 시정 등의 조치를 이행하지 아니하는 경우

④ 해양수산부장관은 제3항에 따른 지정의 취소를 하는 때에는 청문을 실시하여야 한다.

⑤ 제3항에 따른 행정처분의 세부기준 및 지도·감독 등에 관하여 필요한 사항은 해양수산부령으로 정한다.

■ **국제선박항만보안법 시행규칙 제52조(보안교육기관에 대한 행정처분의 세부기준)**

법 제40조 제5항에 따른 보안교육기관에 대한 행정처분의 세부기준은 별표 6과 같다.

제41조(보안감독)

① 해양수산부장관은 보안사건의 발생을 예방하고 국제항해선박 및 항만시설의 보안에 관한 업무를 효율적으로 수행하기 위하여 소속 공무원을 보안감독관으로 지정하여 국제항해선박 및 항만시설의 보안에 관한 점검업무를 수행하게 하여야 한다. 〈신설 2020. 2. 18.〉

■ **국제선박항만보안법 시행규칙 제54조(보안감독관의 지정·운영 등)**

① 해양수산부장관은 법 제41조 제1항에 따른 보안감독관("보안감독관")을 선박보안감독관과 항만시설보안감독관으로 구분하여 지정한다. 〈신설 2021. 2. 19.〉

② 보안감독관의 자격기준은 별표 6의2와 같다. 〈신설 2021. 2. 19.〉

③ 보안감독관은 법 제41조에 따른 점검 결과, 법 또는 법에 따른 명령을 위반한 사실을 발견한 때에는 지체 없이 관할 지방해양수산청장에게 보고해야 한다. 〈신설 2021. 2. 19.〉

② 해양수산부장관은 제1항에 따른 점검업무 수행을 위하여 필요하다고 인정되는 경우에는 국제항해선박소유자, 항만시설소유자, 대행기관 및 보안교육기관 등 관계인에 대하여 필요한 보고를 명하거나 자료를 제출하게 할 수 있다. 〈개정 2020. 2. 18.〉

③ 해양수산부장관은 제2항에 따른 보고내용 및 제출된 자료의 내용을 검토한 결과 그 목적달성이 어렵다고 인정되는 때에는 보안감독관으로 하여금 직접 해당 선박·항만시설 또는 사업장("선박등")에 출입하여 선박과 항만시설의 보안에 관한 사항 등을 점검하게 할 수 있다. 〈개정 2020. 2. 18.〉

④ 해양수산부장관은 제3항에 따른 점검을 하는 경우에는 점검 7일전까지 점검자, 점검일시·이유 및 내용 등이 포함된 점검계획을 국제항해선박소유자, 항만시설소유자, 대행기관 및 보안교육기관 등에게 통보하여야 한다. 다만, 선박의 항해일정 등에 따라 긴급을 요하거나 사전통보를 하는 경우 증거인멸 등으로 인하여 제3항에 따른 점검의 목적달성이 어렵다고 인정되는 경우에는 통보절차를 생략할 수 있다. 〈개정 2020. 2. 18.〉

⑤ 제3항에 따른 점검을 하는 보안감독관은 그 권한을 나타내는 증표를 지니고 이를 관계인에게 내보여야 하며, 해당 선박등에 출입시 성명·출입시간·출입목적 등이 표시된 문서를 관계인에게 주어야 한다. 〈개정 2020. 2. 18.〉

⑥ 해양수산부장관은 제3항에 따라 선박등을 점검한 결과 이 법 또는 이 법에 따른 명령을 위반하거나 보안을 유지하는 데 장애가 있다고 인정되는 때에는 해당 선박등에 대하여 개선명령 또는 시정 등의 조치를 명할 수 있다. 〈개정 2020. 2. 18.〉

⑦ 해양수산부장관은 필요하다고 인정되거나 관계 국가보안기관의 장의 요청이 있는 때에는 해양수산부령으로 정하는 바에 따라 제3항에 따른 점검을 관계 국가보안기관과 합동으로 실시할 수 있다. 〈개정 2020. 2. 18.〉

⑧ 제1항에 따른 보안감독관의 자격·지정·운영 및 점검업무 등에 관하여 필요한 세부사항은 해양수산부령으로 정한다. 〈신설 2020. 2. 18.〉

■ **국제선박항만보안법 시행규칙 제54조(보안감독관의 지정·운영 등)**

④ 해양수산부장관은 법 제41조 제7항에 따라 관계 국가보안기관과 합동으로 점검을 하려면 다음 각 호의 내용을 포함한 합동점검 계획을 수립하여 미리 관계 국가보안기관에 통지하여야 한다. 〈개정 2021. 2. 19.〉

　1. 합동점검 목적, 대상 및 점검사항

　2. 합동점검 일정

　3. 합동점검자 인적사항

⑤ 제1항부터 제4항까지에서 규정한 사항 외에 보안감독관의 지정·운영 및 점검 활동 등에 필요한 사항은 해양수산부장관이 정하여 고시한다. 〈신설 2021. 2. 19.〉

제42조(항만시설보안료)

① 항만시설소유자는 제31조 및 제31조의2에 따른 경비 · 검색인력 및 보안시설 · 장비의 확보 등에 소요되는 비용("항만시설보안료")을 해당 항만시설을 이용하는 자로부터 징수할 수 있다.

② 해양수산부장관은 관계 중앙행정기관의 장과 협의하여 항만시설보안료 징수요율의 기준을 정하여 고시하여야 한다. 〈신설 2020. 2. 18.〉

③ 제1항에 따라 항만시설소유자가 항만시설보안료를 징수하려는 때에는 해양수산부령으로 정하는 바에 따라 그 징수요율에 대하여 해양수산부장관의 승인을 받아야 한다. 이를 변경하려는 때에도 또한 같다. 〈개정 2020. 2. 18.〉

▪ **국제선박항만보안법 시행규칙 제54조의2(항만시설보안료의 징수요율 승인신청 등)**

① 항만시설소유자는 법 제42조 제3항에 따라 같은 조 제1항에 따른 항만시설보안료의 징수요율을 승인받거나 변경승인 받으려는 경우에는 매년 1월 1일부터 4월 30일까지 별지 제28호 서식에 따른 항만시설보안료 징수요율 승인(변경승인)신청서에 다음 각 호의 서류를 첨부하여 관할 지방해양수산청장에게 제출해야 한다. 〈개정 2020. 8. 19.〉

1. 세금계산서(보안시설 및 장비를 구입한 경우만 해당한다)

2. 계약서 사본(보안시설 및 장비를 구입하거나 경비인력 확보를 위하여 경비업체와 위탁계약을 체결한 경우만 해당한다)

3. 보수명세서 사본(경비인력을 직원으로 채용한 경우만 해당한다)

4. 항만시설보안료의 수지계산서

5. 항만시설보안료의 징수요율변경 전 · 후 대비표(징수요율을 변경하는 경우만 해당한다)

6. 항만시설보안료 사용계획

② 지방해양수산청장은 제1항에 따른 항만시설보안료 징수요율 승인(변경승인)신청서를 접수한 때에는 법 제42조 제4항에 따라 관계 중앙행정기관의 장과의 사전협의를 거쳐 30일 이내에 그 승인여부를 항만시설소유자에게 통보해야 한다. 〈개정 2020. 8. 19.〉

③ 법 제42조 제3항에 따라 승인받은 항만시설보안료의 징수요율은 승인받은 연도의 7월 1일부터 다음 연도의 6월 30일까지 적용한다. 〈신설 2020. 8. 19.〉

PART 03

국제항해선박 및 항만시설의 보안에 관한 법률

④ 해양수산부장관은 제3항에 따라 항만시설보안료의 징수요율을 승인하려는 때에는 관계 중앙행정기관의 장과 미리 협의하여야 한다. 다만, 승인하려는 징수요율이 제2항에 따른 징수요율의 기준 이하인 경우에는 그러하지 아니하다. 〈개정 2020. 2. 18.〉

⑤ 「해운법」에 따른 해상화물운송사업·해상여객운송사업 및 해운대리점업 또는 「항만운송사업법」에 따른 항만하역사업을 하는 자("해상화물운송사업자등")는 항만시설을 이용하는 자의 항만시설보안료를 한꺼번에 대신하여 납부할 수 있다. 〈신설 2020. 2. 18.〉

> ■ 국제선박항만보안법 시행규칙 제54조의2(항만시설보안료의 징수요율 승인신청 등)
>
> ④ 항만시설소유자는 법 제42조 제5항에 따른 해상화물운송사업자등("해상화물운송사업자등")이 같은 조 제6항에 따라 항만시설보안료를 한꺼번에 대신하여 납부한 경우에는 다음 각 호의 구분에 따라 대납업무에 드는 경비를 지급한다. 〈신설 2020. 8. 19.〉
>
> 1. 항만시설소유자가 국가 또는 시·도인 경우: 납부한 항만시설보안료 총액의 100분의 3에 해당하는 금액
>
> 2. 항만시설소유자가 제1호 외의 자인 경우: 항만시설소유자와 해상화물운송사업자등이 협의하여 정하는 금액
>
> ⑤ 제4항 제1호에 따라 대납업무에 드는 경비를 지급받으려는 자는 「항만법」 제26조에 따른 항만물류통합정보체계를 이용하여 매월 지방해양수산청장 또는 시·도지사에게 경비를 청구해야 한다. 〈신설 2020. 8. 19.〉

⑥ 항만시설소유자는 제5항에 따라 해상화물운송사업자등이 항만시설을 이용하는 자의 항만시설보안료를 한꺼번에 대신하여 납부한 경우에는 해양수산부령으로 정하는 바에 따라 해당 사업자에게 항만시설보안료 대납업무에 드는 경비를 지급할 수 있다. 〈신설 2020. 2. 18.〉

⑦ 제2항에 따른 항만시설보안료의 징수요율의 기준과 징수방법 및 절차 등에 관하여 필요한 사항은 대통령령으로 정한다. 〈개정 2020. 2. 18.〉

■ 국제선박항만보안법 시행령 제14조의2(항만시설보안료의 징수방법 등)

① 법 제42조 제1항에 따른 항만시설보안료의 징수요율은 법 제31조 제1항 및 제31조의2에 따라 항만시설에 대한 보안을 확보 · 유지하고 국제항해여객선 승객 등의 보안검색을 하는 데 필요한 경비 · 검색인력 및 보안시설 · 장비의 확보 등에 직접 지출한 비용에 보안시설 · 장비의 내용연수 등을 고려하여 정한다.

② 항만시설보안료는 해당 항만시설을 이용하는 국제항해선박소유자, 여객 및 화주에 대하여 다음 각 호의 구분에 따라 징수할 수 있다.
  1. 국제항해선박소유자 : 선박의 총톤수(톤당)
  2. 여객 : 1명 기준
  3. 화주 : 화물의 수량(톤, TEU, BARREL당)

③ 항만시설소유자는 항만시설보안료를 해당 항만시설을 이용하는 국제항해선박소유자, 여객 및 화주를 대상으로 개별적으로 징수하거나 항만시설소유자와 국제항해선박소유자 간 협의를 통하여 국제항해선박소유자로부터 일괄 징수할 수 있다.

④ 제3항에 따라 항만시설보안료를 징수하려는 경우 선박에 대한 항만시설보안료는 선박료에, 여객에 대한 항만시설보안료는 운임 또는 여객터미널 이용료에, 화물에 대한 항만시설보안료는 하역요금 또는 화물료에 포함하여 통합 고지할 수 있다.

⑤ 해양수산부장관은 항만시설이용자에 미치는 부담 및 항만시설 간의 형평성 등을 고려한 항만시설보안료의 징수요율에 관한 기준, 항만시설보안료 산정 시 고려사항 및 그 밖에 필요한 사항을 정하여 고시한다.

제43조(수수료)

① 제10조 제3항에 따른 선박보안계획서의 승인, 제11조에 따른 선박보안심사 · 임시선박보안심사 및 특별선박보안심사, 제25조 제3항에 따른 항만시설보안계획서의 승인 및 제26조에 따른 항만시설보안심사 · 임시항만시설보안심사 및 특별항만시설보안심사를 받으려는 자는 해양수산부령으로 정하는 바에 따라 수수료를 납부하여야 한다. 〈개정 2020. 2. 18.〉

■ **국제선박항만보안법 시행규칙 제55조(수수료)**

법 제43조 제1항에 따른 선박보안계획서 승인 · 변경승인, 선박보안심사, 임시선박보안심사, 특별선박보안심사, 항만시설보안계획서 승인 · 변경승인, 항만시설보안심사, 임시항만시설보안심사 및 특별항만시설보안심사를 받으려는 자는 별표 7에 따른 수수료를 내야 한다. 〈개정 2020. 8. 19.〉

② 제38조에 따라 대행기관이 보안심사를 대행하는 경우 같은 조 제1항에 따른 보안심사를 받으려는 자는 대행기관이 정한 수수료를 납부하여야 한다.
③ 대행기관이 제2항에 따라 수수료를 징수하는 경우에는 그 기준 및 요율 등을 정하여 해양수산부장관의 승인을 받아야 한다. 이를 변경하려는 때에도 또한 같다.

제44조(권한의 위임)

이 법에 따른 해양수산부장관 또는 해양경찰청장의 권한은 대통령령으로 정하는 바에 따라 그 일부를 소속 기관의 장에게 위임할 수 있다.

■ **국제선박항만보안법 시행령 제15조(권한의 위임)**

해양수산부장관은 법 제44조에 따라 다음 각 호의 권한을 지방해양수산청장에게 위임한다. 〈개정 2020. 8. 19.〉

1. 법 제6조 제6항에 따른 보안조치의 지시
2. 법 제7조 제2항에 따른 총괄보안책임자의 지정 및 변경 통보의 접수
3. 법 제7조 제4항에 따른 총괄보안책임자 변경 명령
4. 법 제10조 제3항 및 제4항에 따른 선박보안계획서의 승인 및 관계 국가보안기관과의 협의
5. 법 제11조 제1항 및 제2항에 따른 선박보안심사
6. 법 제12조 제1항부터 제3항까지의 규정에 따른 국제선박보안증서의 교부, 심사결과의 표기 및 임시 국제선박보안증서의 교부
7. 법 제13조 제2항에 따른 국제선박보안증서 등의 유효기간의 연장
8. 법 제16조 제1항 및 제2항에 따른 선박이력기록부의 교부와 변경 교부
9. 법 제16조 제3항에 따른 국제항해선박소유자가 하는 국제항해선박 국적변경 통보의 수리 및 해당 국가의 해운관청에 대한 통보

10. 법 제19조 제1항부터 제3항까지에 따른 항만국통제와 이에 따른 출항정지 · 이동제한 · 시정요구 · 추방 또는 이에 준하는 조치명령

11. 법 제19조 제4항 및 제5항에 따른 선박보안정보 통보의 접수 및 해양경찰청장에 대한 통보

12. 법 제19조 제6항에 따른 이동제한 · 시정요구 · 선박점검 또는 입항거부 등의 조치 명령

13. 법 제19조 제7항 및 제8항에 따른 통지 및 통보

14. 법 제19조 제9항 및 제10항에 따른 이의신청의 접수, 조사 · 통보 및 통보시한의 연장

15. 법 제20조 제3항에 따른 시정 · 보완조치 또는 항해정지명령

16. 법 제21조 제1항 및 제2항에 따른 재심사 신청의 접수, 재심사 및 재심사 결과의 통보

17. 법 제23조 제2항에 따른 항만시설보안책임자 지정의 통보 및 변경통보의 접수

18. 법 제23조 제4항에 따른 항만시설보안책임자의 변경 명령

19. 법 제24조 제1항부터 제3항까지의 규정에 따른 항만시설보안평가, 관계 국가보안기관의 장과의 협의, 항만시설보안평가 결과의 통보 및 재평가

20. 법 제25조 제3항 및 제4항에 따른 항만시설보안계획서의 승인, 변경 승인 및 관계 국가보안기관의 장과의 협의

21. 법 제26조에 따른 항만시설보안심사, 임시항만시설보안심사, 특별항만시설보안심사 및 관계 국가보안기관의 장과의 협의

22. 법 제27조에 따른 항만시설적합확인서 · 임시항만시설적합확인서의 교부 및 심사 결과의 표기

23. 법 제28조 제2항에 따른 항만시설적합확인서 유효기간의 연장

23의2. 법 제31조 제3항부터 제5항까지의 규정에 따른 항만시설의 경비 · 검색업무의 수탁업체 지정, 지정취소 및 청문

24. 법 제32조에 따른 항만시설보안정보 보고의 접수 및 항만시설 보안에 관한 정보 제공의 요청

24의2. 법 제33조 제2항에 따른 무기의 반입 · 소지 허가

25. 법 제35조 제2항에 따른 보안합의서 작성 · 교환의 권고

26. 법 제37조에 따른 보안심사관의 임명

27. 법 제41조 제2항에 따른 보고의 명령이나 자료 제출의 요구

28. 법 제41조 제3항 및 제4항에 따른 선박 등에 대한 출입, 점검 및 점검계획의 통보

29. 법 제41조 제6항에 따른 개선명령 또는 시정 등의 조치명령

30. 법 제41조 제7항에 따른 합동 점검

30의2. 법 제42조 제3항에 따른 항만시설보안료의 징수요율에 대한 승인 및 변경승인

31. 법 제52조에 따른 과태료의 부과 · 징수

PART 03

국제항해선박 및 항만시설의 보안에 관한 법률

Plus Tip

[포괄위임금지의 원칙] (대법원 2020. 9. 3. 선고 2016두32992 전원합의체 판결)

헌법 제75조는 "대통령은 법률에서 구체적으로 범위를 정하여 위임받은 사항과 법률을 집행하기 위하여 필요한 사항에 관하여 대통령령을 발할 수 있다."라고 규정하고 있다. 따라서 대통령은 법률에서 구체적으로 범위를 정하여 위임받은 사항과 법률을 집행하기 위하여 필요한 사항에 관하여만 대통령령을 발할 수 있으므로, 법률의 시행령은 모법인 법률에 의하여 위임받은 사항이나 법률이 규정한 범위 내에서 법률을 현실적으로 집행하는 데 필요한 세부적인 사항만을 규정할 수 있을 뿐, 법률에 의한 위임이 없는 한 법률이 규정한 개인의 권리·의무에 관한 내용을 변경·보충하거나 법률에 규정되지 아니한 새로운 내용을 규정할 수는 없다.

 Plus Tip

[권한의 내부위임] (대법원 1995. 11. 28. 선고 94누6475 판결)

행정권한의 위임은 행정관청이 법률에 따라 특정한 권한을 다른 행정관청에 이전하여 수임관청의 권한으로 행사하도록 하는 것이어서 권한의 법적인 귀속을 변경하는 것이므로 법률이 위임을 허용하고 있는 경우에 한하여 인정된다 할 것이고, 이에 반하여 행정권한의 내부위임은 법률이 위임을 허용하고 있지 아니한 경우에도 행정관청의 내부적인 사무처리의 편의를 도모하기 위하여 그의 보조기관 또는 하급행정관청으로 하여금 그의 권한을 사실상 행사하게 하는 것이므로, 권한위임의 경우에는 수임관청이 자기의 이름으로 그 권한행사를 할 수 있지만 내부위임의 경우에는 수임관청은 위임관청의 이름으로만 그 권한을 행사할 수 있을 뿐 자기의 이름으로는 그 권한을 행사할 수 없다.

 Plus Tip

[재위임] (대법원 1989. 9. 26. 선고 88누12127 판결)

정부조직법 제5조 제1항 단서는 법령상의 근거가 있다면 권한의 재위임이 가능함을 천명하고 있고, 행정권한의위임및위탁에관한 규정 제4조는 수임기관이 서울특별시장, 직할시장, 도지사, 교육감인 경우에는 위임기관의장의 승인을 얻은 후 규칙에 의하여 권한의 재위임을 할 수 있도록 규정하고 있으므로 도지사가 자기의 수임권한을 위임기관인 장관의 승인을 얻은 후 사무위임규칙에 따라 군수에게 재위임하였다면 적법한 권한의 재위임에 해당한다.

Plus Tip

[권한의 위임과 재위임] (대법원 1990. 6. 26. 선고 88누12158 판결)

정부조직법 제5조 제1항의 규정은 법문상 행정권한의 위임 및 재위임의 근거규정임이 명백하고 정부조직법이 국가행정기관의 설치, 조직과 직무범위의 대강을 정하는 데 목적이 있다고 하여 그 이유만으로 같은 법의 권한위임 및 재위임에 관한 규정마저 권한 위임 및 재위임 등에 관한 대강을 정한 것에 불과할 뿐 권한위임 및 재위임의 근거규정이 아니라고 할 수 없다고 할 것이므로, 도지사 등은 정부조직법 제5조 제1항에 기하여 제정된 행정권한의위임및위탁에관한규정에 정한 바에 의하여 위임기관의 장의 승인이 있으면 그 규칙이 정하는 바에 의하여 그 수임된 권한을 시장, 군수 등 소속기관의 장에게 다시 위임할 수 있다.

 Plus Tip

[재위임] (대법원 1995. 8. 22. 선고 94누5694 전원합의체 판결)

관리처분계획의 인가 등에 관한 사무는 국가사무로서 지방자치단체의 장에게 위임된 이른바 기관위임사무에 해당하므로, 시·도지사가 지방자치단체의 조례에 의하여 이를 구청장 등에게 재위임할 수는 없고, 행정권한의위임및위탁에관한규정 제4조에 의하여 위임기관의 장의 승인을 얻은 후 지방자치단체의 장이 제정한 규칙이 정하는 바에 따라 재위임하는 것만이 가능하다.

제45조(재정 지원)

국가는 예산의 범위에서 제31조 및 제31조의2에 따른 보안의 확보에 사용되는 비용의 전부 또는 일부를 지원할 수 있다.

제46조(벌칙 적용에서 공무원 의제)

다음 각 호의 어느 하나에 해당하는 사람은 「형법」 제129조부터 제132조까지의 규정에 따른 벌칙을 적용할 때에는 공무원으로 본다. 〈개정 2020. 12. 8.〉

1. 제30조의5에 따라 보안검색장비 성능 인증 및 점검에 관한 업무에 종사하는 인증기관의 임직원
2. 제30조의6에 따라 보안검색장비 성능시험에 관한 업무에 종사하는 시험기관의 임직원
3. 제31조 제2항 제2호에 따라 경비·검색업무를 위탁받은 업체의 임직원
4. 제38조에 따라 보안심사 업무 등을 대행하는 대행기관의 임직원

❋❋ [형법 제129조 ~ 제132조]

제129조(수뢰, 사전수뢰) ① 공무원 또는 중재인이 그 직무에 관하여 뇌물을 수수, 요구 또는 약속한 때에는 5년 이하의 징역 또는 10년 이하의 자격정지에 처한다.

② 공무원 또는 중재인이 될 자가 그 담당할 직무에 관하여 청탁을 받고 뇌물을 수수, 요구 또는 약속한 후 공무원 또는 중재인이 된 때에는 3년 이하의 징역 또는 7년 이하의 자격정지에 처한다.

제130조(제삼자뇌물제공) 공무원 또는 중재인이 그 직무에 관하여 부정한 청탁을 받고 제3자에게 뇌물을 공여하게 하거나 공여를 요구 또는 약속한 때에는 5년 이하의 징역 또는 10년 이하의 자격정지에 처한다.

제131조(수뢰후부정처사, 사후수뢰) ①공 무원 또는 중재인이 전2조의 죄를 범하여 부정한 행위를 한 때에는 1년 이상의 유기징역에 처한다.

② 공무원 또는 중재인이 그 직무상 부정한 행위를 한 후 뇌물을 수수, 요구 또는 약속하거나 제삼자에게 이를 공여하게 하거나 공여를 요구 또는 약속한 때에도 전항의 형과 같다.

③ 공무원 또는 중재인이었던 자가 그 재직 중에 청탁을 받고 직무상 부정한 행위를 한 후 뇌물을 수수, 요구 또는 약속한 때에는 5년 이하의 징역 또는 10년 이하의 자격정지에 처한다.

④ 전3항의 경우에는 10년 이하의 자격정지를 병과할 수 있다.

제132조(알선수뢰) 공무원이 그 지위를 이용하여 다른 공무원의 직무에 속한 사항의 알선에 관하여 뇌물을 수수, 요구 또는 약속한 때에는 3년 이하의 징역 또는 7년 이하의 자격정지에 처한다.

제5장 벌칙

제47조(벌칙)

제33조 제1항 제1호를 위반하여 항만시설이나 항만 내의 선박에 위법하게 위해물품을 반입·은닉하는 행위를 한 자는 **3년 이하의 징역 또는 3천만 원 이하의 벌금**에 처한다. 〈개정 2020. 2. 18.〉

제48조(벌칙)

다음 각 호의 어느 하나에 해당하는 자는 **1년 이하의 징역 또는 1천만 원 이하의 벌금**에 처한다.

1. 거짓이나 또는 그 밖의 부정한 방법으로 제12조에 따른 국제선박보안증서 또는 임시국제선박보안증서를 교부받은 자
2. 제14조를 위반하여 국제선박보안증서등을 비치하지 아니하거나 그 효력이 정지되거나 상실된 국제선박보안증서등을 비치한 선박을 항해에 사용한 자
3. 거짓이나 그 밖의 부정한 방법으로 제27조에 따른 항만시설적합확인서등을 교부받은 자
4. 제29조를 위반하여 항만시설적합확인서등을 비치하지 아니하거나 그 효력이 정지되거나 상실된 항만시설적합확인서등을 비치한 항만시설을 운영한 자
4의2. 거짓이나 그 밖의 부정한 방법으로 제31조 제3항에 따른 지정을 받은 자
5. 거짓이나 그 밖의 부정한 방법으로 제38조에 따른 대행기관으로 지정을 받은 자
6. 거짓이나 그 밖의 부정한 방법으로 제40조 제1항에 따른 보안교육기관으로 지정을 받은 자
7. 제41조 제6항에 따른 개선명령 또는 시정 등의 명령에 따르지 아니한 자

제49조(벌칙)

다음 각 호의 어느 하나에 해당하는 자는 **500만 원 이하의 벌금**에 처한다.

1. 제6조 제5항에 따른 세부적인 보안조치사항을 위반하거나 같은 조 제6항에 따른 보안조치의 지시에 따르지 아니한 자
2. 제30조의2 제2항 본문을 위반하여 보안검색을 실시하지 아니한 자

3. 제31조 제1항에 따른 경비·검색인력 및 보안시설·장비의 확보 등을 이행하지 아니한 자

3의2. 제31조의2 제1항 전단을 위반하여 폐쇄회로 텔레비전을 설치하지 아니하거나 같은 항 후단을 위반하여 해상도 기준을 유지하지 아니한 자

4. 제33조 제1항 제2호를 위반하여 정당한 사유 없이 검문검색 및 지시 등에 불응한 자

5. 제41조 제2항에 따른 보고나 자료를 거짓으로 제출한 자

6. 제41조 제3항에 따른 점검을 거부·방해 또는 기피한 자

7. 제42조제3항에 따른 항만시설보안료의 징수요율(변경된 요율을 포함한다)에 대한 승인을 받지 아니하고 항만시설보안료를 징수한 자

제50조(벌칙의 적용)

① 이 법과 이 법에 따른 명령을 위반한 항만시설소유자에게 적용할 벌칙은 그 항만시설 소유자가 국가 또는 지방자치단체인 때에는 적용하지 아니한다.

② 벌칙의 적용에 있어서 이 법과 이 법에 따른 명령 중 국제항해선박소유자에 관한 규정은 국제항해선박의 소유자가 관리자를 둔 때에는 이를 관리자에게, 국제항해선박의 운영자가 그 소유자·관리자로부터 운영을 위탁받은 때에는 이를 운영자에게 각각 적용한다.

③ 벌칙의 적용에 있어서 이 법과 이 법에 따른 명령 중 항만시설소유자에 관한 규정은 항만시설의 소유자가 관리자를 둔 때에는 이를 관리자에게, 항만시설의 운영자가 그 소유자·관리자로부터 운영을 위탁받은 때에는 이를 운영자에게 각각 적용한다.

제51조(양벌규정)

법인의 대표자나 법인 또는 개인의 대리인, 사용인, 그 밖의 종업원이 그 법인 또는 개인의 업무에 관하여 제48조 또는 제49조의 위반행위를 하면 그 행위자를 벌하는 외에 그 법인 또는 개인에게도 해당 조문의 벌금형을 과(科)한다. 다만, 법인 또는 개인이 그 위반행위를 방지하기 위하여 해당 업무에 관하여 상당한 주의와 감독을 게을리 하지 아니한 경우에는 그러하지 아니하다.

Plus Tip

1. [양벌규정] 대법원 2022. 11. 17. 선고 2021도701 판결

정보통신망 이용촉진 및 정보보호 등에 관한 법률 제75조 및 영화 및 비디오물의 진흥에 관한 법률 제97조는 법인의 대표자 등이 그 법인의 업무에 관하여 각 법규위반행위를 하면 그 행위자를 벌하는 외에 그 법인에도 해당 조문의 벌금을 과하는 양벌규정을 두고 있다.

위와 같이 양벌규정을 따로 둔 취지는, 법인은 기관을 통하여 행위하므로 법인의 대표자의 행위로 인한 법률효과와 이익은 법인에 귀속되어야 하고, 법인 대표자의 범죄행위에 대하여는 법인 자신이 책임을 져야 하는바, 법인 대표자의 법규위반행위에 대한 법인의 책임은 법인 자신의 법규위반행위로 평가될 수 있는 행위에 대한 법인의 직접책임이기 때문이다. 따라서 대표자의 고의에 의한 위반행위에 대하여는 법인 자신의 고의에 의한 책임을, 대표자의 과실에 의한 위반행위에 대하여는 법인 자신의 과실에 의한 책임을 져야 한다. 이처럼 양벌규정 중 법인의 대표자 관련 부분은 대표자의 책임을 요건으로 하여 법인을 처벌하는 것이지 그 대표자의 처벌까지 전제조건이 되는 것은 아니다.

2. [양벌규정] (대법원 2010. 9. 30. 선고 2009도3876 판결)

법인은 기관을 통하여 행위하므로 법인이 대표자를 선임한 이상 그의 행위로 인한 법률효과는 법인에게 귀속되어야 하고, **법인 대표자의 범죄행위에 대하여는 법인 자신이 책임을 져야 하는바,** 법인 대표자의 법규위반행위에 대한 법인의 책임은 법인 자신의 법규위반행위로 평가될 수 있는 행위에 대한 법인의 직접책임으로서, 대표자의 고의에 의한 위반행위에 대하여는 법인 자신의 고의에 의한 책임을, 대표자의 과실에 의한 위반행위에 대하여는 법인 자신의 과실에 의한 책임을 지는 것이다(헌법재판소 2010. 7. 29. 선고 2009헌가25 전원재판부 결정 참조).

PART 03

국제항해선박 및 항만시설의 보안에 관한 법률

Plus Tip

[양벌규정] (대법원 1987. 11. 10. 선고 87도1213 판결)

[1] 양벌규정에 의한 영업주의 처벌은 금지위반행위자인 종업원의 처벌에 종속하는 것이 아니라 독립하여 그 자신의 종업원에 대한 **선임감독상의 과실로 인하여 처벌되는 것**이므로 영업주의 위 과실책임을 묻는 경우 금지위반행위자인 종업원에게 구성요건상의 자격이 없다고 하더라도 영업주의 법죄성립에는 아무런 지장이 없다.

[2] 종업원 등의 행정법규위반행위에 대하여 양벌규정으로 영업주의 책임을 묻는 것은 종업원 등에 대한 영업주의 선임감독상의 과실책임을 근거로 하는 것이며 그 종업원은 영업주의 사업경영과정에 있어서 직접 또는 간접으로 영업주의 감독통제 아래 그 사업에 종사하는 자를 일컫는 것이므로 영업주 스스로 고용한 자가 아니고 타인의 고용인으로서 타인으로부터 보수를 받고 있다 하더라도 객관적 외형상으로 영업주의 업무를 처리하고 영업주의 종업원을 통하여 간접적으로 감독통제를 받는 자라면 위에 포함된다.

[3] 객관적 외형상으로 영업주의 업무에 관한 행위이고 종업원이 그 영업주의 업무를 수행함에 있어서 위법행위를 한 것이라면 그 위법행위의 동기가 종업원 기타 제3자의 이익을 위한 것에 불과하고 영업주의 영업에 이로운 행위가 아니라 하여도 영업주는 그 감독해태에 대한 책임을 면할 수 없다.

Plus Tip

[행정형벌] (대법원 2011. 11. 10. 선고 2011도11109 판결)

[1] 소방시설 설치유지 및 안전관리에 관한 법률 제9조에 의한 소방시설 등의 설치 또는 유지·관리에 대한 명령을 정당한 사유 없이 위반한 자는 같은 법 제48조의2 제1호에 의하여 행정형벌에 처해지는데, **위 명령이 행정처분으로서 하자가 있어 무효인 경우**에는 명령에 따른 의무위반이 생기지 아니하므로 행정형벌을 부과할 수 없다.

[2] 행정절차법 제24조는, 행정청이 처분을 하는 때에는 다른 법령 등에 특별한 규정이 있는 경우를 제외하고는 **문서**로 하여야 하고 전자문서로 하는 경우에는 당사자 등의 동의가 있어야 하며, 다만 신속을 요하거나 사안이 경미한 경우에는 구술 기타 방법으로 할 수 있다고 규정하고 있는데, 이는 행정의 공정성·투명성 및 신뢰성을 확보하고 국민의 권익을 보호하기 위한 것이므로 위 규정을 위반하여 행하여진 행정청의 처분은 하자가 중대하고 명백하여 원칙적으로 무효이다.

[3] 집합건물 중 일부 구분건물의 소유자인 피고인이 관할 소방서장으로부터 소방시설 불량사항에 관한 시정보완명령을 받고도 따르지 아니하였다는 내용으로 기소된 사안에서, 담당 소방공무원이 행정처분인 위 명령을 구술로 고지한 것은 행정절차법 제24조를 위반한 것으로 하자가 중대하고 명백하여 당연 무효이고, 무효인 명령에 따른 의무위반이 생기지 아니하는 이상 피고인에게 명령 위반을 이유로 소방시설 설치유지 및 안전관리에 관한 법률 제48조의2 제1호에 따른 행정형벌을 부과할 수 없는데도, 이와 달리 위 명령이 유효함을 전제로 유죄를 인정한 원심판결에는 행정처분의 무효와 행정형벌의 부과에 관한 법리오해의 위법이 있다고 한 사례

 Plus Tip

[일사부재리의 원칙] 대법원 1983. 10. 25. 선고 83도2366 판결

피고인이 동일한 행위에 관하여 외국에서 형사처벌을 과하는 확정판결을 받았다 하더라도 이런 **외국판결**은 우리나라에서는 기판력이 없으므로 여기에 일사부재리의 원칙이 적용될 수 없다.

제52조(과태료)

① 다음 각 호의 어느 하나에 해당하는 자에게는 1천만 원 이하의 과태료를 부과한다. 〈신설 2020. 12. 8.〉

1. 제30조의3을 위반하여 해양수산부장관의 성능 인증을 받은 보안검색장비를 사용하지 아니한 자
2. 제30조의3에 따른 보안검색장비 성능 인증을 위한 기준과 절차 등을 위반한 인증기관 및 시험기관

② 다음 각 호의 어느 하나에 해당하는 자에게는 300만 원 이하의 과태료를 부과한다.

1. 제7조 제1항에 따른 자격요건을 갖추지 못한 자를 총괄보안책임자로 지정한 자
2. 제7조 제2항을 위반하여 통보의무를 이행하지 아니한 자
3. 제7조 제4항에 따른 총괄보안책임자의 변경명령을 이행하지 아니한 자
4. 제8조 제1항에 따른 자격요건을 갖추지 못한 자를 선박보안책임자로 임명한 자
5. 제9조 제1항 및 제2항에 따른 보안평가를 실시하지 아니하거나 선박보안평가의 결과를 주된 사무소에 보관하지 아니한 자
6. 제10조 제1항을 위반하여 선박보안계획서를 비치하지 아니한 자
7. 제12조 제4항을 위반하여 국제선박보안증서등의 원본을 선박에 비치하지 아니한 자
8. 제15조 제1항을 위반하여 선박보안기록부를 작성하지 아니하거나 비치하지 아니한 자
9. 제16조 제1항을 위반하여 선박이력기록부를 선박에 비치하지 아니한 자
10. 제16조 제2항을 위반하여 선박이력기록부를 다시 교부받지 아니하거나 선박에 비치하지 아니한 자
11. 제16조 제3항을 위반하여 선박국적 변경의 사실을 통보하지 아니한 자
12. 제17조 제1항을 위반하여 선박보안경보장치 등을 설치하거나 구비하지 아니한 자
13. 제18조 제1항을 위반하여 선박식별번호를 표시하지 아니한 자
14. 제23조 제1항에 따른 자격요건을 갖추지 못한 자를 항만시설보안책임자로 지정한 자
15. 제23조 제2항을 위반하여 통보의무를 이행하지 아니한 자
16. 제25조 제1항을 위반하여 항만시설보안계획서를 비치하지 아니한 자
17. 제27조 제4항을 위반하여 항만시설적합확인서등의 원본을 사무소에 비치하지 아니한 자
18. 제30조 제1항을 위반하여 항만시설보안기록부를 작성하지 아니하거나 보관하지 아니한 자
18의2. 제31조의 2제2항을 위반하여 폐쇄회로 텔레비전의 운영·관리 지침을 마련하지 아니한 자

19. 제32조 제1항 및 제2항을 위반하여 보안사건을 보고하지 아니하거나 항만시설보안
   정보를 제공하지 아니한 자

20. 제33조 제1항 제3호를 위반하여 정당한 출입절차 없이 무단으로 출입한 자

21. 제33조 제1항 제4호를 위반하여 항만시설 내 촬영이 제한되는 구역에서 항만시설
   보안책임자의 허가 없이 촬영을 한 자

22. 제36조 제1항 및 제2항을 위반하여 부적격한 자를 내부보안심사자로 지정하거나
   내부보안심사를 실시하지 아니한 자

23. 제39조 제1항을 위반하여 보안교육 및 훈련에 관한 계획을 수립하지 아니하거나
   시행하지 아니한 자

24. 제39조 제2항 및 제3항을 위반하여 보안훈련을 실시하지 아니한 자

25. 제39조 제4항을 위반하여 국제적인 합동보안훈련에 참여한 사실을 보고하지 아니
   한 자

26. 제41조 제2항에 따른 관계 서류의 제출이나 보고를 하지 아니한 자

③ 제1항 또는 제2항에 따른 과태료는 대통령령으로 정하는 바에 따라 해양수산부장관이
   부과 · 징수한다. 〈개정 2020. 12. 8.〉

■ **국제선박항만보안법 시행령 제16조(과태료의 부과기준)**

법 제52조 제1항 및 제2항에 따른 과태료의 부과기준은 별표 2와 같다. 〈개정 2021.
11. 23.〉

 Plus Tip

[과태료 (질서위반행위규제법)] 대법원 2020. 12. 18.자 2020마6912 결정

과태료 부과에 관한 일반법인 질서위반행위규제법에 의하면, 질서위반행위의 성립과 과태료 처분
은 원칙적으로 행위 시의 법률에 따르지만(제3조 제1항), 질서위반행위 후 법률이 변경되어 그 행위
가 질서위반행위에 해당하지 아니하게 되거나 과태료가 변경되기 전의 법률보다 가볍게 된 때에는
법률에 특별한 규정이 없는 한 변경된 법률을 적용하여야 한다(제3조 제2항). 따라서 질서위반행위
에 대하여 과태료 부과의 근거 법률이 개정되어 행위 시의 법률에 의하면 과태료 부과대상이었지만
재판 시의 법률에 의하면 과태료 부과대상이 아니게 된 때에는, 개정 법률의 부칙에서 종전 법률 시행
당시에 행해진 질서위반행위에 대해서는 행위 시의 법률을 적용하도록 특별한 규정을 두지 않은 이
상 재판 시의 법률을 적용하여야 하므로 과태료를 부과할 수 없다.

Plus Tip

[과태료와 개정 법률] 대법원 2020. 11. 3.자 2020마5594 결정 [공직자윤리법위반]

국가경찰공무원으로서 경감 직위에서 퇴직한 갑이 '철도건널목 안전관리 및 경비' 등의 업무를 담당하는 경비사업소장으로 을 주식회사에 취업한 후 취업제한 여부 확인요청서를 제출하였는데, 갑에 대하여 취업 전에 취업제한 여부 확인요청을 하지 않았다는 이유로 과태료가 부과되었고, 이에 갑이 항고하였으나 항고심법원이 2019. 12. 3. 법률 제16671호로 개정된 공직자윤리법이 공포된 상태임에도 시행일까지 기다리지 아니한 채 항고기각 결정을 한 사안에서, 2020. 6. 2. 대통령령 제30753호로 개정된 공직자윤리법 시행령 제31조 제2항 각호의 퇴직공직자가 취업심사대상기관에 취업하여 담당하려는 업무가 같은 항 본문에 해당하는 경우에는 취업심사대상자의 범위에서 제외되므로 개정 공직자윤리법 제18조 제1항에 따른 취업제한 여부 확인요청대상자에서도 제외되는바, 갑이 퇴직 후 미리 취업제한 여부 확인요청 절차를 거치지 않은 채 을 회사에 취업한 행위가 당시에는 구 공직자윤리법(2019. 12. 3. 법률 제16671호로 개정되기 전의 것,) 제18조 제1항을 위반한 것이어서 같은 법 제30조 제3항 제2호에 따른 과태료 부과대상에 해당하였으나, 과태료 재판 계속 중에 개정·시행된 공직자윤리법령에 의하면, 국가경찰공무원으로서 경감 직위에서 퇴직한 갑이 을 회사에 취업하여 담당하는 '철도건널목 안전관리 및 경비' 등의 업무가 개정 시행령 제31조 제2항에서 정한 '통계법 제22조에 따라 통계청장이 고시하는 직업에 관한 표준분류의 대분류에 따른 서비스 종사자, 기능원 및 관련 기능 종사자 또는 단순노무 종사자'에 해당하는 경우에는 취업심사대상자 및 취업제한 여부 확인요청대상자의 범위에서 제외되므로, 재판 시의 법률에 의하면 개정 공직자윤리법 제18조 제1항 위반에 해당할 수 없어 같은 법 제30조 제3항 제8호에 따른 과태료 부과대상이 아니게 된 때에 해당하고, 개정 공직자윤리법령에는 구 공직자윤리법 시행 당시에 행해진 질서위반행위에 대해서 행위 시의 법률을 적용하여 과태료 처벌을 하도록 하는 내용의 특별한 규정을 두지 않아 재판 시의 법률을 적용하여야 하므로 과태료를 부과할 수 없게 된다.

Plus Tip

[과태료처분의 재판] 대법원 1998. 12. 23.자 98마2866 결정
과태료처분의 재판은 법원이 과태료에 처하여야 할 사실이 있다고 판단되면 비송사건절차법에 의하여 직권으로 그 절차를 개시하는 것이고 관할 관청의 통고 또는 통지는 법원의 직권발동을 촉구하는데에 지나지 아니하므로, 후에 관할 관청으로부터 이미 행한 통고 또는 통지의 취하 내지 철회가 있다고 하더라도 그 취하·철회는 비송사건절차법에 의한 법원의 과태료 재판을 개시·진행하는 데 장애가 될 수 없다.

 Plus Tip

[과태료, 헌법(평등의 원칙)위반] 대법원 1997. 2. 25. 선고 96추213 판결
조례안이 지방의회의 감사 또는 조사를 위하여 출석요구를 받은 증인이 5급 이상 공무원인지 여부, 기관(법인)의 대표나 임원인지 여부 등 증인의 사회적 신분에 따라 미리부터 과태료의 액수에 차등을 두고 있는 경우, 그와 같은 차별은 증인의 불출석이나 증언거부에 대하여 과태료를 부과하는 목적에 비추어 볼 때 그 합리성을 인정할 수 없고 지위의 높고 낮음만을 기준으로 한 부당한 차별대우라고 할 것이어서 헌법에 규정된 평등의 원칙에 위배되어 무효이다.

 Plus Tip

[법원의 과태료재판] 대법원 1990. 10. 20.자 90마699 결정
건축법 제56조의2에 의한 과태료부과 처분에 대한 위반자의 불복으로 법원에서 비송사건절차법에 따라 과태료의 재판을 하는 절차는 부과권자인 행정관청이 부과한 과태료 처분에 대한 당부를 심판하는 행정소송절차가 아니므로 법원에서 비송사건절차법에 따라 당사자의 진술을 청취하고 적법한 절차에 따라 과태료의 재판을 한 이상 부과권자가 과태료를 부과하기 전에 건축법시행령 제103조의 규정에 따른 의견진술의 기회를 주지 아니하였다는 사유를 가지고 법원의 과태료재판이 위법하다고 주장할 수 없다.

Plus Tip

[법원의 과태료재판] 대법원 2008. 1. 11.자 2007마810 결정
법원이 비송사건절차법에 따라 과태료 재판을 할 때 관계 법령에서 규정하는 과태료 상한의 범위 내에서 위반의 동기와 정도, 결과 등 여러 인자를 고려하여 재량으로 그 액수를 정할 수 있고, 원심이 정한 과태료 액수가 법령이 정한 범위 내에서 이루어진 이상 그것이 현저히 부당하여 재량권 남용에 해당하지 않는 한 그 액수가 많다고 다투는 것은 적법한 재항고 이유가 될 수 없다.

 Plus Tip

[농지법상 이행강제금 부과처분 취소] 대법원 2019. 4. 11. 선고 2018두42955 판결
농지법은 농지 처분명령에 대한 이행강제금 부과처분에 불복하는 자가 그 처분을 고지받은 날부터 30일 이내에 부과권자에게 이의를 제기할 수 있고, 이의를 받은 부과권자는 지체 없이 관할 법원에 그 사실을 통보하여야 하며, 그 통보를 받은 관할 법원은 비송사건절차법에 따른 과태료 재판에 준하여 재판을 하도록 정하고 있다(제62조 제1항, 제6항, 제7항). 따라서 **농지법 제62조 제1항에 따른 이행강제금 부과처분에 불복하는 경우에는 비송사건절차법에 따른 재판절차가 적용되어야 하고, 행정소송법상 항고소송의 대상은 될 수 없다.**

 Plus Tip

[과태료, 일사부재리의 효력] 대법원 1989. 6. 13. 선고 88도1983 판결
일사부재리의 효력은 확정재판이 있을 때에 발생하는 것이고 과태료는 행정법상의 질서벌에 불과하므로 과태료처분을 받고 이를 납부한 일이 있더라도 그 후에 형사처벌을 한다고 해서 일사부재리의 원칙에 어긋난다고 할 수 없다.

 Plus Tip

[과태료] 대법원 1994. 8. 26. 선고 94누6949 판결
과태료와 같은 행정질서벌은 행정질서유지를 위하여 행정법규위반이라는 객관적 사실에 대하여 과하는 제재이므로 반드시 현실적인 행위자가 아니라도 법령상 책임자로 규정된 자에게 부과되고 또한 특별한 규정이 없는 한 원칙적으로 위반자의 고의·과실을 요하지 아니한다.

Plus Tip

[행정질서벌과 행정형벌] 대법원 1969. 7. 29.자 69마400 결정
행정질서벌과 행정형벌은 다 같이 행정법령에 위반하는데 대한 제재라는 점에서는 같다하더라도 **행정형벌**은 그 행정법규 위반이 직접적으로 행정목적과 사회공익을 침해하는 경우에 과하여지는 것이므로 행정형벌을 과하는데 있어서 고의 과실을 필요로 할 것이냐의 여부의 점은 별문제로 하더라도 **행정질서벌인 과태료**는 직접적으로 행정목적이나 사회공익을 참해하는데 까지는 이르지 않고 다만 간접적으로 행정상의 질서에 장해를 줄 위험성이 있는 정도의 단순한 의무태만에 대한 제재로서 과하여지는데 불과하므로 다른 특별한 규정이 없는 한 원칙적으로 고의 과실을 필요로 하지 아니한다고 해석하여야 할 것이다.

 Plus Tip

[이중처벌금지 원칙] 대법원 2007. 7. 12. 선고 2006두4554 판결
구 부동산 실권리자명의 등기에 관한 법률(2007. 5. 11. 법률 제8418호로 개정되기 전의 것) 제5조에 규정된 **과징금**은 그 취지와 기능, 부과의 주체와 절차 등에 비추어 행정청이 명의신탁행위로 인한 불법적인 이익을 박탈하거나 위 법률에 따른 실명등기의무의 이행을 강제하기 위하여 의무자에게 부과·징수하는 것일 뿐 그것이 헌법 제13조 제1항에서 금지하는 국가형벌권 행사로서의 처벌에 해당한다고 할 수 없으므로 위 법률에서 형사처벌과 아울러 과징금의 부과처분을 할 수 있도록 규정하고 있다 하더라도 이중처벌금지 원칙에 위반한다고 볼 수 없다.

 Plus Tip

[이중처벌금지 원칙] 대법원 1984. 5. 15. 선고 84도529,84감도86 판결
사회보호법에 규정된 **보호감호**는 죄를 범한 자로서 재범의 위험성이 있는 경우에 교육개선을 하여 사회복귀를 촉진하고 사회를 보호할 목적으로 하는 소위 보안처분임이 분명하여 이를 형벌과 동일시 할 수 없으니 일정한 범죄자에 대하여 징역형에 처함과 동시에 보호감호에 처하였다 하여 헌법에 규정된 이중처벌 금지에 위반된다고 할 수 없다.

Plus Tip

[대법원 2001. 10. 9. 선고 2001두3068 판결 [항만시설사용료(화물장치료)부과처분취소]]

항만하역사업자가 수입화물의 화주가 아니라 항만운송사업법에 의한 항만운송사업면허를 받아 항만하역사업을 영위하는 법인으로서 하역계약의 내용에 따라 수입화물을 선박에서 양하하여 화물장치료 징수대상 시설까지 운반하는 과정에서 부두시설을 사용할 뿐이고, 일단 수입화물이 화물장치료 징수대상 시설에 반입된 후에는 화주가 통관절차를 이행하기 위하여 이를 사용하는 것으로서 화주가 수입면허를 받아야만 이를 반출할 수 있어 항만하역사업자로서는 화주가 이러한 절차를 밟지 않는 한 당해 화물에 관하여 아무런 조치를 취할 수 없으며, 과거부터 항만하역사업자가 개별 화주를 대리하여 화물장치료의 징수대상 시설에 대한 사용허가신청을 하여 왔고, 비록 "화물장치료 징수대상시설에 대한 사용허가신청은 항만운수사업법에 의한 항만하역사업자가 당해 화물의 화주를 대리하여 신청할 수 있다."고 규정한 개정 전 무역항의항만시설사용및사용료에관한규정 제7조 제1항 후단이 1996. 7. 4. 해운항만청고시 제1996-25호로 개정되어 삭제되었다고 하더라도 명문의 금지규정이 없고, 성질상 대리가 허용될 수 없는 것도 아니므로 여전히 항만하역사업자는 화주를 대리하여 위 사용허가신청을 할 수 있으며, 항만하역사업자는 무역항에서 항만하역사업을 영위하면서 계속적으로 관리청과 이러한 거래관계를 맺어왔고 관리청으로서도 항만하역사업자가 개별 화주를 대리하여 일괄하여 항만하역사업자의 명의로 항만시설 사용허가신청을 하는 것으로 각 해당 화주가 누구인지 쉽게 알 수 있었는바, 이러한 사정 등에 비추어 보면, **화물장치료의 징수대상이 되는 항만시설의 사용자는 각 해당 화주**이고, 항만하역사업자가 화물의 실질적인 처분권자인 개별 화주의 수요에 따라서 화주를 대리하여 항만시설 사용허가신청절차를 밟으면서 요금 및 수수료 등의 수익을 얻고 있다고 하더라도 항만시설의 사용으로 인한 편익은 화물의 처분권자인 화주가 누리는 것이므로 그 대가인 사용료 역시 화주가 부담하여야 한다.

제6장

국제선박항만보안법 부록

■ 국제항해선박 및 항만시설의 보안에 관한 법률 시행령

[별표 1]

보안교육기관의 지정요건

(제14조 관련)

구분	지정요건
시설 기준	가. 해당 교육기관의 주된 강의실이나 습실이 60제곱미터 이상일 것 나. 학급당 정원은 60명 이내일 것
교수 자격 및 인원	가. 교수요원은 법 제37조에 따른 안심사관의 자격요건을 갖추고 있을 것 나. 교육기관당 가목의 요건을 갖춘 교수요원을 2명 이상 확보할 것

■ 국제항해선박 및 항만시설의 보안에 관한 법률 시행령

[별표 2] 〈개정 2021. 11. 23.〉

과태료의 부과기준

(제16조 관련)

1. 일반기준

　가. 위반행위의 횟수에 따른 과태료의 가중된 부과기준은 최근 1년간 같은 위반행위로 과태료 부과 처분을 받은 경우에 적용한다. 이 경우 기간의 계산은 위반행위에 대하여 과태료 부과처분을 받은 날과 그 처분 후 다시 같은 위반행위를 하여 적발된 날을 기준으로 한다.

　나. 가목에 따라 가중된 부과처분을 하는 경우 가중처분의 적용 차수는 그 위반행위 전 부과처분 차수(가목에 따른 기간 내에 과태료 부과 처분이 둘 이상 있었던 경우에는 높은 차수를 말한다)의 다음 차수로 한다.

　다. 하나의 위반행위가 둘 이상의 과태료 부과기준에 해당하는 경우에는 그 중 금액이 큰 과태료 부과기준을 적용한다.

　라. 부과권자는 다음의 어느 하나에 해당하는 경우에는 제2호에 따른 과태료 금액의 2분의 1의 범위에서 그 금액을 감경할 수 있다. 다만, 과태료를 체납하고 있는 위반행위자의 경우에는 그러하지 아니하다.

　　1) 위반행위자가 「질서위반행위규제법 시행령」 제2조의2제1항 각 호의 어느 하나에 해당하는 경우

　　2) 위반행위가 사소한 부주의나 오류로 인한 것으로 인정되는 경우

　　3) 위반행위자의 법 위반상태를 시정하거나 해소하기 위한 노력이 인정되는 경우

　　4) 그 밖에 위반행위의 정도, 위반행위의 동기와 결과 등을 고려하여 감경할 필요가 있다고 인정되는 경우

2. 개별기준

위반행위	근거 법조문	과태료 금액		
		1차 위반	2차 위반	3차 이상 위반
가. 법 제7조 제1항에 따른 자격요건을 갖추지 못한 자를 총괄보안책임자로 지정한 경우	법 제52조 제2항 제1호	150	200	300
나. 법 제7조 제2항을 위반하여 통보의무를 이행하지 않은 경우	법 제52조 제2항 제2호	90	120	180
다. 법 제7조 제4항에 따른 총괄보안책임자의 변경명령을 이행하지 않은 경우	법 제52조 제2항 제3호	150	200	300
라. 법 제8조 제1항에 따른 자격요건을 갖추지 못한 자를 선박보안책임자로 임명한 경우	법 제52조 제2항 제4호	150	200	300
마. 법 제9조 제1항 및 제2항에 따른 선박보안평가를 실시하지 않거나 선박보안평가의 결과를 주된 사무소에 보관하지 않은 경우	법 제52조 제2항 제5호	120	160	240
바. 법 제10조 제1항을 위반하여 선박보안계획서를 비치하지 않은 경우	법 제52조 제2항 제6호	120	160	240
사. 법 제12조 제4항을 위반하여 국제선박보안증서등의 원본을 선박에 비치하지 않은 경우	법 제52조 제2항 제7호	120	160	240
아. 법 제15조 제1항을 위반하여 선박보안기록부를 작성하지 않거나 비치하지 않은 경우	법 제52조 제2항 제8호	90	120	180
자. 법 제16조 제1항을 위반하여 선박이력기록부를 선박에 비치하지 않은 경우	법 제52조 제2항 제9호	120	160	240
차. 법 제16조 제2항을 위반하여 선박이력기록부를 다시 교부받지 않거나 선박에 비치하지 않은 경우	법 제52조 제2항 제10호	120	160	240
카. 법 제16조 제3항을 위반하여 선박국적 변경 사실을 통보하지 않은 경우	법 제52조 제2항 제11호	90	120	180

타. 법 제17조 제1항을 위반하여 선박보안경보장치 등을 설치하거나 구비하지 않은 경우	법 제52조 제2항 제12호	150	200	300
파. 법 제18조 제1항을 위반하여 선박식별번호를 표시하지 않은 경우	법 제52조 제2항 제13호	150	200	300
하. 법 제23조 제1항에 따른 자격요건을 갖추지 못한 자를 항만시설보안책임자로 지정한 경우	법 제52조 제2항 제14호	150	200	300
거. 법 제23조 제2항을 위반하여 통보의무를 이행하지 않은 경우	법 제52조 제2항제15호	90	120	180
너. 법 제25조 제1항을 위반하여 항만시설보안계획서를 비치하지 않은 경우	법 제52조 제2항 제16호	120	160	240
더. 법 제27조 제4항을 위반하여 항만시설적합확인서등의 원본을 사무소에 비치하지 않은 경우	법 제52조 제2항 제17호	90	120	180
러. 법 제30조 제1항을 위반하여 항만시설보안기록부를 작성하지 않거나 보관하지 않은 경우	법 제52조 제2항 제18호	120	160	240
머. 법 제30조의3을 위반하여 해양수산부장관의 성능 인증을 받은 보안검색장비를 사용하지 않은 경우	법 제52조 제1항 제1호	500	750	1,000
버. 법 제30조의3에 따른 보안검색장비 성능 인증을 위한 기준과 절차 등을 인증기관 및 시험기관이 위반한 경우	법 제52조 제1항 제2호	500	750	1,000
서. 법 제31조의2 제2항을 위반하여 폐쇄회로 텔레비전의 운영·관리 지침을 마련하지 않은 경우	법 제52조 제2항 18호의2	120	160	240
어. 법 제32조 제1항 및 제2항을 위반하여 보안사건을 보고하지 않거나 항만시설보안정보를 제공하지 않은 경우	법 제52조 제2항 제19호	120	160	240
저. 법 제33조 제1항 제3호를 위반하여 정당한 출입절차 없이 무단으로 출입한 경우	법 제52조 제2항 제20호	150	200	300

처. 법 제33조 제1항 제4호를 위반하여 항만시설 내 촬영이 제한되는 구역에서 항만시설보안책임자의 허가 없이 촬영을 한 경우	법 제52조 제2항 제21호	120	160	240
커. 법 제36조 제1항 및 제2항을 위반하여 부적격한 자를 내부보안심사자로 지정하거나 내부보안심사를 하지 않은 경우	법 제52조 제2항 제22호	120	160	240
터. 법 제39조 제1항을 위반하여 보안교육 및 훈련에 관한 계획을 수립하지 않거나 시행하지 않은 경우	법 제52조 제2항 제23호	150	200	300
퍼. 법 제39조 제2항 및 제3항을 위반하여 보안훈련을 실시하지 않은 경우	법 제52조 제2항 제24호	150	200	300
허. 법 제39조 제4항을 위반하여 국제적인 합동보안훈련에 참여한 사실을 보고하지 않은 경우	법 제52조 제2항 제25호	90	120	180
고. 법 제41조 제2항에 따른 관계 서류의 제출이나 보고를 하지 않은 경우	법 제52조 제2항 제26호	150	200	300

■ 국제항해선박 및 항만시설의 보안에 관한 법률 시행규칙

[별표 1] <개정 2013. 6. 24.>

국제항해선박소유자 및 항만시설소유자의 보안등급별 세부 보안조치사항

(제3조 제3항 관련)

구 분		조 치 사 항
국제 항해 선박 소유자 조치 사항	보안 1등급	1. 국제항해선박에 승선할 수 있는 출입구별로 당직자를 배치하거나 폐쇄하여 무단 출입을 방지할 것 2. 국제항해선박에 승선하려는 자의 신원을 확인할 것 3. 국제항해선박에 승선하려는 자의 소지품을 검색하고 무기류는 선내 반입을 금지할 것 4. 국제항해선박 내 보안이 필요한 구역은 제한구역으로 지정하여 선박보안책임자의 허락 없이 출입할 수 없도록 할 것 5. 국제항해선박 주위와 선박 내의 제한구역을 주기적으로 감시할 것 6. 국제항해선박에 선적되는 화물과 선용품을 검색할 것 7. 그 밖에 법 제4조에 따른 국제협약에서 국제항해선박에 대하여 보안 1등급에서 취하도록 정한 보안조치를 할 것
	보안 2등급	1. 국제항해선박에 대한 보안 1등급 시의 조치사항을 이행할 것 2. 국제항해선박에 승선할 수 있는 출입구를 2분의 1 이상 폐쇄할 것 3. 해상을 통하여 국제항해선박에 접근하는 행위를 감시하고 접근하는 자나 선박 등에 경고 등의 조치를 할 것 4. 국제항해선박에 승선하려는 자에 대하여 검색대를 설치하여 검색할 것 5. 제한구역에 근무자를 배치하여 상시 순찰할 것 6. 국제항해선박에 선적되는 화물 및 선용품에 대하여 금속탐지기 등으로 정밀검색을 할 것 7. 그 밖에 법 제4조에 따른 국제협약에서 국제항해선박에 대하여 보안 2등급에서 취하도록 정한 보안조치를 할 것
	보안 3등급	1. 국제항해선박에 대한 보안 2등급 시의 조치사항을 이행할 것 2. 선박출입구를 하나로 제한하고 보안상 필요한 자에게만 승선을 허락할 것 3. 국제항해선박에 화물이나 선용품 선적을 중단할 것 4. 국제항해선박 전체를 수색할 것 5. 국제항해선박의 모든 조명장치를 점등할 것 6. 국제항해선박(여객선에 한정한다)에 위탁 수하물의 선적을 금지할 것 7. 그 밖에 법 제4조에 따른 국제협약에서 국제항해선박에 대하여 보안 3등급에서 취하도록 정한 보안조치를 할 것

항만 시설 소유자 조치 사항	보안 1등급	1. 항만시설을 출입하는 인원이나 차량에 대한 일상적인 보안검색, 경계 및 무단출입 방지 업무를 수행할 것 2. 허락받지 아니한 인원과 무기류의 항만시설 반입을 금지할 것 3. 항만시설 내에 보안상 필요에 따라 제한구역을 설정하고, 제한구역은 허가받은 인원만이 출입할 수 있도록 할 것 4. 화물과 선용품의 반입·반출, 항만시설 내 이동, 보관 및 처리과정에서의 보안상 위협을 초래하는 불법행위가 발생하지 아니하도록 감시할 것 5. 항만시설 보안업무 담당자 간 통신수단을 확보하고 통신보안에 대한 조치를 마련할 것 6. 국제여객터미널에서 탑승하는 여객의 위탁 수하물에 대한 검색을 할 것 7. 그 밖에 법 제4조에 따른 국제협약에서 항만시설에 대하여 보안 1등급에서 취하도록 정한 보안조치를 할 것
	보안 2등급	1. 항만시설에 대한 보안 1등급 시의 조치사항을 이행할 것 2. 항만시설을 순찰하는 인원을 평상시보다 늘려 배치할 것 3. 항만시설 출입구 2분의 1 이상을 폐쇄할 것 4. 출입자, 출입차량 및 출입자 소지품의 검색 비율을 높여 검색할 것 5. 해상에서의 보안강화를 위하여 순찰선을 운항시킬 것 6. 항만시설에 대한 감시 장비를 계속적으로 운용하고 운용기록은 상시 유지할 것 7. 항만시설 출입구에 철제차단기 등 접근 차단시설을 설치할 것 8. 정박한 선박 주위에 차량의 주차를 통제할 것 9. 국제여객터미널에서 탑승하는 여객의 위탁수하물을 금속탐지기 등으로 정밀검색할 것 10. 그 밖에 법 제4조에 따른 국제협약에서 항만시설에 대하여 보안 2등급에서 취하도록 정한 보안조치를 할 것
	보안 3등급	1. 항만시설에 대한 보안 2등급 시의 조치사항을 이행할 것 2. 항만시설보안계획으로 지정한 항만시설에 대한 접근금지 조치를 할 것 3. 항만시설보안계획으로 지정한 항만시설에서 화물이동 및 차량이동을 중지시킬 것 4. 항만시설보안계획으로 지정한 항만시설의 운영을 중지할 것 5. 항만시설보안계획으로 지정한 항만시설에서 대피 조치를 할 것 6. 항만시설 내 제한구역에 대한 검색을 할 것 7. 항만시설 내 위험물질의 보호 조치 및 통제를 할 것 8. 항만시설 내 선용품의 인도를 중지할 것 9. 위탁 수하물의 취급을 금지할 것 10. 그 밖에 법 제4조에 따른 국제협약에서 항만시설에 대하여 보안 3등급에서 취하도록 정한 보안조치를 할 것

비고

해양수산부장관은 국제항해선박 또는 항만시설의 보안사고 예방 이나 그 밖의 보안상 위협에 대응하기 위하여 특히 필요하다고 인정하는 경우에는 법 제34조제1항에 따른 국제항해선박 및 항만시설보안위원회의 심의를 거쳐 각 보안등급 별 조치사항 중 일부의 적용을 배제하거나 다른 보안등급의 조치사항 일부를 적용하도록 일시적으로 조정할 수 있다. 이 경우 해양수산부장관은 해당 국제항해선박소유자 또는 항만시설소유자에게 즉시 그 조정 내용을 알려야 한다.

■ 국제항해선박 및 항만시설의 보안에 관한 법률 시행규칙

[별표 2] <개정 2013. 3. 24.>

총괄보안책임자 · 선박보안책임자 및 항만시설보안책임자의 자격요건

(제4조 제1항, 제5조 제1항, 제27조 제1항 및 제44조 제3항 관련)

구분	선 박		항만시설
	총괄보안책임자	선박보안책임자	항만시설보안책임자
경력 요건	다음 각 호의 어느 하나에 해당하는 경력이 있거나 국제항해선박 승무경력, 보안업무에 종사한 경력 또는 해양수산업 관련 단체에서 근무한 경력을 합산한 경력이 5년 이상인 자 1. 국제항해선박 승선경력이 3년 이상인 자 2. 보안업무에 종사한 경력이 3년 이상인 자 3. 해양수산업 관련 단체에 근무한 경력이 3년 이상인 자	「선박직원법」에 따른 선박직원으로서의 승무한 경력이 3년 이상인 자	항만시설 운영에 종사한 경력 또는 보안업무에 종사한 경력이 3년 이상인 자
전문 지식 요건	법 제40조에 따른 보안교육기관에서 제50조 제6항 각 호(제3호·제4호 및 제6호는 선박에 관련된 내용만 해당됨)의 내용이 포함된 보안교육을 18시간 이상 받은 자	법 제40조에 따른 보안교육기관에서 제50조 제6항 각 호(제3호·제4호 및 제6호는 선박에 관련된 내용만 해당됨)의 내용이 포함된 보안교육을 12시간 이상 받은 자	법 제40조에 따른 보안교육기관에서 제50조 제6항 각 호(제3호·제4호 및 제6호는 항만시설에 관련된 내용만 해당됨)의 내용이 포함된 보안교육을 20시간 이상 받은 자

■ 국제항해선박 및 항만시설의 보안에 관한 법률 시행규칙

[별표 3]

선박보안심사의 세부내용

(제11조 제1항 관련)

보안심사 종류	보안심사 세부내용
최초보안심사 · 중간보안심사 및 갱신보안심사	1. 승인된 선박보안계획서의 비치 여부 2. 선박보안계획서에 따른 선박 보안활동의 기록 여부 3. 보안관리체제와 선박보안경보장치 등 보안장비의 정상운용 여부
임시선박보안심사	1. 선박보안평가의 실시 및 선박보안평가 결과를 선박보안계획서에 반영하였는지 여부 2. 선박보안계획서의 승인절차 이행 및 시행 여부 3. 선박보안경보장치의 설치 및 작동 여부 4. 총괄보안책임자 및 선박보안책임자의 사무 수행 및 보안관리체제에 대한 숙지 여부 5. 내부보안심사를 포함하여 최초보안심사를 받기 위한 준비상태
특별선박보안심사	법 제11조 제3항에 따른 특별보안심사의 원인이 된 사유

■ 국제항해선박 및 항만시설의 보안에 관한 법률 시행규칙

[별표 3] 〈신설 2021. 12. 9.〉

시험기관의 지정기준

(제37조의7 제1항 관련)

1. 다음 각 목의 요건을 모두 갖춘 법인 또는 단체일 것
   가. 법인 또는 단체의 장이 「보안업무규정」 제10조에 따라 비밀취급 인가권자로 지정된 시험기관일 것
   나. 「국가표준기본법」 제23조 및 같은 법 시행령 제16조 제2항에 따른 인정기구(이하 "인정기구"라 한다)에서 인정받은 시험기관일 것

2. 다음 각 목의 요건을 갖춘 기술인력을 모두 보유할 것. 다만, 나목 또는 다목의 인력이 라목에 따른 위험물안전관리자의 자격을 보유한 경우에는 라목의 기준을 갖춘 것으로 본다.
   가. 「보안업무규정」 제8조에 따른 비밀취급 인가를 받은 사람
   나. 인정기구에서 인정받은 시험기관에서 시험업무 경력이 3년 이상인 사람 2명 이상
   다. 보안검색에 사용하는 장비의 시험·평가 또는 관련 연구 경력이 3년 이상인 사람 2명 이상
   라. 「위험물안전관리법」 제15조 제1항에 따른 위험물안전관리자 자격 보유자 1명 이상

3. 다음 각 목의 시설 및 장비를 모두 갖출 것
   가. 다음의 시설을 모두 갖춘 시험실
       1) 항온항습 시설
       2) 보안검색장비 성능시험 시설
       3) 화학물질 보관 및 취급을 위한 시설
       4) 그 밖에 해양수산부장관이 정하여 고시하는 시설
   나. 엑스선검색장비 이미지품질평가용 시험용 장비(테스트 키트)
   다. 엑스선검색장비 표면방사선량률 측정장비
   라. 엑스선검색장비 연속동작시험용 시설
   마. 엑스선검색장비 등 대형장비용 온도·습도시험실(장비)
   바. 폭발물검색장비·액체폭발물검색장비·폭발물흔적탐지장비 시험용 유사폭발물 시료
   사. 문형금속탐지장비·휴대용금속탐지장비·시험용 금속물질 시료
   아. 휴대용 금속탐지장비 및 시험용 낙하시험 장비
   자. 시험데이터 기록 및 저장 장비
   차. 그 밖에 해양수산부장관이 정하여 고시하는 장비

■ 국제항해선박 및 항만시설의 보안에 관한 법률 시행규칙

[별표 3의 3] 〈신설 2021. 12. 9.〉

시험기관의 지정취소 및 업무정지 기준

(제37조의8 제1항 관련)

1. 일반기준

　가. 위반행위의 횟수에 따른 행정처분의 기준은 최근 3년간 같은 위반행위로 행정처분을 받은 경우에 적용한다. 이 경우 기간의 계산은 위반행위에 대해 행정처분을 받은 날과 그 처분 후 다시 같은 위반행위를 하여 적발된 날을 기준으로 한다.

　나. 가목에 따라 가중된 처분을 하는 경우 가중처분의 적용 차수는 그 위반행위 전 처분 차수(가목에 따른 기간 내에 처분이 둘 이상 있었던 경우에는 높은 차수를 말한다)의 다음 차수로 한다.

　다. 위반행위가 둘 이상인 경우나 한 개의 위반행위가 둘 이상의 처분기준에 해당하는 경우에는 그 중 무거운 처분기준에 따른다.

　라. 처분권자는 해당 처분이 업무정지인 경우에는 다음의 구분에 따른 사유를 고려하여 제2호에 따른 업무정지기간의 2분의 1 범위에서 그 기간을 늘리거나 줄일 수 있다.

　　1) 가중 사유

　　　가) 위반의 내용·정도가 중대하여 공중에게 미치는 피해가 크다고 인정되는 경우

　　　나) 법 위반 상태의 기간이 3개월 이상인 경우

　　　다) 그 밖에 위반행위의 정도, 위반행위의 동기와 그 결과 등을 고려하여 그 기간을 늘릴 필요가 있다고 인정되는 경우

　　2) 감경 사유

　　　가) 위반행위가 사소한 부주의나 오류로 인한 것으로 인정되는 경우

　　　나) 위반행위자가 위반행위를 바로 시정하거나 해소하기 위한 노력이 인정되는 경우

　　　다) 그 밖에 위반행위의 정도, 위반행위의 동기와 그 결과 등을 고려하여 그 기간을 줄일 필요가 있다고 인정되는 경우

2. 개별기준

위반행위	근거 법조문	위반횟수별 행정처분기준		
		1회 위반	2회 위반	3회 이상 위반
가. 거짓이나 그 밖의 부정한 방법을 사용해 시험기관으로 지정을 받은 경우	법제30조의7 제1항 제1호	지정취소		
나. 업무정지 명령을 받은 후 그 업무정지 기간에 성능시험을 실시한 경우	법 제30조의7 제1항 제2호	지정취소		
다. 정당한 사유 없이 성능시험을 실시하지 않은 경우	법 제30조의7 제1항 제3호	업무정지 30일	업무정지 60일	지정취소
라. 법 제30조의3 제2항에 따른 기준·방법·절차 등을 위반하여 성능시험을 실시한 경우	법 제30조의7 제1항 제4호	업무정지 60일	업무정지 120일	지정취소
마. 법 제30조의6 제2항에 따른 시험기관 지정기준을 충족하지 못하게 된 경우	법 제30조의7 제1항 제5호	시정조치	시정조치	지정취소
바. 성능시험 결과를 거짓으로 조작하여 수행한 경우	법 제30조의7 제1항 제6호	업무정지 90일	지정취소	

■ 국제항해선박 및 항만시설의 보안에 관한 법률 시행규칙

[별표 3의 4] 〈신설 2021. 12. 9.〉

수수료의 산정기준

(제37조의9 제2항 관련)

구분	수수료
인증기관의 성능 인증 및 성능점검 수수료	다음 각 호의 비용을 합산해서 산정한 금액 1. 기본료: 성능 인증 · 인증서 변경 · 성능 점검 신청서의 접수 사무 및 신청서류 심사, 인증서 발급에 필요한 비용 2. 인건비: 성능 인증 · 성능 점검 업무에 참여한 인력의 시간당 인건비에 해당 업무를 수행한 시간을 곱해서 산정한 금액으로 하고, 시간당 인건비는 인증기관에서 책정한 인건비를 적용 3. 직접비용: 성능 인증 · 성능 점검 업무 업무를 수행하는데 필요한 국내외 출장여비, 시험·검사 결과 및 적합성 자료의 분석 등에 실제 소요되는 비용 4. 간접비용: 성능 인증 · 성능 점검 업무를 지원하는데 필요한 인건비, 기술료 및 경비 등을 포함한 비용
시험기관의 성능시험 수수료	다음 각 호의 비용을 합산해서 산정한 금액 1. 기본료: 시험 접수 · 검토 · 시험결과서 제출에 필요한 기본수수료 2. 인건비: 시험활동에 투입되는 인력의 시험수행 시간당 인건비(「엔지니어링산업 진흥법」 제31조에 따른 엔지니어링사업의 대가 기준 중 엔지니어링기술자 임금단가를 적용) 3. 재료비: 시험과정에서 발생하는 소모성 재료 비용 4. 장비사용료 　가. 감가상각비: 장비별 법정내용연수를 기준으로 하되, 정액법에 따라 감가상각하는 방법에 따라 산출한 비용 　나. 시설유지비: 장비가동을 위해서 필요한 소모성 부품의 비용, 장비수리 및 교환에 따른 부품의 비용, 장비가동에 필요한 시설유지 비용 5. 출장비: 시험활동에 투입되는 인력의 현장출장 여비 6. 그 밖의 비용: 그 밖에 시험 · 검사대상 인증제품의 운반비 등 시험 실시를 위해 지출하는 경비

■ 국제항해선박 및 항만시설의 보안에 관한 법률 시행규칙

[별표 4] 〈신설 2021. 6. 30.〉

경비 · 검색인력 및 보안시설 · 장비의 세부기준

(제38조의3 및 제38조의4 관련)

구분	세부 기준
경비·검색 인력	1. 다음 각 목에 따른 부두 출입구에는 경비·검색인력으로 「청원경찰법」에 따른 청원경찰 또는 「경비업법」 제2조 제3호 나목에 따른 특수경비원을 2명 이상을 상시 배치한다. 가. 부두의 주된 출입구 나. 주된 출입구 외에 사람과 차량이 상시 출입하는 그 밖의 출입구 2. 제1호에도 불구하고 수리만을 목적으로 하는 조선소의 부두 출입구의 경우에는 제1호에 따른 경비 · 검색인력을 1명 이상 상시 배치할 수 있다. 다만, 최근 2년간 3회 이상 보안사건이 발생한 경우에는 해양수산부장관이 지정한 날부터 2년간 제1호에 따른 경비 · 검색인력을 2명 이상 상시 배치한다. 3. 「보안업무규정」 제32조 제1항에 따른 국가보안시설 외의 항만시설에는 제1호에도 불구하고 다음 각 목의 기준에 따른다. 가. 야간에 국제항해선박의 이용이 없고 폐쇄회로 텔레비전(CCTV)에 의한 감시·녹화가 가능한 경우에는 주간에만 배치 나. 국제항해선박의 이용이 연 90일 미만인 경우에는 경비·검색 인력을 상시 배치하지 아니하고 선박이 계류 중일 때에만 배치 4. 국제항해여객선이 취항하는 국제여객터미널 또는 국제크루즈터미널에는 제1호 및 제2호의 기준에 따른 경비·검색인력 외에 그 국제여객터미널 또는 국제크루즈터미널에서 출항 수속을 시작할 때부터 끝날 때까지 3명 이상의 보안검색인력을 추가로 배치한다.
보안시설 (외곽 울타리·담 또는 장벽)	1. 법 제33조 제1항 제3호에 따른 지역의 항만시설소유자는 그 지역을 보호하기 위하여 울타리, 담 또는 장벽(이하 이 표에서 "울타리등"이라 한다)을 다음 각 목의 기준에 따라 설치한다. 가. 울타리등의 높이[윤형(輪形)철조망 등 장애물의 높이를 제외한다]는 지면에서부터 울타리등의 상단까지 2.7m 이상으로 할 것 나. 울타리등의 하단과 지면의 간격은 5cm(배수시설의 설치 등으로 불가피한 경우에는 20cm로 한다) 이하로 할 것 다. 울타리등의 상단에는 윤형철조망 등 장애물을 설치할 것 라. 울타리등의 기둥은 지하 60cm 이상 깊이로 묻을 것(지하 시설 또는 암반 등으로 불가피한 경우에는 40cm 이상의 깊이로 묻고 콘크리트 등으로 보강한다) 마. 울타리는 절단 및 훼손 등에 강한 재질을 사용하고, 강도는 사람이 통과할 수 있는 크기 (62cm×62cm)로서 절단하는 시간이 25초 이상 소요되도록 설치할 것 2. 제1호에도 불구하고 낭떠러지 등 자연의 방어벽, 안벽(岸壁) 등 계류시설 또는 다른 항만시설과 인접하여 울타리등을 설치할 필요가 없는 경우에는 설치하지 아니한다.

	3. 항만친수시설, 도심과 인접한 지역 및 관광지 등의 경우 항만보안을 유지할 수 있는 범위에서 제1호다목에 따른 윤형철조망 등 장애물을 설치하지 아니할 수 있다. 다만, 높이는 2.7m 이상을 유지하고, 폐쇄회로 텔레비전과 감지기 등 침입탐지장비를 중복하여 설치하여야 한다.
보안시설 (조명 시설)	1. 항만시설(육상구역에만 해당한다)의 출입구, 선박계류지역, 야적장 및 울타리등에는 지면과 같은 높이에서 2럭스(Lux) 이상의 조도(밝기)가 유지되도록 조명등(보안등)을 설치한다. 2. 조명등(보안등)은 해가 질 때부터 해가 뜰 때까지 상시 조명되도록 하되, 야간 출입을 금지하는 경우에는 조명등을 켜지 아니할 수 있다.
보안장비 (폐쇄회로 텔레비전, 감지기 등 침입탐지 장비)	1. 다음 각 목의 지역에는 폐쇄회로 텔레비전을 설치한다. 　가. 국제여객터미널의 여객 대기지역 　나. 법 제33조 제1항 제3호에 따른 지역에 설치하는 울타리등 2. 제1호에 따라 폐쇄회로 텔레비전을 설치할 때에는 감시사각지대가 발생하지 아니하도록 감시구역이 10m 이상 중첩되도록 설치하고, 모든 폐쇄회로 텔레비전의 영상 및 침입탐지장비 알람 등 보안장비의 각종 기록은 90일 이상 보관한다. 3. 폐쇄회로 텔레비전의 성능은 확대 등의 수단으로 사람의 얼굴 또는 30cm 크기의 물체를 식별할 수 있는 정도의 해상도를 유지하여야 하고, 감지기 등 종류가 다른 1개 이상의 침입탐지장비를 중복하여 설치하여야 한다.
보안장비 (금속 탐지기, 검색경)	1. 부두의 주된 출입구와 그 밖에 상시 출입이 이루어지는 출입구에는 대인(對人) 검색용 문형 또는 휴대용 금속탐지기를 1대 이상 갖추어 둔다. 2. 부두의 차량 출입구에는 검색경(檢索鏡) 등 차량 하부 검색장비를 1대 이상 갖추어 두거나 설치한다.
보안장비 (철침판, 방지턱, 차단기)	1. 부두의 주된 출입구에는 차량의 무단 진입을 차단하기 위하여 다음 각 목 중 어느 하나에 해당하는 장애물을 설치·운영한다. 　가. 철침판 또는 차량돌진 방지턱 1개 이상 　나. 차량 통과를 차단할 수 있는 철제차단기(Barricade) 1개 이상. 이 경우 차량이 시속 30km 이하로 진입할 수 있도록 설치하여야 한다. 　다. 그 밖에 모래, 화분대 등 미관을 고려한 장애물 1개 이상 2. 대형화물 적재차량의 출입을 위한 출입구에는 개폐형(開閉型) 차단기를 설치한다. 이 경우 그 설치 기준은 울타리등의 기준을 준용한다.
보안장비 (통신 장비)	근무 중 경비·검색인력 간 또는 항만시설소유자 또는 항만시설보안책임자 간에 비상 연락할 수 있는 통신장비를 보유한다.

■ 국제항해선박 및 항만시설의 보안에 관한 법률 시행규칙

[별표 6] <신설 2021. 2. 19.>

보안심사대행기관 및 보안교육기관에 대한 행정처분 세부기준

(제48조 제1항 및 제52조 관련)

1. 일반기준

가. 위반행위가 둘 이상인 경우로서 그에 해당하는 각각의 처분기준이 다른 경우에는 그 중 무거운 처분기준에 따른다. 다만, 둘 이상의 처분기준이 모두 업무정지인 경우에는 각 처분기준을 합산한 기간을 넘지 아니하는 범위에서 무거운 처분기준의 2분의 1 범위에서 가중할 수 있다.

나. 위반행위의 횟수에 따른 처분의 기준은 최근 1년간 같은 위반행위로 처분을 받은 경우에 적용한다. 이 경우 행정처분 기준의 적용은 같은 위반행위에 대하여 최초로 행정처분을 한 날을 기준으로 한다.

다. 처분권자는 위반행위의 동기·내용·횟수 및 위반의 정도 등 아래에 해당하는 사유를 고려하여 그 처분을 감경할 수 있다. 이 경우 그 처분이 업무정지인 경우에는 그 처분기준의 2분의 1 범위에서 감경할 수 있고, 등록취소인 경우에는 30일 이상의 업무정지 처분으로 감경(법 제38조 제2항 제1호에 해당하는 경우는 제외)할 수 있다.

1) 위반행위가 고의나 중대한 과실이 아닌 사소한 부주의나 오류로 인한 것으로 인정되는 경우

2) 위반의 내용·정도가 경미하여 선박소유자 등에게 미치는 피해가 적다고 인정되는 경우

3) 위반 행위자가 처음 해당 위반행위를 한 경우로서 3년 이상 사업을 모범적으로 해 온 사실이 인정된 경우

2. 위반행위별 처분기준

가. 보안심사대행기관의 경우

위반행위		근거법령	위반횟수별 처분기준			
			1차 위반	2차 위반	3차 위반	4차위반
1) 거짓이나 그 밖의 부정한 방법으로 지정받은 경우		법 제38조 제2항 제1호	지정 취소	–	–	–
2) 법 제38조 제1항에 따른 대행기관 지정기준에 미달하게 된 경우	가) 등록요건 중 일부가 미달하게 된 경우	법 제38조 제2항 제2호	시정 명령	업무 정지 1개월	지정취소	–
	나) 등록요건의 전부가 미달하게 된 경우		업무 정지 1개월	지정 취소	–	–

위반행위	근거법령	1차 위반	2차 위반	3차 위반	4차 위반
3) 법 제41조 제2항에 따른 보고 또는 자료제출을 거부한 경우	법 38조 제2항 제3호	시정 명령	업무 정지 1개월	업무 정지 3개월	지정 취소
4) 법 제41조 제3항에 따른 출입 또는 점검을 거부하거나 방해 또는 기피 하는 경우	법 38조 제2항 제4호	시정 명령	업무 정지 1개월	업무 정지 3개월	지정 취소
5) 법 제41조 제6항에 따른 개선명령 또는 시정 등의 조치를 이행하지 않는 경우	법 38조 제2항 제5호	업무 정지 1개월	업무 정지 3개월	지정 취소	

나. 보안교육기관의 경우

위반행위		근거법령	위반횟수별 처분기준			
			1차 위반	2차 위반	3차 위반	4차 위반
1) 거짓이나 그 밖의 부정한 방법으로 지정받은 경우		법 제40조 제3항 제1호	지정 취소	–	–	
2) 법 제40조제2항에 따른 보안 교육기관의 시설 기준·교수 인원 등 지정요건에 미달하게 된 경우	가) 지정요건의 시설 또는 교수 가 부족한 경우	법 제40조 제3항 제2호	개선 명령	업무 정지 1개월	지정 취소	–
	나) 지정요건 중 시설 또는 교수가 전혀 없는 경우		업무 정지 1개월	지정 취소	–	–
3) 법 제41조 제2항에 따른 보고 또는 자료제출을 거부한 경우		법 제40조 제3항 제3호	시정 명령	업무 정지 1개월	업무 정지 3개월	지정 취소
4) 법 제41조 제3항에 따른 출입 또는 점검을 거부하거나 방해 또는 기피 하는 경우		법 제40조 제3항 제4호	시정 명령	업무 정지 1개월	업무 정지 3개월	지정 취소
5) 법 제41조 제6항에 따른 개선명령 또는 시정 등의 조치를 이행하지 않는 경우		법 제40조 제1항 제5호	업무 정지 1개월	업무 정지 3개월	지정 취소	

■ 국제항해선박 및 항만시설의 보안에 관한 법률 시행규칙

[별표 6의 2] 〈신설 2021. 2. 19.〉

보안감독관의 자격기준

(제54조 제2항 관련)

1. 선박보안감독관은 다음 각 목의 요건을 모두 갖춰야 한다.
   가. 별표 5 제1호에 따른 선박보안심사관의 자격기준을 갖추었을 것
   나. 다음의 어느 하나에 해당하는 사람일 것
   　　1) 법 제37조 제1항에 따른 선박보안심사관으로서 1년 이상 해당 업무를 수행한 사람
   　　2) 「선박안전법」 제68조에 따른 항만국통제업무 또는 같은 법 제69조 제2항·제3항에 따른 특별점
   　　　검업무를 1년 이상 수행한 사람

2. 항만시설보안감독관은 다음 각 목의 어느 하나의 요건을 갖춰야 한다.
   가. 항만시설 보안·운영업무에 3년 이상 종사한 공무원일 것
   나. 별표 5 제2호에 따른 항만시설보안심사관의 자격기준을 갖추었을 것
   다. 법 제23조에 따른 항만시설보안책임자 또는 법 제36조에 따른 항만시설의 내부보안심사자로서 5년
   　　이상 종사한 사람일 것
   라. 보안업무 관련 박사학위를 취득한 후 「국민보호와 공공안전을 위한 테러방지법」 제10조제1항에 따
   　　른 국가중요시설(이하 "국가중요시설"이라 한다) 보안 분야에서 2년 이상 종사한 사람일 것
   마. 보안업무 관련 석사학위를 취득한 후 국가중요시설 보안 분야에서 4년 이상 종사한 사람일 것
   바. 보안업무 관련 학사학위를 취득한 후 국가중요시설 보안 분야에서 6년 이상 종사한 사람일 것
   사. 학사학위 이상을 취득한 후 국가중요시설 보안 분야에서 8년 이상 종사한 사람일 것
   아. 국가중요시설 보안 분야에서 9년 이상 종사한 사람일 것

■ 국제항해선박 및 항만시설의 보안에 관한 법률 시행규칙

[별표 7] <신설 2020. 8. 19.>

선박보안계획서 승인, 선박보안심사 및 임시선박보안심사 등의 수수료

(제55조 관련)

1. 선박보안심사 등의 수수료

구 분	선박의 종류	기본수수료	비고
선박보안계획서 승인 · 변경승인	기본 수수료 : 67,360원 ※ 선박보안계획서 변경승인 수수료의 경우 선박보안계획서 승인 수수료의 2분의 1 감면		• 선박보안심사(최초보안심사 · 갱신보안심사 · 중간보안심사) · 임시선박보안심사 · 재심사 수수료는 기본수수료에 톤수계수를 곱하여 산정한다. • 법 제21조제1항에 따른 재심사의 경우에는 해당 보안심사 종류별 수수료를 적용한다.
최초보안심사 · 갱신보안심사	제1군에 속하는 선박	67,360원	
	제2군에 속하는 선박	84,200원	
중간보안심사	제1군에 속하는 선박	50,520원	
	제2군에 속하는 선박	67,360원	
임시선박보안심사	기본수수료: 50,520원		
특별선박보안심사	없음		

• 선박종류에 따른 구분
 – 제1군: 유조선 · 화학제품운반선 · 가스운반선 · 산적화물선 · 고속화물선 및 그 밖의 화물선
 – 제2군: 여객선 · 고속여객선 및 이동식해양구조물
• 톤수계수
 – 총톤수 500톤 미만: 0.8
 – 총톤수 500톤 이상 1,600톤 미만: 0.9
 – 총톤수 1,600톤 이상: 1

비고

1. 공휴일 보안심사 및 국외 보안심사의 수수료
 가. 공휴일에 하는 보안심사의 수수료는 위 표에 따른 수수료에 50퍼센트를 가산한다.
 나. 국외에서의 선박보안심사 · 임시선박보안심사 수수료는 위 표에 따른 수수료의 4배에 해당하는 수수료로 한다.
2. 보안심사를 받으려는 자는 해당 보안심사자의 출장에 드는 실비를 별도로 부담한다.

2. 항만시설보안심사 등의 수수료

구 분	규 모	수수료		비 고
항만시설보안계획서의 승인 또는 변경승인	항만시설 1건당	• 승인: 55,700원 • 변경승인: 27,850원		
항만시설보안심사	대상 항만시설 면적	최초·갱신심사	중간심사	
	10,000㎡미만	111,400원	55,700원	
	10,000㎡이상 50,000㎡미만	222,800원	111,400원	
	50,000㎡이상 100,000㎡미만	401,000원	200,500원	
	100,000㎡이상 200,000㎡미만	641,600원	320,800원	
	200,000㎡이상 500,000㎡미만	898,200원	449,100원	
	500,000㎡이상	1,077,800원	538,900원	
임시항만시설보안심사	55,700원			
특별항만시설보안심사	없음			

PART 03

국제항해선박 및 항만시설의 보안에 관한 법률

[별지 제1호 서식] 〈개정 2017. 6. 2.〉

총괄보안책임자		□ 지 정 통보서 □ 변경지정		

선박소유자	① 명칭(상호)		④ 전화번호	
	② 대표자 성명		⑤ 팩스번호	
	③ 주 소		⑥ 전화번호	

⑦ 총괄보안 책임자	소 속	직 위	성 명	생년월일	주 소	
	연락처				업무대행자	
	전화번호	팩스번호	휴대전화 번 호	이메일 주소	성 명	연락처

「국제항해선박 및 항만시설의 보안에 관한 법률」 제7조 제2항과 같은 법 시행규칙 제4조 제2항에 따라 위의 사람을 우리 회사 선박의 총괄보안책임자로 지정(지정변경)하였음을 통보합니다.

년 월 일

통 보 인(선박소유자)   (서명 또는 인)

[☎ (   )   ―   ]

지 방 해 양 수 산 청 장 귀 하

구비서류 : 「국제항해선박 및 항만시설의 보안에 관한 법률 시행규칙」 별표 2에 따른 총괄 보안책임자의 자격요건을 증명하는 서류 1부	수수료 없 음

210㎜×297㎜[일반용지 60g/㎡(재활용품)]

Part 04

해양수산부
청원경찰
실전모의고사

2019~2020년도 5지선다 출제에서 2021~2022년도에는 4지선다로 변경되었으나, 본 교재는 판례형 문제 등 고난이도 학습 대비를 위해 5지선다형으로 구성하였습니다. 학습에 참고하시기 바랍니다.

(본 교재는 학습 난이도 대비를 위해 5지선다형으로 구성하였습니다.)

제1과목 / 청원경찰법, 경찰관직무집행법

01 청원경찰의 직무와 관련하여 청원경찰법령의 내용과 다른 것은?

① 청원경찰은 청원경찰의 배치 결정을 받은 자{"청원주"(請願主)}와 배치된 기관·시설 또는 사업장 등의 구역을 관할하는 경찰서장의 감독을 받아 그 경비구역만의 경비를 목적으로 필요한 범위에서 「경찰관 직무집행법」에 따른 경찰관의 직무를 수행한다.

② 청원경찰이 직무를 수행할 때에는 경비 목적을 위하여 필요한 최대한의 범위에서 하여야 한다.

③ 청원경찰은 「경찰관 직무집행법」에 따른 직무 외의 수사활동 등 사법경찰관리의 직무를 수행해서는 아니 된다.

④ 청원경찰이 직무를 수행할 때에 「경찰관 직무집행법」 및 같은 법 시행령에 따라 하여야 할 모든 보고는 관할 경찰서장에게 서면으로 보고하기 전에 지체 없이 구두로 보고하고 그 지시에 따라야 한다.

⑤ "청원경찰"이란 청원경찰법령에서 정하는 기관의 장 또는 시설·사업장 등의 경영자가 청원경찰경비"(請願警察經費)를 부담할 것을 조건으로 경찰의 배치를 신청하는 경우, 그 기관·시설 또는 사업장 등의 경비(警備)를 담당하게 하기 위하여 배치하는 경찰을 말한다.

02 청원경찰의 배치에 관한 청원경찰법 내용 중 옳지 않은 것은?

① 청원경찰을 배치 받으려는 자는 대통령령으로 정하는 바에 따라 관할 시·도경찰청장에게 청원경찰 배치를 신청하여야 한다.

② 청원경찰의 배치를 받으려는 자는 청원경찰 배치신청서에 다음 각 호의 서류를 첨부하여 법 제2조 각 호의 기관·시설·사업장 또는 장소("사업장")의 소재지를 관할하는 경찰서장을 거쳐 시·도경찰청장에게 제출하여야 한다.

③ 배치 장소가 둘 이상의 도(특별시, 광역시, 특별자치시 및 특별자치도를 포함)일 때에는 주된 사업장의 관할 경찰서장을 거쳐 시·도경찰청장에게 한꺼번에 신청할 수 있다.

④ 시·도경찰청장은 청원경찰 배치 신청을 받으면 지체 없이 그 배치 여부를 결정하여 신청인에게 알려야 한다.

⑤ 시·도경찰청장은 청원경찰 배치가 필요하다고 인정하는 기관의 장 또는 시설·사업장의 경영자에게 청원경찰을 배치할 것을 명령할 수 있다.

03 **청원경찰의 임용에 관한 내용 중 옳지 않은 것은?**

① 청원경찰은 관할 경찰서장이 임용하되, 임용을 할 때에는 미리 시 · 도경찰청장의 승인을 받아야 한다.

② 청원경찰의 배치 결정을 받은 자 "청원주"(請願主)가 시 · 도경찰청장에게 청원경찰 임용 승인을 신청할 때에는 청원경찰 임용승인신청서를 제출하여야 한다.

③ 청원경찰의 임용자격은 18세 이상인 사람이며, 행정안전부령으로 정하는 신체조건에 해당하는 사람으로 한다.

④ 임용의 신체조건은 신체가 건강하고 팔다리가 완전할 것

⑤ 시력(교정시력을 포함한다)은 양쪽 눈이 각각 0.8 이상일 것

04 **국가공무원법 제33조 공무원 결격사유에 해당하는 자는 청원경찰 임용 결격사유에 해당한다. 다음 중 이에 해당하지 아니는 것은?**

① 금고 이상의 실형을 선고받고 그 집행이 종료되거나 집행을 받지 아니하기로 확정된 후 5년이 지나지 아니한 자

② 금고 이상의 형을 선고받고 그 집행유예 기간이 끝난 날부터 2년이 지나지 아니한 자

③ 법원의 판결 또는 다른 법률에 따라 자격이 상실되거나 정지된 자

④ 징계로 파면처분을 받은 때부터 5년이 지나지 아니한 자

⑤ 징계로 해임처분을 받은 때부터 2년이 지나지 아니한 자

05 **청원경찰 임용방법에 관한 내용 중 옳지 아니한 것은?**

① 청원경찰의 배치 결정을 받은 청원주는 배치 결정의 통지를 받은 날부터 30일 이내에 배치 결정된 인원수의 임용예정자에 대하여 청원경찰 임용승인을 시 · 도경찰청장에게 신청하여야 한다.

② 청원주가 청원경찰을 임용하였을 때에는 임용한 날부터 10일 이내에 그 임용사항을 관할 경찰서장을 거쳐 시 · 도경찰청장에게 보고하여야 한다.

③ 청원경찰이 퇴직하였을 때 7일 이내에 관할 경찰서장을 거쳐 시 · 도경찰청장에게 보고하여여 한다.

④ 청원경찰의 복무에 관하여는 「국가공무원법」 제57조, 제58조 제1항, 제60조 및 「경찰공무원법」 제24조를 준용한다.

⑤ 청원경찰법 제5조 제4항("위 ④항")에서 규정한 사항 외에 청원경찰의 복무에 관하여는 해당 사업장의 취업규칙에 따른다.

06 청원경찰의 직무와 신분에 관한 다음 내용 중 옳지 않은 것은?

① 청원경찰의 복무에 관하여는 「국가공무원법」 제57조, 제58조 제1항, 제60조 및 「경찰공무
　원법」 제24조를 준용한다.

② 청원경찰법 제5조 제4항("위 ④항")에서 규정한 사항 외에 청원경찰의 복무에 관하여는
　해당 사업장의 취업규칙에 따른다.

③ 청원경찰은 「형법」이나 그 밖의 법령에 따른 벌칙을 적용하는 경우와 청원경찰법 및 시행
　령에서 특별히 규정한 경우를 제외하고는 공무원으로 본다.

④ 청원경찰의 임면관계는 기본적으로 사법관계이다.

⑤ 법원에서 자격정지의 형을 선고받은 자를 청원경찰직에서 당연퇴직 시키는 것이 과잉금지
　원칙을 위반하여 청구인의 직업의 자유를 침해하지 아니하며, 합리적 이유가 있는 차별에
　해당하므로 이 사건 법률조항은 청구인의 평등권을 침해하지 아니한다.

07 청원경찰의 징계에 관한 다음 내용 중 옳지 않은 것은?

① 청원주는 청원경찰이 징계사유에 해당하는 때에는 징계절차를 거쳐 징계처분을 하여야 한다.

② 징계사유는 "직무상의 의무를 위반하거나 직무를 태만히 한 때"와 "품위를 손상하는 행위
　를 한 때"이다.

③ 청원경찰에 대한 징계의 종류는 파면, 해임, 정직, 감봉 및 견책으로 구분한다.

④ 정직(停職)은 1개월 이상 3개월 이하로 하고, 그 기간에 청원경찰의 신분은 보유하나 직무
　에 종사하지 못하며, 보수의 2분의 1을 줄인다.

⑤ 감봉은 1개월 이상 3개월 이하로 하고, 그 기간에 보수의 3분의 1을 줄인다.

08 청원주가 부담하는 청원경찰경비에 관한 다음 내용 중 옳지 않은 것은?

① 청원경찰에게 지급할 봉급과 각종 수당

② 청원경찰의 피복비

③ 청원경찰의 교육비

④ 직무수행으로 인하여 부상을 입거나, 질병에 걸리거나 또는 사망한 경우 보상금

⑤ 청원경찰이 퇴직할 때, 국가기관이나 지방자치단체에 근무하는 청원경찰의 퇴직금에 관하
　여 「근로자퇴직급여 보장법」에 따른 퇴직금을 지급하여야 한다.

09 청원경찰의 제복 착용과 무기 휴대에 관한 내용 중 옳지 않은 것은?

① 청원경찰은 근무 중 제복을 착용하여야 한다.

② 시·도경찰청장은 청원경찰이 직무를 수행하기 위하여 필요하다고 인정하면 청원주의 신청을 받아 관할 경찰서장으로 하여금 청원경찰에게 무기를 대여하여 지니게 하여야한다.

③ 청원경찰의 복제(服制)와 무기 휴대에 필요한 사항은 대통령령으로 정한다.

④ 청원경찰은 평상근무 중에는 정모, 근무복, 단화, 호루라기, 경찰봉 및 포승을 착용하거나 휴대하여야 하고, 총기를 휴대하지 아니할 때에는 분사기를 휴대하여야 한다.

⑤ 하복·동복의 착용시기는 사업장별로 청원주가 결정하되, 착용시기를 통일하여야 한다.

10 청원경찰의 무기 휴대에 관한 내용 중 옳지 않은 것은?

① 청원주는 청원경찰이 휴대할 무기를 대여 받으려는 경우, 관할 경찰서장을 거쳐 시·도경찰청장에게 무기대여를 신청하여야 한다.

② 청원주로부터 무기대여 신청을 받은 시·도경찰청장이 무기를 대여하여 휴대하게 하려는 경우, 청원주로부터 국가에 기부채납된 무기에 한정하여 관할 경찰서장으로 하여금 무기를 대여하여 휴대하게 할 수 있다.

③ 무기를 대여하였을 때, 관할 경찰서장은 청원경찰의 무기관리 상황을 수시로 점검하여야 한다.

④ 청원주 및 청원경찰은 대통령령으로 정하는 무기관리수칙을 준수하여야 한다.

⑤ 청원주는 「총포·도검·화약류 등의 안전관리에 관한 법률」에 따른 분사기의 소지허가를 받아 청원경찰로 하여금 그 분사기를 휴대하여 직무를 수행하게 할 수 있다.

11 청원경찰법 시행규칙 제6조에 의하면 청원경찰 교육기간은 2주로 한다. 다음 중 옳지 않은 것은?

① 청원주는 청원경찰로 임용된 사람으로 하여금 경비구역에 배치하기 전에 경찰교육기관에서 직무 수행에 필요한 교육을 받게 하여야 한다.

② 경찰교육기관의 교육계획상 부득이하다고 인정할 때에는 우선 배치하고 임용 후 1년 이내에 교육을 받게 할 수 있다.

③ 경찰공무원(의무경찰을 포함한다) 또는 청원경찰에서 퇴직한 사람이 퇴직한 날부터 3년 이내에 청원경찰로 임용되었을 때에는 제1항에 따른 교육을 면제할 수 있다.

④ 청원주는 소속 청원경찰에게 그 직무집행에 필요한 교육을 매월 8시간 이상 하여야 한다.

⑤ 청원경찰이 배치된 사업장의 소재지를 관할하는 경찰서장("관할 경찰서장")은 필요하다고 인정하는 경우, 그 사업장에 소속 공무원을 파견하여 직무집행에 필요한 교육을 할 수 있다.

해양수산부 청원경찰 ALL PASS

12 청원경찰로서 국가공무원법 제66조 제1항의 규정에 위반하여 노동운동 기타 공무이외의 일을 위한 집단적 행위를 한 자를 형사처벌하도록 규정한 청원경찰법 제11조가 과잉금지의 원칙을 위배하여 청구인들의 근로3권을 침해하는지 여부에 관한 헌법재판소 결정(2008. 7. 31. 2004 헌바9)이다. 다음 중 그 내용이 옳지 아니한 것은?

① 청원경찰로서 국가공무원법 제66조 제1항의 규정에 위반하여 노동운동 기타 공무이외의 일을 위한 집단적 행위를 한 자를 형사처벌하도록 규정한 청원경찰법 제11조가 과잉금지 의 원칙을 위배하여 청구인들의 근로3권을 침해한다.

② 청원경찰법 제11조는 청원경찰의 근로3권을 제한함으로써 청원경찰들이 관리하는 국가 등의 중요시설의 안전을 기하려고 하는 것으로서 그 입법목적의 정당성과 수단의 적정성 을 인정할 수 있다.

③ 청원경찰 업무의 특성상 단결권행사나 단체교섭권의 행사만으로도 시설의 경비업무에 지장을 초래할 가능성이 높고, 청원경찰에 대한 신분보장과 그 업무의 공공성, 업무수행의 특수성 등을 고려할 때, 군인이나 경찰관과 마찬가지로 청원경찰에 대하여도 단체행동권뿐만 아니라 단결권과 단체교섭권도 제한할 필요성이 충분히 인정되므로, 제한의 필요성과 피해의 최소성도 갖추었다.

④ 청원경찰법 조항으로 인하여 입는 청원경찰의 불이익에 비하여 국가나 사회의 중추를 이루는 중요시설의 운영에 안정을 기함으로써 얻게 되는 국가안전보장, 질서유지 등의 공익이 매우 크므로 법익의 균형성도 갖추었고. 또한 유사한 집단행위 또는 쟁의행위에 대한 처벌 규정에 비추어 볼 때 과잉형벌의 문제를 제기하지 아니하며, 형벌체계상의 균형을 상실하였다거나 책임과 형벌 간의 비례원칙에 위반된다고 보기도 어렵다.

⑤ 따라서, 이 사건 청원경찰법 조항이 과잉금지의 원칙이나 책임과 형벌 간의 비례성원칙에 위반되어 청구인들의 근로3권을 침해한다고 인정되지 아니한다.

13 **청원경찰법령의 내용 중 옳지 아니한 것은?**

① 청원경찰이 직무를 수행할 때 직권을 남용하여 국민에게 해를 끼친 경우에는 6개월 이하의 징역이나 금고에 처한다.

② 청원경찰 업무에 종사하는 사람은 「형법」이나 그 밖의 법령에 따른 벌칙을 적용할 때에는 공무원으로 본다.

③ 청원경찰(국가기관이나 지방자치단체에 근무하는 청원경찰을 포함한다)의 직무상 불법행위에 대한 배상책임에 관하여는 「민법」의 규정을 따른다.

④ 청원경찰은 파업, 태업 또는 그 밖에 업무의 정상적인 운영을 방해하는 일체의 쟁의행위를 하여서는 아니 된다.

⑤ 청원경찰법 제9조의4를 위반하여 파업, 태업 또는 그 밖에 업무의 정상적인 운영을 방해하는 쟁의행위를 한 사람은 1년 이하의 징역 또는 1천만 원 이하의 벌금에 처한다.

14 **청원경찰법 제10조의 6(당연퇴직) 사유에 관한 내용 중 옳지 아니한 것은?**

① 청원경찰법 제5조 제2항에 따른 임용결격사유에 해당될 때

② 「국가공무원법」 제33조 제2호(파산선고 후 복권되지 아니한 자)는 파산선고를 받은 사람으로서 「채무자 회생 및 파산에 관한 법률」에 따라 신청기한 내에 면책신청을 하지 아니하였거나 면책불허가 결정 또는 면책 취소가 확정된 경우

③ 국가공무원법 제33조 5호에 따른 금고 이상의 형의 선고유예를 받은 경우에 그 선고유예 기간 중에 있는 자

④ 청원경찰법 제10조의5에 따라 청원경찰의 배치가 폐지되었을 때

⑤ 나이가 60세가 되었을 때. 다만, 그 날이 1월부터 6월 사이에 있으면 6월 30일에, 7월부터 12월 사이에 있으면 12월 31일에 각각 당연 퇴직된다.

15 전국청원경찰친목협의회('청목회') 입법로비 사건 대법원 판례(2013. 10. 31. 선고 2011도8649 판결) 내용 중 옳지 아니한 것은?

① 정치자금법 제31조 제1항에서 "법인 또는 단체는 정치자금을 기부할 수 없다."고 한 것은 법인 또는 단체 스스로 자신의 자금으로 정치자금을 기부하는 행위를 금지하는 규정이다.

② 정치자금법 제31조 제2항에서, 법인 또는 단체가 기부자금의 모집·조성에 주도적·적극적으로 관여함으로써 모집·조성된 자금을 법인 또는 단체가 처분할 수 있거나 적어도 그와 동일시할 수 있는 정도의 자금인 경우에는 '법인 또는 단체와 관련된 자금'에 해당한다.

③ 전국청원경찰친목협의회(청목회) 임원들이 공모하여, 청원경찰법 개정과정에서 입법로비를 위하여 청목회 내에서 모금된 특별회비 자금을 회원 개인 명의의 후원금 명목으로 다수의 국회의원들에게 정치자금으로 기부한 사안에서, 위 특별회비 자금은 단체인 청목회가 자신의 이름을 사용하여 주도적으로 모집·조성하여 청목회 자신의 의사결정에 따라 기부할 수 있는 돈으로서 정치자금법 제31조 제2항에서 정한 '단체와 관련된 자금'에 해당한다.

④ 정치자금법 제32조의 입법 취지, 정치자금법 제32조 제3호가 "누구든지 공무원이 담당·처리하는 사무에 관하여 청탁 또는 알선하는 일과 관련하여 정치자금을 기부하거나 받을 수 없다."고 규정하여 청탁행위와 알선행위를 모두 금지대상으로 하고 있는데, 기부자가 당해 정치자금을 받은 공무원이 직접 담당·처리하는 사무에 관하여 청탁하는 일과 관련하여 정치자금을 기부하는 행위 역시 위 조항에 위배된다.

⑤ 정치자금법 제31조 제2항에서, 법인 또는 단체가 기부자금의 모집·조성에 관련된 모든 자금을 법인 또는 단체가 처분할 수 있거나 적어도 그와 동일시할 수 있는 정도의 자금인 경우에는 '법인 또는 단체와 관련된 자금'에 해당한다.

16 경찰관직무집행법의 목적에 관한 내용 중 옳지 않은 것은?

① 국민의 자유와 권리 보호

② 모든 개인이 가지는 불가침의 기본적 인권을 보호

③ 적극적 사회공공의 질서를 유지

④ 경찰관의 직무 수행에 필요한 사항을 규정

⑤ 경찰관의 직권은 그 직무 수행에 필요한 최소한도에서 행사되어야 하며 남용되어서는 아니 된다.

17 헌법상 비례의 원칙(과잉금지의 원칙)에 관한 내용 중 옳지 않은 것은?

> 비례의 원칙(과잉금지의 원칙)이란 어떤 행정목적을 달성하기 위한 수단은 그 목적달성에 유
> 효·적절하고 또한 가능한 한 최소 침해를 가져오는 것이어야 하며 아울러 그 수단의 도입으로 인
> 한 침해가 의도하는 공익을 능가하여서는 아니 된다는 헌법상의 원칙을 말하는 것이다(대법원
> 1997. 9. 26. 선고 96누10096 판결).

① 헌법상 비례의 원칙은, 목적의 정당성을 그 요건으로 한다.
② 어떤 행정목적을 달성하기 위한 수단은 그 목적달성에 유효·적절하여야 하고, 이를 수단의
　 적합성이라 한다.
③ 어떤 행정목적을 달성하기 위한 수단은, 가능한 한 최소 침해를 가져오는 것이어야 하며,
　 이를 최소침해의 원칙 또는 필요성의 원칙이라 한다.
④ 아울러 그 수단의 도입으로 인한 침해가 의도하는 공익을 능가하여서는 아니 된다는 헌법
　 상의 원칙은, 법익균형성(상당성)의 원칙(협의의 비례의 원칙)이라 한다.
⑤ 이러한 비례의 원칙은 모든 행정작용에 적용되는 것이 아니라, 경찰행정작용에 국한되는
　 원칙이다.

18 "행정상 즉시강제"에 관한 [헌법재판소 결정 : 헌재 2002. 10. 31. 2000헌가12] 내용 중 옳지
않은 것은?

① 행정상 즉시강제란, 행정강제의 일종으로서 목전의 급박한 행정상 장해를 제거할 필요가
　 있는 경우에, 미리 의무를 명할 시간적 여유가 없을 때 또는 그 성질상 의무를 명하여 가지
　 고는 목적달성이 곤란할 때에, 직접 국민의 신체 또는 재산에 실력을 가하여 행정상 필요한
　 상태를 실현하는 작용이다.
② 행정상 즉시강제는 법령 또는 행정처분에 의한 선행의 구체적 의무의 존재와 그 불이행을
　 전제로 하는 행정상 강제집행과 구별된다.
③ 행정강제는 행정상 강제집행을 원칙으로 하며, 법치국가적 요청인 예측가능성과 법적 안
　 정성에 반하고, 기본권 침해의 소지가 큰 권력작용인 행정상 즉시강제는 어디까지나 예외
　 적인 강제수단이라고 할 것이다.
④ 행정상 즉시강제는 엄격한 실정법상의 근거를 필요로 하지 아니한다.
⑤ 그 발동에 있어서는 법규의 범위 안에서도 다시 행정상의 장해가 목전에 급박하고, 다른 수
　 단으로는 행정목적을 달성할 수 없는 경우이어야 하며, 이러한 경우에도 그 행사는 필요 최
　 소한도에 그쳐야 함을 내용으로 하는 조리(條理)상의 한계에 기속된다.

19 경찰관직무집행법 제3조(불심검문)에 관한 내용 중 옳지 않은 것은?

① 경찰관은, 수상한 행동이나 그 밖의 주위 사정을 합리적으로 판단하여 볼 때 어떠한 죄를 범하였거나 범하려 하고 있다고 의심할 만한 상당한 이유가 있는 사람 또는 이미 행하여진 범죄나 행하여지려고 하는 범죄행위에 관한 사실을 안다고 인정되는 사람을 정지시켜 질문할 수 있다.

② 경찰관은 그 사람을 정지시킨 장소에서 질문을 하는 것이 그 사람에게 불리하거나 교통에 방해가 된다고 인정될 때에는 질문을 하기 위하여 가까운 경찰관서로 동행할 것을 요구할 수 있다. 이 경우 동행을 요구받은 사람은 그 요구를 거절할 수 있다.

③ 경찰관은 질문을 할 때에 그 사람이 흉기를 가지고 있는지를 조사할 수 있다.

④ 경찰관은 제2항에 따라 동행한 사람의 가족이나 친지 등에게 동행한 경찰관의 신분, 동행 장소, 동행 목적과 이유를 알리거나 본인으로 하여금 즉시 연락할 수 있는 기회를 주어야 하며, 변호인의 도움을 받을 권리가 있음을 알려야 한다.

⑤ 경찰관은 임의동행한 사람을 6시간을 초과하여 보호실에 머물게 할 수 없다.

20 경찰관직무집행법 제4조(보호조치 등)에 관한 다음 내용 중 옳은 것은?

> 구호대상자를 경찰관서에서 보호하는 기간은 (A) 시간을 초과할 수 없고, 물건을 경찰관서에 임시로 영치하는 기간은 (B) 일을 초과할 수 없다.

① A (12) 시간,　B (10) 일

② A (12) 시간,　B (6) 일

③ A (20) 시간,　B (6) 일

④ A (24) 시간,　B (10) 일

⑤ A (24) 시간,　B (12) 일

21 현행범의 체포 및 긴급체포, 보호실 유치에 관한 대법원 판례 내용 중 틀린 것은?

① 피의자를 구속영장 없이 현행범으로 체포하든지 긴급구속하기 위하여는, 피의자에 대하여 범죄사실의 요지, 체포 또는 구속의 이유와 변호인을 선임할 수 있음을 말하고 변명할 기회를 준 후가 아니면 체포 또는 긴급구속할 수 없다.

② 경찰관직무집행법 제4조에 의하면, 경찰서 보호실에의 유치는 정신착란자, 주취자, 자살기도자 등 응급의 구호를 요하는 자를 법률이 정하는 시간을 초과하지 아니하는 범위 내에서 경찰관서에서 보호조치하기 위한 경우에만 제한적으로 허용될 뿐이고, 윤락행위등방지법 제7조 제1항 소정의 '요보호여자'에 해당한다 하더라도 그들을 경찰서 보호실에 유치하는 것은 영장주의에 위배되는 위법한 구금에 해당한다.

③ 경찰관이 윤락행위등방지법 소정의 '요보호여자'에 해당하지 않는 여자를 '요보호여자'에 해당한다고 보아 지도소 측에서 신병을 인수해 갈 때까지 영장 없이 경찰서 보호실에 강제로 유치한 행위는, 영장주의에 위배되는 위법한 구금에 해당할 뿐 아니라 '요보호여자'에 해당한다고 보아 수용보호를 의뢰한 데에도 과실이 인정되므로, 국가배상책임이 인정된다.

④ 구속영장을 발부받음이 없이, 피의자를 보호실에 유치함은 영장주의에 위배되지 않는 적법한 구금으로서 위법한 공무수행이라고 볼 수 없다.

⑤ 경찰관서에 보호조치를 취하는 경우, 경찰관이 지체 없이 피구호자의 가족, 친지 기타의 연고자에게 그 사실을 통지하여야 한다.

22 경찰관 직무집행법 제5조 "위험 발생의 방지 등" 조치에 관한 내용 중 옳지 않은 것은?

① 경찰관은 사람의 생명 또는 신체에 위해를 끼치거나 재산에 중대한 손해를 끼칠 우려가 있는 천재(天災), 사변(事變), 인공구조물의 파손이나 붕괴, 교통사고, 위험물의 폭발, 위험한 동물 등의 출현, 극도의 혼잡, 그 밖의 위험한 사태가 있을 때에는 위험 발생의 방지 등의 조치를 할 수 있다

② 그 장소에 모인 사람, 사물(事物)의 관리자, 그 밖의 관계인에게 필요한 경고를 하는 것

③ 매우 긴급한 경우, 위해를 입을 우려가 있는 사람을 필요한 한도에서 억류하거나 피난시키는 것

④ 그 장소에 있는 사람, 사물의 관리자, 그 밖의 관계인에게 위해를 방지하기 위하여 필요하다고 인정되는 조치를 하게 하거나 직접 그 조치를 하는 것

⑤ 경찰관은 대간첩 작전의 수행이나 소요(騷擾) 사태의 진압을 위하여 필요하다고 인정되는 상당한 이유가 있을 때에는 대간첩 작전지역이나 경찰관서 · 무기고 등 국가중요시설에 대한 접근 또는 통행을 제한하거나 금지할 수 있다.

PART 04

해양수산부 청원경찰 실전모의고사

23 경찰관 직무집행법 제6조(범죄의 예방과 제지)에 관한 대법원 판례(대법원 2021. 11. 11. 선고 2018다288631 판결) 내용 중 옳지 않은 것은?

① 경찰관은 범죄행위가 목전(目前)에 행하여지려고 하고 있다고 인정될 때에는 이를 예방하기 위하여 관계인에게 필요한 경고를 하고, 그 행위로 인하여 사람의 생명·신체에 위해를 끼치거나 재산에 중대한 손해를 끼칠 우려가 있는 긴급한 경우, 그 행위를 제지할 수 있다.

② 경찰관의 제지에 관한 부분은 범죄의 예방을 위한 경찰행정상 즉시강제에 해당한다.

③ 위 조항은, 경찰행정상 즉시강제, 즉 눈앞의 급박한 경찰상 장해를 제거하여야 할 필요가 있고 의무를 명할 시간적 여유가 없거나 의무를 명하는 방법으로는 그 목적을 달성하기 어려운 상황에서 의무불이행을 전제로 하지 아니하고 경찰이 직접 실력을 행사하여 경찰상 필요한 상태를 실현하는 권력적 사실행위에 관한 근거조항이다.

④ 즉시강제는 그 본질상 행정 목적 달성을 위하여 불가피한 한도 내에서 원칙적으로 허용되는 것이다.

⑤ 경찰관의 제지 조치가 불가피한 최소한도 내에서만 행사되도록 그 발동·행사 요건을 신중하고 엄격하게 해석하여야 하고, 그러한 해석·적용의 범위 내에서만 헌법상 신체의 자유 등 기본권 보장 조항과 그 정신 및 해석 원칙에 합치될 수 있다.

24 경찰관 직무집행법 제7조(위험 방지를 위한 출입)에 관한 내용 중 옳지 않은 것은?

① 경찰관은 위험한 사태가 발생하여 사람의 생명·신체 또는 재산에 대한 위해가 임박한 때에 그 위해를 방지하거나 피해자를 구조하기 위하여 부득이하다고 인정하면 합리적으로 판단하여 필요한 한도에서 다른 사람의 토지·건물·배 또는 차에 출입할 수 있다.

② 흥행장(興行場), 여관, 음식점, 역, 그 밖에 많은 사람이 출입하는 장소의 관리자나 그에 준하는 관계인은, 경찰관이 범죄나 사람의 생명·신체·재산에 대한 위해를 예방하기 위하여 해당 장소의 영업시간이나 해당 장소가 일반인에게 공개된 시간에 그 장소에 출입하겠다고 요구하면, 정당한 이유 없이 그 요구를 거절할 수 없다.

③ 경찰관은 대간첩 작전 수행에 필요할 때에는 작전지역에서 위 제2항("②")에 따른 장소를 검색할 수 있다.

④ 위험 방지를 위한 출입은 대인적 강제에 해당한다.

⑤ 경찰관은 필요한 장소에 출입할 때에는 그 신분을 표시하는 증표를 제시하여야 하며, 함부로 관계인이 하는 정당한 업무를 방해해서는 아니 된다.

25 경찰관 직무집행법에 관한 내용 중 옳지 않은 것은?

① 경찰관서의 장은 직무 수행에 필요하다고 인정되는 상당한 이유가 있을 때에는 국가기관이나 공사(公私) 단체 등에 직무 수행에 관련된 사실을 조회할 수 있다. 다만, 긴급한 경우에는 소속 경찰관으로 하여금 현장에 나가 해당 기관 또는 단체의 장의 협조를 받아 그 사실을 확인하게 할 수 있다.

② 경찰관은 범죄 · 재난 · 공공갈등 등 공공안녕에 대한 위험의 예방과 대응을 위한 정보의 수집 · 작성 · 배포와 이에 수반되는 사실의 확인을 할 수 있다.

③ 경찰청장 또는 해양경찰청장은 이 법에 따른 경찰관의 직무수행을 위하여 외국 정부기관, 국제기구 등과 자료 교환, 국제협력 활동 등을 할 수 있다.

④ 법률에서 정한 절차에 따라 체포 · 구속된 사람 또는 신체의 자유를 제한하는 판결이나 처분을 받은 사람을 수용하기 위하여 경찰서와 해양경찰서에 유치장을 둘 수 있다.

⑤ 경찰관은 직무수행 중 경찰장비를 사용할 수 있다.

26 경찰관 직무집행법 제10조(경찰장비의 사용 등)에 관한 내용 중 옳지 않은 것은?

① 경찰관은 직무수행 중 경찰장비를 사용할 수 있다. 다만, 사람의 생명이나 신체에 위해를 끼칠 수 있는 경찰장비("위해성 경찰장비")를 사용할 때에는 필요한 안전교육과 안전검사를 받은 후 사용하여야 한다.

② "경찰장비"란 무기, 경찰장구(警察裝具), 최루제(催淚劑)와 그 발사장치, 살수차, 감식기구(鑑識機具), 해안 감시기구, 통신기기, 차량 · 선박 · 항공기 등 경찰이 직무를 수행할 때 필요한 장치와 기구를 말한다.

③ 경찰관은 경찰장비를 함부로 개조하거나 경찰장비에 임의의 장비를 부착하여 일반적인 사용법과 달리 사용함으로써 다른 사람의 생명 · 신체에 위해를 끼쳐서는 아니 된다.

④ 위해성 경찰장비는 필요한 최소한도에서 사용하여야 한다.

⑤ 위해성 경찰장비의 종류 및 그 사용기준, 안전교육 · 안전검사의 기준 등은 행정안전부령으로 정한다.

27 다음 중 "경찰장구"에 해당하지 않은 것은?

① 수갑 · 포승(捕繩) · 호송용포승
② 경찰봉 · 호신용경봉
③ 권총 · 소총 · 기관총
④ 전자충격기
⑤ 방패 및 전자방패

28 경찰관 직무집행법 제10조의2(경찰장구의 사용) 요건에 관한 내용 중 옳지 않은 것은?

① 경찰관은 직무를 수행하기 위하여 필요하다고 인정되는 상당한 이유가 있을 때에는 그 사태를 합리적으로 판단하여 필요한 한도에서 경찰장구를 사용할 수 있다.
② 현행범의 체포 또는 도주 방지
③ 사형 · 무기 또는 장기 3년 이상의 징역이나 금고에 해당하는 죄를 범한 범인의 체포 또는 도주 방지
④ 자신이나 다른 사람의 생명 · 신체 · 재산의 방어 및 보호
⑤ 공무집행에 대한 항거(抗拒) 제지

29 경찰관 직무집행법 제11조의2(손실보상)에 관한 내용 중 옳지 않은 것은?

① 국가는 경찰관의 적법한 직무집행으로 인하여 법률이 정하는 사유에 해당하는 손실을 입은 자에 대하여 정당한 보상을 하여야 한다.

② 손실발생의 원인에 대하여 책임이 없는 자가 생명·신체 또는 재산상의 손실을 입은 경우, 손실보상 사유에 해당한다.

③ 손실발생의 원인에 대하여 책임이 없는 자가 경찰관의 직무집행에 자발적으로 협조하거나 물건을 제공하여 생명·신체 또는 재산상의 손실을 입은 경우, 손실보상 사유이다.

④ 손실발생의 원인에 대하여 책임이 있는 자가 자신의 책임에 상응하는 정도를 초과하는 생명·신체 또는 재산상의 손실을 입은 경우, 손실보상 사유에 해당한다.

⑤ 손실보상을 청구할 수 있는 권리는 손실이 있음을 안 날부터 3년, 손실이 발생한 날부터 10년간 행사하지 아니하면 시효의 완성으로 소멸한다.

30 다음이 설명하는 내용에 해당하는 범죄가 아닌 것은?

경찰관 직무집행법 제11조의5(직무 수행으로 인한 형의 감면)에 의하며, 일정한 범죄가 행하여지려고 하거나 행하여지고 있어 타인의 생명·신체에 대한 위해 발생의 우려가 명백하고 긴급한 상황에서, 경찰관이 그 위해를 예방하거나 진압하기 위한 행위 또는 범인의 검거 과정에서 경찰관을 향한 직접적인 유형력 행사에 대응하는 행위를 하여 그로 인하여 타인에게 피해가 발생한 경우, 그 경찰관의 직무수행이 불가피한 것이고 필요한 최소한의 범위에서 이루어졌으며 해당 경찰관에게 고의 또는 중대한 과실이 없는 때에는 그 정상을 참작하여 형을 감경하거나 면제할 수 있다.

① 「형법」 살인의 죄
② 「형법」 상해와 폭행의 죄
③ 「형법」 강간에 관한 범죄, 절도와 강도에 관한 범죄
④ 「가정폭력범죄의 처벌 등에 관한 특례법」에 따른 가정폭력범죄
⑤ 「아동학대범죄의 처벌 등에 관한 특례법」에 따른 아동학대범죄

제2과목	국제선박항만보안법

01 국제선박항만보안법 제1조 "목적"에 해당하지 않는 것은?

① 국제항해에 이용되는 선박의 보안에 관한 사항을 규정
② 항만시설의 보안에 관한 사항을 규정
③ 국제항해와 관련한 보안상의 위협을 효과적으로 방지
④ 국가의 안전을 보호
⑤ 국민의 생명과 재산을 보호

02 선박안전법 제2조(정의)에서 정의하고 있는 내용과 다른 것은?

① "선박"이라 함은 수상(水上) 또는 수중(水中)에서 항해용으로 사용하거나 사용될 수 있는 것(선외기를 장착한 것을 포함한다)과 이동식 시추선 · 수상호텔 등 해양수산부령으로 정하는 부유식 해상구조물을 말한다.
② "여객"이라 함은 선박에 승선하는 자로서 선원, 1세 미만의 유아, 세관공무원 등 일시적으로 승선한 자로서 해양수산부령으로 정하는 자를 제외한 자를 말한다.
③ "여객선"이라 함은 12인 이상의 여객을 운송할 수 있는 선박을 말한다.
④ "소형선박"이라 함은 제27조 제1항 제2호의 규정에 따른 측정방법으로 측정된 선박길이가 12미터 미만인 선박을 말한다.
⑤ "예인선(曳引船)"이라 함은 다른 선박을 끌거나 밀어서 이동시키는 선박을 말한다.

03 국제선박항만보안법 제2조 용어 [정의] 내용 중 틀린 것은?

① "국제항해선박"이란 「선박안전법」 제2조 제1호에 따른 선박으로서 국제항해에 이용되는 선박을 말한다.

② "항만시설"이란 국제항해선박과 선박항만연계활동이 가능하도록 갖추어진 시설로서 「항만법」 제2조 제5호에 따른 항만시설 및 해양수산부령으로 정하는 시설을 말한다.

③ "선박항만연계활동"이란 국제항해선박과 항만시설 사이에 승선 · 하선 또는 선적 · 하역과 같이 사람 또는 물건의 이동을 수반하는 상호작용으로서 그 활동의 결과 국제항해선박이 직접적으로 영향을 받게 되는 것을 말한다.

④ "선박상호활동"이란 국제항해선박과 국제항해선박 또는 국제항해선박과 그 밖의 항만 사이에 승선 · 하선 또는 선적 · 하역과 같이 사람 또는 물건의 이동을 수반하는 상호작용을 말한다.

⑤ "보안사건"이란 국제항해선박이나 항만시설을 손괴하는 행위 또는 국제항해선박이나 항만시설에 위법하게 폭발물 또는 무기류 등을 반입 · 은닉하는 행위 등 국제항해선박 · 항만시설 · 선박항만연계활동 또는 선박상호활동의 보안을 위협하는 행위 또는 그 행위와 관련된 상황을 말한다.

04 국제선박항만보안법의 적용범위에 해당하지 아니하는 것은?

① 대한민국 국적의 국제항해선박으로서의 모든 여객선

② 대한민국 국적의 국제항해선박으로서의 총톤수 500톤 이상의 화물선

③ 대한민국 국적의 국제항해선박으로서의 이동식 해상구조물(천연가스 등 해저자원의 탐사 · 발굴 또는 채취 등에 사용되는 것)

④ 대한민국 국적 또는 외국 국적의 국제항해선박과 선박항만연계활동이 가능한 항만시설

⑤ 비상업용 목적으로 사용되는 선박으로서 국가 또는 지방자치단체가 소유하는 국제항해선박

05 국제선박항만보안법 제5조(국가항만보안계획 등)의 내용 중 틀린 것은?

① 해양수산부장관은 국제항해선박 및 항만시설의 보안에 관한 업무를 효율적으로 수행하기 위하여 10년마다 항만의 보안에 관한 종합계획(국가항만보안계획)을 수립·시행하여야 한다. 이 경우 해양수산부장관은 관계 행정기관의 장과 미리 협의하여야 한다.

② 국가항만보안계획은 보안위원회의 심의를 거쳐 확정한다.

③ 해양수산부장관은 국가항만보안계획이 수립된 때에는 이를 관계 행정기관의 장과 항만에 관한 업무를 관장하는 해양수산부 소속 기관의 장("지방청장")에게 통보하여야 하며, 국가항만보안계획을 통보받은 관계 행정기관의 장 및 지방청장은 그 시행을 위하여 필요한 조치를 하여야 한다.

④ 국가항만보안계획을 통보받은 지방청장은 국가항만보안계획에 따른 관할 구역의 항만에 대한 보안계획(지역항만보안계획)을 수립·시행하여야 한다.

⑤ 해양수산부장관과 지방청장은 국가항만보안계획과 지역항만보안계획이 수립된 후 7년이 경과한 때에는 그 내용을 검토하여 변경 여부를 결정하여야 한다.

06 국제선박항만보안법 제6조(보안등급의 설정·조정 등)과 관련한 다음 내용 중 틀린 것은?

① 해양수산부장관은 국제항해선박 및 항만시설에 대하여 대통령령으로 정하는 바에 따라 보안등급을 설정하여야 한다.

② 해양수산부장관은 설정된 보안등급의 근거가 되는 보안사건의 발생 위험의 정도가 변경되는 때에는 대통령령으로 정하는 바에 따라 그 보안등급을 조정하여야 한다.

③ 보안 1등급 : 국제항해선박과 항만시설에 보안사건이 일어날 가능성이 뚜렷하거나 임박한 상황이어서 일정기간 최상의 보안조치가 유지되어야 하는 비상수준

④ 보안 2등급 : 국제항해선박과 항만시설에 보안사건이 일어날 가능성이 증대되어 일정기간 강화된 보안조치가 유지되어야 하는 경계수준

⑤ 해양수산부장관은 설정·조정된 보안등급을 해당 국제항해선박소유자 또는 항만시설소유자에게 해양수산부령으로 정하는 바에 따라 즉시 통보하여야 한다. 해양수산부장관은 보안등급을 설정하거나 조정하는 경우 보안위원회의 심의를 거쳐야 한다.

07 항만시설보안책임자에 관한 내용 중 틀린 것은?

① 항만시설소유자는 그가 소유하거나 관리 · 운영하는 항만시설의 보안업무를 효율적으로 수행하게 하기 위하여 해양수산부령으로 정하는 전문지식 등 자격요건을 갖춘 자를 항만시설보안책임자로 지정하여야 한다.

② 항만시설의 구조 및 기능에 따라 필요하다고 인정되는 때에는 2개 이상의 항만시설에 대하여 1인의 항만시설보안책임자를 지정하거나 1개의 항만시설에 대하여 2인 이상의 항만시설보안책임자를 지정할 수 있다.

③ 항만시설소유자가 항만시설보안책임자를 지정한 때에는 10일 이내에 그 사실을 해양수산부장관에게 통보하여야 한다.

④ 항만시설보안책임자는 항만시설보안계획서의 작성 및 승인신청, 항만시설의 보안점검, 항만시설 보안장비의 유지 및 관리 등 사무를 수행한다.

⑤ 해양수산부장관은 항만시설보안책임자가 사무를 게을리 하거나 이를 이행하지 아니할 때에는 항만시설소유자에 대하여 그 변경을 명할 수 있다.

08 국제선박항만보안법 제25조(항만시설보안계획서) 관련 다음 내용 중 틀린 것은?

① 항만시설소유자는 항만시설보안계획서를 작성하여 주된 사무소에 비치하고 동 계획서에 따른 조치 등을 시행하여야 한다.

② 항만시설보안계획서에는 보안사고와 같은 보안상의 위협으로부터 항만시설(항만운영과 관련된 정보와 전산 · 통신시스템을 포함) · 선박 · 화물 · 선용품 및 사람 등을 보호하는데 필요한 보안조치사항이 포함되어야 한다.

③ 항만시설보안계획서는 항만시설 단위별로 작성하되, 2개 이상 항만시설의 항만시설소유자가 같고, 항만시설의 구조, 위치, 운영방법 및 장비 등이 유사하면 하나의 항만시설보안계획서에 통합하여 작성하도록 할 수 있다.

④ 항만시설보안계획서를 작성한 때에는 지방해양수산청장의 승인을 받아야 한다.

⑤ 해양수산부장관은 항만시설보안계획서를 승인하는 경우, 관계 국가보안기관의 장과 미리 협의하여야 한다.

09 국제선박항만보안법상 항만시설보안심사에 관한 내용 중 틀린 것은?

① 항만시설소유자는 그가 소유하거나 관리·운영하고 있는 항만시설에 대하여 항만시설보안계획서에 따른 조치 등을 적정하게 시행하고 있는지 여부를 확인받기 위하여 해양수산부장관에게 항만시설보안심사를 받을 수 있다.

② 항만시설보안심사에는 최초보안심사, 갱신보안심사, 중간보안심사로 구분한다.

③ 최초보안심사는 항만시설 운영개시일 3개월 전부터 운영개시일 전날까지의 시기에 시행한다.

④ 갱신보안심사 : 항만시설적합확인서의 유효기간 만료일 3개월 전부터 유효기간 만료일까지의 시기에 시행한다.

⑤ 중간보안심사 : 항만시설적합확인서 유효기간 개시일부터 매 1년이 되는 날을 기준일로 하여 그 기준일 3개월 전부터 그 기준일 이후 3개월이 되는 날까지의 시기에 시행한다.

10 국제선박항만보안법 제30조의2(국제항해여객선 승객 등의 보안검색)에 관한 내용 중 틀린 것은?

① 여객선으로 사용되는 대한민국 국적 또는 외국 국적의 국제항해여객선에 승선하는 자는 신체·휴대물품 및 위탁수하물에 대한 보안검색을 받아야 한다.

② 보안검색은 해당 국제여객터미널을 운영하는 관할 경찰관서의 장이 실시한다.

③ 파업 등으로 항만시설소유자가 보안검색을 실시할 수 없는 경우, 지도·감독 기관의 장이 소속직원으로 하여금 보안검색을 실시하게 하여야 한다.

④ 항만시설소유자가 실시하는 보안검색 중 신체 및 휴대물품의 보안검색의 업무에 대하여는 관할 경찰관서의 장이 지도·감독하고, 위탁수하물의 보안검색에 대하여는 관할 세관장이 지도·감독한다.

⑤ 국제여객터미널을 운영하는 항만시설소유자는 국제항해여객선에 승선하는 자의 신체·휴대물품 및 위탁수하물에 대하여 보안검색장비를 사용하여 보안검색을 하여야 한다.

11 다음은 [보안검색]에 관한 (대법원 2013. 10. 11. 선고 2011도13101 판결 [외국환거래법위반]) 사건 내용이다. 옳지 아니한 것은?

> [사실관계] 갑은 대한민국 국민인 비거주자로서 일본 영주권을 취득한 재외동포인데 2010. 11. 11. 갑 명의의 국민은행 예금계좌에서 인출한 20,355,000원을 일화 1,500,000엔(미화 18,048 달러 상당)으로 환전하여 출금하였고, 당시 갑은 거래외국환은행 지정신청서, 재외동포재산반출신청서 등의 서류를 국민은행 담당자에게 작성·제출하였다.
> 은행 담당자 을은 갑에게 외국환거래규정 제5-11조 제2항의 규정에 의한 외국환신고(확인)필증을 발행·교부하지 않았다.
> 갑은 2010. 11. 16. 08:30 경 인천공항 출발 항공편으로 일본으로 출국하면서 위 1,500,000엔을 휴대하고, 공항 세관에 신고하지 않았다. 보안검색과정에서 적발되었다.

① 외국환거래법에 따르면, 비거주자인 재외동포가 미화 1만 불을 초과하는 국내재산 내지 대외지급수단을 휴대수출하여 지급하고자 하는 경우 원칙적으로 관할세관의 장에게 이를 신고하여야 할 의무가 있고, 다만 외국환거래규정 제5-11조가 규정하는 절차에 따라 지정거래외국환은행의 장의 확인이 담긴 외국환신고(확인)필증의 발행·교부가 있는 경우에는 그와 같은 신고를 요하지 아니한다고 해석된다.

② 갑은 거래외국환은행 지정신청서와 재외동포재산반출신청서를 작성·제출하였을 뿐, 지정외국환은행의 장의 확인을 받은 것으로 볼 수 없다.

③ 당시 갑은 거래외국환은행 지정신청서, 재외동포재산반출신청서 등의 서류를 국민은행 담당자에게 작성·제출하였으므로, 위 일화의 휴대수출 내지 반출 사실을 신고할 의무를 다한 것으로 보아야 한다.

④ 갑은 이러한 신고의무를 이행하지 않은 채 위 일화를 소지하고 출국하려다가 보안검색대에서 적발되었다.

⑤ 갑은 외국환거래법상 지급수단 휴대수출 미수의 죄책을 부담하여야 한다.

12 보안검색장비의 종류에 관한 내용 중 옳지 아니한 것은?

① 위해물품 검색 장비 : 엑스선 검색장비
② 위해물품 검색 장비 : 신발검색장비, 원형(原形)검색장비
③ 위해물품 탐지 장비 : 금속탐지장비(문형 금속탐지장비와 휴대용 금속탐지장비)
④ 위해물품 탐지 장비 : 폭발물 탐지장비, 폭발물 흔적탐지장비
⑤ 위해물품 검색 장비 : 액체폭발물탐지장비

13 국제선박항만보안법 제31조(경비 · 검색인력 및 보안시설 · 장비의 확보 등)에 관한 다음 내용 중 틀린 것은?

① 항만시설소유자는 소유하거나 관리 · 운영하는 항만시설에 대하여 보안을 확보 · 유지하고, 국제항해여객선 승객 등의 보안검색을 위한 필요한 경비 · 검색인력을 확보하여야 한다.
② 항만시설소유자는 경비 · 검색인력을 「청원경찰법」에 따른 청원경찰의 고용 방법으로 확보하여야 한다.
③ 항만시설소유자는 경비 · 검색인력을 「경비업법」에 따른 특수경비업무의 허가를 받은 경비업자 중 지정받은 업체에 대한 경비 · 검색업무의 위탁 방법으로 확보하여야 한다.
④ 해양수산부장관은 항만시설소유자의 추천을 받은 업체로서 자본금 등 해양수산부령으로 정하는 지정 요건을 갖춘 자를 항만시설의 경비 · 검색업무의 수탁업체로 지정하여야 한다.
⑤ 해양수산부장관은 수탁업체로 지정을 받은 업체가, "거짓이나 그 밖의 부정한 방법으로 지정을 받은 경우", 또는 "「경비업법」에 따른 경비업의 허가가 취소되거나 영업이 정지된 경우"에는 그 지정을 취소할 수 있다.

14 국제선박항만보안법 제32조(항만시설보안정보의 제공 등)에 관련한 내용 중 틀린 것은?

① 항만시설소유자는 그가 소유 하거나 관리 · 운영하고 있는 항만시설에서 보안사건이 발생한 때, 해양수산부장관 및 국가보안기관의 장에게 즉시 보고하여야 한다.

② 항만시설소유자는 해양수산부장관 또는 국가보안기관의 장으로부터 그가 소유하거나 관리 · 운영하고 있는 항만시설의 보안에 관한 정보의 제공을 요청받은 때, 관련 정보를 즉시 제공하여야 한다.

③ 항만시설소유자가 보고하여야 하는 사항은, "해당 항만시설에서 발생한 보안사건"과 "보안사건에 대한 조치결과 또는 대응계획" 이다.

④ 항만시설소유자가 제공하여야 하는 정보의 내용은, "항만시설을 이용하는 선박으로부터 입수된 보안상 위협에 관한 정보", "항만시설보다 높은 보안등급으로 입항하는 선박과 그 선박의 여객 또는 화물 등에 대한 정보", "그 밖의 입수된 보안상 위협에 관한 정보"이다.

⑤ 보안사건 발생사실의 보고 또는 정보의 제공은 항만시설 보안사건발생보고서 · 보안정보제공서 등 문서로 하여야 한다.

15 국제선박항만보안법 제34조에 의하면, 국제항해선박 및 항만시설의 보안에 관한 주요사항을 심의 · 의결하기 위하여 해양수산부장관 소속으로 국제항해선박 및 항만시설 보안위원회를 둔다. 다음 중 보안위원회의 심의사항이 아닌 것은?

① 국가항만보안계획의 수립에 관한 사항

② 지역항만보안계획의 수립에 관한 사항

③ 보안등급의 설정 · 조정에 관한 사항

④ 선박 및 항만시설에 대한 보안의 확보 및 유지에 관한 사항

⑤ 선박 및 항만시설의 보안과 관련된 국제협력에 관한 사항

16 **국제선박항만보안법 제36조(내부보안심사)에 관한 내용 중 틀린 것은?**

① 국제항해선박소유자 및 항만시설소유자는 선박 및 항만시설에서 이루어지고 있는 보안상의 활동을 확인하기 위하여 보안에 관한 전문지식을 갖춘 자를 내부보안심사자로 지정하여 2년 이내의 기간을 주기로 내부보안심사를 실시하여야 한다.

② 내부보안심사의 내용 · 절차 및 내부보안심사자의 자격요건 등은 해양수산부령으로 정한다.

③ 내부보안심사는 선박보안계획서나 항만시설보안계획서에 따라 시행하고, 각각의 계획서에 따라 보안활동이 이루어졌는지를 확인하여 해당 보안계획서에 반영하도록 하여야 한다.

④ 내부보안심사 결과에 관한 보고서는 다음 선박보안심사나 항만시설보안심사를 받을 때까지 보관하여야 한다.

⑤ 국제항해선박소유자 및 항만시설소유자는 해당 내부보안심사 업무와 이해관계가 없는 자를 내부보안심사자로 지정하여야 한다.

17 **국제선박항만보안법 제39조(보안교육 및 훈련)에 관한 다음 내용 중 틀린 것은?**

① 국제항해선박소유자 및 항만시설소유자는 총괄보안책임자 · 선박보안책임자 및 항만시설보안책임자와 보안책임자 외의 자로서 항만시설에서 보안업무를 담당하는 보안담당자에 대한 보안교육 및 훈련에 관한 계획을 수립 · 시행하여야 한다.

② 국제항해선박소유자와 항만시설소유자는 각자의 소속 보안책임자로 하여금 해당 선박의 승무원과 항만시설의 경비 · 검색인력을 포함한 보안업무 종사자에 대하여 3개월 이내의 기간을 주기로 보안훈련을 실시하게 하여야 한다.

③ 국제항해선박소유자와 항만시설소유자는 보안책임자 및 보안담당자 등이 공동으로 참여하는 합동보안훈련을 매년 1회 이상 실시하여야 한다.

④ 합동보안훈련의 간격은 12개월을 초과하여서는 아니 된다.

⑤ 국제항해선박소유자는 그가 소유하거나 관리 · 운영하고 있는 국제항해선박이 외국의 정부 등이 주관하는 국제적인 합동보안훈련에 참여한 경우 해양수산부령으로 정하는 바에 따라 그 사실을 해양수산부장관에게 보고하여야 한다.

18 국제선박항만보안법 제41조(보안감독)에 관한 내용 중 틀린 것은?

① 해양수산부장관은 보안사건의 발생을 예방하고 국제항해선박 및 항만시설의 보안에 관한 업무를 효율적으로 수행하기 위하여 소속 공무원을 보안감독관으로 지정하여 국제항해선박 및 항만시설의 보안에 관한 점검업무를 수행하게 하여야 한다.

② 보안감독관은 점검 결과, 법 또는 법에 따른 명령을 위반한 사실을 발견한 때, 지체 없이 관할 지방해양수산청장에게 보고해야 한다.

③ 해양수산부장관은 점검업무 수행을 위하여 필요하다고 인정되는 경우, 국제항해선박소유자, 항만시설소유자, 대행기관 및 보안교육기관 등 관계인에 대하여 필요한 보고를 명하거나 자료를 제출하게 할 수 있다.

④ 해양수산부장관은 보고내용 및 제출된 자료의 내용을 검토한 결과 그 목적달성이 어렵다고 인정되는 때, 보안감독관으로 하여금 직접 해당 선박 · 항만시설 또는 사업장에 출입하여 선박과 항만시설의 보안에 관한 사항 등을 점검하게 할 수 있다.

⑤ 해양수산부장관은 점검을 하는 경우, 점검 5일 전까지 점검자, 점검 일시 · 이유 및 내용 등이 포함된 점검계획을 국제항해선박소유자, 항만시설소유자, 대행기관 및 보안교육기관 등에게 통보하여야 한다.

19 국제선박항만보안법 제44조(권한의 위임)와 관련하여 옳지 못한 것은? (다툼이 있는 경우 판례에 따름)

① 해양수산부장관 또는 해양경찰청장의 권한은 대통령령으로 정하는 바에 따라 그 일부를 소속 기관의 장(지방해양수산청장)에게 위임할 수 있다.

② 헌법 제75조는 "대통령은 법률에서 구체적으로 범위를 정하여 위임받은 사항과 법률을 집행하기 위하여 필요한 사항에 관하여 대통령령을 발할 수 있다."라고 규정하여, 포괄위임금지의 원칙을 선언하고 있다.

③ 행정권한의 위임은 행정관청이 법률에 따라 특정한 권한을 다른 행정관청에 이전하여 수임관청의 권한으로 행사하도록 하는 것이어서 권한의 법적인 귀속을 변경하는 것이므로 법률이 위임을 허용하고 있는 경우에 한하여 인정된다. 권한위임의 경우에는 수임관청이 자기의 이름으로 그 권한행사를 할 수 있다.

④ 행정권한의 내부위임은 법률이 위임을 허용하고 있지 아니한 경우에도 행정관청의 내부적인 사무처리의 편의를 도모하기 위하여 그의 보조기관 또는 하급행정관청으로 하여금 그의 권한을 사실상 행사하게 하는 것을 말한다.

⑤ 행정권한의 내부위임의 경우 수임관청은 위임관청의 이름으로 그 권한을 행사하는 것이 아니라, 자기의 이름으로 그 권한을 행사할 수 있다.

20 **국제선박항만보안법상 벌칙의 적용 규정에 관한 내용 중 틀린 것은?** (다툼이 있는 경우 판례에 따름)

① 이 법과 이 법에 따른 명령을 위반한 항만시설소유자에게 적용할 벌칙은 그 항만시설소유자가 국가 또는 지방자치단체인 때에는 적용하지 아니한다.

② 벌칙의 적용에 있어서 이 법과 이 법에 따른 명령 중 국제항해선박소유자에 관한 규정은 국제항해선박의 소유자가 관리자를 둔 때에는 관리자에게, 국제항해선박의 운영자가 그 소유자·관리자로부터 운영을 위탁받은 때에는 운영자에게 각각 적용한다.

③ 벌칙의 적용에 있어서 이 법과 이 법에 따른 명령 중 항만시설소유자에 관한 규정은 항만시설의 소유자가 관리자를 둔 때에는 관리자에게, 항만시설의 운영자가 그 소유자·관리자로부터 운영을 위탁받은 때에는 운영자에게 각각 적용한다.

④ 법인의 대표자나 법인 또는 개인의 대리인, 사용인, 그 밖의 종업원이 그 법인 또는 개인의 업무에 관하여 법 제48조 또는 제49조의 위반행위를 하면, 그 행위자를 벌하는 외에 그 법인 또는 개인에게도 해당 조문의 벌금형을 과(科)한다. 다만, 법인 또는 개인이 그 위반행위를 방지하기 위하여 해당 업무에 관하여 상당한 주의와 감독을 게을리 하지 아니한 경우에는 그러하지 아니하다.

⑤ 이러한 양벌규정은 종업원의 범죄행위에 종속하여 법인 또는 개인이 처벌되는 규정이다. 따라서 법인 또는 개인에 대한 처벌은, 종업원의 범죄성립을 전제로 한다.

⚓ 50문항 / 50분

제1과목 청원경찰법, 경찰관직무집행법

01 다음 중 **청원경찰법 시행규칙**에서 규율하는 사항은 무엇인가?

① 청원경찰의 직무 · 임용 · 배치 · 보수
② 청원경찰의 결격사유, 징계
③ 청원경찰의 불법행위에 대한 손해배상책임
④ 청원경찰의 쟁의행위금지 및 행정형벌
⑤ 청원경찰의 무기관리수칙

02 사업장 등의 경비를 담당하기 위하여 배치되는 청원경찰의 배치를 신청할 수 있는 사업장 등에 해당하지 아니하는 것은?

① 국가기관 또는 공공단체와 그 관리 하에 있는 중요 시설 또는 사업장
② 국내 주재(駐在) 외국기관
③ 선박, 항공기 등 수송시설
④ 학원 등 교육시설
⑤ 언론, 통신, 방송 또는 인쇄를 업으로 하는 시설 또는 사업장

03 청원경찰의 직무에 관한 내용 중 옳지 않은 것은?

① 청원경찰은 청원경찰의 배치 결정을 받은 자(청원주)와 배치된 기관·시설 또는 사업장 등의 구역을 관할하는 경찰서장의 감독을 받아 그 경비구역만의 경비를 목적으로 필요한 범위에서 「경찰관 직무집행법」에 따른 경찰관의 직무를 수행한다.

② 청원경찰이 직무를 수행할 때에는 경비 목적을 위하여 필요한 최소한의 범위에서 하여야 한다.

③ 청원경찰은 「경찰관 직무집행법」에 따른 직무 외의 수사활동 등 사법경찰관리의 직무를 수행해서는 아니 된다.

④ 형법 제136조 제1항의 공무집행방해죄에 있어서 '직무를 집행하는'이라 함은 공무원이 직무수행에 직접 필요한 행위를 현실적으로 행하고 있는 때만을 가리키는 것이 아니라 공무원이 직무수행을 위하여 근무 중인 상태에 있는 때를 포괄한다.

⑤ 야간 당직 근무 중인 청원경찰이 불법주차 단속요구에 응하여 현장을 확인만 하고 주간 근무자에게 전달하여 단속하겠다고 했다는 이유로 민원인이 청원경찰을 폭행한 경우, 공무집행방해죄에 해당하지 아니한다.

04 청원경찰의 배치와 관련하여 옳지 아니한 것은?

① 청원경찰의 배치를 받으려는 자는 청원경찰 배치신청서를 사업장 소재지 관할 경찰서장을 거쳐 시·도경찰청장에게 제출하여야 한다.

② 배치 장소가 둘 이상의 도(특별시, 광역시, 특별자치시 및 특별자치도를 포함)일 때에는 주된 사업장의 시·도경찰청장에게 신청할 수 있다.

③ 시·도경찰청장은 청원경찰 배치 신청을 받으면 지체 없이 그 배치 여부를 결정하여 신청인에게 알려야 한다.

④ 「경비업법」에 따른 경비업자가 중요 시설의 경비를 도급받았을 때, 청원주는 그 사업장에 배치된 청원경찰의 근무배치 및 감독에 관한 권한을 경비업자에게 위임할 수 있다.

⑤ 청원주는 경비업자에게 청원경찰의 근무배치 및 감독에 관한 권한을 위임한 경우, 이를 이유로 청원경찰의 보수나 신분상의 불이익을 주어서는 아니 된다.

05 청원경찰 결격사유인 국가공무원법 제33조에 해당하지 아니하는 것은?

① 금고 이상의 실형을 선고받고 그 집행이 종료되거나 집행을 받지 아니하기로 확정된 후 5년이 지나지 아니한 자.

② 공무원으로 재직기간 중 직무와 관련하여 「형법」 제355조 및 제356조에 규정된 죄를 범한 자로서 300만원 이상의 벌금형을 선고받고 그 형이 확정된 후 2년이 지나지 아니한 자.

③ 「성폭력범죄의 처벌 등에 관한 특례법」 제2조에 규정된 죄를 범한 사람으로서 100만원 이상의 벌금형을 선고받고 그 형이 확정된 후 3년이 지나지 아니한 사람.

④ 미성년자에 대하여, 「성폭력범죄의 처벌 등에 관한 특례법」 제2조에 따른 성폭력범죄, 또는 「아동·청소년의 성보호에 관한 법률」 제2조 제2호에 따른 아동·청소년대상 성범죄를 저질러 파면·해임되거나 형 또는 치료감호를 선고받아 그 형 또는 치료감호가 확정된 사람(집행유예를 선고받은 후 그 집행유예기간이 경과한 사람을 포함).

⑤ 징계로 파면처분을 받은 때부터 3년이 지나지 아니한 자.

06 청원경찰 임용자격에 관한 내용 중 옳지 않은 것은?

① 18세 이상인 남자

② 행정안전부령으로 정하는 신체조건에 해당하는 사람

③ 신체가 건강하고 팔다리가 완전할 것

④ 시력(교정시력을 포함한다)은 양쪽 눈이 각각 0.8 이상일 것

⑤ 임용결격사유가 없을 것

07 청원경찰의 노동3권에 관한 헌법재판소결정(2017. 9. 28. 2015헌마653) 내용 중 틀린 것은?

① 청원경찰은 공무원으로써 원칙적으로 헌법 제33조 제1항에 따라 근로3권이 보장되어야 한다.

② 청원경찰은 제한된 구역의 경비를 목적으로 필요한 범위에서 경찰관의 직무를 수행할 뿐이며, 그 신분보장은 공무원에 비해 취약하다.

③ 국가기관이나 지방자치단체 이외의 곳에서 근무하는 청원경찰은 근로조건에 관하여 공무원뿐만 아니라 국가기관이나 지방자치단체에 근무하는 청원경찰에 비해서도 낮은 수준의 법적 보장을 받고 있으므로, 이들에 대해서는 근로3권이 허용되어야 할 필요성이 크다.

④ 청원경찰은 특정 경비구역에서 근무하며 그 구역의 경비에 필요한 한정된 권한만을 행사하므로, 청원경찰의 업무가 가지는 공공성이나 사회적 파급력은 군인이나 경찰의 그것과는 비교하여 견주기 어렵다. 그럼에도 심판대상조항은 군인이나 경찰과 마찬가지로 모든 청원경찰의 근로3권을 획일적으로 제한하고 있다.

⑤ 따라서 심판대상조항이 모든 청원경찰의 근로3권을 전면적으로 제한하는 것은 과잉금지원칙을 위반하여 청구인들의 근로3권을 침해하는 것이다.

08 청원경찰에 관한 다음 판례 내용 중 틀린 것은?

① 청원경찰의 신분이 공무원이 아님을 확인하고 있는 청원경찰법시행령 제19조는, 청원경찰의 법적 지위에 아무런 변화를 가져오지 아니하는 것이므로, 위 조항을 대상으로 기본권침해를 주장하며 헌법소원을 청구할 수 없다.

② 청원경찰의 복무에 관하여 경찰공무원에 관한 규정을 준용하도록 규정하고 있으므로, 청원경찰의 휴가에 관하여는 공무원복무규정이 우선적으로 적용되고, 근로기준법의 휴가에 관한 규정은 그 적용이 배제된다.

③ 군 도시과 ○○계 요원으로 근무하고 있는 청원경찰관이 허가 없이 창고를 주택으로 개축하는 것을 단속하는 것은 그의 정당한 공무집행에 속하므로, 이를 폭력으로 방해하는 소위는 공무집행방해죄에 해당된다.

④ 청원경찰의 징계에 관하여 대통령령으로 정하도록 하고 있는 청원경찰법 제5조 제3항이 법률유보원칙에 위반되는지에 관하여, 청원경찰은 근무의 공공성 때문에 일정한 경우에 공무원과 유사한 대우를 받고 있는 등으로 일반 근로자와 공무원의 복합적 성질을 가지고 있지만, 그 임면주체는 국가 행정권이 아니라 청원경찰법상의 청원주로서 그 근로관계의 창설과 존속 등이 본질적으로 사법상 고용계약의 성질을 가지는바, 국가 행정주체와 관련되고 기본권의 보호가 문제되는 것이 아니어서 여기에 법률유보의 원칙이 적용될 여지가 없다.

⑤ 지방국토관리청장 산하 국도유지관리사무소 소속 청원경찰로서 과적차량단속업무를 담당하던 갑이 건설장비 대여업자에게서 과적단속을 피할 수 있는 이동단속반의 위치정보 등을 알려달라는 청탁을 받고 이를 알려준 대가로 6회에 걸쳐 190만 원의 뇌물을 받아 직무상 의무를 위반하고 품위를 손상하였다는 이유로 지방국토관리청장이 파면처분을 한 것이 타당하다고 할 수 없다.

09 청원경찰에 대한 직권면직처분의 위법성에 관한 대법원 판례(대법원 2002. 2. 8. 선고 2000두4057 판결)의 내용 중 옳지 아니한 것은?

① 청원주는 청원경찰이 인원의 감축으로 과원이 되었을 때에는 직권으로 면직시킬 수 있는 바, 지방자치단체의 장이 청원주인 경우 그 면직처분은 재량행위이다.

② 그 면직처분의 기준이 평등의 원칙에 위배되는 등 비합리적이고 불공정하다면 그에 따른 면직처분은 재량권의 일탈·남용으로서 위법하다.

③ 하자 있는 행정처분이 당연무효가 되기 위하여는 그 하자가 법규의 중요한 부분을 위반한 중대한 것으로서 객관적으로 명백한 것이어야 한다.

④ 행정자치부의 지방조직 개편지침의 일환으로 청원경찰의 인원감축을 위한 면직처분대상자를 선정함에 있어서 초등학교 졸업 이하 학력소지자 집단과 중학교 중퇴 이상 학력소지자 집단으로 나누어 각 집단별로 같은 감원비율 상당의 인원을 선정한 것은 합리성과 공정성을 결여하고, 평등의 원칙에 위배하여 그 하자가 중대하다.

⑤ 시험문제 출제 수준이 중학교 학력 수준임에도 불구하고 각 집단별로 같은 비율로 감원한 것은, 그 하자가 객관적으로 명백하여 당연무효에 해당한다.

10 국가기관 또는 지방자치단체에 근무하는 청원경찰의 보수에 관한 내용 중 틀린 것은?

① 재직기간 15년 미만 : 순경
② 재직기간 15년 이상 23년 미만 : 경장
③ 재직기간 23년 이상 30년 미만 : 경사
④ 재직기간 30년 이상 : 경위
⑤ 재직기간 30년 이상 : 경감

11 청원경찰의 보수 산정에 관하여 그 배치된 사업장의 취업규칙에 특별한 규정이 없는 경우에는 다음의 경력을 봉급 산정의 기준이 되는 경력에 산입(算入)하여야 한다. 틀린 것은?

① 청원경찰로 근무한 경력

② 군 또는 의무경찰에 복무한 경력

③ 수위ㆍ경비원ㆍ감시원 또는 그 밖에 청원경찰과 비슷한 직무에 종사하던 사람이 해당 사업장의 청원주에 의하여 청원경찰로 임용된 경우에는 그 직무에 종사한 경력

④ 국가기관 또는 지방자치단체에서 근무하는 청원경찰에 대해서는 국가기관 또는 지방자치단체에서 상근(常勤)으로 근무한 경력

⑤ 국가기관 또는 지방자치단체에 근무하는 청원경찰 외의 청원경찰 보수의 호봉 간 승급기간 및 승급액은 순경의 승급에 관한 규정을 준용한다.

12 청원주는 일정한 사유에 해당하는 경우 보상금을 지급하여야 한다. 보상금지급사유에 해당하지 아니하는 것은?

① 직무수행으로 인하여 부상을 입거나, 질병에 걸린 경우, 청원주는 그 유족에게 보상금을 지급하여야 한다.

② 직무상의 부상ㆍ질병으로 인하여 퇴직한 경우

③ 퇴직 후 2년 이내에 사망한 경우

④ 직무수행으로 인하여 사망한 경우

⑤ 청원주는 보상금의 지급을 이행하기 위하여 「산업재해보상보험법」에 따른 산업재해보상보험에 가입하거나, 「근로기준법」에 따라 보상금을 지급하기 위한 재원(財源)을 따로 마련하여야 한다.

13 청원경찰법 시행규칙 제16조 무기관리수칙에 대한 설명 중 틀린 것은?

① 무기고 및 탄약고는 단층에 설치하고 환기 · 방습 · 방화 및 총받침대 등의 시설을 갖추어야 한다.

② 탄약고는 무기고와 떨어진 곳에 설치하고, 그 위치는 사무실이나 그 밖에 여러 사람을 수용하거나 여러 사람이 오고 가는 시설로부터 격리되어야 한다.

③ 무기고와 탄약고에는 이중 잠금장치를 하고, 열쇠는 관리책임자가 보관하되, 근무시간 이후에는 숙직책임자에게 인계하여 보관시켜야 한다.

④ 청원주는 경찰청장이 정하는 바에 따라 매월 무기와 탄약의 관리 실태를 파악하여 다음 달 3일까지 관할 경찰서장에게 통보하여야 한다. 청원주는 대여받은 무기와 탄약이 분실되거나 도난당하거나 빼앗기거나 훼손되는 등의 사고가 발생했을 때에는 지체 없이 그 사유를 관할 경찰서장에게 통보해야 한다.

⑤ 청원주는 무기와 탄약이 분실되거나 도난당하거나 빼앗기거나 훼손되었을 때에는 경찰청장이 정하는 바에 따라 그 전액을 배상해야 한다. 다만, 전시 · 사변 · 천재지변이나 그 밖의 불가항력적인 사유가 있는 경우에는 그렇지 않다.

14 무기와 탄약을 출납하는 경우의 관리수칙에 관한 설명으로 틀린 것은?

① 청원주는 무기와 탄약을 출납하였을 때, 무기 · 탄약 출납부에 그 출납사항을 기록하여야 한다.

② 소총의 탄약은 1정당 15발 이내, 권총의 탄약은 1정당 7발 이내로 출납하여야 한다. 이 경우 생산된 후 오래된 탄약을 우선하여 출납하여야 한다.

③ 청원경찰에게 지급한 무기와 탄약은 매주 1회 이상 손질하게 하여야 한다.

④ 청원주는 수리가 필요한 무기가 있을 때에는 그 목록과 무기장비 운영카드를 첨부하여 관할 경찰서장에게 수리를 요청하여야 한다.

⑤ 무기와 탄약을 대여받은 청원주가 청원경찰에게 무기와 탄약을 출납하려는 경우, 관할 경찰서장의 지시에 따라 탄약의 수를 늘리거나 줄일 수 있고, 무기와 탄약의 출납을 중지할 수 있으며, 무기와 탄약을 회수하여 집중관리할 수 있다.

15 청원경찰 근무요령에 관한 설명 중 틀린 것은?

① 자체경비를 하는 입초근무자는 경비구역의 정문이나 그 밖의 지정된 장소에서 경비구역의 내부, 외부 및 출입자의 움직임을 감시한다.

② 업무처리 및 자체경비를 하는 소내근무자는 근무 중 특이한 사항이 발생하였을 때에는 지체 없이 청원주 또는 관할 경찰서장에게 보고하고 그 지시에 따라야 한다.

③ 순찰근무자는 청원주가 지정한 일정한 구역을 순회하면서 경비 임무를 수행한다.

④ 순찰은 단독 또는 복수로 정선순찰(정해진 노선을 규칙적으로 순찰하는 것을 말한다)을 하되, 청원주가 필요하다고 인정할 때에는 난선순찰(순찰구역 내 지정된 중요지점을 순찰하는 것을 말한다) 또는 요점순찰(임의로 순찰지역이나 노선을 선정하여 불규칙적으로 순찰하는 것을 말한다)을 할 수 있다.

⑤ 대기근무자는 소내근무에 협조하거나 휴식하면서 불의의 사고에 대비한다.

16 경찰관직무집행법 제2조에서 정한 "직무의 범위"에 해당하지 아니하는 것은?

① 국민의 생명 · 신체 및 재산의 보호

② 범죄의 예방 · 진압 및 수사, 범죄피해자 보호

③ 경비, 주요 인사(人士) 경호 및 대간첩 · 대테러 작전 수행

④ 공공안녕에 대한 위험의 예방과 대응을 위한 정보의 수집 · 작성 및 배포

⑤ 그 밖에 질서 유지 및 공공복리 증진

PART 04

해양수산부 청원경찰 실전모의고사

17 공무집행방해죄(대법원 2021. 10. 14. 선고 2018도2993 판결)에 관한 내용 중 옳지 않은 것은? (다툼이 있는 경우 판례에 의함)

① 공무집행방해죄는 공무원의 적법한 공무집행이 전제되어야 하고, 공무집행이 적법하기 위해서는 그 행위가 공무원의 추상적 직무 권한에 속할 뿐만 아니라 구체적으로 그 권한 내에 있어야 하며, 직무행위로서 중요한 방식을 갖추어야 한다.

② 추상적인 권한에 속하는 공무원의 어떠한 공무집행이 적법한지는 행위 당시의 구체적 상황에 기초를 두고 객관적·합리적으로 판단하여야 하고, 사후적으로 순수한 객관적 기준에서 판단할 수도 있다.

③ 경찰관 직무집행법 제6조 제1항은 "경찰관은 범죄행위가 목전에 행하여지려고 하고 있다고 인정될 때에는 이를 예방하기 위하여 관계인에게 필요한 경고를 발하고, 그 행위로 인하여 인명·신체에 위해를 미치거나 재산에 중대한 손해를 끼칠 우려가 있어 긴급을 요하는 경우에는 그 행위를 제지할 수 있다."고 규정하고 있다.

④ 경찰관 직무집행법 제6조 제1항은 경찰 행정상 즉시강제, 즉 눈앞의 급박한 경찰상 장해를 제거하여야 할 필요가 있고 의무를 명할 시간적 여유가 없거나 의무를 명하는 방법으로는 그 목적을 달성하기 어려운 상황에서 의무불이행을 전제로 하지 않고 경찰이 직접 실력을 행사하여 경찰상 필요한 상태를 실현하는 권력적 사실행위에 관한 근거조항이다.

⑤ 경찰 병력이 행정대집행 직후 대책위가 또다시 같은 장소를 점거하고 물건을 다시 비치하는 것을 막기 위해 농성 장소를 미리 둘러싼 뒤 대책위가 같은 장소에서 기자회견 명목의 집회를 개최하려는 것을 불허하면서 소극적으로 제지한 것은 구 경찰관 직무집행법 제6조 제1항의 범죄행위 예방을 위한 경찰 행정상 즉시강제로서 적법한 공무집행에 해당한다.

18 경찰관직무집행법 제6조 제1항에 의한 경찰관의 제지 조치에 관한 내용 중 옳지 않은 것은? (다툼이 있는 경우 판례에 의함)

① 경찰관직무집행법 제6조 제1항 중 경찰관의 제지에 관한 부분은 범죄의 예방을 위한 경찰 행정상 즉시강제에 관한 근거 조항이다.

② 행정상 즉시강제는 그 본질상 행정 목적 달성을 위하여 불가피한 한도 내에서 예외적으로 허용되는 것이다.

③ 위법한 집회·시위가 장차 특정지역에서 개최될 것이 예상되어, 시간적·장소적으로 근접하지 않은 다른 지역에서 그 집회·시위에 참가하기 위하여 출발 또는 이동하는 행위를 제지하는 것은 경찰관직무집행법 제6조 제1항의 행정상 즉시강제인 경찰관의 제지의 범위에 해당한다.

④ 경찰관의 제지 조치가 적법한지 여부는 제지 조치 당시의 구체적 상황을 기초로 판단하여야 하고, 사후적으로 순수한 객관적 기준에서 판단할 것은 아니다.

⑤ 경찰관의 경고나 제지는 그 문언과 같이 범죄의 예방을 위하여 범죄행위에 관한 실행의 착수 전에 행하여질 수 있을 뿐만 아니라, 이후 범죄행위가 계속되는 중에 그 진압을 위하여도 당연히 행하여질 수 있다.

19 경찰관직무집행법 제9조(유치장)에 관한 내용 중 옳지 않은 것은?

① 법률에서 정한 절차에 따라 체포·구속된 사람 또는 신체의 자유를 제한하는 판결이나 처분을 받은 사람을 수용하기 위하여 경찰서와 해양경찰서에 유치장을 둔다.

② 구속영장을 발부받음이 없이 피의자를 보호실에 유치함은 영장주의에 위배되는 위법한 구금이므로, 긴급구속절차를 밟음이 없이 영장집행을 위한 편의를 위해 보호실에 유치하는 것은 불법구금에 해당한다.

③ 일반적으로 타인의 불법행위로 부당하게 신체를 구금당한 피해자의 직계존속은 특별한 사정이 없는 한 경험칙상 정신적 고통을 받았다 할 것이므로, 피해자의 부모도 그 정신적 고통에 대하여 위자료를 청구할 수 있다

④ 불법행위로 입은 정신적 고통에 대한 위자료 액수에 관하여는 상고심 법원이 제반 사정을 참작하여 그 직권에 속하는 재량에 의하여 이를 확정할 수 있다.

⑤ 즉결심판 피의자의 정당한 귀가요청을 거절한 채 다음날 즉결심판법정이 열릴 때까지 피의자를 경찰서 보호실에 강제 유치시키려고 함으로써 피의자를 경찰서 내 즉결피의자 대기실에 10-20분 동안 있게 한 행위는 형법 제124조 제1항의 불법감금죄에 해당한다.

20 "위해성 경찰장비의 사용기준 등에 관한 규정"(대통령령)에 관한 내용 중 옳지 않은 것은?

① 위해성 경찰장비의 종류에는, 경찰장구, 무기, 분사기 · 최루탄 등, 기타장비가 있다.

② 경찰관(경찰공무원으로 한정)은 체포 · 구속영장을 집행하거나 신체의 자유를 제한하는 판결 또는 처분을 받은 자를 법률이 정한 절차에 따라 호송하거나 수용하기 위하여 필요한 때에는 최소한의 범위 안에서 수갑 · 포승 또는 호송용 포승을 사용할 수 있다

③ 경찰관은 범인 · 술에 취한 사람 또는 정신착란자의 자살 또는 자해기도를 방지하기 위하여 필요한 때에는 수갑 · 포승 또는 호송용 포승을 사용할 수 있다.

④ 경찰관은 전극침(電極針) 발사장치가 있는 전자충격기를 사용하는 경우 상대방의 얼굴을 향하여 전극침을 발사하여서는 아니 된다.

⑤ 경찰관은 12세 미만의 자 또는 임산부에 대하여 전자충격기 또는 전자방패를 사용하여서는 아니 된다.

21 경찰관직무집행법 제10조의3(분사기 등의 사용)에 관한 내용 중 옳지 않은 것은?

① 경찰관은 직무를 수행하기 위하여 부득이한 경우에는 경찰관 자신이 판단하여 필요한 최소한의 범위에서 분사기 또는 최루탄을 사용할 수 있다.

② 범인의 체포 또는 범인의 도주 방지를 위하여 분사기를 사용할 수 있다.

③ 불법집회 · 시위로 인한 자신이나 다른 사람의 생명 · 신체와 재산에 대한 현저한 위해의 발생 억제를 위하여 분사기를 사용할 수 있다.

④ 불법집회 · 시위로 인한 공공시설 안전에 대한 현저한 위해의 발생 억제를 위하여 분사기를 사용할 수 있다.

⑤ 근접분사기 · 가스분사기 · 가스발사총(고무탄 발사겸용을 포함) 및 최루탄(그 발사장치를 포함)은 "분사기 · 최루탄등"에 해당한다.

22 경찰관직무집행법 제10조의4(무기의 사용) ① 경찰관은 범인의 체포, 범인의 도주 방지, 자신이나 다른 사람의 생명·신체의 방어 및 보호, 공무집행에 대한 항거의 제지를 위하여 필요하다고 인정되는 상당한 이유가 있을 때에는 그 사태를 합리적으로 판단하여 필요한 한도에서 무기를 사용할 수 있다. 다만, 다음의 어느 하나에 해당할 때를 제외하고는 사람에게 위해를 끼쳐서는 아니 된다. 위 단서(사람에게 위해를 끼쳐서는 아니 된다)에 해당하지 않는 것은?

① 「형법」에 규정된 정당방위와 긴급피난에 해당할 때

② 사형·무기 또는 장기 3년 이상의 징역이나 금고에 해당하는 죄를 범하거나 범하였다고 의심할 만한 충분한 이유가 있는 사람이 경찰관의 직무집행에 항거하거나 도주하려고 할 때에 그 행위를 방지하거나 그 행위자를 체포하기 위하여 무기를 사용하지 아니하고는 다른 수단이 없다고 인정되는 상당한 이유가 있을 때

③ 체포·구속영장과 압수·수색영장을 집행하는 과정에서 경찰관의 직무집행에 항거하거나 도주하려고 할 때에 그 행위를 방지하거나 그 행위자를 체포하기 위하여 무기를 사용하지 아니하고는 다른 수단이 없다고 인정되는 상당한 이유가 있을 때

④ 제3자가 ② 또는 ③에 해당하는 사람을 도주시키려고 할 때

⑤ 범인이나 소요를 일으킨 사람이 무기·흉기 등 위험한 물건을 지니고 경찰관으로부터 3회 이상 물건을 버리라는 명령이나 항복하라는 명령을 받고도 따르지 아니하면서 계속 항거할 때

23 경찰관직무집행법 제10조의4 경찰관의 무기 사용에 관한 판례 내용 중 옳지 않은 것은?

① 경찰관은 범인의 체포, 도주의 방지, 자기 또는 타인의 생명·신체에 대한 방호, 공무집행에 대한 항거의 억제를 위하여 무기를 사용할 수 있으나, 이 경우에도 무기는 목적 달성에 필요하다고 인정되는 상당한 이유가 있을 때 그 사태를 합리적으로 판단하여 필요한 한도 내에서 사용하여야 한다. 특히 사람에게 위해를 가할 위험성이 큰 권총의 사용에 있어서는 그 요건을 더욱 엄격하게 판단하여야 한다.

② 경찰관이 범인을 제압하는 과정에서 총기를 사용하여 범인을 사망케 한 경우, 경찰관이 총기사용에 이르게 된 동기나 목적, 경위 등을 고려하여 형사사건에서 무죄판결이 확정되었다면, 민사상 불법행위책임은 인정되지 아니한다.

③ 50cc 소형 오토바이 1대를 절취하여 운전 중인 15~16세의 절도 혐의자 3인이 경찰관의 검문에 불응하며 도주하자, 경찰관이 체포 목적으로 오토바이의 바퀴를 조준하여 실탄을 발사하였으나 오토바이에 타고 있던 1인이 총상을 입게 된 경우, 제반 사정에 비추어 경찰관의 총기 사용이 사회통념상 허용범위를 벗어나 위법하다.

④ 경찰관이 길이 40cm 가량의 칼로 반복적으로 위협하며 도주하는 차량 절도 혐의자를 추적하던 중, 도주하기 위하여 등을 돌린 혐의자의 몸 쪽을 향하여 약 2m 거리에서 실탄을 발사하여 혐의자를 복부관통상으로 사망케 한 경우, 경찰관의 총기사용은 사회통념상 허용범위를 벗어난 위법행위에 해당한다.

⑤ 야간에 술이 취한 상태에서 병원에 있던 과도로 대형 유리창문을 쳐 깨뜨리고 자신의 복부에 칼을 대고 할복자살하겠다고 난동을 부린 피해자가 출동한 2명의 경찰관들에게 칼을 들고 항거하자, 경찰관이 칼빈소총을 1회 발사하여 피해자의 왼쪽 가슴 아래 부위를 관통하여 사망케 한 경찰관의 총기사용행위는 경찰관직무집행법 제11조 총기사용 한계를 벗어난 것이다.

24 경찰관 직무집행법령상 범인검거 등 공로자 보상금 지급 대상자가 아닌 것은?

① 범인 또는 범인의 소재를 신고한 사람
② 범인을 검거하여 경찰공무원에게 인도한 사람
③ 테러범죄의 예방활동에 현저한 공로가 있는 사람
④ 범인의 신원을 특정할 수 있는 정보를 제공한 사람
⑤ 범죄사실을 입증하는 증거물을 제출한 사람

25 **경찰관 직무집행법령상 보상금, 소송지원 내용 중 옳지 않은 것은?**

① 보상금심사위원회는 위원장 1명을 포함한 5명 이내의 위원으로 구성한다.

② 보상금심사위원회의 회의는 출석위원 과반수의 찬성으로 의결한다.

③ 범인검거 등 공로자 보상금의 최고액은 5억 원으로 하며, 구체적인 보상금 지급 기준은 경찰청장이 정하여 고시한다.

④ 경찰청장, 시 · 도경찰청장 또는 경찰서장은 보상금 지급사유가 발생한 경우에는 직권으로 또는 보상금을 지급받으려는 사람의 신청에 따라 소속 보상금심사위원회의 심사 · 의결을 거쳐 보상금을 지급한다.

⑤ 경찰청장과 해양경찰청장은 경찰관이 제2조 각 호에 따른 직무의 수행으로 인하여 민 · 형사상 책임과 관련된 소송을 수행할 경우 변호인 선임 등 소송 수행에 필요한 지원을 할 수 있다.

26 **국가배상법상 손해배상책임에 관한 내용 중 옳지 않은 것은?**(판례에 따름)

① 공무원이 직무 수행 중 불법행위로 타인에게 손해를 입힌 경우에 국가나 지방자치단체가 국가배상책임을 부담하는 외에 공무원 개인도 고의 또는 중과실이 있는 경우에는 불법행위로 인한 손해배상책임을 지고, 공무원에게 경과실이 있을 뿐인 경우, 공무원 개인은 불법행위로 인한 손해배상책임을 부담하지 아니한다.

② 공무원의 중과실이란 공무원에게 통상 요구되는 정도의 상당한 주의를 하지 않더라도 약간의 주의를 한다면 손쉽게 위법·유해한 결과를 예견할 수 있는 경우임에도 만연히 이를 간과함과 같은 거의 고의에 가까운 현저한 주의를 결여한 상태를 의미한다.

③ 공무원이 고의 또는 과실로 그에게 부과된 직무상 의무를 위반하였을 경우라고 하더라도 국가는 그러한 직무상의 의무 위반과 피해자가 입은 손해 사이에 상당인과관계가 인정되는 범위 내에서만 배상책임이 인정된다.

④ 상당인과관계가 인정되기 위하여는, 공무원에게 부과된 직무상 의무의 내용이 단순히 공공 일반의 이익을 위한 것이거나 행정기관 내부의 질서를 규율하기 위한 것이 아니고 전적으로 또는 부수적으로 사회구성원 개인의 안전과 이익을 보호하기 위하여 설정된 것이어야 한다.

⑤ 공무원의 부작위로 인한 국가배상책임을 인정하기 위해서는, 공무원의 작위로 인한 국가배상책임을 인정하는 경우와 같이 '공무원이 직무를 집행하면서 고의 또는 과실로 법령을 위반하여 타인에게 손해를 입힌 때' 라고 하는 국가배상법 제2조 제1항의 요건이 충족되어야 하며, '법령을 위반하여' 란 엄격하게 형식적 의미의 법령에 명시적으로 공무원의 작위의무가 정하여져 있음에도 이를 위반하는 경우만을 의미하는 것이다.

27 행정대집행에 관한 내용 중 옳지 않은 것은?

① 행정청은 행정대집행의 방법으로 건물의 철거 등 대체적 작위의무의 이행을 실현할 수 있다.

② 행정청이 행정대집행의 방법으로 건물의 철거 등 대체적 작위의무의 이행을 실현할 수 있는 경우에는 따로 민사소송의 방법으로 그 의무의 이행을 구할 수 없다.

③ 건물의 점유자가 철거의무자일 때에는 건물철거의무에 퇴거의무도 포함되는 것이 아니므로, 별도로 퇴거를 명하는 집행권원이 필요하다.

④ 철거 건물의 점유자들이 적법한 행정대집행을 위력을 행사하여 방해하는 경우 형법상 공무집행방해죄가 성립한다.

⑤ 건물철거를 대집행 시 필요한 경우에는 경찰관 직무집행법에 근거한 위험발생 방지조치 또는 형법상 공무집행방해죄의 범행방지 내지 현행범체포의 차원에서 경찰의 도움을 받을 수도 있다.

28 공무집행방해에 관한 대법원 판례(대법원 2017. 3. 15. 선고 2013도2168 판결) 내용 중 옳지 않은 것은?

① 범죄를 예방하기 위한 경찰관의 제지 조치가 적법한 직무집행으로 평가될 수 있기 위해서는 형사처벌의 대상이 되는 행위가 눈앞에서 막 이루어지려고 하는 것이 객관적으로 인정될 수 있는 상황이고, 그 행위를 당장 제지하지 않으면 곧 생명·신체에 위해를 미치거나 재산에 중대한 손해를 끼칠 우려가 있는 상황이어서, 직접 제지하는 방법 외에는 위와 같은 결과를 막을 수 없는 절박한 사태가 있어야 한다.

② 검사 또는 사법경찰관리가 현행범인을 체포하는 경우에는 반드시 피의사실의 요지, 체포의 이유와 변호인을 선임할 수 있음을 말하고 변명할 기회를 주어야 한다.

③ 이러한 고지는 체포를 위한 실력행사에 들어가기 전에 미리 하는 것이 원칙이다. 달아나는 피의자를 쫓아가 붙들거나 폭력으로 대항하는 피의자를 실력으로 제압하는 경우에는 붙들거나 제압하는 과정에서 고지하거나, 붙들거나 제압한 후에 지체 없이 고지하여야 한다.

④ 형법 제136조가 규정하는 공무집행방해죄는 공무원의 직무집행이 적법한 경우에 한하여 성립한다. 적법한 공무집행은 그 행위가 공무원의 추상적 권한에 속할 뿐 아니라 구체적 직무집행에 관한 법률상 요건과 방식을 갖춘 경우를 가리키므로, 경찰관이 적법절차를 준수하지 않은 채 실력으로 현행범인을 연행하려 하였다면 적법한 공무집행이라고 할 수 없다.

⑤ 자기의 법익뿐 아니라 타인의 법익에 대한 현재의 부당한 침해를 방위하기 위한 행위도 상당한 이유가 있으면 형법 제21조의 정당방위에 해당하여 책임성이 조각된다.

29 경찰관의 권한행사와 관련한 대법원 판례 내용 중 옳지 않은 것은?

① 구체적인 직무를 수행하는 경찰관으로서는 제반 상황에 대응하여 자신에게 부여된 여러 가지 권한을 적절하게 행사하여 필요한 조치를 취할 수 있는 것이고, 그러한 권한은 일반적으로 경찰관의 전문적 판단에 기한 합리적인 재량에 위임되어 있는 것이다.

② 구체적인 사정에 따라 경찰관이 권한을 행사하여 필요한 조치를 하지 아니하는 것이 현저하게 불합리하다고 인정되는 경우에는 권한의 불행사는 직무상 의무를 위반한 것이 되어 위법하게 된다.

③ 본래 범의를 가지지 아니한 자에 대하여 수사기관이 사술이나 계략 등을 써서 범의를 유발케 하여 범죄인을 검거하는 함정수사는 위법하며, 이러한 함정수사에 기한 공소제기는 그 절차가 법률의 규정에 위반하여 무효인 때에 해당한다.

④ 범의를 가진 자에 대하여 범행의 기회를 제공하는 것은 위법한 함정수사에 해당한다.

⑤ 전투경찰대원이 교통단속 근무 중 면허증 제시를 거절하면서 욕설을 하고 멱살을 잡는 등 폭력을 행사하는 교통법규 위반자와 실랑이를 벌이다가 팔로 운전석 유리를 쳐 상해를 입은 경우, 국가유공자등 예우 및 지원에 관한법률 상 '직무수행 중의 상이'에 해당한다.

30 공무집행방해죄 등에 관한 대법원 판례 내용 중 옳지 않은 것은?

① 법정형이 5만 원 이하의 벌금, 구류 또는 과료에 해당하는 경미한 범죄의 현행범을 강제로 연행하려고 하는 경찰관의 행위를 제지하고자 폭행을 가한 행위는 공무집행방해죄를 구성한다.

② 현행범인으로서의 요건을 갖추고 있었다고 인정되지 않는 상황에서 경찰관들이 동행을 거부하는 자를 체포하거나 강제로 연행하려고 하였다면, 이는 적법한 공무집행이라고 볼 수 없으므로 강제연행을 거부하는 자를 도와 경찰관들에 대하여 폭행을 하는 등의 방법으로 그 연행을 방해한 경우, 공무집행방해죄는 성립되지 않는다.

③ 군 도시과 ○○계 요원으로 근무하고 있는 청원경찰관이 허가 없이 창고를 주택으로 개축하는 것을 단속하는 것은 그의 정당한 공무집행에 속한다고 할 것이므로 이를 폭력으로 방해하는 소위는 공무집행방해죄에 해당된다.

④ 경찰관이 술에 만취된 피해자가 향토예비군 4명에게 떼메어 운반되어 지서 나무의자 위에 눕혀 놓았을 때 숨이 가쁘게 쿨쿨 내뿜고 자신의 수족과 의사도 자제할 수 없는 상태에 있음에도 불구하고 근 3시간 동안이나 아무런 구호조치를 취하지 아니한 것은, 유기죄에 대한 범의를 인정할 수 있다.

⑤ 부가형인 몰수의 선고의 효력은 유죄판결을 받은 피고인에 대하여만 발생하는 것이므로 피고인 이외의 제3자는 몰수의 대상이 된 선박의 소유자로서 민사소송으로 국가에 대하여 그 반환을 청구할 수 있다.

제2과목	국제선박항만보안법

01 **국제선박항만보안법 제2조(정의) 내용 중 옳지 않은 것은?**

① "국제항해선박"이란, 「선박안전법」 제2조 제1호에 따른 선박으로서 국제항해에 이용되는 선박을 말한다.

② "항만시설"이란, 국제항해선박과 선박항만연계활동이 가능하도록 갖추어진 시설로서 「항만법」 제2조 제5호에 따른 항만시설 및 해양수산부령으로 정하는 시설을 말한다.

③ "국제항해선박소유자"란 국제항해선박의 소유자ㆍ관리자 또는 국제항해선박의 소유자ㆍ관리자로부터 선박의 운영을 위탁받은 법인ㆍ단체 또는 개인을 말한다.

④ "항만시설소유자"란 항만시설의 소유자ㆍ관리자 또는 항만시설의 소유자ㆍ관리자로부터 그 운영을 위탁받은 법인ㆍ단체 또는 개인을 말한다.

⑤ "국가보안기관"이란 국가정보원ㆍ국방부ㆍ관세청ㆍ경찰청 및 해양경찰청 등 보안업무를 수행하는 국가기관 또는 지방자치단체를 말한다.

02 **국제선박항만보안법의 적용범위와 관련한 내용 중 옳지 않은 것은?**

① 이 법은 대한민국 국적의 국제항해선박으로서, 모든 여객선에 적용한다.

② 이 법은 대한민국 국적의 국제항해선박으로서, 총톤수 500톤 이상의 화물선에 적용한다.

③ 이 법은 대한민국 국적의 국제항해선박으로서, 이동식 해상구조물에 적용한다.

④ 대한민국 국적 국제항해선박으로서 모든 여객선과 선박항만연계활동이 가능한 항만시설

⑤ 국제항해선박과 항만시설의 보안에 관하여 국제적으로 발효된 국제협약의 보안기준과 이 법의 규정내용이 다른 때에는 이 법의 효력을 우선한다. 다만, 이 법의 규정내용이 국제협약의 보안기준보다 강화된 기준을 포함하는 때에는 그러하지 아니하다.

03 국제선박항만보안법의 국가항만보안계획에 관한 내용 중 옳지 않은 것은?

① 해양수산부장관은 국제항해선박 및 항만시설의 보안에 관한 업무를 효율적으로 수행하기 위하여 10년마다 국가항만보안계획을 수립·시행하여야 한다.

② 국가항만보안계획은 보안위원회의 심의를 거쳐 확정한다.

③ 해양수산부장관은 국가항만보안계획이 수립된 때, 이를 관계 행정기관의 장과 항만에 관한 업무를 관장하는 해양수산부 소속 기관의 장("지방청장")에게 통보하여야 한다.

④ 지방청장은 지역항만보안계획을 수립하려는 때, 해양수산부장관과 미리 협의하여야 한다.

⑤ 해양수산부장관과 지방청장은 국가항만보안계획과 지역항만보안계획이 수립된 후 5년이 경과한 때에는 그 내용을 검토하여 변경 여부를 결정하여야 한다.

04 국제선박항만보안 법령에서의 보안등급에 관한 다음 내용 중 옳지 않은 것은?

① 해양수산부장관은 보안등급을 설정하거나 조정하는 경우, 보안사건을 일으킬 수 있는 위험에 관한 정보의 구체성, 긴급성 및 신뢰성과 보안사건이 일어날 때 예상되는 피해 정도를 고려할 수 있다.

② 보안 1등급은, 국제항해선박과 항만시설이 정상적으로 운영되는 상황으로 일상적인 최소한의 보안조치가 유지되어야 하는 평상수준을 말한다.

③ 보안 2등급은, 국제항해선박과 항만시설에 보안사건이 일어날 가능성이 증대되어 일정기간 강화된 보안조치가 유지되어야 하는 경계수준을 말한다.

④ 보안 3등급은, 국제항해선박과 항만시설에 보안사건이 일어날 가능성이 뚜렷하거나 임박한 상황이어서 일정기간 최상의 보안조치가 유지되어야 하는 비상수준을 말한다.

⑤ 해양수산부장관은 국제항해선박에 대하여는 선박의 종류·항로 또는 해역별로 그 운항 특성을 고려하여 보안등급을 설정하거나 조정할 수 있으며, 항만시설에 대하여는 항만별 또는 항만시설 단위별로 그 기능별 특성을 고려하여 보안등급을 설정하거나 조정할 수 있다.

05 **국제선박항만보안 법령에서의 보안책임자에 관한 내용 중 옳지 않은 것은?**

① 항만시설소유자는 그가 소유하거나 관리 · 운영하는 항만시설의 보안업무를 효율적으로 수행하게 하기 위하여 항만시설보안책임자를 지정하여야 한다.

② 항만시설소유자는 항만시설의 구조 및 기능에 따라 필요하다고 인정되는 때에는 2개 이상의 항만시설에 대하여 1인의 항만시설보안책임자를 지정할 수 있다

③ 항만시설소유자는 항만시설의 구조 및 기능에 따라 필요하다고 인정되는 때에는 1개의 항만시설에 대하여 2인 이상의 항만시설보안책임자를 지정할 수 있다

④ 항만시설소유자가 항만시설보안책임자를 지정한 때, 5일 이내에 해양수산부장관에게 통보하여야 한다.

⑤ 해양수산부장관은 항만시설보안책임자가 사무를 게을리 하거나 이를 이행하지 아니할 때에는 항만시설소유자에 대하여 그 변경을 명할 수 있다.

06 **국제선박항만보안 법령에서의 항만시설보안평가에 관한 내용 중 옳지 않은 것은?**

① 해양수산부장관은 항만시설에 대하여 보안과 관련한 시설 · 장비 · 인력 등에 대한 항만시설보안평가를 실시하여야 한다.

② 이 경우 관계 국가보안기관의 장과 미리 협의하여야 한다.

③ 해양수산부장관은 관계 국가보안기관의 장과 협의한 결과 국가정보원장이 요청하면 「보안업무규정」 제35조에 따른 보안측정의 실시와 연계하여 항만시설보안평가를 할 수 있다.

④ 해양수산부장관은 항만시설보안평가를 실시한 때에는 그 결과를 문서로 작성하여 해당 항만시설소유자에게 통보하여야 한다.

⑤ 해양수산부장관은 항만시설보안평가에 대하여 3년마다 재평가를 실시하여야 한다.

PART 04

해양수산부 청원경찰 실전모의고사

07 국제선박항만보안 법령에서의 항만시설보안평가에 관한 내용 중 옳지 않은 것은?

① 항만시설소유자는 항만시설보안평가의 결과를 반영하여, 보안취약요소에 대한 개선방안과 보안등급별 조치사항 등을 정한 항만시설보안계획서를 작성하여야 한다.

② 항만시설소유자는 항만시설보안계획서를 주된 사무소에 비치하고, 이를 시행하여야 한다.

③ 항만시설보안계획서에는 국제항해선박소유자 및 항만시설소유자의 보안등급별 세부 보안조치사항의 이행에 필요한 사항 등이 포함되어야 한다.

④ 항만시설보안계획서는 항만시설 단위별로 작성하되, 2개 이상 항만시설의 항만시설소유자가 같고, 항만시설의 구조, 위치, 운영방법 및 장비 등이 유사하면 하나의 항만시설보안계획서에 통합하여 작성하도록 하여야 한다.

⑤ 항만시설보안계획서를 작성한 때에는 해양수산부장관의 승인을 받아야 한다.

08 국제선박항만보안법 제26조(항만시설보안심사)와 관련한 내용 중 옳지 않은 것은?

① 항만시설소유자는 그가 소유하거나 관리 · 운영하고 있는 항만시설에 대하여 항만시설보안계획서에 따른 조치 등을 적정하게 시행하고 있는지 여부를 확인받기 위하여 해양수산부장관에게 항만시설보안심사를 받아야 한다.

② 그 심사시기는, 최초보안심사는 항만시설 운영개시일 3개월 전부터 운영개시일 전날까지, 갱신보안심사는 항만시설적합확인서의 유효기간 만료일 3개월 전부터 유효기간 만료일까지, 중간보안심사는 항만시설적합확인서 유효기간 개시일부터 매 1년이 되는 날을 기준일로 하여 그 기준일 3개월 전부터 그 기준일 이후 3개월이 되는 날까지이다.

③ 항만시설소유자는 최초보안심사를 받기 전에 임시로 항만시설을 운영하는 경우, 해양수산부장관에게 항만시설보안계획서의 작성 · 시행 등에 관한 이행 여부를 확인하는 임시항만시설보안심사를 받을 수 있다.

④ 해양수산부장관은 항만시설에서 보안사건이 발생하는 등 해양수산부령으로 정하는 사유가 있는 때에는 그 항만시설에 대하여 항만시설보안계획서의 작성 · 시행 등에 관한 이행 여부를 확인하는 특별항만시설보안심사를 실시할 수 있다.

⑤ 항만시설보안심사 또는 임시항만시설보안심사를 받으려는 자는 항만시설 최초 · 갱신 · 중간 · 임시 보안심사 신청서를 관할 지방해양수산청장에게 제출해야 한다.

09 국제선박항만보안법 제27조(항만시설적합확인서 등)에 관한 내용 중 옳지 않은 것은?

① 해양수산부장관은 최초보안심사에 합격한 항만시설에 대하여 항만시설적합확인서를 교부하여야 한다.

② 해양수산부장관은 갱신보안심사에 합격한 항만시설에 대하여 항만시설적합확인서를 교부하여야 한다.

③ 해양수산부장관은 중간보안심사 또는 특별항만시설보안심사에 합격한 항만시설에 대해서는 특별항만시설적합확인서를 교부하여야 한다.

④ 해양수산부장관은 임시항만시설보안심사에 합격한 항만시설에 대하여 임시항만시설적합확인서를 교부하여야 한다.

⑤ 항만시설소유자는 항만시설적합확인서 또는 임시항만시설적합확인서의 원본을 주된 사무소에 비치하여야 한다.

10 국제선박항만보안법 제28조(항만시설적합확인서 등의 유효기간)에 관한 내용 중 옳지 않은 것은?

① 항만시설적합확인서의 유효기간은 발급일부터 5년으로 하며, 임시항만시설적합확인서의 유효기간은 발급일부터 3개월로 한다.

② 중간보안심사에 불합격한 항만시설의 항만시설적합확인서의 유효기간은 적합한 항만시설보안심사에 합격될 때까지 그 효력이 정지된다.

③ 유효기간 중에 항만시설소유자가 변경된 경우에는 항만시설소유자의 변경일에 해당 항만시설적합확인서 또는 임시항만시설적합확인서의 유효기간이 만료된 것으로 본다.

④ 임시항만시설적합확인서의 유효기간 중에 항만시설적합확인서가 발급된 경우에는 항만시설적합확인서가 발급된 때에 임시항만시설적합확인서의 유효기간이 만료된 것으로 본다.

⑤ 중간보안심사를 받지 않고 그 심사 기간이 경과한 경우에는 적합한 항만시설보안심사에 합격될 때까지 해당 항만시설적합확인서의 유효기간은 그 효력이 정지된 것으로 본다.

11 국제선박항만보안법상 항만시설소유자에 관한 내용 중 옳지 않은 것은?

① 항만시설소유자는 그가 소유하거나 관리·운영하는 항만시설에 대하여 보안에 관한 위협 및 조치사항 등을 기록한 항만시설보안기록부를 작성하고, 해당 항만시설에 위치한 사무소에 비치하여야 한다.

② 항만시설보안기록부에 보안교육·훈련의 내용, 항만시설을 운영하는 과정에서 발생한 보안사건이나 보안침해의 내용, 항만시설의 보안등급, 내부보안심사 결과와 조치 내용 등을 기록하여야 한다.

③ 항만시설보안기록부는 전자문서로 작성할 수 있다.

④ 항만시설보안기록부는 무단으로 열람, 변경, 삭제 또는 파손되지 아니하도록 관리하여야 한다.

⑤ 항만시설에는 최근 5년간의 항만시설보안에 관한 내용이 수록된 항만시설보안기록부를 갖추어 두어야 한다.

12 국제여객터미널을 운영하는 항만시설소유자는 국제항해여객선에 승선하는 자의 동의를 받아 직접 신체의 검색을 하거나 휴대물품의 개봉검색을 하여야 한다. 옳지 않은 것은?

① 보안검색장비가 정상적으로 작동되는 경우

② 보안검색장비의 경보음이 울리는 경우

③ 폭발물이나 무기류 등을 휴대하거나 은닉하고 있다고 의심되는 경우

④ 보안검색장비를 통한 검색 결과 그 내용물을 판독할 수 없는 경우

⑤ 항만시설의 보안등급이 상향되거나 보안상 위협에 관한 정부의 입수 등에 따라 개봉검색이 필요하다고 인정되는 경우

13 다음 중 위해물품을 탐지하기 위한 장비에 해당하지 아니하는 것은?

① 금속탐지장비(문형 금속탐지장비와 휴대용 금속탐지장비)

② 폭발물 탐지장비

③ 폭발물 흔적탐지장비

④ 원형(原形)탐지장비

⑤ 액체폭발물탐지장비

14 보안검색장비에 관한 내용 중 옳지 않은 것은?

① 인증기관은, 보안검색장비가 성능 인증기준에 맞게 제작되었는지 여부, 보안검색장비에 대한 품질관리체계를 적절하게 유지하고 있는지 등을 매년 정기점검을 실시하여야 한다.

② 인증기관은, 해양수산부장관의 요청이나 특별 점검계획에 따른 수시점검을 실시하여야 한다.

③ 해양수산부장관은 정기점검이나 수시점검을 실시하기 위해 필요하다고 인정하는 경우, 인증기관으로 하여금 관계 전문가 등과 함께 점검하게 할 수 있다.

④ 해양수산부장관은 성능 인증을 받은 보안검색장비가 거짓이나 그 밖의 부정한 방법으로 인증을 받은 경우와 보안검색장비가 성능 기준에 적합하지 아니하게 된 경우에는 그 인증을 취소할 수 있다.

⑤ 해양수산부장관은 점검을 실시한 결과 중대한 결함이 있다고 판단될 경우, 그 인증을 취소할 수 있다.

15 국제선박항만보안법 제31조(경비 · 검색인력 및 보안시설 · 장비의 확보 등) 관련한 내용 중 옳지 아니한 것은?

① 항만시설소유자는 그가 소유하거나 관리 · 운영하는 항만시설에 대하여 보안을 확보 · 유지하고, 국제항해여객선 승객 등의 보안검색을 하는 데 필요한 경비 · 검색인력을 확보하고, 필요한 시설과 장비를 신축 · 증축 · 개축하거나 설치하고 이를 유지 · 보수하여야 한다.

② 경비 · 검색인력 확보는 청원경찰법」에 따른 청원경찰의 고용 하는 방법이 있다.

③ 또한 「경비업법」 제2조 제1호 마목에 따른 특수경비업무의 허가를 받은 경비업자 중 제3항에 따라 지정받은 업체에 대한 경비 · 검색업무의 위탁하는 방법이 있다.

④ 수탁업체는, 「경비업법」 제2조 제1호 마목에 따른 특수경비업무의 허가를 받은 경비업자는 부산항의 경우 자본금이 10억 원 이상이며, 특수경비원 신임교육이수증을 교부받은 특수경비원이 100명 이상이어야 한다.

⑤ 수탁업체는, 「경비업법」 제2조 제1호 마목에 따른 특수경비업무의 허가를 받은 경비업자는 포항항의 경우 자본금이 10억 원 이상이며, 특수경비원 신임교육이수증을 교부받은 특수경비원이 50명 이상이어야 한다.

16 국제선박항만보안법 제33조(항만시설 이용자의 의무)의 금지내용 중 옳지 않은 것은?

① 항만시설이나 항만 내의 선박에 위법하게 무기[탄저균(炭疽菌), 천연두균 등의 생화학무기 포함], 도검류(刀劍類), 폭발물, 독극물 또는 연소성이 높은 물건 등 위해물품을 반입·은닉하는 행위

② 보안사건 발생을 예방하기 위한 검문검색 및 지시 등에 불응하는 행위

③ 항만시설 내 해양수산부령으로 정하는 지역을 정당한 출입절차 없이 무단출입하는 행위

④ 항만시설 내 해양수산부령으로 정하는 구역에서 항만시설보안책임자의 허가 없는 촬영

⑤ 항만시설의 경비·검색업무, 경호업무 등 업무를 수행하기 위하여 필요한 경우, 해양수산부장관의 허가를 받아 대통령령으로 정하는 무기를 반입하거나 소지할 수 있다.

17 국제선박항만보안법 시행령 제11조의2(무기를 반입·소지할 수 있는 업무)가 정하는 대통령령으로 정하는 업무에 해당하지 않는 것은?

① 「경찰관 직무집행법」 제2조 제3호에 따른 주요 인사(人士) 경호

② 「국제항해선박 등에 대한 해적행위 피해예방에 관한 법률」 제15조 제1항에 따른 해상특수경비원의 경비

③ 항만시설 내 불법행위 방지를 위한 「청원경찰법」 제2조에 따른 청원경찰 및 「경비업법」 제2조제3호나목에 따른 특수경비원의 경비·검색

④ 「대통령 등의 경호에 관한 법률」 제2조 제1호에 따른 경호

⑤ 외국정부의 중요 인물을 경호하는 한국 정부의 경호

18 국제선박항만보안법 제34조가 규정한 국제항해선박 및 항만시설 보안위원회의 심의사항이 아
닌 것은?

① 국가항만보안계획의 수립에 관한 사항

② 지방항만보안계획의 수립에 관한 사항

③ 보안등급의 설정·조정에 관한 사항

④ 선박 및 항만시설에 대한 보안의 확보 및 유지에 관한 사항

⑤ 선박 및 항만시설의 보안과 관련된 국제협력에 관한 사항

19 국제항해선박 및 항만시설 보안위원회에 관한 내용 중 옳지 않은 것은?

① 해양수산부장관 소속으로 보안위원회를 둔다.

② 보안위원회는 위원장 1인과 부위원장 2인을 포함하여 10인 이내의 위원으로 구성한다.

③ 보안위원회의 위원장은 해양수산부장관이 된다.

④ 보안위원회의 부위원장은 해양수산부의 고위공무원단에 소속된 공무원으로 하며, 위원은
3급·4급 공무원 또는 고위공무원단에 속하는 일반직공무원(이에 상당하는 특정직·별
정직 국가공무원을 포함)으로 구성한다.

⑤ 보안위원회는 재적위원 과반수의 출석과 출석위원 과반수의 찬성으로 의결한다.

20 **질서위반행위규제법상의 과태료에 관한 내용 중 옳지 않은 것은?** (다툼이 있는 경우 판례에 의함)

① 질서위반행위규제법 제3조에 의하면, 질서위반행위의 성립과 과태료 처분은 원칙적으로 행위 시의 법률에 따르지만(제1항), 질서위반행위 후 법률이 변경되어 그 행위가 질서위반행위에 해당하지 아니하게 되거나 과태료가 변경되기 전의 법률보다 가볍게 된 때에는 법률에 특별한 규정이 없는 한 변경된 법률을 적용하여야 한다(제2항).

② 과태료처분의 재판은 법원이 과태료에 처하여야 할 사실이 있다고 판단되면 비송사건절차법에 의하여 직권으로 그 절차를 개시하는 것이고 관할 관청의 통고(통지)는 법원의 직권 발동을 촉구하는 데에 지나지 아니하므로, 후에 관할 관청으로부터 이미 행한 통고(통지)의 취하·철회가 있다고 하더라도 그 취하·철회는 비송사건절차법에 의한 법원의 과태료 재판을 개시·진행하는 데 장애가 될 수 없다.

③ 조례안이, 지방의회의 감사·조사를 위하여 출석요구를 받은 증인이 5급 이상 공무원인지 여부, 기관(법인)의 대표나 임원인지 여부 등 증인의 사회적 신분에 따라 미리부터 과태료의 액수에 차등을 두고 있는 경우, 지위의 높고 낮음만을 기준으로 한 부당한 차별대우라고 할 것이어서 헌법상 평등의 원칙에 위배되어 무효이다.

④ 농지법상 이행강제금 부과처분에 불복하는 경우, 비송사건절차법에 따른 재판절차가 적용되므로, 행정소송법상 항고소송의 대상은 될 수 없다.

⑤ 과태료처분을 받고 이를 납부 후에 형사처벌을 하면, 일사부재리의 원칙에 위반된다.

실전모의고사

⚓ 50문항 / 50분

제1과목	청원경찰법, 경찰관직무집행법

01 청원경찰 법령상의 내용 중 틀린 것은?

① 이 법은 청원경찰의 직무·임용·배치·보수·사회보장 및 그 밖에 필요한 사항을 규정함으로써 청원경찰의 원활한 운영을 목적으로 한다.

② "청원경찰"이란 청원경찰법 제2조에서 정하는, 기관의 장 또는 시설·사업장 등의 경영자가 경비(청원경찰경비)를 부담할 것을 조건으로 경찰의 배치를 신청하는 경우, 그 기관·시설 또는 사업장 등의 경비(警備)를 담당하게 하기 위하여 배치하는 경찰을 말한다.

③ 청원경찰은 청원경찰의 배치 결정을 받은 청원주와 배치된 기관·시설 또는 사업장 등의 구역을 관할하는 경찰서장의 감독을 받아 그 경비구역만의 경비를 목적으로 필요한 범위에서 「경찰관 직무집행법」에 따른 경찰관의 직무를 수행한다.

④ 청원경찰은 직무수행시 경비목적을 위하여 필요한 최소한의 범위에서 하여야 한다.

⑤ 청원경찰은 「경찰관 직무집행법」에 따른 직무와 수사활동 등 사법경찰관리의 직무를 수행할 수 있다.

02 청원경찰의 임용, 결격사유, 신분, 복무 등에 관한 다음 내용 중 틀린 것은?

① 청원경찰은 청원주가 임용하되, 임용을 할 때에는 미리 시·도경찰청장의 승인을 받아야 한다.

② 「국가공무원법」 제33조 각 호의 어느 하나의 결격사유에 해당하는 사람은 청원경찰로 임용될 수 없다.

③ 청원경찰은 「형법」이나 그 밖의 법령에 따른 벌칙을 적용하는 경우와 법 및 이 영에서 특별히 규정한 경우를 제외하고는 공무원으로 본다.

④ 청원경찰의 복무에 관하여는 「국가공무원법」 제57조, 제58조 제1항, 제60조 및 「경찰공무원법」 제24조를 준용한다.

⑤ 위 ④에서 규정한 사항 외에 청원경찰의 복무에 관하여는 해당 사업장의 취업규칙에 따른다.

03 청원경찰 인원 감축 등에 관한 대법원 판례 내용 중 옳지 아니한 것은?

① 청원주는 청원경찰이 인원감축으로 과원(過員)이 되었을 때에는 직권으로 면직시킬 수 있고, 지방자치단체의 장이 청원주인 경우 그 면직처분은 기속행위이다.

② 하자 있는 행정처분이 당연무효가 되기 위하여는 그 하자가 법규의 중요한 부분을 위반한 중대한 것으로서 객관적으로 명백한 것이어야 한다.

③ 청원경찰의 인원감축을 위하여, 초등학교 졸업 이하 학력소지자 집단과 중학교 중퇴 이상 학력소지자 집단으로 나누어 각 집단별로 같은 감원비율 상당의 인원을 선정한 것은 합리성과 공정성을 결여하고, 평등의 원칙에 위배하여 그 하자가 중대하다 할 것이나, 그렇게 한 이유가 시험문제 출제 수준이 중학교 학력 수준이어서 초등학교 졸업 이하 학력소지자에게 상대적으로 불리할 것이라는 판단 아래 이를 보완하기 위한 것이었으므로 그 하자가 객관적으로 명백하다고 보기는 어렵다.

④ 국가나 지방자치단체에 근무하는 청원경찰은, 그 근무관계를 사법상의 고용계약관계로 보기는 어려우므로 그에 대한 징계처분의 시정을 구하는 소는 행정소송의 대상이지 민사소송의 대상이 아니다.

⑤ 갑이 을 국립대학병원의 신규직원 공개채용 공고에 따라 청원경찰에 응시하여 합격하였으나, 그 후 갑이 채용 당시 시각장애 6급으로 '좌안 시력 0.025 이하'인데도 '시력(교정) 좌 1.0, 우 1.0'으로 기재된 신체검사서를 제출한 사실이 발견되어, 을 병원이 갑에게 직권면직 통보를 한 것은, 을 병원이 인사규정에서 임용취소사유로 정한 '사무의 착오 또는 허위서류 제출로 임용된 때'에 해당하므로, 갑에 대한 임용취소는 효력이 있다.

04 **청원경찰 관련 판례 내용 중 옳지 아니한 것은?**

① 국가나 지방자치단체에서 근무하는 청원경찰은 국가공무원법이나 지방공무원법상 공무 원은 아니지만, 직무상 불법행위에 대하여 민법이 아닌 국가배상법이 적용된다.

② 국가나 지방자치단체에서 근무하는 청원경찰의 근무관계는 사법상 고용계약관계로 보기 어렵다.

③ 지방자치단체장이 지방자치단체에서 근무하는 청원경찰에게 징계로서 한 해임은 행정소 송 대상이 되는 처분에 해당한다.

④ 구청 소속 청원경찰 갑이 항공사진촬영 결과를 기초로 개발제한구역 내 불법건축 실태를 확인하기 위한 현장조사를 하고 그 결과를 토대로 공문서인 항측조사 결과보고서 등을 작 성하면서 불법건축물 위반면적을 축소하거나 위반사실을 누락하는 방법으로 항측조사 결 과보고서를 허위로 작성·행사한 행위에 대하여, 구청장이 직무상 의무를 위반하고 품위를 손상하는 행위를 하였다는 징계사유로, 구 청원경찰법 시행령 제17조에 따라, 갑을 해임 처분한 것은 적법하다.

⑤ 청원경찰에게 공무원연금과 고용보험을 동시에 적용하는 것은 신분상의 특이성 및 직무내 용의 성격을 모두 고려한 입법자의 정책적 판단의 결과이므로, 청원경찰은 고용보험법의 적용을 받으며, 청원경찰에 대한 고용보험료 부과처분은 적법하다.

05 **청원경찰법상 청원주가 부담하여야 하는 청원경찰경비가 아닌 것은?**

① 봉급과 각종 수당 ② 피복비
③ 교육비, 휴가비 ④ 보상금
⑤ 퇴직금

06 **청원경찰의 보수와 수당에 관한 내용 중 틀린 것은?** (다툼이 있는 경우 판례에 의함)

① 국가기관 또는 지방자치단체에 근무하는 청원경찰의 보수는, 재직기간에 해당하는 경찰공
무원의 보수를 감안하여 대통령령으로 정한다.

② 국가기관 또는 지방자치단체에 근무하는 청원경찰 보수의 호봉 간 승급기간은 경찰공무원
의 승급기간에 관한 규정을 준용한다.

③ 국가기관 또는 지방자치단체에 근무하는 청원경찰 외의 청원경찰 보수의 호봉 간 승급기
간 및 승급액은 그 배치된 사업장의 취업규칙에 따르며, 이에 관한 취업규칙이 없을 때에는
순경의 승급에 관한 규정을 준용한다.

④ 국가기관 또는 지방자치단체에 근무하는 청원경찰 외의 청원경찰의 봉급과 각종 수당은
경찰청장이 고시한 최저부담기준액 이상으로 지급하여야 한다. 다만, 고시된 최저부담기
준액이 배치된 사업장에서 같은 종류의 직무나 유사 직무에 종사하는 근로자에게 지급하
는 임금보다 적을 때에는 그 사업장에서 같은 종류의 직무나 유사 직무에 종사하는 근로자
에게 지급하는 임금에 상당하는 금액을 지급하여야 한다.

⑤ 한국공항공단의 청원경찰이 순찰 중에 화재를 발견하여 진압하는 경우, 그 직무가 한국공
항공단 소속 소방대원의 직무와 동일 또는 유사하다고 볼 수 있다.

07 **청원경찰에 대한 보상금과 퇴직금에 관한 내용으로 틀린 것은?**

① 청원주는 청원경찰이 청원경찰법상 보상금지급사유 중 어느 하나에 해당하게 되면 청원경
찰 본인 또는 그 유족에게 보상금을 지급할 수 있다.

② 직무수행으로 인하여 부상을 입은 경우, 보상금 지급사유에 해당한다.

③ 직무수행으로 인하여 질병에 걸리거나 또는 사망한 경우, 보상금 지급사유에 해당한다.

④ 직무상의 부상 · 질병으로 인하여 퇴직하거나, 퇴직 후 2년 이내에 사망한 경우, 보상금 지
급사유에 해당한다.

⑤ 청원주는 청원경찰이 퇴직할 때에는 「근로자퇴직급여 보장법」에 따른 퇴직금을 지급하여
야 한다. 다만, 국가기관이나 지방자치단체에 근무하는 청원경찰의 퇴직금에 관하여는 따
로 대통령령으로 정한다.

08 청원주로부터 무기와 탄약을 지급받은 청원경찰이 준수하여야 하는 사항이 아닌 것은?

① 무기를 지급받거나 반납할 때 또는 인계인수할 때, 반드시 "앞에 총" 자세에서 "검사 총"을 하여야 한다.

② 무기와 탄약을 지급받았을 때, 별도의 지시가 없으면 무기와 탄약을 분리하여 휴대하여야 하며, 소총은 "우로 어깨 걸어 총"의 자세, 권총은 "권총집에 넣어 총"의 자세를 유지하여야 한다.

③ 지급받은 무기는 다른 사람에게 보관·휴대하게 할 수 없으며 손질을 의뢰할 수 없다.

④ 무기를 손질하거나 조작할 때, 반드시 총구를 공중으로 향하게 하여야 한다.

⑤ 무기와 탄약을 반납할 때, 손질을 철저히 하여야 하며, 근무시간 이후에는 무기와 탄약을 청원주에게 반납하여야 한다.

09 청원주는 일정한 경우 청원경찰에게 무기와 탄약을 지급해서는 아니 되며, 지급한 무기와 탄약은 즉시 회수해야 한다. 지급거절사유에 해당하지 아니하는 것은?

① 직무상 비위(非違)로 징계 대상이 된 사람

② 형사사건으로 조사 대상이 된 사람

③ 사직 의사를 밝힌 사람

④ 치매, 조현병, 조현정동장애, 양극성 정동장애(조울병), 재발성 우울장애 등의 정신질환으로 인하여 무기와 탄약의 휴대가 적합하지 않다고 청원주가 인정하는 사람

⑤ 위 ①부터 ④까지의 규정 중 어느 하나에 준하는 사유로 청원주가 무기와 탄약을 지급하기에 적절하지 않다고 인정하는 사람

10 청원경찰 법령상 표창과 감독에 관한 내용 중 틀린 것은?

① 시·도경찰청장, 관할 경찰서장 또는 청원주는 청원경찰에게, 성실히 직무를 수행하여 근무성적이 탁월하거나 헌신적인 봉사로 특별한 공적을 세운 경우 공적상 표창을 수여하여야 한다.

② 시·도경찰청장, 관할 경찰서장 또는 청원주는 청원경찰에게, 교육훈련에서 교육성적이 우수한 경우 우등상 표창을 수여할 수 있다.

③ 청원주는 항상 소속 청원경찰의 근무상황을 감독하고, 근무수행에 필요한 교육을 하여야 한다.

④ 시·도경찰청장은 청원경찰의 효율적인 운영을 위하여 청원주를 지도하며 감독상 필요한 명령을 할 수 있다.

⑤ 관할 경찰서장은 매달 1회 이상 청원경찰을 배치한 경비구역에 대하여, 복무규율과 근무상황, 무기의 관리 및 취급 사항을 감독하여야 한다.

11 다음 청원경찰법령상 내용 중 틀린 것은?

① 청원경찰이 직무를 수행할 때 직권을 남용하여 국민에게 해를 끼친 경우에는 6개월 이하의 징역이나 금고에 처한다.

② 청원경찰 업무에 종사하는 사람은 「형법」이나 그 밖의 법령에 따른 벌칙을 적용할 때에는 공무원으로 본다.

③ 시·도경찰청장의 권한은 그 일부를 대통령령으로 정하는 바에 따라 관할 경찰서장에게 위임할 수 있다.

④ 청원경찰은 형의 선고, 징계처분 또는 신체상·정신상의 이상으로 직무를 감당하지 못할 때를 제외하고는 그 의사(意思)에 반하여 면직(免職)되지 아니한다. 청원주가 청원경찰을 면직시켰을 때에는 그 사실을 관할 경찰서장을 거쳐 시·도경찰청장에게 보고하여야 한다.

⑤ 청원경찰(국가기관이나 지방자치단체에 근무하는 청원경찰을 포함)의 직무상 불법행위에 대한 배상책임에 관하여는 「민법」의 규정을 따른다.

12 청원경찰법 시행령에 의한 과태료 부과기준으로 틀린 것은?

① 시·도경찰청장의 배치 결정을 받지 않고, 국가 중요 시설(국가정보원장이 지정하는 국가 보안 목표시설)에 청원경찰을 배치한 경우 : 과태료 500만원

② 시·도경찰청장의 배치 결정을 받지 않고, 국가 중요 시설 외의 시설에 청원경찰을 배치한 경우 : 과태료 500만 원

③ 시·도경찰청장의 승인을 받지 않고, 임용 결격사유에 해당하는 청원경찰을 임용한 경우 : 500만원

④ 정당한 사유 없이 법 제6조제3항에 따라 경찰청장이 고시한 최저부담기준액 이상의 보수를 지급하지 않은 경우 : 500만원

⑤ 시·도경찰청장의 감독상 필요한 명령(총기·실탄 및 분사기에 관한 명령)을 정당한 사유 없이 이행하지 않은 경우 : 500만원

13 청원경찰법 시행규칙에 의한 다음 교육과목에 대한 교육시간으로 옳은 것은?

| 1. 형사법 | (A) 시간 |
| 2. 청원경찰법 | (B) 시간 |

① A : 8 시간, B : 5 시간
② A : 10 시간, B : 3 시간
③ A : 10 시간, B : 5 시간
④ A : 8 시간, B : 3 시간
⑤ A : 8 시간, B : 4 시간

14 청원경찰이 금고 이상의 형의 선고유예를 받은 경우 당연 퇴직되도록 규정한 청원경찰법(국가공무원법 제33조 제5호에 관한 부분)에 관한 헌법재판소의 판례 내용 중 틀린 것은?

① 금고 이상의 형의 선고유예를 받은 경우 사회적 비난가능성이 크거나 직무수행에 대한 국민의 신뢰 등에 미치는 부정적인 영향이 크다고 단정하지 않을 수 없다.

② 같은 금고 이상의 형의 선고유예를 받은 경우라고 하여도 범죄의 종류, 죄질, 내용이 지극히 다양하다.

③ 선고유예 판결의 확정에 따른 당연 퇴직 사유를 규정함에 있어서 직업의 자유에 대한 제한을 최소화하기 위해서는 입법목적을 달성함에 반드시 필요한 범죄의 유형, 내용 등으로 그 범위를 가급적 한정하여 규정하거나, 혹은 적어도 청원경찰법상에 마련된 징계 등 별도의 제도로도 입법목적을 충분히 달성할 수 있는 것으로 판단되는 경우를 당연 퇴직 사유에서 제외시켜 규정하여야 한다.

④ 청원경찰이 저지른 범죄의 종류나 내용을 불문하고 금고 이상의 형의 선고유예를 받게 되면 당연히 퇴직되도록 규정함으로써 청원경찰에게 공무원보다 더 가혹한 제재를 가하고 있으므로, 침해의 최소성 원칙에 위배된다.

⑤ 청원경찰이 저지른 범죄의 종류나 내용을 불문하고 범죄행위로 금고 이상의 형의 선고유예를 받게 되면 당연히 퇴직되도록 규정함으로써 그것이 달성하려는 공익의 비중에도 불구하고 청원경찰의 직업의 자유를 과도하게 제한하고 있어 법익의 균형성 원칙에도 위배된다. 따라서, 위 심판대상조항은 과잉금지원칙에 반하여 직업의 자유를 침해한다.

15 다음중 배치의 폐지 등에 관한 청원경찰법의 내용으로 틀린 것은?

① 청원주는 청원경찰이 배치된 시설이 폐쇄, 축소되어 청원경찰의 배치를 폐지하거나 배치 인원을 감축할 필요가 있다고 인정하면 청원경찰의 배치를 폐지하거나 배치인원을 감축할 수 있다.

② 청원주는, 청원경찰을 대체할 목적으로 「경비업법」에 따른 특수경비원을 배치하는 경우와 청원경찰이 배치된 기관·시설 또는 사업장 등이 배치인원의 변동사유 없이 다른 곳으로 이전하는 경우, 청원경찰의 배치를 폐지하거나 배치인원을 감축할 수 없다.

③ 청원주가 청원경찰을 폐지하거나 감축하였을 때, 청원경찰 배치 결정을 한 경찰관서의 장에게 알려야 하며, 그 사업장이 시·도경찰청장이 청원경찰의 배치를 요청한 사업장일 때에는 그 폐지 또는 감축 사유를 구체적으로 밝혀야 한다.

④ 청원경찰의 배치를 폐지하거나 배치인원을 감축하는 경우, 해당 청원주는 배치폐지나 배치인원 감축으로 과원(過員)이 되는 청원경찰 인원을 그 기관·시설 또는 사업장 내의 유사 업무에 종사하게 하거나 다른 시설·사업장 등에 재배치하는 등 청원경찰의 고용이 보장될 수 있도록 노력하여야 한다.

⑤ 청원주가 청원경찰배치의 폐지·중지 또는 인원감축에 관한 도지사의 결정 또는 명령 없이 또한 청원경찰배치의 폐지·중지 또는 감축신청서를 제출하지 않은 채 청원경찰과 사이의 사법상 근로계약관계를 해소하였다면, 그러한 근로관계 해소는 효력이 없다.

16 경찰관 직무집행법 제1조 제②항에서 "이 법에 규정된 경찰관의 직권은 그 직무 수행에 필요한
    최소한도에서 행사되어야 하며 남용되어서는 아니 된다."고 규정하며, 비례의 원칙을 선언하고
    있다. 다음 비례의 원칙에 관한 내용 중 옳지 않은 것은? (대법원 2020. 9. 3. 선고 2016두
    32992 전원합의체 판결)

① 헌법 제37조 제2항 "국민의 모든 자유와 권리는 국가안전보장·질서유지 또는 공공복리를
   위하여 필요한 경우에 한하여 법률로써 제한할 수 있으며, 제한하는 경우에도 자유와 권리
   의 본질적인 내용을 침해할 수 없다."라는 규정이 비례의 원칙(과잉금지의 원칙)이다.

② 헌법상 법치주의는 법률유보원칙(행정작용에는 국회가 제정한 형식적 법률의 근거가 요
   청된다는 원칙)을 핵심 내용으로 한다.

③ 오늘날의 법률유보원칙은 단순히 행정작용이 법률에 근거를 두기만 하면 충분한 것이 아
   니라, 국가공동체와 그 구성원에게 기본적이고도 중요한 의미를 갖는 영역, 특히 국민의 기
   본권 실현에 관련된 영역에 있어서는 입법자 스스로 그 본질적 사항에 대하여 결정하여야
   한다는 요구, 즉 의회유보원칙까지 내포한다.

④ 헌법상 보장된 국민의 자유나 권리를 제한할 때, 적어도 그 제한의 본질적인 사항에 관하여
   국회가 법률로써 스스로 규율하여야 한다.

⑤ 대통령이 발하는 대통령령은 법률에 의한 위임이 없이도 법률이 규정한 개인의 권리·의무
   에 관한 내용을 변경·보충하거나 법률에 규정되지 아니한 새로운 내용을 규정할 수 있다.

17 경찰관 직무집행법 제3조 제2항 임의동행에 관한 내용 중 옳지 않은 것은?

① 경찰관은 제3조 제1항에 따라 사람을 정지시킨 장소에서 질문을 하는 것이 그 사람에게 불리하거나 교통에 방해가 된다고 인정될 때에는 질문을 하기 위하여 가까운 경찰관서로 동행할 것을 요구할 수 있다. 이 경우 동행을 요구받은 사람은 그 요구를 거절할 수 있다.

② 임의동행에 동의한 사람은 경찰관의 동의를 받아 동행과정에서 이탈 또는 동행 장소로부터 퇴거할 수 있다.

③ 경찰관은 질문을 하거나 동행을 요구할 경우 자신의 신분을 표시하는 증표를 제시하면서 소속과 성명을 밝히고 질문이나 동행의 목적과 이유를 설명하여야 하며, 동행을 요구하는 경우에는 동행 장소를 밝혀야 한다.

④ 검문하는 사람이 경찰관이고 검문하는 이유가 범죄행위에 관한 것임을 피고인이 충분히 알고 있었다고 보이는 경우, 신분증을 제시하지 않고 행한 불심검문이 위법한 공무집행이라 할 수 없다.

⑤ 질문을 받거나 동행을 요구받은 사람은 형사소송에 관한 법률에 따르지 아니하고는 신체를 구속당하지 아니하며, 그 의사에 반하여 답변을 강요당하지 아니한다.

18 경찰관 직무집행법 제4조(보호조치 등)에 관한 내용 중 옳지 않은 것은?

① 경찰관은 응급구호가 필요하다고 믿을 만한 상당한 이유가 있는 구호대상자을 발견하였을 때, 보건의료기관이나 공공구호기관에 긴급구호를 요청하거나 경찰관서에 보호하는 등 적절한 조치를 할 수 있다.

② 정신착란을 일으키거나 술에 취하여 자신 또는 다른 사람의 생명 · 신체 · 재산에 위해를 끼칠 우려가 있는 사람, 자살을 시도하는 사람 등이 보호조치 대상자에 해당한다.

③ 미아, 병자, 부상자 등으로서 적당한 보호자가 없으며 응급구호가 필요하다고 인정되는 사람도 보호조치 대상자이나, 다만, 본인이 구호를 거절하는 경우는 제외한다.

④ 경찰관은 구호대상자가 휴대하고 있는 무기 · 흉기 등 위험을 일으킬 수 있는 것으로 인정되는 물건을 경찰관서에 7일 이내 임시로 영치(領置)하여 놓을 수 있다.

⑤ 경찰관이 응급의 구호를 요하는 자를 보건의료기관에게 긴급구호요청을 하고, 보건의료기관이 이에 따라 치료행위를 하였다고 하더라도 국가와 보건의료기관 사이에 국가가 그 치료행위를 보건의료기관에 위탁하고 보건의료기관이 이를 승낙하는 내용의 치료위임계약이 체결된 것으로는 볼 수 없다.

19 경찰관 직무집행법 제6조에 따른 경찰관의 제지에 관한 내용 중 옳지 않은 것은?

① 경찰관 직무집행법 제6조는 "경찰관은 범죄행위가 목전에 행하여지려고 하고 있다고 인정될 때에는 이를 예방하기 위하여 관계인에게 충분한 경고를 하고, 그 행위로 인하여 사람의 생명·신체에 위해를 끼치거나 재산에 중대한 손해를 끼칠 우려가 있는 긴급한 경우에는 그 행위를 제지할 수 있다."라고 규정하고 있다.

② 경찰관의 제지는 범죄의 예방을 위한 경찰행정상 즉시강제로서, 권력적 사실행위이다.

③ 즉시강제는 그 본질상 행정 목적 달성을 위하여 불가피한 한도 내에서 예외적으로 허용되는 것이다.

④ 경찰관의 제지 조치 역시 그러한 조치가 불가피한 최소한도 내에서만 행사되도록 그 발동·행사 요건을 신중하고 엄격하게 해석하여야 한다.

⑤ 공무원이 공무를 수행하는 과정에서 위법행위로 타인에게 손해를 가한 경우에 국가 등이 손해배상책임을 지는 외에 그 개인은 고의 또는 과실이 있는 경우, 손해배상책임이 있다.

20 경찰관 직무집행법 제9조(유치장)에 관한 내용 중 옳지 않은 것은?

① 법률에서 정한 절차에 따라 체포·구속된 사람 또는 신체의 자유를 제한하는 판결이나 처분을 받은 사람을 수용하기 위하여 경찰서와 해양경찰서에 유치장을 둔다.

② 구속영장을 발부받음이 없이 피의자를 보호실에 유치함은 영장주의에 위배되는 위법한 구금이다.

③ 생명침해 아닌 불법행위의 경우에도 불법행위 피해자의 부모는 그 정신적 고통에 관한 입증을 함으로써 민법 제750조, 제751조에 의하여 위자료를 청구할 수 있다.

④ 타인의 불법행위로 부당하게 신체를 구금당한 피해자의 부모가 그 정신적 고통에 대하여 위자료를 청구할 수 있다.

⑤ 감금죄에 있어서의 감금행위는 사람으로 하여금 일정한 장소 밖으로 나가지 못하도록 하여 신체의 자유를 제한하는 행위를 가리키는 것이고, 그 방법은 물리적, 유형적 장애를 사용하는 경우이어야 한다.

21 경찰관 직무집행법 제10조(경찰장비의 사용 등)에 관한 내용 중 옳지 않은 것은?

① 경찰관은 직무수행 중 경찰장비를 사용할 수 있다. 다만, 사람의 생명이나 신체에 위해를 끼칠 수 있는 "위해성 경찰장비"를 사용할 때에는 필요한 안전교육과 안전검사를 받은 후 사용하여야 한다.

② "경찰장비"란 무기, 경찰장구(警察裝具), 최루제(催淚劑)와 그 발사장치, 살수차, 감식기구(鑑識機具), 해안 감시기구, 통신기기, 차량·선박·항공기 등 경찰이 직무를 수행할 때 필요한 장치와 기구를 말한다.

③ 경찰관은 경찰장비를 함부로 개조하거나 경찰장비에 임의의 장비를 부착하여 일반적인 사용법과 달리 사용함으로써 다른 사람의 생명·신체에 위해를 끼쳐서는 아니 된다.

④ 위해성 경찰장비는 필요한 최소한도에서 사용하여야 한다.

⑤ 관할 경찰서장은 위해성 경찰장비를 새로 도입하려는 경우, 안전성 검사를 실시하여 그 안전성 검사의 결과보고서를 국회 소관 상임위원회에 제출하여야 한다.

22 위해성 경찰장비의 사용제한에 관한 내용 중 옳지 않은 것은?

① 경찰관은 사람을 향하여 권총 또는 소총을 발사하고자 하는 때에는 미리 구두 또는 공포탄에 의한 사격으로 상대방에게 경고하여야 한다.

② 경찰관은 총기 또는 폭발물을 가지고 대항하는 경우, 14세 미만의 자 또는 임산부에 대하여 권총 또는 소총을 발사하여서는 아니 된다.

③ 경찰관은 공공의 안전을 위협하는 동물을 사살하기 위하여 부득이한 때, 권총 또는 소총을 사용할 수 있다.

④ 경찰관은 범인의 체포 또는 도주방지, 타인 또는 경찰관의 생명·신체에 대한 방호, 공무집행에 대한 항거의 억제를 위하여 필요한 때, 최소한의 범위 안에서 가스발사총을 사용할 수 있다. 경찰관은 1미터 이내의 거리에서 상대방의 얼굴을 향하여 발사하여서는 아니 된다.

⑤ 경찰관은 최루탄발사기로 최루탄을 발사하는 경우 30도 이상의 발사각을 유지하여야 하고, 가스차·살수차 또는 특수진압차의 최루탄발사대로 최루탄을 발사하는 경우 15도 이상의 발사각을 유지하여야 한다.

23 물포, 살수차, 석궁 등의 사용기준으로 옳지 않은 것은?

① 경찰관은 불법해상시위를 해산시키거나 선박운항정지(정선)명령에 불응하고 도주하는 선박을 정지시키기 위하여 부득이한 경우, 현장책임자의 판단에 의하여 필요한 최소한의 범위 안에서 경비함정의 물포를 사용할 수 있다. 다만, 사람을 향하여 직접 물포를 발사해서는 안 된다.

② 경찰관은 살수차 외의 경찰장비로는 그 위험을 제거·완화시키는 것이 현저히 곤란한 경우, 관할 경찰서장의 명령에 따라 살수차를 배치·사용할 수 있다.

③ 경찰관은 살수차를 사용하는 경우 살수거리별 수압기준에 따라 살수해야 하며, 사람의 생명, 신체에 치명적인 위해를 가하지 않도록 필요한 최소한의 범위에서 살수해야 한다.

④ 경찰관은 범죄에 이용하였다고 의심할 만한 차량 또는 수배중인 차량이 정당한 검문에 불응하고 도주하거나 차량으로 직무집행중인 경찰관에게 위해를 가한 후 도주하려는 경우, 도주차량차단장비를 사용할 수 있다.

⑤ 경찰관은 총기·폭발물 기타 위험물로 무장한 범인 또는 인질범의 체포, 대간첩·대테러작전 등 국가안전에 관련되는 작전을 은밀히 수행하거나 총기를 사용할 경우에는 화재·폭발의 위험이 있는 등 부득이한 때에 한하여 현장책임자의 판단에 의하여 필요한 최소한의 범위 안에서 석궁을 사용할 수 있다.

24 경찰관 직무집행법 제10조의 4(무기의 사용) 요건 중 사람에게 위해를 끼쳐서는 아니 되는 경우가 아닌 것은?

① 「형법」상 정당행위와 긴급피난에 해당할 때

② 사형·무기 또는 장기 3년 이상의 징역이나 금고에 해당하는 죄를 범하거나 범하였다고 의심할 만한 충분한 이유가 있는 사람이 경찰관의 직무집행에 항거하거나 도주하려고 할 때, 그 행위를 방지하거나 그 행위자를 체포하기 위하여 무기를 사용하지 아니하고는 다른 수단이 없다고 인정되는 상당한 이유가 있을 때

③ 체포·구속영장과 압수·수색영장을 집행하는 과정에서 경찰관의 직무집행에 항거하거나 도주하려고 할 때, 그 행위를 방지하거나 그 행위자를 체포하기 위하여 무기를 사용하지 아니하고는 다른 수단이 없다고 인정되는 상당한 이유가 있을 때

④ 범인이나 소요를 일으킨 사람이 무기·흉기 등 위험한 물건을 지니고 경찰관으로부터 3회 이상 물건을 버리라는 명령이나 항복하라는 명령을 받고도 따르지 아니하면서 계속 항거할 때, 그 행위를 방지하거나 그 행위자를 체포하기 위하여 무기를 사용하지 아니하고는 다른 수단이 없다고 인정되는 상당한 이유가 있을 때

⑤ 대간첩 작전 수행 과정에서 무장간첩이 항복하라는 경찰관의 명령을 받고도 따르지 아니할 때

25 경찰관 직무집행법 제11조의2(손실보상)에 관한 내용 중 옳지 않은 것은?

① 국가는 경찰관의 적법한 직무집행으로 인하여 법률이 정하는 사유에 해당하는 손실을 입은 자에 대하여 정당한 보상을 할 수 있다.

② 손실발생의 원인에 대하여 책임이 없는 자가 생명·신체 또는 재산상의 손실을 입은 경우, 손실보상 대상에 해당한다.

③ 손실발생의 원인에 대하여 책임이 없는 자가 경찰관의 직무집행에 자발적으로 협조하거나 물건을 제공하여 생명·신체 또는 재산상의 손실을 입은 경우를 포함한다.

④ 손실발생의 원인에 대하여 책임이 있는 자가 자신의 책임에 상응하는 정도를 초과하는 생명·신체 또는 재산상의 손실을 입은 경우, 손실보상 대상에 해당한다.

⑤ 손실보상을 청구할 수 있는 권리는 손실이 있음을 안 날부터 3년, 손실이 발생한 날부터 5년간 행사하지 아니하면 시효의 완성으로 소멸한다.

26 경찰관 직무집행법 시행령 제9조(손실보상의 기준 및 보상금액 등)에 관한 내용 중 옳지 않은 것은?

① 손실보상을 할 때 물건을 멸실·훼손한 경우, 보상액은, 손실을 입은 물건을 수리할 수 있는 경우, 수리비에 상당하는 금액이다.

② 손실을 입은 물건을 수리할 수 없는 경우, 손실을 입은 당시의 해당 물건의 교환가액.

③ 영업자가 손실을 입은 물건의 수리나 교환으로 인하여 영업을 계속할 수 없는 경우, 영업을 계속할 수 없는 기간 중 영업상 이익에 상당하는 금액.

④ 물건의 멸실·훼손으로 인한 손실 외의 재산상 손실에 대해서는 직무집행과 상당한 인과관계가 있는 범위에서 보상한다.

⑤ 보상금을 지급받을 사람이 동일한 원인으로 다른 법령에 따라 보상금 등을 지급받은 경우 지급하지 아니 한다.

27 손실보상심의위원회의 설치 및 구성에 관한 내용 중 옳지 않은 것은?

① 소속 경찰공무원의 직무집행으로 인하여 발생한 손실보상청구 사건을 심의하기 위하여 경찰청, 해양경찰청, 시·도경찰청 및 지방해양경찰청에 손실보상심의위원회를 설치한다.

② 위원회는 위원장 1명을 포함한 5명 이상 7명 이하의 위원으로 구성한다.

③ 위원의 과반수 이상은 경찰공무원이 아닌 사람으로 하여야 한다.

④ 위촉위원의 임기는 3년으로 한다.

⑤ 위원회의 회의는 재적위원 과반수의 출석으로 개의(開議)하고, 출석위원 과반수의 찬성으로 의결한다.

28 경찰관 직무집행법에 관한 내용 중 옳지 않은 것은?

① 이 법에 규정된 경찰관의 의무를 위반하거나 직권을 남용하여 다른 사람에게 해를 끼친 사람은 1년 이하의 징역이나 금고에 처한다.

② 구체적인 사정에 따라 경찰관이 권한을 행사하여 필요한 조치를 취하지 아니하는 것이 현저하게 불합리하다고 인정되는 경우에는 그러한 권한의 불행사는 직무상의 의무를 위반한 것이 되어 위법하게 된다.

③ 공무원에게 부과된 직무상 의무의 내용이 공공 일반의 이익을 위한 것이거나 행정기관 내부의 질서를 규율하기 위한 경우, 공무원이 그와 같은 직무상 의무를 위반함으로 인하여 피해자가 입은 손해에 대하여는 상당인과관계가 인정되는 범위 내에서 국가가 배상책임을 진다.

④ 불법행위로 입은 정신적 고통에 대한 위자료 액수에 관하여는 사실심 법원이 직권에 의한 재량으로 확정할 수 있다.

⑤ 경찰관이 난동을 부리던 범인을 검거하면서 가스총을 근접 발사하여 가스와 함께 발사된 고무마개가 범인의 눈에 맞아 실명한 경우, 국가배상책임이 인정된다.

29 경찰관 직무집행법 관련 판례 중 옳지 않은 것은?

① 경찰관이 적법절차를 준수하지 않은 채 실력으로 현행범인을 연행하려 하였다면 적법한 공무집행이라고 할 수 없다.

② 자기의 법익뿐 아니라 타인의 법익에 대한 현재의 부당한 침해를 방위하기 위한 행위에 상당한 이유가 있으면 형법 제21조의 정당방위에 해당하여 위법성이 조각된다.

③ 구체적인 사정에 따라 경찰관이 권한을 행사하여 필요한 조치를 하지 아니하는 권한의 불행사는 직무상 의무를 위반이 아니므로 위법하지 아니하다.

④ 윤락녀들이 윤락업소에 감금된 채로 윤락을 강요받으면서 생활하고 있음을 쉽게 알 수 있는 상황이었음에도, 경찰관이 감금 및 윤락강요행위를 제지하거나 윤락업주들을 체포·수사하는 등 필요한 조치를 취하지 아니하고, 오히려 업주들로부터 뇌물을 수수하며 그와 같은 행위를 방치한 것은 경찰관의 직무상 의무에 위반하여 위법하므로 국가는 이로 인한 정신적 고통에 대하여 위자료를 지급할 의무가 있다.

⑤ 국민의 생명과 신체의 안전을 보호하기 위한 응급의 조치를 강구하여야 할 직무를 가진 경찰관이 술에 만취된 피해자가 지서 나무의자 위에 눕혀 놓여 숨이 가쁘게 쿨쿨 내뿜고 자신의 수족과 의사도 자제할 수 없는 상태에 있음에도 불구하고 약 3시간 동안이나 아무런 구호조치를 취하지 아니한 것은 유기죄가 인정된다.

30 경찰관직무집행법상 경찰관의 직무 범위에 해당하지 아니하는 것은?

① 국민의 생명 · 신체 및 재산의 보호

② 범죄의 예방 · 진압 및 수사

③ 범죄피해자 보호

④ 경비, 주요 인사(人士) 경호 및 대간첩 · 대테러 작전 수행

⑤ 공공복리의 달성

제2과목 / 국제선박항만보안법

01 다음 중 국제선박항만보안법의 적용범위가 아닌 것은?

① 대한민국 국적의 국제항해선박으로서 모든 여객선

② 대한민국 국적의 국제항해선박으로서 총톤수 500톤 이상의 화물선

③ 대한민국 국적의 국제항해선박으로서 이동식 해상구조물(천연가스 등 해저자원의 탐사 · 발굴 또는 채취 등에 사용되는 것)

④ 대한민국 국적 또는 외국 국적의 국제항해선박(모든 여객선, 총톤수 500톤 이상의 화물선 또는 이동식 해상구조물)과 선박항만연계활동이 가능한 항만시설

⑤ 비상업용 목적으로 사용되는 선박으로서 국가 또는 지방자치단체가 소유하는 국제항해선박

02 국제선박항만보안법 제23조(항만시설보안책임자)에 관한 내용 중 옳지 아니한 것은?

① 항만시설소유자는 그가 소유하거나 관리 · 운영하는 항만시설의 보안업무를 효율적으로 수행하게 하기 위하여 해양수산부령으로 정하는 전문지식 등 자격요건을 갖춘 자를 항만시설보안책임자로 지정하여야 한다.

② 항만시설의 구조 및 기능에 따라 필요하다고 인정되는 때에는 2개 이상의 항만시설에 대하여 1인의 항만시설보안책임자를 지정하거나 1개의 항만시설에 대하여 2인 이상의 항만시설보안책임자를 지정할 수 있다.

③ 항만시설소유자가 항만시설보안책임자를 지정한 때, 5일 이내에 그 사실을 해양수산부장관에게 통보하여야 한다.

④ 항만시설보안책임자를 변경한 때에도 또한 같다.

⑤ 해양수산부장관은 항만시설보안책임자가 사무를 게을리 하거나 이를 이행하지 아니할 때에는 항만시설소유자에 대하여 그 변경을 명할 수 있다.

03 국제선박항만보안법령상 항만시설보안계획서에 관한 내용 중 옳지 아니한 것은?

① 항만시설소유자는 항만시설보안평가의 결과를 반영하여 보안취약요소에 대한 개선방안과 보안등급별 조치사항 등을 정한 항만시설보안계획서를 작성하여 주된 사무소에 비치하고 동 계획서에 따른 조치 등을 시행하여야 한다.

② 항만시설보안계획서에는 보안사고와 같은 보안상의 위협으로부터 항만시설(항만운영과 관련된 정보와 전산ㆍ통신시스템을 포함)ㆍ선박ㆍ화물ㆍ선용품 및 사람 등을 보호하는데 필요한 보안조치사항이 포함되어야 한다.

③ 항만시설보안계획서는 항만시설 단위별로 작성하되, 2개 이상 항만시설의 항만시설소유자가 같고, 항만시설의 구조, 위치, 운영방법 및 장비 등이 유사하면 하나의 항만시설보안계획서에 통합하여 작성하도록 할 수 있다.

④ 항만시설보안계획서를 작성한 때에는 해양수산부장관의 승인을 받아야 한다.

⑤ 해양수산부장관이 항만시설보안계획서를 승인하는 경우, 미리 관계 국가보안기관의 장의 승인을 받아야 한다.

04 국제선박항만보안법 제26조(항만시설보안심사 등)와 시행령에 의한 보안심사에 관한 내용 중 옳지 아니한 것은?

① 항만시설소유자는 그가 소유하거나 관리ㆍ운영하고 있는 항만시설에 대하여, 해양수산부장관에게 항만시설보안심사를 받아야 한다.

② 최초보안심사는 항만시설 운영개시일 3개월 전부터 운영개시일 전날까지 시행한다.

③ 갱신보안심사는 항만시설적합확인서의 유효기간 만료일 3개월 전부터 유효기간 만료일까지 시행한다.

④ 항만시설소유자는 최초보안심사를 받기 전에 임시로 항만시설을 운영하는 경우, 해양수산부장관에게 항만시설보안계획서의 작성ㆍ시행 등에 관한 이행 여부를 확인하는 임시항만시설보안심사를 받아야 한다.

⑤ 해양수산부장관은 항만시설에서 보안사건 등이 발생하는 경우, 특별항만시설보안심사를 실시하여야 한다. 이 경우 관계 국가보안기관의 장에게 승인을 받아야 한다.

05 항만시설적합확인서 또는 임시항만시설적합확인서에 관한 내용 중 옳지 아니한 것은?

① 해양수산부장관은 최초보안심사, 갱신보안심사, 중간보안심사에 합격한 항만시설에 대하여 해양수산부령으로 정하는 항만시설적합확인서를 교부할 수 있다.

② 해양수산부장관은 특별항만시설보안심사에 합격한 항만시설에 대해서는 항만시설적합확인서에 그 심사 결과를 표기하여야 한다.

③ 해양수산부장관은 임시항만시설보안심사에 합격한 항만시설에 대하여 해양수산부령으로 정하는 임시항만시설적합확인서를 교부하여야 한다.

④ 항만시설소유자는 항만시설적합확인서의 원본을 주된 사무소에 비치하여야 한다.

⑤ 항만시설소유자는 임시항만시설적합확인서의 원본을 주된 사무소에 비치하여야 한다.

06 국제선박항만보안법 시행령 제10조(항만시설적합확인서 등의 유효기간)에 관한 내용 중 옳지 아니한 것은?

① 항만시설적합확인서의 유효기간은 발급일부터 5년으로 하며, 임시항만시설적합확인서의 유효기간은 발급일부터 6개월로 한다.

② 해양수산부장관은 항만시설소유자로부터 항만시설적합확인서의 유효기간 연장신청을 받으면 그 사유의 타당성을 검토하여 6개월의 범위에서 항만시설적합확인서의 유효기간을 연장할 수 있다.

③ 유효기간 중에 항만시설소유자가 변경된 경우, 항만시설소유자의 변경일에 해당 항만시설적합확인서 또는 임시항만시설적합확인서의 유효기간이 만료된 것으로 본다.

④ 임시항만시설적합확인서의 유효기간 중에 항만시설적합확인서가 발급된 경우, 항만시설적합확인서가 발급된 때에 임시항만시설적합확인서의 유효기간이 만료된 것으로 본다.

⑤ 중간보안심사를 받지 않고 그 심사 기간이 경과한 경우: 적합한 항만시설보안심사에 합격될 때까지 해당 항만시설적합확인서의 유효기간은 그 효력이 정지된 것으로 본다.

07 국제선박항만보안법 제29조(항만시설적합확인서등 미소지 항만시설의 운영 금지)에 관한 내용 중 옳지 아니한 것은?

① 누구든지 항만시설적합확인서등을 비치하지 아니하고 항만시설을 운영하여서는 아니 된다.

② 누구든지 효력이 정지되거나 상실된 항만시설적합확인서등을 비치한 항만시설을 운영하여서는 아니 된다.

③ 다만, 부득이하게 일시적으로 항만시설을 운영하여야 하는 때로서 대통령령으로 정하는 경우에는 그러하지 아니하다.

④ 태풍이나 해일 등으로 해당 항만시설에 긴급피난을 하는 경우, 부득이하게 일시적으로 항만시설을 운영하여야 하는 경우에는 그러하지 아니하다.

⑤ 국가보안기관이 국가 안보와 관련된 업무의 수행을 위하여 항만시설을 이용하는 경우 등, 부득이하게 일시적으로 항만시설을 운영하여야 하는 경우에는 그러하지 아니하다.

08 국제선박항만보안법 시행규칙 제37조 항만시설보안기록부의 기재사항이 아닌 것은?

① 보안교육·훈련의 내용

② 항만시설을 운영하는 과정에서 발생한 보안사건이나 보안침해의 내용

③ 항만시설의 보안등급

④ 내부보안심사 결과와 조치 내용

⑤ 항만시설보안평가서와 항만시설보안계획서의 확인 사항

09 국제선박항만보안법 제30조의2(국제항해여객선 승객 등의 보안검색)에 관한 내용 중 옳지 아니한 것은?

① 여객선으로 사용되는 대한민국 국적 또는 외국 국적의 국제항해선박(국제항해여객선)에 승선하는 자는 신체 · 휴대물품 및 위탁수하물에 대한 보안검색을 받아야 한다.

② 보안검색은 해당 국제여객터미널을 관할하는 지방해양수산청이 실시한다.

③ 파업 등으로 항만시설소유자가 보안검색을 실시할 수 없는 경우, 지도 · 감독 기관의 장이 소속직원으로 하여금 보안검색을 실시하게 하여야 한다.

④ 항만시설소유자가 신체 및 휴대물품의 보안검색의 업무에 대하여는 관할 경찰관서의 장이 지도 · 감독한다.

⑤ 항만시설소유자가 위탁수하물의 보안검색에 대하여는 관할 세관장이 지도 · 감독한다.

10 국제선박항만보안법 시행규칙 제37조의2 제3항에 따라, 항만시설소유자는 일정한 경우에 승선하는 자의 동의를 받아 직접 신체의 검색을 하거나 휴대물품의 개봉검색을 하여야 한다. 옳지 아니한 것은?

① 보안검색장비가 정상적으로 작동되지 않는 경우

② 보안검색장비의 경보음이 울리는 경우

③ 폭발물이나 무기류 등을 휴대하거나 은닉하고 있다고 의심되는 경우

④ 보안검색장비를 통한 검색 결과 그 내용물을 판독할 수 없는 경우

⑤ 항만시설의 보안등급이 하향되거나 보안상 위협에 관한 정보의 입수 등에 따라 개봉검색이 필요하다고 인정되는 경우

11 국제선박항만보안법 제30조의7(시험기관의 지정취소 등) ①항에 따르면 해양수산부장관은 제 30조의6에 따라 시험기관으로 지정받은 법인이나 단체가 다음 각 호의 어느 하나에 해당하는 경우에는 그 지정을 취소하거나 1년 이내의 기간을 정하여 그 업무의 전부 또는 일부의 정지를 명할 수 있다. 이에 해당하지 아니하는 것은?

① 거짓이나 그 밖의 부정한 방법을 사용하여 시험기관으로 지정을 받은 경우

② 정당한 사유 없이 성능시험을 실시하지 아니한 경우

③ 제30조의3 제2항(보안검색장비의 성능 인증을 위한)에 따른 기준 · 방법 · 절차 등을 위반 하여 성능시험을 실시한 경우

④ 제30조의6 제2항(보안검색장비의 성능을 평가하는 성능시험을 실시하는 시험기관)에 따 른 시험기관 지정기준을 충족하지 못하게 된 경우

⑤ 성능시험 결과를 거짓으로 조작하여 수행한 경우

12 제31조(경비 · 검색인력 및 보안시설 · 장비의 확보 등)에 관한 내용 중 옳지 않은 것은?

① 항만시설소유자는 그가 소유하거나 관리 · 운영하는 항만시설에 대하여 보안을 확보 · 유 지하고, 국제항해여객선 승객 등의 보안검색을 하는 데 필요한 경비 · 검색인력을 확보하 여야 한다.

② 항만시설소유자는 경비 · 검색인력을 「청원경찰법」에 따른 청원경찰의 고용 등의 방법으 로 확보하여야 한다.

③ 해양수산부장관은 항만시설소유자의 추천을 받은 업체로서, 해양수산부령으로 정하는 지 정 요건을 갖춘 자를 해당 항만시설의 경비 · 검색업무의 수탁업체로 지정하여야 한다.

④ 해양수산부장관은 지정을 받은 업체가, 해당 항만시설의 경비 · 검색업무의 수행 중 고의, 중과실로 인명 피해가 발생하거나 경비 · 검색에 실패한 경우, 그 지정을 취소할 수 있다.

⑤ 해양수산부장관은 경비 · 검색업무 수탁업체 지정을 취소하는 경우 청문을 할 수 있다.

13 항만시설의 경비 · 검색업무, 경호업무 등 대통령령으로 정하는 업무를 수행하기 위하여 필요한 경우, 해양수산부장관의 허가를 받아 대통령령으로 정하는 무기를 반입하거나 소지할 수 있다. 다음 중 대통령령으로 정하는 무기에 해당하지 아니하는 것은?

① 권총
② 분사기
③ 전자충격기
④ 도검
⑤ 국제협약 또는 외국정부와의 합의서에 따라 휴대가 허용되는 무기

14 국제선박항만보안법 보안위원회, 보안합의서, 내부보안심사에 관한 내용 중 옳지 않은 것은?

① 국제항해선박 및 항만시설의 보안에 관한 주요사항을 심의 · 의결하기 위하여 해양수산부장관 소속으로 국제항해선박및항만시설 보안위원회를 둔다.
② 보안위원회는 위원장 1인과 부위원장 2인을 포함하여 10인 이내의 위원으로 구성한다.
③ 선박보안책임자와 항만시설보안책임자는 선박항만연계활동 또는 선박상호활동을 함에 있어서 상호 간에 이행하여야 하는 구체적인 보안조치사항에 대한 보안합의서를 작성하여 교환하여야 한다.
④ 해양수산부장관은 보안사건이 발생하는 경우, 선박보안책임자와 항만시설보안책임자로 하여금 보안합의서를 작성 · 교환하도록 권고할 수 있다.
⑤ 국제항해선박소유자 및 항만시설소유자는, 보안에 관한 전문지식을 갖춘 자를 내부보안심사자로 지정하여 1년 이내의 기간을 주기로 내부보안심사를 실시하여야 한다.

15 국제선박항만보안법 제37조(보안심사관)의 업무가 아닌 것은?

① 선박보안계획서의 승인

② 선박보안심사 · 임시선박보안심사 및 특별선박보안심사

③ 국제선박보안증서등의 교부

④ 선박이력기록부의 교부(재교부 제외)

⑤ 항만시설보안심사 · 임시항만시설보안심사 및 특별항만시설보안심사 업무

16 국제선박항만보안법 제39조(보안교육 및 훈련) 관련 내용 중 옳지 않은 것은?

① 국제항해선박소유자와 항만시설소유자는 보안책임자로 하여금 해당 선박의 승무원과 항만시설의 경비 · 검색인력을 포함한 보안업무 종사자에 대하여 3개월 이내의 기간을 주기로 보안훈련을 실시하게 하여야 한다.

② 국제항해선박소유자와 항만시설소유자는 보안책임자 및 보안담당자 등이 공동으로 참여하는 합동보안훈련을 매년 1회 이상 실시하여야 하며, 보안훈련의 간격은 20개월을 초과하여서는 아니 된다.

③ 국제항해선박소유자는 그가 소유하거나 관리 · 운영하고 있는 국제항해선박이 외국의 정부 등이 주관하는 국제적인 합동보안훈련에 참여한 경우 그 사실을 해양수산부장관에게 보고하여야 한다.

④ 선박보안책임자는 해당 국제항해선박 승선인원의 4분의 1 이상이 교체된 경우, 선원이 교체된 날부터 일주일 이내에 그 선원에 대한 보안훈련 · 교육을 하여야 한다. 이 경우 최근 3개월 이내에 보안교육 · 훈련에 참여하지 아니한 선원이 있으면 그 선원도 함께 보안훈련 · 교육을 하여야 한다.

⑤ 해양수산부장관은 보안책임자와 보안담당자에 대한 보안교육 및 보안심사관의 자격유지에 필요한 보안교육을 실시하기 위하여 보안교육기관을 지정할 수 있다.

17 국제선박항만보안법 제41조(보안감독)에 관한 내용 중 옳지 아니한 것은?

① 해양수산부장관은 보안사건의 발생을 예방하고 국제항해선박 및 항만시설의 보안에 관한 업무를 효율적으로 수행하기 위하여 소속 공무원을 보안감독관으로 지정하여 국제항해선 박 및 항만시설의 보안에 관한 점검업무를 수행하게 하여야 한다.

② 보안감독관은 점검결과, 법 또는 법에 따른 명령을 위반한 사실을 발견한 때에는 지체 없이 해양수산부장관에게 보고해야 한다.

③ 해양수산부장관은 점검업무 수행을 위하여 필요하다고 인정되는 경우, 국제항해선박소유 자, 항만시설소유자, 대행기관 및 보안교육기관 등에 필요한 보고를 명하거나 자료를 제출 하게 할 수 있다.

④ 해양수산부장관은 보고내용 및 제출된 자료의 내용을 검토한 결과 그 목적달성이 어렵다 고 인정되는 때에는 보안감독관으로 하여금 직접 해당 선박·항만시설 또는 사업장에 출 입하여 선박과 항만시설의 보안에 관한 사항 등을 점검하게 할 수 있다.

⑤ 해양수산부장관은 점검을 하는 경우, 점검 7일전까지 점검자, 점검 일시·이유 및 내용 등 이 포함된 점검계획을 국제항해선박소유자, 항만시설소유자, 대행기관 및 보안교육기관 등에게 통보하여야 한다.

18 국제선박항만보안법 제42조(항만시설보안료)에 관한 내용 중 옳지 아니한 것은?

① 항만시설소유자는 경비·검색인력 및 보안시설·장비의 확보 등에 소요되는 비용(항만시 설보안료)을 해당 항만시설을 이용하는 자로부터 징수할 수 있다.

② 해양수산부장관은 관계 중앙행정기관의 장과 협의하여 항만시설보안료 징수요율의 기준 을 정하여 고시하여야 한다.

③ 항만시설소유자가 항만시설보안료를 징수하려는 때, 징수요율에 대하여 해양수산부장관 의 허가를 받아야 한다.

④ 해양수산부장관은 항만시설보안료의 징수요율을 승인하려는 때에는 관계 중앙행정기관 의 장과 미리 협의하여야 한다.

⑤ 「해운법」에 따른 해상화물운송사업·해상여객운송사업 및 해운대리점업 또는 「항만운송 사업법」에 따른 항만하역사업을 하는 자(해상화물운송사업자등)는 항만시설을 이용하는 자의 항만시설보안료를 한꺼번에 대신하여 납부할 수 있다.

19 다음 대법원 판례 내용 중 옳지 아니한 것은?

① 행정질서벌(과태료)은 행정질서유지를 위하여 행정법규위반이라는 객관적 사실에 대하여 과하는 제재이므로, 반드시 현실적인 행위자가 아니라도 법령상 책임자로 규정된 자에게 부과되고, 위반자의 고의·과실을 요한다.

② 행정형벌은, 행정법규 위반이 직접적으로 행정목적과 사회공익을 침해하는 경우에 과하여지는 것이며, 행정질서벌인 과태료는 간접적으로 행정상의 질서에 장해를 줄 위험성이 있는 정도의 단순한 의무태만에 대한 제재로서 과하여지는 행정상 제재에 해당한다.

③ 구 부동산 실권리자명의 등기에 관한 법률 제5조에 규정된 과징금은 행정청이 명의신탁행위로 인한 불법적인 이익을 박탈하거나 실명등기의무의 이행을 강제하기 위하여 의무자에게 부과·징수하는 것이므로, 헌법 제13조 제1항에서 금지하는 국가형벌권 행사로서의 처벌에 해당한다고 할 수 없고, 위 법률에서 형사처벌과 아울러 과징금의 부과처분을 할 수 있도록 규정하고 있다 하더라도 이중처벌금지 원칙에 위반한다고 볼 수 없다.

④ 사회보호법에 규정된 보호감호는 죄를 범한 자로서 재범의 위험성이 있는 경우에 교육개선을 하여 사회복귀를 촉진하고 사회를 보호할 목적으로 하는 소위 보안처분임이 분명하여 이를 형벌과 동일시 할 수 없으니 일정한 범죄자에 대하여 징역형에 처함과 동시에 보호감호에 처하였다 하여 헌법에 규정된 이중처벌 금지에 위반된다고 할 수 없다.

⑤ 화물장치료의 징수대상이 되는 항만시설의 사용자는 각 해당 화주이고, 항만하역사업자가 화물의 실질적인 처분권자인 개별 화주의 수요에 따라서 화주를 대리하여 항만시설 사용허가신청절차를 밟으면서 요금 및 수수료 등의 수익을 얻고 있다고 하더라도 항만시설의 사용으로 인한 편익은 화물의 처분권자인 화주가 누리는 것이므로 그 대가인 사용료 역시 화주가 부담하여야 한다.

20 국제선박항만보안법 시행규칙에서 정하고 있는 총괄보안책임자 · 선박보안책임자 및 항만시
설보안책임자의 자격요건에 관한 내용 중 옳지 않은 것은?

① 총괄보안책임자 : 국제항해선박 승선경력이 3년 이상인 자로서, 선박 관련 내용의 보안교
육을 18시간 이상 받은 자

② 총괄보안책임자 : 국제항해선박 승무경력, 보안업무에 종사한 경력 또는 해양수산업 관련
단체에서 근무한 경력을 합산한 경력이 3년 이상인 자로서, 선박 관련 내용의 보안교육을
18시간 이상 받은 자

③ 총괄보안책임자 : 보안업무에 종사한 경력이 3년 이상인 자로서, 선박 관련 내용의 보안교
육을 18시간 이상 받은 자

④ 선박보안책임자 : 「선박직원법」에 따른 선박직원으로서의 승무한 경력이 3년 이상인 자로
서, 선박 관련 내용의 보안교육을 12시간 이상 받은 자

⑤ 항만시설보안책임자 : 항만시설 운영에 종사한 경력 또는 보안업무에 종사한 경력이 3년
이상인 자로서, 항만시설 관련 내용의 보안교육을 12시간 이상 받은 자

제1과목 / 청원경찰법, 경찰관직무집행법

01 청원경찰법의 규정 사항이 아닌 것은?

① 청원경찰의 직무 ② 청원경찰의 임용
③ 청원경찰의 배치 ④ 청원경찰의 보수
⑤ 청원경찰의 공적보장

02 청원경찰의 배치는 누구에게 신청해야 하는가?

① 경찰서장 ② 관할 시·도경찰청장
③ 경찰청장 ④ 행안부장관
⑤ 시도지사

03 청원경찰의 배치 신청 시 배치 장소가 둘 이상의 도(특별시, 광역시, 특별자치시 및 특별자치도를 포함)일 때 올바른 신청방법은?

① 주된 사업장의 시·도경찰청장을 거쳐 경찰청장에게 한꺼번에 신청할 수 있다.
② 주된 사업장의 경찰청장에게 한꺼번에 신청할 수 있다.
③ 주된 사업장의 관할 경찰서장을 거쳐 시·도경찰청장에게 한꺼번에 신청할 수 있다.
④ 주된 사업장의 관할 경찰서장을 거쳐 시·도경찰청장에게 각각 신청할 수 있다.
⑤ 주된 사업장의 관할 시·도경찰청장에게 한꺼번에 신청할 수 있다.

04 「국가공무원법」 제33조 각 호의 어느 하나의 결격사유에 해당하는 사람은 청원경찰로 임용될 수 없다. 다음 중 결격사유로 옳지 않은 것은?

① 피성년후견인

② 파산선고를 받고 복권되지 아니한 자

③ 금고 이상의 실형을 선고받고 그 집행이 종료되거나 집행을 받지 아니하기로 확정된 후 3년이 지나지 아니한 자

④ 금고 이상의 형을 선고받고 그 집행유예 기간이 끝난 날부터 2년이 지나지 아니한 자

⑤ 피한정후견인

05 청원경찰의 임용에 대해서 (   )에 들어갈 기일과 기관장이 순서대로 바르게 짝지어진 것은?

> (가) 청원경찰의 배치 결정을 받은 자(청원주)는 그 배치 결정의 통지를 받은 날부터 (   )일 이내에 배치 결정된 인원수의 임용예정자에 대하여 청원경찰 임용승인을 (   )에게 신청하여야 한다.
>
> (나) 청원주가 청원경찰을 임용하였을 때에는 임용한 날부터 (   )일 이내에 그 임용사항을 관할 (   )에게 보고하여야 한다. 청원경찰이 퇴직하였을 때에도 또한 같다.

① 30 – 경찰청장 – 10 – 경찰청장을 거쳐 행안부장관

② 10 – 시·도경찰청장 – 10 – 시·도경찰청장을 거쳐 경찰청장

③ 10 – 경찰서장 – 10 – 시·도경찰청장을 거쳐 경찰청장

④ 20 – 시·도경찰청장 – 10 – 시도지사를 거쳐 경찰청장

⑤ 30 – 시·도경찰청장 – 10 – 경찰서장을 거쳐 시·도경찰청장

06 **청원경찰의 징계에 대해서 타당하지 못한 설명은?**

① 감봉은 1개월 이상 3개월 이하로 하고, 그 기간에 보수의 3분의 2를 줄인다.

② 견책(譴責)은 전과(前過)에 대하여 훈계하고 회개하게 한다.

③ 청원주는 청원경찰 배치 결정의 통지를 받았을 때에는 통지를 받은 날부터 15일 이내에 청원경찰에 대한 징계규정을 제정하여 관할 시·도경찰청장에게 신고하여야 한다.

④ ③의 경우 징계규정을 변경할 때에도 또한 같다.

⑤ 시·도경찰청장은 징계규정의 보완이 필요하다고 인정할 때에는 청원주에게 그 보완을 요구할 수 있다.

07 **청원경찰의 보수 산정에 관하여 그 배치된 사업장의 취업규칙에 특별한 규정이 없는 경우에는 경력을 봉급 산정의 기준이 되는 경력에 산입(算入)하여야 한다. 이 경우 경력에 해당하지 아니한 것은 모두 몇 개인가?**

> (가) 청원경찰로 근무한 경력
> (나) 군에 복무한 경력
> (다) 의무경찰에 복무한 경력
> (라) 수위에 종사한 경력(해당 사업장의 청원주에 의해 임용된 경우)
> (마) 경비원에 종사한 경력(해당 사업장의 청원주에 의해 임용된 경우)

① 1개   ② 2개

③ 3개   ④ 4개

⑤ 없음

08 **청원경찰의 부속물의 종류가 아닌 것은?**

① 모자표장   ② 가슴표장

③ 휘장   ④ 계급장

⑤ 호루라기

09 청원주로부터 무기와 탄약을 지급받은 청원경찰이 준수하여야 할 사항으로서 타당하지 못한 것은?

① 무기를 지급받거나 반납할 때 또는 인계인수할 때에는 반드시 "앞에 총" 자세에서 "검사총"을 하여야 한다.

② 무기와 탄약을 지급받았을 때에는 별도의 지시가 없으면 무기와 탄약을 결합하여 휴대하여야 하며, 소총은 "좌로 어깨 걸어 총"의 자세를 유지하고, 권총은 "권총집에서 분리하여 별도로 총"의 자세를 유지하여야 한다.

③ 지급받은 무기는 다른 사람에게 보관 또는 휴대하게 할 수 없으며 손질을 의뢰할 수 없다.

④ 무기를 손질하거나 조작할 때에는 반드시 총구를 공중으로 향하게 하여야 한다.

⑤ 무기와 탄약을 반납할 때에는 손질을 철저하게 하여야 한다.

10 다음 중 「청원경찰법」상 청원경찰을 설명한 것으로 틀린 것은?

① 청원경찰은 청원경찰의 배치 결정을 받은 자(이하 청원주)와 배치된 기관·시설 또는 사업장 등의 구역을 관할하는 경찰서장의 감독을 받아 그 경비구역만의 경비를 목적으로 필요한 범위에서 「경찰관직무집행법」에 따른 경찰관의 직무를 수행한다.

② 청원경찰은 청원주가 임용하되, 임용을 할 때에는 미리 시·도경찰청장의 승인을 받아야 한다.

③ 시·도경찰청장은 청원경찰이 직무를 수행하기 위하여 필요하다고 인정하면 청원주의 신청을 받아 관할 경찰서장으로 하여금 청원경찰에게 무기를 대여하여 지니게 할 수 있다.

④ 청원경찰에 대한 징계 종류로는 파면, 해임, 정직, 감봉, 견책이 있다.

⑤ 청원경찰이 직무를 수행할 때 직권을 남용하여 국민에게 해를 끼친 경우에는 「청원경찰법」 제10조에 의하여 1년 이하의 징역이나 금고에 처한다.

11 청원경찰에 대한 설명 중 틀린 것은?

① 시·도경찰청장은 청원경찰이 직무를 수행하기 위하여 필요하다고 인정하면 청원주의 신청을 받아 관할 경찰서장으로 하여금 청원경찰에게 무기를 대여하여 지니게 할 수 있다.

② 청원경찰의 배치를 폐지하거나 배치인원을 감축하는 경우 해당 청원주는 배치 폐지나 배치인원 감축으로 과원(過員)이 되는 청원경찰 인원을 그 기관·시설 또는 사업장 내의 유사 업무에 종사하게 하거나 다른 시설·사업장 등에 재배치하는 등 청원경찰의 고용이 보장될 수 있도록 노력하여야 한다.

③ 청원경찰에 대한 징계의 종류는 파면, 해임, 정직, 감봉 및 견책으로 구분하며 징계에 관하여 그 밖에 필요한 사항은 대통령령으로 정한다.

④ 청원경찰의 배치 결정을 받은 자(청원주)는 그 배치 결정의 통지를 받은 날부터 10일 이내에 배치 결정된 인원수의 임용예정자에 대하여 청원경찰 임용승인을 경찰서장에게 신청하여야 한다.

⑤ 청원주가 청원경찰을 면직시켰을 때에는 그 사실을 관할 경찰서장을 거쳐 시·도경찰청장에게 보고하여야 한다.

12 다음은 청원경찰 경비 등에 대한 설명이다. 바르지 못한 것은?

① 청원주는 청원경찰에게 지급할 봉급과 각종 수당, 피복비, 교육비, 퇴직금을 부담하여야 한다.

② 국가기관 또는 지방자치단체에 근무하는 청원경찰의 보수는 재직기간 15년 미만(순경), 재직기간 15년 이상 23년 미만(경장) 시 경찰공무원의 보수를 감안하여 대통령령으로 정한다.

③ 청원주는 청원경찰이 직무수행으로 인하여 부상을 입거나, 질병에 걸리거나 또는 사망한 경우, 직무상의 부상·질병으로 인하여 퇴직하거나, 퇴직 후 5년 이내에 사망한 경우에 해당하게 되면 대통령령으로 정하는 바에 따라 청원경찰 본인 또는 그 유족에게 보상금을 지급하여야 한다.

④ 청원주는 청원경찰이 퇴직할 때에는 「근로자퇴직급여 보장법」에 따른 퇴직금을 지급하여야 하지만 국가기관이나 지방자치단체에 근무하는 청원경찰의 퇴직금에 관하여는 따로 대통령령으로 정한다.

⑤ 시·도경찰청장은 청원경찰 배치가 필요하다고 인정하는 기관의 장 또는 시설·사업장의 경영자에게 청원경찰을 배치할 것을 요청할 수 있다.

13 청원경찰의 교육과목 및 수업시간표이다. 각 교육과목에 대한 교육시간이 바르게 연결된 것은?

학과별	과목	시간
정신교육	정신교육	(㉠)
학술교육	형사법	(㉡)
	청원경찰법	(㉢)

	㉠	㉡	㉢		㉠	㉡	㉢
①	8	10	5	②	6	10	3
③	6	10	5	④	8	12	5
⑤	8	10	4				

14 시 · 도경찰청장의 감독상 필요한 다음 각 목의 명령을 정당한 사유 없이 이행하지 않은 경우, (가)와 (나)의 과태료 부과기준 금액이 바르게 연결된 것은?

위반행위	과태료 부과기준 금액
(가) 총기 · 실탄 및 분사기에 관한 명령	(㉠)
(나) 가목에 따른 명령 외의 명령	(㉡)

	㉠	㉡		㉠	㉡
①	500만 원	400만 원	②	500만 원	300만 원
③	500만 원	200만 원	④	400만 원	200만 원
⑤	300만 원	200만 원			

PART 04 해양수산부 청원경찰 실전모의고사

15 청원경찰의 단추와 모자표장에 대한 색상 및 재질은?

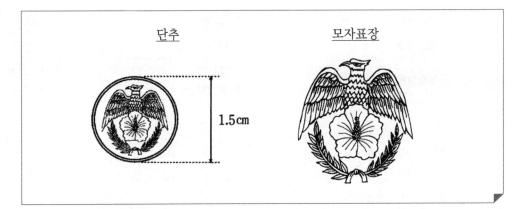

① 금색 금속지와 회색 금속지이다.

② 은색 금속지와 금색 금속지이다.

③ 회색 금속지와 금색 금속지이다.

④ 금색 금박지와 은색 금속지이다.

⑤ 금색 은속지와 금색 금속지이다.

16 경찰권 발동의 조리상 한계 중 경찰관직무집행법에 명시적으로 규정된 원칙은?

① 경찰공공의 원칙   ② 경찰소극목적의 원칙

③ 경찰평등의 원칙   ④ 경찰비례의 원칙

⑤ 신뢰보호의 원칙

17 다음 중 위해의 수반이 허용되는 무기의 사용에 해당하는 것이 아닌 것은?

① 필요성뿐만 아니라 보충성이나 균형성도 요구되지만 경찰관직무집행법에서는 명시적으로 보충성을 규정하지는 않고 있다.

② 형법상 정당행위 시 무기사용으로 사람에게 위해를 주어서는 아니 된다.

③ 자기 또는 타인의 법익에 대한 현재의 위난을 피하기 위한 행위는 상당한 이유가 있는 때에는 벌하지 아니한다.

④ 긴급피난의 경우도 보충성이 요구되며 경찰관직무집행법에서도 명시적으로 보충성을 규정하고 있다.

⑤ 사형·무기, 장기 3년 이상의 징역이나 금고에 해당하는 범인을 체포하는 경우 또는 그 항거나 도주방지를 위해 필요한 때 무기의 사용이 가능하다.

18 다음 중 손실보상에 대한 설명으로 타당하지 못한 것은?

① 보상을 청구할 수 있는 권리는 손실이 있음을 안 날부터 3년, 손실이 발생한 날부터 5년간 행사하지 아니하면 시효의 완성으로 소멸한다.

② 손실보상신청 사건을 심의하기 위하여 손실보상심의위원회를 둔다.

③ 손실보상의 기준, 보상금액, 지급절차 및 방법, 손실보상심의위원회의 구성 및 운영, 그 밖에 필요한 사항은 대통령령으로 정한다.

④ 경찰청장 또는 시·도경찰청장은 손실보상심의위원회의 심의·의결에 따라 보상금을 지급하고, 거짓 또는 부정한 방법으로 보상금을 받은 사람에 대하여 해당 보상금을 환수할 수 없다.

⑤ 보상금이 지급된 경우 손실보상심의위원회는 대통령령으로 정하는 바에 따라 국가경찰위원회에 심사자료와 결과를 보고하여야 한다. 이 경우 국가경찰위원회는 손실보상의 적법성 및 적정성 확인을 위하여 필요한 자료의 제출을 요구할 수 있다.

19 「경찰관직무집행법」상 다음 설명 중 가장 적절하지 않은 것은?

① 경찰관서의 장은 대간첩 작전수행 또는 소요사태의 진압을 위하여 필요하다고 인정되는 상당한 이유가 있을 때에는 대간첩 작전지역 또는 경찰관서·무기고 등 국가중요시설에 대한 접근 또는 통행을 제한하거나 금지할 수 있다.

② 경찰관은 범죄행위가 목전에 행하여지려고 하고 있다고 인정될 때에는 이를 예방하기 위하여 관계인에게 필요한 경고를 발하고, 그 행위로 인하여 인명·신체에 위해를 미치거나 재산에 중대한 손해를 끼칠 우려가 있어 긴급을 요하는 경우에는 그 행위를 제지할 수 있다.

③ 경찰관은 직무수행에 필요하다고 인정되는 상당한 이유가 있을 때에는 국가기관 또는 공사단체 등에 대하여 직무수행에 관련된 사실을 조회할 수 있다. 다만, 긴급을 요할 때에는 사실을 확인 후 당해 기관 또는 단체의 장에게 추후 통보해야 한다.

④ 경찰관은 미아를 인수할 보호자의 여부, 유실물을 인수할 권리자의 여부 또는 사고로 인한 사상자를 확인하거나 행정처분을 위한 교통사고 조사에 필요한 사실을 확인하기 위하여 필요한 때에는 관계인에게 출석을 요하는 사유·일시 및 장소를 명확히 적은 출석요구서를 보내 경찰관서에 출석할 것을 요구할 수 있다.

⑤ 검문 중이던 경찰관들이 자전거를 이용한 날치기 사건 범인과 흡사한 인상착의의 피고인이 자전거를 타고 다가오는 것을 발견하고 정지를 요구하였으나 멈추지 않아, 앞을 가로막고 검문에 협조해 달라고 하였음에도 불응하고 그대로 전진하자 따라가서 재차 앞을 막고 검문에 응하라고 요구하였는데, 이에 피고인이 경찰관들의 멱살을 잡아 밀치는 등 항의하여 공무집행방해 등으로 기소된 사안이 있을 때, 경찰관들의 행위는 합법적인 불심검문에 해당한다.

20 「경찰관직무집행법」에 대한 설명으로 가장 적절한 것은?

① 긴급구호를 요청받은 보건의료기관 또는 공공구호기관은 정당한 이유 없이 긴급구호를 거절할 수 없다고 명시되어 있다.

② 긴급구호나 보호조치의 경우 24시간 이내에 구호대상자의 가족들에게 연락해 주어야 한다.

③ 자살기도자에 대하여는 경찰관서에 6시간 이내 보호가 가능하다.

④ 임시영치 기간은 10일을 초과할 수 없으며, 법적 성질은 대인적 즉시강제이다.

⑤ 임의동행시 경찰관서 체류시간은 12시간 내이다.

21 **경찰상 즉시강제에 대한 설명으로 적당하지 않는 것은?**

① 국민의 신체·재산에 실력을 행사한다는 점에서 경찰하명과 동일하다.

② 목전의 급박한 경찰위반 상태를 제거하기 위하여 발동된다.

③ 국민의 의무와는 상관없이 경찰기관이 실력을 행사하여 경찰목적의 달성을 도모하는 경우이다.

④ 경찰상 즉시강제에 대한 일반법으로 경찰관직무집행법이 있다.

⑤ 영업소 등의 조사, 총포·화약류의 저장소에 대한 임검은 대가택적 즉시강제이다.

22 **경찰관이 수상한 자동차를 정지시켜 질문하는 것은?**

① 경찰상 강제집행   ② 경찰상 즉시강제

③ 경찰상 직접강제   ④ 경찰상 집행벌

⑤ 경찰상 대집행

23 **다음 중 최루탄 사용의 법적 요건이 아닌 것은?**

① 범인의 체포

② 불법집회로 인한 현저한 위해의 발생 억제

③ 불법시위로 인한 현저한 위해의 발생 억제

④ 범인의 도주 방지

⑤ 공무집행에 대한 항거 억제

24 다음 중 경찰관직무집행법의 특징이 아닌 것은?

① 국민의 생명·신체·재산 보호라는 영미법적 사고가 최초로 반영된 법이다.

② 경찰작용의 일반법·기본법(경찰조직의 일반법은 경찰법)으로 인정되고 즉시강제와 관련해서는 일반법적 지위에 있다.

③ 무기휴대와 유치장설치의 근거법이다.

④ 경찰 장구사용, 분사기 및 최루탄 사용의 근거법이라고 할 수 있다.

⑤ 경찰 장구사용의 근거법은 경찰관직무집행법이다.

25 다음 경찰관직무집행법에 대한 설명으로 옳은 것은?

① 정신착란자 또는 자살기도자에 대하여는 경찰관서에 24시간 이내 보호가 가능하다.

② 보호조치의 경우 지체 없이 피구호자의 가족·친지·기타 연고자에게 통지하여야 하며 연고자가 발견되지 아니할 때에는 피구호자를 적당한 공공구호기관이나 공중보건의료기관에 즉시 인계하고 지체 없이 그 사실을 소속 경찰청장에게 보고해야 하고 소속 경찰서장은 피구호자를 인계한 사실을 지체 없이 당해 공중보건 의료기관·공공구호기관의 장 및 그 감독행정청에 통보하여야 한다.

③ 보호조치대상자가 소지하고 있는 물건에 대한 임시영치 기간은 30일이다.

④ 미아, 병자, 부상자 등으로서 적당한 보호자가 없으며 응급구호가 필요하다고 인정되는 사람, 본인이 구호를 거절하는 경우라도 모두 보호조치의 대상이 된다.

⑤ 임의동행은 그 장소에서 질문하는 것이 일반인에게 불리하거나 도로가 좁다든지 교통량이 많아서 일반교통에 방해가 되는 때 인정된다.

26 경찰관직무집행법과 시행령에 대한 내용으로 타당하지 못한 것은?

① 범인 검거와 관련 경찰청장, 시·도경찰청장 및 경찰서장은 보상금 지급의 심사를 위하여 대통령령으로 정하는 바에 따라 각각 보상금심사위원회를 설치·운영하여야 한다.

② 보상금심사위원회는 위원장 1명을 포함한 5명 이내의 위원으로 구성한다.

③ 보상금심사위원회의 위원은 소속 경찰공무원 중에서 경찰청장이 단독으로 임명한다.

④ 경찰청장, 시·도경찰청장 또는 경찰서장은 보상금심사위원회의 심사·의결에 따라 보상금을 지급하고, 거짓 또는 부정한 방법으로 보상금을 받은 사람에 대하여는 해당 보상금을 환수한다.

⑤ 신변보호요청을 경찰이 묵살한 경우: 권한의 불행사는 경찰관직무집행법상 국민의 보호의무에 위반하는 행위에 해당하여 국가는 이로 인해 피해를 입은 자에 대해 국가배상 책임을 진다.

27 경찰관직무집행법상의 기본원칙에 관한 설명으로 타당하지 못한 것은?

① 경찰관직무집행법에서 규정된 직권은 직무수행을 위하여 필요한 최소한도의 범위 내에서 행사하여야 한다는 원칙이다.

② 협의의 비례의 원칙은 경찰관직무집행법상의 모든 직무를 수행하는 데 있어 기본원칙이므로 위험방지를 위한 출입이나 분사기 등의 사용, 무기사용의 경우에도 적용된다.

③ 경찰관은 무기를 사용하지 않고는 다른 수단이 없을 때에 한하여 무기를 사용할 수 있다.

④ 대간첩 작전의 수행 시에도 보충성의 원칙이 적용된다.

⑤ 경찰공무원은 여관에 불이 나서 객실에 쓰러져 있는 사람이 있는 경우 타인의 건물에 출입할 수 있다.

28 경찰관직무집행법상 경찰관이 직권을 남용하여 타인에게 해를 끼친 경우 어떤 형사처벌을 받게 되는가?

① 2년 이하의 징역이나 100만 원 이하 벌금에 처한다.

② 3년 이상의 징역이나 금고에 처한다.

③ 6월 이상의 징역이나 금고에 처한다.

④ 6월 이하의 징역이나 100만 원 이하 벌금에 처한다.

⑤ 1년 이하의 징역이나 금고에 처한다.

29 「경찰관직무집행법」상의 내용 중 틀린 것은?

① 임의동행을 한 경우 경찰관은 그 사람을 6시간을 초과하여 경찰관서에 머물게 할 수 없다.

② 보호조치의 경우 경찰관서에서의 보호는 24시간을 초과할 수 없다.

③ 피구호자가 휴대하고 있는 무기·흉기 등에 대한 임시영치는 10일을 초과할 수 없다.

④ 경찰관은 현행범인인 경우와 사형·무기 또는 장기 3년 이상의 징역이나 금고에 해당하는 죄를 범한 범인의 체포·도주의 방지, 자기 또는 타인의 생명·신체에 대한 방호, 공무집행에 대한 항거의 억제를 위하여 필요하다고 인정되는 상당한 이유가 있을 때에는 그 사태를 합리적으로 판단하여 필요한 한도 내에서 경찰장구를 사용할 수 있다.

⑤ 경찰관이 이유 없이 개인적 주거에 침입하는 것은 경찰비례의 원칙에 대한 위반이다.

30 「경찰관직무집행법」에 대한 설명으로 가장 적절하지 못한 것은?

① 경찰관서 일시보호란 피구호자를 보호자나 관계기관에 인계할 때까지 일시보호하거나, 보호조치 사유가 해제될 때까지 일시보호하지 않는 것을 말한다.

② 경찰관서에서의 보호는 48시간을 초과할 수 없다.

③ 긴급구호요청을 받은 보건의료기관 등은 정당한 이유 없이 긴급구호를 거부할 수 없다.

④ 정당한 이유(보호조치가 객관적으로 불가능) 시 진료나 수술 등의 기술적, 시설적으로 불가능한 경우이고 단순히 병실의 부족이나 의사의 출타 등은 정당한 이유가 될 수 없다.

⑤ 위험방지를 위한 출입(제7조)은 대가택적 강제에 해당한다.

제2과목 / 국제선박항만보안법

01 다음은 국제항해선박 및 항만시설의 보안에 관한 법률에 대한 설명이다. (　　)에 들어갈 말은?

> 이 법은 국제항해에 이용되는 선박과 그 선박이 이용하는 항만시설의 보안에 관한 사항을 정함으로써 국제항해와 관련한 (　　　)의 위협을 (　　　)으로(하게) 방지하여 국민의 생명과 재산을 보호하는 데 이바지함을 목적으로 한다.

① 보안상 – 효과적　　　　　　② 치안상 – 효과적
③ 보안상 – 신속　　　　　　　④ 보안상 – 능동적
⑤ 공안상 – 능동적

02 다음 중 보안등급과 관련된 국제조약은?

① 1974년 해상에서의 인명안전을 위한 국제협약
② 1982년 유예 해양법 협약
③ 1995년 SAR 국제협약
④ 1958년 유엔 공해협약
⑤ 1972년 국제해상충돌예방규칙 협약(COLREG)

03 다음 중 국제항해선박 및 항만시설의 보안에 관한 법률의 적용범위에 해당하지 않는 것은?

① 대한민국 국적 또는 외국 국적의 국제항해선박
② 대한민국 국적 또는 외국 국적의 국제항해선박과 선박항만연계활동이 가능한 항만시설
③ 비상업용 목적으로 사용되는 선박으로서 국가 또는 지방자치단체가 소유하는 국제항해선박
④ 상업용 목적으로 사용되는 선박으로서 국가가 소유하는 모든 선박
⑤ 해저자원의 탐사·발굴에 사용되는 대한민국 국적의 이동식 해상구조물 선박

04 다음 중 항만보안계획 수립권자는?

① 해수부장관 – 지방해양수산청장 ② 해양경찰청장 – 지방해양수산청장
③ 해수부장관 – 지방해양경찰청장 ④ 해수부장관 – 해양경찰서장
⑤ 해양경찰청장 – 해양경찰서장

05 해수부장관이 보안등급을 설정하거나 조정하는 경우, 보안사건을 일으킬 수 있는 위험에 관한 정보의 고려사항이 아닌 것은?

① 구체성
② 긴급성
③ 신뢰성
④ 확신성
⑤ 기타 보안사건이 일어날 때 예상되는 피해 정도

06 보안등급 설정 · 조정의 통보 등에 관한 내용으로 옳은 것은?

> (가) 보안등급 설정·조정의 통보는 해수부장관이 지방해양수산청장을 거쳐서 국제항해선박소유자 또는 항만시설소유자에게 서면(전자문서를 포함)으로 한다.
> (나) (가)의 경우 서면 통보에 추가하여 전화·전자우편·팩스 등을 이용하여 통보하거나 인터넷 홈페이지 등에 게시할 수 있다.
> (다) 보안등급별로 국제항해선박 또는 항만시설에서 준수하여야 하는 세부적인 보안조치사항은 해수부령으로 정한다.

① (가) ② (가), (나)
③ (가), (나), (다) ④ (나), (다)
⑤ (다)

07 다음 중 항만시설보안책임자의 임무수행에 해당하는 것은?

> (가) 항만시설의 종사자에 대한 보안교육 및 훈련의 실시
>
> (나) 선박보안책임자가 요청하는 승선 요구자 신원확인에 대한 지원
>
> (다) 보안등급 설정·조정내용의 항만시설 이용 선박 또는 이용예정 선박에 대한 통보

① (가) 　　　　　　　　　　　　② (가), (나)

③ (가), (나), (다) 　　　　　　　④ (나), (다)

⑤ (다)

08 보안교육기관이 거짓이나 그 밖의 부정한 방법으로 지정받은 경우의 처분은?

① 지정취소 　　　　　　　　　　② 업무정지 1개월

③ 업무정지 2개월 　　　　　　　④ 시정명령

⑤ 경고

09 다음은 보안시설(외곽 울타리 · 담 또는 장벽)의 세부기준에 대한 설명이다. (　)에 들어갈 내용으로 적절한 것은?

> 항만친수시설, 도심과 인접한 지역 및 관광지 등의 경우 항만보안을 유지할 수 있는 범위에서 윤형철조망 등 장애물을 설치하지 아니할 수 있다. 다만, 높이는 (　) 이상을 유지하고, 폐쇄회로 텔레비전과 감지기 등 침입탐지장비를 중복하여 설치하여야 한다.

① 1m 　　　　　　　　　　　　② 1.3m

③ 2m 　　　　　　　　　　　　④ 2.7m

⑤ 3m

10 항만시설소유자가 항만시설적합확인서 또는 임시항만시설적합확인서의 원본을 비치하는 장소에 해당하는 것은?

① 주된 사무소에 비치한다.
② 주종된 사무소에 비치한다.
③ 주된 사무소와 지방해양항만수산청에 비치한다.
④ 주된 사무소에 비치함과 동시에 사본을 소유자 개인이 적합한 장소에 비치한다.
⑤ 주된 사무소와 지방해양경찰청에 비치한다.

11 경비·검색인력 및 보안시설·장비의 확보에 대한 설명으로 타당하지 못한 것은?

① 항만시설소유자는 그가 소유하거나 관리·운영하는 항만시설에 대하여 보안을 확보·유지하여야 한다,
② ①과 관련하여 국제항해여객선 승객 등의 보안검색을 하는 데 필요한 경비·검색인력을 확보하고 필요한 시설과 장비를 신축·증축·개축하거나 설치하고 이를 유지·보수하여야 한다.
③ 항만시설소유자는 경비·검색인력을 「청원경찰법」에 따른 청원경찰의 고용으로 확보하여야 한다.
④ 항만시설소유자는 경비·검색인력을 「경비업법」에 따른 신변보호업무의 허가를 받은 경비업자 중 지정받은 업체에 대한 경비·검색업무의 위탁으로 확보하여야 한다.
⑤ 해양수산부장관은 항만시설소유자의 추천을 받은 업체로서 자본금 등 해양수산부령으로 정하는 지정 요건을 갖춘 자를 해당 항만시설의 경비·검색업무의 수탁업체로 지정하여야 한다.

12 항만시설에 출입하려는 자의 준수사항으로 틀린 것은 몇 개인가?

> (가) 출입증을 다른 사람에게 대여하거나 발급받은 용도 외의 용도로 사용하지 아니할 것
> (나) 출입증은 해당 지역 출입 시 경비·검색 업무를 담당하는 직원이나 다른 사람이 볼 수 있도록 허리에 달 것
> (다) 출입증을 분실한 경우에는 지체 없이 출입증을 발급한 자에게 신고하고 분실 경위를 밝힐 것
> (라) 출입증 발급 시 허용한 지역에만 출입할 것
> (마) 출입증은 전출·퇴직 또는 발급받은 목적의 달성 등으로 필요가 없게 되었을 때에는 지체 없이 폐기할 것
> (바) 보안 업무를 담당하는 직원의 검문·검색 등 통제에 따를 것

① 1개
② 2개
③ 3개
④ 4개
⑤ 없음

13 다음은 대행기관의 지정기준에 관한 내용이다. (   )에 들어갈 숫자의 합은?

> (   )개 이상의 지방사무소를 두는 경우 (   )곳 이상의 특별시, 광역시, 특별자치시, 도 또는 특별자치도에 각각 (   )개 이상의 지방사무소를 둘 것

① 16
② 17
③ 18
④ 19
⑤ 20

14 **항만시설보안심사관의 자격기준으로서 심사경력에 대한 설명으로 바른 것은?**

① 항만시설보안심사(최초보안심사·갱신보안심사 또는 중간보안심사)에 3회 이상 참여한 경력이 있는 자

② 항만시설보안심사(최초보안심사·갱신보안심사)에 2회 이상 참여한 경력이 있는 자

③ 항만시설보안심사(최초보안심사·갱신보안심사 또는 중간보안심사)에 1회 이상 참여한 경력이 있는 자

④ 항만시설보안심사(최초보안심사 또는 중간보안심사)에 3회 이상 참여한 경력이 있는 자

⑤ 항만시설보안심사(최초보안심사·갱신보안심사)에 1회 이상 참여한 경력이 있는 자

15 **항만시설소유자의 보안 3등급 조치사항이 아닌 것은 몇 개인가?**

> (가) 항만시설보안계획으로 지정한 항만시설에서 대피 조치를 할 것
> (나) 항만시설 내 제한구역에 대한 검색을 할 것
> (다) 항만시설 내 위험물질의 보호 조치 및 통제를 할 것
> (라) 항만시설 내 선용품의 인도를 중지할 것

① 1개   ② 2개

③ 3개   ④ 4개

⑤ 없음

16 항만시설보안계획서 작성과 관련하여 바르지 못한 것은?

① 항만시설소유자는 항만시설보안평가의 결과를 반영하여 보안취약요소에 대한 개선방안과 향후 추가적인 보안사항 등을 작성하여 해수부장관에게 제출하여야 한다.

② 항만시설보안계획서에는 보안사고와 같은 보안상의 위협으로부터 항만시설(항만운영과 관련된 정보와 전산·통신시스템)·선박·화물·선용품 및 사람 등을 보호하는데 필요한 보안조치사항이 포함되어야 한다.

③ 항만시설보안계획서를 작성한 때에는 해수부장관의 승인을 받아야 한다.

④ 항만시설보안계획서의 내용 중 해수부령으로 정하는 중요한 사항을 변경하는 때에도 ③과 같다.

⑤ 항만시설보안평가의 수행방법은 항만시설보안평가 결과보고서를 작성하는 경우 포함되어야 할 사항이다.

17 특별항만시설보안심사에 대한 설명이다. (   )에 들어갈 내용으로 타당한 것은?

> 해수부장관은 협의한 결과 (   )이 요청하면 (   )에 따른 보안사고 조사와 연계하여 특별항만시설보안심사를 할 수 있다.

① 국가정보원장 – 「보안업무규정」　　　② 행안부장관 – 「보안업무규정」
③ 국방부장관 – 「국가보안법」　　　　　④ 국가정보원장 – 「국가보안법」
⑤ 국가정보원장 – 「국가정보원법」

18 국제항해여객선 승객 등의 보안검색에 대한 설명이다. 타당하지 못한 것은?

① 여객선으로 사용되는 대한민국 국적 또는 외국국적 국제항해선박(국제항해여객선)에 승선하는 자는 신체·휴대물품 및 위탁수하물에 대한 보안검색을 받는다.

② 보안검색은 해당 국제여객터미널을 운영하는 항만시설소유자가 실시한다.

③ 파업 등으로 항만시설소유자가 보안검색을 실시할 수 없는 경우에는 지도·감독 기관의 장이 소속직원으로 하여금 보안검색을 실시하게 하여야 한다.

④ 항만시설소유자가 실시하는 보안검색 중 신체 및 휴대물품의 보안검색의 업무에 대하여는 인권위원회에서 지도·감독한다.

⑤ 항만시설소유자가 실시하는 보안검색 중 위탁수하물의 보안검색에 대하여는 관할 세관장이 지도·감독한다.

19 항만시설의 경비 · 검색업무의 수탁업체로 지정하여야 하는 경우 지정요건으로서 특수 경비원을 가장 많이 갖추어야 할 항구는?

① 부산항 및 인천항　　　　② 울산항, 광양항
③ 포항항, 평택·당진항　　　④ 대산항
⑤ 목포항

20 보안위원회의 심의 사항에 해당하지 아니한 것은?

① 국가항만보안계획의 수립에 관한 사항
② 보안등급 관리자의 선발기준에 관한 사항
③ 선박 및 항만시설에 대한 보안의 확보에 관한 사항
④ 선박 및 항만시설에 대한 보안의 유지에 관한 사항
⑤ 선박 및 항만시설의 보안과 관련된 국제협력에 관한 사항

실전모의고사 제1회 정답과 해설

제1과목	청원경찰법, 경찰관직무집행법

01	02	03	04	05	06	07	08	09	10	11	12	13	14	15
②	⑤	①	⑤	③	③	④	⑤	②	④	④	①	③	③	⑤
16	17	18	19	20	21	22	23	24	25	26	27	28	29	30
③	⑤	④	⑤	④	④	⑤	④	④	④	⑤	③	④	⑤	③

─○　01~15 청원경찰법　○─

01 정답 ②
청원경찰이 직무를 수행할 때에는 경비 목적을 위하여 필요한 <u>최소한의 범위</u>에서 하여야 한다. (시행규칙 21조 1항)

02 정답 ⑤
시·도경찰청장은 청원경찰 배치가 필요하다고 인정하는 기관의 장 또는 시설·사업장의 경영자에게 청원경찰을 배치할 것을 <u>요청할 수 있다.</u> (청원경찰법 제4조3항)

03 정답 ①
<u>청원경찰은 청원주가 임용하되,</u> 임용을 할 때에는 미리 시·도경찰청장의 승인을 받아야 한다. (청원경찰법 제5조 1항)

04 정답 ⑤
징계로 해임처분을 받은 때부터 3년이 지나지 아니한 자

> **국가공무원법 제33조(결격사유)**
> 다음 각 호의 어느 하나에 해당하는 자는 공무원으로 임용될 수 없다.
> 1. 피성년후견인
> 2. 파산선고를 받고 복권되지 아니한 자
> 3. 금고 이상의 실형을 선고받고 그 집행이 종료되거나 집행을 받지 아니하기로 확정된 후 5년이 지나지 아니한 자
> 4. 금고 이상의 형을 선고받고 그 집행유예 기간이 끝난 날부터 2년이 지나지 아니한 자
> 5. 금고 이상의 형의 선고유예를 받은 경우에 그 선고유예 기간 중에 있는 자

6. 법원의 판결 또는 다른 법률에 따라 자격이 상실되거나 정지된 자

6의2. 공무원으로 재직기간 중 직무와 관련하여 「형법」 제355조 및 제356조에 규정된 죄를 범한 자로서 300만원 이상의 벌금형을 선고받고 그 형이 확정된 후 2년이 지나지 아니한 자

6의3. 「성폭력범죄의 처벌 등에 관한 특례법」 제2조에 규정된 죄를 범한 사람으로서 100만원 이상의 벌금형을 선고받고 그 형이 확정된 후 3년이 지나지 아니한 사람

6의4. 미성년자에 대한 다음 각 목의 어느 하나에 해당하는 죄를 저질러 파면·해임되거나 형 또는 치료감호를 선고받아 그 형 또는 치료감호가 확정된 사람(집행유예를 선고받은 후 그 집행유예기간이 경과한 사람을 포함한다)

　　가. 「성폭력범죄의 처벌 등에 관한 특례법」 제2조에 따른 성폭력범죄

　　나. 「아동·청소년의 성보호에 관한 법률」 제2조제2호에 따른 아동·청소년대상 성범죄

7. 징계로 파면처분을 받은 때부터 5년이 지나지 아니한 자

8. 징계로 해임처분을 받은 때부터 3년이 지나지 아니한 자

05 정답 ③

청원주가 법 제5조 제1항에 따라 청원경찰을 임용하였을 때에는 임용한 날부터 10일 이내에 그 임용사항을 관할 경찰서장을 거쳐 시·도경찰청장에게 보고하여야 한다. 청원경찰이 퇴직하였을 때에도 또한 같다. (청원경찰법 시행령 제4조 제2항)

06 정답 ③

청원경찰은 「형법」이나 그 밖의 법령에 따른 벌칙을 적용하는 경우와 청원경찰법 및 시행령에서 특별히 규정한 경우를 제외하고는 공무원으로 보지 아니한다. (청원경찰법 시행령 제18조)

07 정답 ④

정직(停職)은 1개월 이상 3개월 이하로 하고, 그 기간에 청원경찰의 신분은 보유하나 직무에 종사하지 못하며, 보수의 3분의 2를 줄인다. (시행령 제8조 3항)

08 정답 ⑤

청원경찰법 제7조의2(퇴직금)

청원주는 청원경찰이 퇴직할 때에는 「근로자퇴직급여 보장법」에 따른 퇴직금을 지급하여야 한다. 다만, 국가기관이나 지방자치단체에 근무하는 청원경찰의 퇴직금에 관하여는 따로 대통령령으로 정한다.

09 정답 ②

시·도경찰청장은 청원경찰이 직무를 수행하기 위하여 필요하다고 인정하면 청원주의 신청을 받아 관할 경찰서장으로 하여금 청원경찰에게 무기를 대여하여 지니게 할 수 있다.

10 정답 ④
청원주 및 청원경찰은 <u>행정안전부령</u>으로 정하는 무기관리수칙을 준수하여야 한다. (시행령 제16조 제4항)

11 정답 ④
청원주는 소속 청원경찰에게 그 직무집행에 필요한 교육을 <u>매월 4시간 이상</u> 하여야 한다.

12 정답 ①
청원경찰로서 국가공무원법 제66조 제1항의 규정에 위반하여 노동운동 기타 공무이외의 일을 위한 집단적 행위를 한 자를 형사처벌하도록 규정한 청원경찰법 제11조가 과잉금지의 원칙을 위배하여 청구인들의 근로3권을 침해하는 것은 아니다(2008. 7. 31. 2004헌바9 헌법재판소 결정).

13 정답 ③
청원경찰(<u>국가기관이나 지방자치단체에 근무하는 청원경찰은 제외한다</u>)의 직무상 불법행위에 대한 배상책임에 관하여는 「민법」의 규정을 따른다.

14 정답 ③
「국가공무원법」 제33조제5호는 「형법」 제129조부터 제132조까지, 「성폭력범죄의 처벌 등에 관한 특례법」 제2조, 「아동·청소년의 성보호에 관한 법률」 제2조제2호 및 직무와 관련하여 「형법」 제355조 또는 제356조에 규정된 죄를 범한 사람으로서 금고 이상의 형의 선고유예를 받은 경우만 해당한다. (청원경찰법 제10조의 6(당연퇴직) 1호)
[단순위헌, 2017헌가26, 2018. 1. 25., 청원경찰법(2010. 2. 4. 법률 제10013호로 개정된 것) 제10조의6 제1호 중 제5조 제2항에 의한 국가공무원법 제33조 제5호("5. 금고 이상의 형의 선고유예를 받은 경우에 그 선고유예 기간 중에 있는 자")에 관한 부분은 헌법에 위반된다.]

15 정답 ⑤
정치자금법 제31조 제2항에서, 법인 또는 단체가 <u>기부자금의 모집·조성에 주도적·적극적으로 관여함으로써 모집·조성된 자금</u>을 법인 또는 단체가 처분할 수 있거나 적어도 그와 동일시할 수 있는 정도의 자금인 경우에는 '법인 또는 단체와 관련된 자금'에 해당한다.

○─ 16~30 경찰관직무집행법 ─○

16 정답 ③
경찰관직무직행법
제1조(목적)
① 이 법은 국민의 자유와 권리 및 모든 개인이 가지는 불가침의 기본적 인권을 보호하고 <u>사회공공의 질서를 유지</u>하기 위한 경찰관(경찰공무원만 해당한다.)의 직무 수행에 필요한 사항을 규정함을 목적으로 한다.
② 이 법에 규정된 경찰관의 직권은 그 직무 수행에 필요한 최소한도에서 행사되어야 하며 남용되어서는 아니 된다.

17 정답 ⑤
이러한 <u>비례의 원칙은 모든 행정작용에 적용</u>되는 것이며, 경찰행정작용에 국한되는 것은 아니다.

18 정답 ④
행정상 즉시강제는 엄격한 실정법상의 근거를 필요로 한다.
[헌법재판소 결정 : 헌재 2002. 10. 31. 2000헌가12]

19 정답 ⑤
경찰관은 임의동행한 사람을 6시간을 초과하여 <u>경찰관서</u>에 머물게 할 수 없다.

20 정답 ④
A (24)시간, B (10)일

21 정답 ④
구속영장을 발부받음이 없이 피의자를 보호실에 유치함은 영장주의에 위배되는 위법한 구금으로서 <u>적법한 공무수행이라고 볼 수 없다.</u>(대법원 1994. 3. 11. 선고 93도958 판결)
① 대법원 1994. 3. 11. 선고 93도958 판결
② 대법원 1998. 2. 13. 선고 96다28578 판결
③ 대법원 1998. 2. 13. 선고 96다28578 판결
⑤ 대법원 1994. 3. 11. 선고 93도958 판결

22 정답 ⑤
<u>경찰관서의 장</u>은 대간첩 작전의 수행이나 소요(騷擾) 사태의 진압을 위하여 필요하다고 인정되는 상당한 이유가 있을 때에는 대간첩 작전지역이나 경찰관서 · 무기고 등 국가중요시설에 대한 접근 또는 통행을 제한하거나 금지할 수 있다.(경찰관 직무집행법 제5조 ②항)

① 경찰관 직무집행법 제5조 ①항
② 경찰관 직무집행법 제5조 ①항 1호
③ 경찰관 직무집행법 제5조 ①항 2호
④ 경찰관 직무집행법 제5조 ①항 3호

23 정답 ④

경찰행정상 즉시강제는 그 본질상 행정 목적 달성을 위하여 불가피한 한도 내에서 <u>예외적으로 허용되는 것</u>이다.

24 정답 ④

위험 방지를 위한 출입은 <u>대가택적 강제</u>에 해당한다.

25 정답 ④

법률에서 정한 절차에 따라 체포·구속된 사람 또는 신체의 자유를 제한하는 판결이나 처분을 받은 사람을 수용하기 위하여 <u>경찰서와 해양경찰서에 유치장을 둔다.</u> (제9조)
① 제8조(사실의 확인 등) ①항
② 제8조의2(정보의 수집 등) ①항
③ 제8조의3(국제협력)
⑤ 제10조(경찰장비의 사용 등) ①항 본문

26 정답 ⑤

위해성 경찰장비의 종류 및 그 사용기준, 안전교육·안전검사의 기준 등은 <u>대통령령</u>으로 정한다.

27 정답 ③

권총·소총·기관총 : "무기"에 해당한다.

28 정답 ④

자신이나 다른 사람의 생명·신체의 방어 및 보호

29 정답 ⑤

손실보상을 청구할 수 있는 권리는 손실이 있음을 안 날부터 3년, <u>손실이 발생한 날부터 5년간</u> 행사하지 아니하면 시효의 완성으로 소멸한다.

30 정답 ③

「형법」 강간에 관한 범죄, 강도에 관한 범죄

| 제2과목 | | | | | 국제선박항만보안법 | | | | | | | | | |

01	02	03	04	05	06	07	08	09	10	11	12	13	14	15
④	③	④	⑤	⑤	③	③	④	①	②	③	⑤	⑤	⑤	②
16	17	18	19	20										
①	④	⑤	⑤	⑤										

01 정답 ④

국제선박항만보안법 제1조(목적)

이 법은 국제항해에 이용되는 선박과 그 선박이 이용하는 항만시설의 보안에 관한 사항을 정함으로써 국제항해와 관련한 보안상의 위협을 효과적으로 방지하여 국민의 생명과 재산을 보호하는데 이바지함을 목적으로 한다.

02 정답 ③

"여객선"이라 함은 13인 이상의 여객을 운송할 수 있는 선박을 말한다.

03 정답 ④

"선박상호활동"이란 국제항해선박과 국제항해선박 또는 국제항해선박과 그 밖의 선박 사이에 승선·하선 또는 선적·하역과 같이 사람 또는 물건의 이동을 수반하는 상호작용을 말한다.

04 정답 ⑤

비상업용 목적으로 사용되는 선박으로서 국가 또는 지방자치단체가 소유하는 국제항해선박에 대하여는 이 법을 적용하지 아니한다.

05 정답 ⑤

해양수산부장관과 지방청장은 국가항만보안계획과 지역항만보안계획이 수립된 후 5년이 경과한 때에는 그 내용을 검토하여 변경 여부를 결정하여야 한다.

06 정답 ③

보안 3등급 : 국제항해선박과 항만시설에 보안사건이 일어날 가능성이 뚜렷하거나 임박한 상황이어서 일정 기간 최상의 보안조치가 유지되어야 하는 비상수준

1. 보안 1등급 : 국제항해선박과 항만시설이 정상적으로 운영되는 상황으로 일상적인 최소한의 보안조치가 유지되어야 하는 평상수준

2. 보안 2등급 : 국제항해선박과 항만시설에 보안사건이 일어날 가능성이 증대되어 일정기간 강화된 보안조
   치가 유지되어야 하는 경계수준
3. 보안 3등급 : 국제항해선박과 항만시설에 보안사건이 일어날 가능성이 뚜렷하거나 임박한 상황이어서 일
   정기간 최상의 보안조치가 유지되어야 하는 비상수준

07 정답 ③
항만시설소유자가 항만시설보안책임자를 지정한 때에는 <u>7일 이내</u>에 해양수산부령으로 정하는 바에 따라
그 사실을 해양수산부장관에게 통보하여야 한다.

08 정답 ④
항만시설보안계획서를 작성한 때에는 <u>해양수산부장관의 승인</u>을 받아야 한다.

09 정답 ①
항만시설소유자는 그가 소유하거나 관리 · 운영하고 있는 항만시설에 대하여 항만시설보안계획서에 따른
조치 등을 적정하게 시행하고 있는지 여부를 확인받기 위하여 <u>해양수산부장관에게 항만시설보안심사를
받아야 한다.</u>

10 정답 ②
보안검색은 해당 국제여객터미널을 운영하는 <u>항만시설소유자가 실시</u>한다.

11 정답 ③
갑으로서는 관할세관의 장에게 위 일화의 휴대수출 내지 반출 사실을 신고하여야 할 의무가 있다.

12 정답 ⑤
위해물품 탐지 장비 : 액체폭발물탐지장비

13 정답 ⑤
해양수산부장관은 수탁업체로 지정을 받은 업체가, 1. 거짓이나 그 밖의 부정한 방법으로 지정을 받은 경우,
또는 2. 「경비업법」에 따른 경비업의 허가가 취소되거나 영업이 정지된 경우에는 그 지정을 <u>취소하여야 한다.</u>

14 정답 ⑤
보안사건 발생사실의 보고 또는 정보의 제공은 항만시설 보안사건발생보고서 · 보안정보제공서로 한다. 다
만, 보고 또는 정보의 내용이 시급한 경우에는 전화 또는 팩스로 먼저 보고하거나 제공하고 사후에 해당 서
식으로 보고하거나 제공할 수 있다.

15 정답 ②
지역항만보안계획의 수립에 관한 사항

16 정답 ①
국제항해선박소유자 및 항만시설소유자는 선박 및 항만시설에서 이루어지고 있는 보안상의 활동을 확인하기 위하여 보안에 관한 전문지식을 갖춘 자를 내부보안심사자로 지정하여 <u>1년 이내의 기간</u>을 주기로 내부보안심사를 실시하여야 한다.

17 정답 ④
합동보안훈련의 간격은 <u>18개월</u>을 초과하여서는 아니 된다.

18 정답 ⑤
해양수산부장관은 제3항에 따른 점검을 하는 경우에는 점검 <u>7일 전까지</u> 점검자, 점검 일시·이유 및 내용 등이 포함된 점검계획을 국제항해선박소유자, 항만시설소유자, 대행기관 및 보안교육기관 등에게 통보하여야 한다.

19 정답 ⑤
권한위임의 경우에는 수임관청이 자기의 이름으로 그 권한행사를 할 수 있지만 내부위임의 경우에는 수임관청은 위임관청의 이름으로만 그 권한을 행사할 수 있을 뿐 자기의 이름으로는 그 권한을 행사할 수 없다. (대법원 1995. 11. 28. 선고 94누6475 판결)
② 대법원 2020. 9. 3. 선고 2016두32992 전원합의체 판결
③ 대법원 1995. 11. 28. 선고 94누6475 판결
④ 대법원 1995. 11. 28. 선고 94누6475 판결

20 정답 ⑤
양벌규정에 의한 영업주의 처벌은 금지위반행위자인 종업원의 처벌에 종속하는 것이 아니라 독립하여 그 자신의 종업원에 대한 선임감독상의 과실로 인하여 처벌되는 것이므로 영업주의 위 과실책임을 묻는 경우 금지위반행위자인 종업원에게 구성요건상의 자격이 없다고 하더라도 영업주의 범죄성립에는 아무런 지장이 없다. (대법원 1987. 11. 10. 선고 87도1213 판결).

실전모의고사 제2회 정답과 해설

제1과목	청원경찰법, 경찰관직무집행법

01	02	03	04	05	06	07	08	09	10	11	12	13	14	15
⑤	④	⑤	②	⑤	①	①	⑤	⑤	⑤	⑤	①	⑤	④	④
16	17	18	19	20	21	22	23	24	25	26	27	28	29	30
⑤	②	③	④	⑤	①	④	②	①	②	⑤	③	⑤	④	①

○ 01~15 청원경찰법 ○

01 정답 ⑤

청원경찰의 무기관리수칙은 청원경찰법 시행규칙 제16조에 규정되어 있고, ①~④는 청원경찰법에 규정되어 있다.

02 정답 ④

학교 등 육영기관이 해당한다. (법 제2조, 시행규칙 제2조)

03 정답 ⑤

야간 당직 근무 중인 청원경찰이 불법주차 단속요구에 응하여 현장을 확인만 하고 주간 근무자에게 전달하여 단속하겠다고 했다는 이유로 민원인이 청원경찰을 폭행한 사안에서, 야간 당직 근무자는 불법주차 단속 권한은 없지만 민원 접수를 받아 다음날 관련 부서에 전달하여 처리하고 있으므로 불법주차 단속업무는 야간 당직 근무자들의 민원업무이자 경비업무로서 공무집행방해죄의 '직무집행'에 해당하여 공무집행방해죄가 성립한다. (대법원 2009. 1. 15. 선고 2008도9919 판결)

04 정답 ②

배치 장소가 둘 이상의 도(특별시, 광역시, 특별자치시 및 특별자치도를 포함)일 때에는 주된 사업장의 관할 경찰서장을 거쳐 시·도경찰청장에게 한꺼번에 신청할 수 있다.

05 정답 ⑤

징계로 파면처분을 받은 때부터 5년이 지나지 아니한 자

06 정답 ①
18세 이상인 사람 (청원경찰법 시행령 제3조)

07 정답 ①
청원경찰은 일반근로자일 뿐 공무원이 아니므로 원칙적으로 헌법 제33조 제1항에 따라 근로3권이 보장되어야 한다.

08 정답 ⑤
청원경찰징계규정에서 파면사유로 규정한 '비위의 도가 중하고 고의가 있는 경우'에 해당하므로, 파면처분은 갑의 직무 특성과 비위 내용 및 성질, 징계양정 기준, 징계 목적 등에 비추어 객관적으로 명백히 부당한 것으로서 사회통념상 현저하게 타당성을 잃었다고 볼 수 없다. (대법원 2011. 11. 10. 선고 2011두13767 판결)
① 헌법재판소 결정 1999. 5. 27. 97헌마368 전원재판부
② 대법원 1996. 6. 28. 선고 95다24074 판결
③ 대법원 1986. 1. 28. 선고 85도2448, 85감도356 판결
④ 헌법재판소 결정 헌재 2010. 2. 25. 2008헌바160

09 정답 ⑤
그렇게 한 이유가 시험문제 출제 수준이 중학교 학력 수준이어서 초등학교 졸업 이하 학력소지자에게 상대적으로 불리할 것이라는 판단 아래 이를 보완하기 위한 것이었으므로 그 하자가 객관적으로 명백하다고 보기는 어렵다.

10 정답 ⑤
재직기간 30년 이상 : 경위

11 정답 ⑤
국가기관 또는 지방자치단체에 근무하는 청원경찰 외의 청원경찰 보수의 호봉 간 승급기간 및 승급액은 그 배치된 사업장의 취업규칙에 따르며, 이에 관한 취업규칙이 없을 때에는 순경의 승급에 관한 규정을 준용한다. (시행령 제11조3항)

12 정답 ①
직무수행으로 인하여 부상을 입거나, 질병에 걸리거나 또는 사망한 경우, 청원주는 청원경찰 본인 또는 그 유족에게 보상금을 지급하여야 한다.

13 정답 ⑤

청원주는 무기와 탄약이 분실되거나 도난당하거나 빼앗기거나 훼손되었을 때에는 경찰청장이 정하는 바에 따라 그 전액을 배상해야 한다. 다만, 전시 · 사변 · 천재지변이나 그 밖의 불가항력적인 사유가 있다고 <u>시 · 도경찰청장이 인정하였을 때</u>에는 그렇지 않다.

14 정답 ④

청원주는 수리가 필요한 무기가 있을 때에는 그 목록과 무기장비 운영카드를 첨부하여 관할 경찰서장에게 <u>수리를 요청할 수 있다.</u>

15 정답 ④

순찰은 단독 또는 복수로 정선순찰(정해진 노선을 규칙적으로 순찰하는 것을 말한다)을 하되, 청원주가 필요하다고 인정할 때에는 요점순찰(순찰구역 내 지정된 중요지점을 순찰하는 것을 말한다) 또는 난선순찰(임의로 순찰지역이나 노선을 선정하여 불규칙적으로 순찰하는 것을 말한다)을 할 수 있다.

──○ **16~30 경찰관직무집행법** ○──

16 정답 ⑤

그 밖에 공공의 안녕과 질서 유지

17 정답 ②

추상적인 권한에 속하는 공무원의 어떠한 공무집행이 적법한지는 행위 당시의 구체적 상황에 기초를 두고 객관적 · 합리적으로 판단해야 하고, 사후적으로 순수한 객관적 기준에서 판단할 것은 아니다.(대법원 2021. 10. 14. 선고 2018도2993 판결)

18 정답 ③

구 집회 및 시위에 관한 법률에 의하여 금지되어 그 주최 또는 참가행위가 형사처벌의 대상이 되는 위법한 집회·시위가 장차 특정지역에서 개최될 것이 예상된다고 하더라도, 이와 시간적·장소적으로 근접하지 않은 다른 지역에서 그 집회·시위에 참가하기 위하여 출발 또는 이동하는 행위를 함부로 제지하는 것은 경찰관직무집행법 제6조 제1항의 행정상 즉시강제인 경찰관의 제지의 범위를 명백히 넘어 허용될 수 없다.(대법원 2008. 11. 13. 선고 2007도9794 판결)

① 대법원 2008. 11. 13. 선고 2007도9794 판결
② 대법원 2008. 11. 13. 선고 2007도9794 판결
④ 대법원 2018. 12. 13. 선고 2016도19417 판결
⑤ 대법원 2013. 9. 26. 선고 2013도643 판결

PART 04

해양수산부 청원경찰 실전모의고사

19 정답 ④

불법행위로 입은 정신적 고통에 대한 위자료 액수에 관하여는 <u>사실심 법원</u>이 제반 사정을 참작하여 그 직권에 속하는 재량에 의하여 이를 확정할 수 있다. (대법원 1999. 4. 23. 선고 98다41377 판결)

① 경찰관직무집행법 제9조

② 대법원 1999. 4. 23. 선고 98다41377 판결

③ 대법원 1999. 4. 23. 선고 98다41377 판결

⑤ 대법원 1997. 6. 13. 선고 97도877 판결

20 정답 ⑤

경찰관은 <u>14세 미만의 자</u> 또는 임산부에 대하여 전자충격기 또는 전자방패를 사용하여서는 아니 된다.

21 정답 ①

경찰관은 직무를 수행하기 위하여 부득이한 경우에는 <u>현장책임자가 판단</u>하여 필요한 최소한의 범위에서 분사기 또는 최루탄을 사용할 수 있다.

22 정답 ④

제3자가 ② 또는 ③에 해당하는 사람을 <u>도주시키려고 경찰관에게 항거할 때</u>

23 정답 ②

경찰관이 범인을 제압하는 과정에서 총기를 사용하여 범인을 사망에 이르게 한 사안에서, 경찰관이 총기사용에 이르게 된 동기나 목적, 경위 등을 고려하여 형사사건에서 무죄판결이 확정되었더라도 <u>당해 경찰관의 과실의 내용과 그로 인하여 발생한 결과의 중대함에 비추어 민사상 불법행위책임이 인정된다.</u> (대법원 2008. 2. 1. 선고 2006다6713 판결)

불법행위에 따른 형사책임은 사회의 법질서를 위반한 행위에 대한 책임을 묻는 것으로서 행위자에 대한 공적인 제재(형벌)를 그 내용으로 함에 비하여, 민사책임은 타인의 법익을 침해한 데 대하여 행위자의 개인적 책임을 묻는 것으로서 피해자에게 발생한 손해의 전보를 그 내용으로 하는 것이고, 손해배상제도는 손해의 공평·타당한 부담을 그 지도원리로 하는 것이므로, 형사상 범죄를 구성하지 아니하는 침해행위라고 하더라도 그것이 민사상 불법행위를 구성하는지 여부는 형사책임과 별개의 관점에서 검토하여야 한다.

① 대법원 2008. 2. 1. 선고 2006다6713 판결

③ 대법원 2004. 5. 13. 선고 2003다57956 판결

④ 대법원 1999. 3. 23. 선고 98다63445 판결

⑤ 대법원 1991. 9. 10. 선고 91다19913 판결 : 야간에 술이 취한 상태에서 병원에 있던 과도로 대형 유리창문을 쳐 깨뜨리고 자신의 복부에 칼을 대고 할복 자살하겠다고 난동을 부린 피해자가 출동한 2명의 경찰관들에게 칼을 들고 항거하였다고 하여도 위 경찰관 등이 공포를 발사하거나 소지한 가스총과 경찰봉을 사용하여 위 망인의 항거를 억제할 시간적 여유와 보충적 수단이 있었다고 보여지고, 또 부득이 총을 발

사할 수 밖에 없었다고 하더라도 하체부위를 향하여 발사함으로써 그 위해를 최소한도로 줄일 여지가 있었다고 보여지므로, 칼빈소총을 1회 발사하여 피해자의 왼쪽 가슴 아래 부위를 관통하여 사망케 한 경찰관의 총기사용행위는 경찰관직무집행법 제11조 소정의 총기사용 한계를 벗어난 것이다.

24 정답 ①
범인 또는 범인의 소재를 신고하여 검거하게 한 사람

25 정답 ②
보상금심사위원회의 회의는 <u>재적위원 과반수의 찬성</u>으로 의결한다.

26 정답 ⑤
국민의 생명 · 신체 · 재산 등에 대하여 절박하고 중대한 위험상태가 발생하였거나 발생할 상당한 우려가 있어서 국민의 생명 등을 보호하는 것을 본래적 사명으로 하는 국가가 초법규적 · 일차적으로 그 위험의 배제에 나서지 아니하면 국민의 생명 등을 보호할 수 없는 경우에는 형식적 의미의 법령에 근거가 없더라도 국가나 관련 공무원에 대하여 그러한 위험을 배제할 작위의무를 인정할 수 있다. (대법원 2021. 7. 21. 선고 2021두33838 판결)
①, ②, ③, ④ 대법원 2011. 9. 8. 선고 2011다34521 판결

27 정답 ③
건물의 점유자가 철거의무자일 때에는 건물철거의무에 퇴거의무도 포함되어 있는 것이어서 <u>별도로 퇴거를 명하는 집행권원이 필요하지 않다.</u> (대법원 2017. 4. 28. 선고 2016다213916 판결)

28 정답 ⑤
자기의 법익뿐 아니라 타인의 법익에 대한 현재의 부당한 침해를 방위하기 위한 행위도 상당한 이유가 있으면 형법 제21조의 정당방위에 해당하여 <u>위법성이 조각</u>된다.

29 정답 ④
범의를 가진 자에 대하여 단순히 범행의 기회를 제공하는 것에 불과한 경우에는 <u>위법한 함정수사라고 단정할 수 없다.</u> (대법원 2007. 5. 31. 선고 2007도1903 판결)
① 대법원 2004. 9. 23. 선고 2003다49009 판결
② 대법원 2016. 4. 15. 선고 2013다20427 판결
③ 대법원 2007. 5. 31. 선고 2007도1903 판결
⑤ 대법원 2001. 5. 15. 선고 2001두1970 판결

30 정답 ①

법정형이 5만 원 이하의 벌금, 구류 또는 과료에 해당하는 경미한 범죄의 현행범을 강제로 연행하려고 하는 경찰관의 행위는 적법한 공무집행이라고 볼 수 없으므로 이를 제지하고자 폭행을 가한 행위는 공무집행방해죄를 구성하지 아니한다(대법원 1992. 5. 22. 선고 92도506 판결).

② 대법원 1991. 9. 24. 선고 91도1314 판결

③ 대법원 1986. 1. 28. 선고 85도2448, 85감도356 판결

④ 대법원 1972. 6. 27. 선고 72도863 판결

⑤ 대법원 1970. 3. 24. 선고 70다245 판결

제2과목 / 국제선박항만보안법

01	02	03	04	05	06	07	08	09	10	11	12	13	14	15
⑤	⑤	④	①	④	⑤	④	③	③	①	⑤	①	④	④	⑤
16	17	18	19	20										
②	⑤	②	③	⑤										

01 정답 ⑤
"국가보안기관"이란 국가정보원 · 국방부 · 관세청 · 경찰청 및 해양경찰청 등 보안업무를 수행하는 <u>국가기관</u>을 말한다.

02 정답 ⑤
국제항해선박과 항만시설의 보안에 관하여 국제적으로 발효된 국제협약의 보안기준과 이 법의 규정내용이 다른 때에는 <u>국제협약의 효력을 우선</u>한다. 다만, 이 법의 규정내용이 국제협약의 보안기준보다 강화된 기준을 포함하는 때에는 그러하지 아니하다.

03 정답 ④
지방청장은 제5항에 따라 지역항만보안계획을 수립하려는 때에는 <u>해양수산부장관의 승인</u>을 받아야 한다. 이 경우 관계 국가보안기관의 장과 미리 협의하여야 한다.

04 정답 ①
해양수산부장관은 보안등급을 설정하거나 조정하는 경우, 보안사건을 일으킬 수 있는 위험에 관한 정보의 구체성, 긴급성 및 신뢰성과 보안사건이 일어날 때 예상되는 피해 정도를 <u>고려하여야 한다.</u>

05 정답 ④
항만시설소유자가 항만시설보안책임자를 지정한 때, <u>7일 이내</u>에 해양수산부장관에게 통보하여야 한다.

06 정답 ⑤
해양수산부장관은 항만시설보안평가에 대하여 <u>5년마다</u> 재평가를 실시하여야 한다.

07 정답 ④

항만시설보안계획서는 항만시설 단위별로 작성하되, 2개 이상 항만시설의 항만시설소유자가 같고, 항만시설의 구조, 위치, 운영방법 및 장비 등이 유사하면 하나의 항만시설보안계획서에 <u>통합하여 작성하도록 할 수 있다.</u>

08 정답 ③

항만시설소유자는 최초보안심사를 받기 전에 임시로 항만시설을 운영하는 경우, 해양수산부장관에게 항만시설보안계획서의 작성·시행 등에 관한 이행 여부를 확인하는 <u>임시항만시설보안심사를 받아야 한다.</u>

09 정답 ③

해양수산부장관은 중간보안심사 또는 특별항만시설보안심사에 합격한 항만시설에 대해서는 항만시설적합확인서에 그 <u>심사 결과를 표기하여야 한다.</u>

10 정답 ①

항만시설적합확인서의 유효기간은 발급일부터 5년으로 하며, 임시항만시설적합확인서의 유효기간은 발급일부터 <u>6개월</u>로 한다.

11 정답 ⑤

항만시설에는 <u>최근 3년간의 항만시설보안에 관한 내용</u>이 수록된 항만시설보안기록부를 갖추어 두어야 한다.

12 정답 ①

보안검색장비가 정상적으로 작동되지 않는 경우

13 정답 ④

원형(原形)검색장비

14 정답 ④

해양수산부장관은 성능 인증을 받은 보안검색장비가 거짓이나 그 밖의 부정한 방법으로 인증을 받은 경우와 보안검색장비가 성능 기준에 적합하지 아니하게 된 경우에는 그 인증을 <u>취소하여야 한다.</u>

15 정답 ⑤

<u>포항항의 경우 자본금이 5억 원 이상</u>이며, 특수경비원 신임교육이수증을 교부받은 특수경비원이 50명 이상이어야 한다. (국제선박항만보안법 시행규칙 제38조)

16 정답 ②

보안사건 발생을 예방하기 위한 검문검색 및 지시 등에 <u>정당한 사유 없이</u> 불응하는 행위

17 정답 ⑤

외국정부의 중요 인물을 경호하는 <u>해당국 정부의 경호</u>

18 정답 ②

지방항만보안계획의 수립에 관한 사항

19 정답 ③

보안위원회의 위원장은 해양수산부차관이 된다.

20 정답 ⑤

일사부재리의 효력은 확정재판이 있을 때에 발생하는 것이고 과태료는 행정법상의 질서벌에 불과하므로 과태료처분을 받고 이를 납부한 일이 있더라도 그 후에 형사처벌을 한다고 해서 일사부재리의 원칙에 어긋난다고 할 수 없다.(대법원 1989. 6. 13. 선고 88도1983 판결)

① 대법원 2020. 12. 18.자 2020마6912 결정
② 대법원 1998. 12. 23.자 98마2866 결정
③ 대법원 1997. 2. 25. 선고 96추213 판결
④ 대법원 2019. 4. 11. 선고 2018두42955 판결

실전모의고사 제3회 정답과 해설

제1과목	청원경찰법, 경찰관직무집행법

01	02	03	04	05	06	07	08	09	10	11	12	13	14	15
⑤	③	①	④	③	⑤	①	⑤	④	①	⑤	②	③	①	⑤
16	17	18	19	20	21	22	23	24	25	26	27	28	29	30
⑤	②	④	⑤	⑤	⑤	②	②	①	①	⑤	④	③	③	⑤

─○─ **01~15 청원경찰법** ─○─

01 정답 ⑤

청원경찰은 「경찰관 직무집행법」에 따른 직무 외의 수사활동 등 사법경찰관리의 직무를 수행해서는 아니 된다.

① 청원경찰법 제1조
② 청원경찰법 제2조
③ 청원경찰법 제3조
④ 청원경찰법 시행규칙 제21조

02 정답 ③

청원경찰은 「형법」이나 그 밖의 법령에 따른 벌칙을 적용하는 경우와 법 및 이 영에서 특별히 규정한 경우를 제외하고는 공무원으로 보지 아니한다.

03 정답 ①

대법원 2002. 2. 8. 선고 2000두4057 판결 : 청원주는 청원경찰이 인원의 감축으로 과원이 되었을 때에는 직권으로 면직시킬 수 있는바, 지방자치단체의 장이 청원주인 경우 그 면직처분은 재량행위이다.

② 대법원 2002. 2. 8. 선고 2000두4057 판결
③ 대법원 2002. 2. 8. 선고 2000두4057 판결
④ 대법원 1993. 7. 13. 선고 92다47564 판결
⑤ 대구고법 2021. 9. 15. 선고 2021나21372 판결

04 정답 ④

구청 소속 청원경찰 갑이 항공사진촬영 결과를 기초로 개발제한구역 내 불법건축 실태를 확인하기 위한 현장조사를 하고 그 결과를 토대로 공문서인 항측조사 결과보고서 등을 작성하면서 불법건축물 위반면적을 축소하거나 위반사실을 누락하는 방법으로 항측조사 결과보고서를 허위로 작성·행사한 행위에 대하여, 관할 구청장이 직무상 의무를 위반하고 품위를 손상하는 행위를 하였다는 징계사유로 갑을 해임하는 처분을 한 경우, <u>구 청원경찰법 시행령 제17조 제2항은 청원경찰에 대한 징계 종류를 파면, 감봉, 견책 3가지로 규정</u>하였을 뿐 해임을 징계 종류에 포함시키지 않았으므로, 위 처분은 근거 법령 없이 발한 제재적 행정처분으로서 위법하다. (부산고법 2011. 11. 2. 선고 2011누1870 판결)
①, ②, ③ 부산고법 2011. 11. 2. 선고 2011누1870 판결
⑤ 광주지법 2007. 12. 13. 선고 2007구합3176 판결

05 정답 ③

휴가비는 제외한다.

06 정답 ⑤

한국공항공단의 청원경찰이 순찰 중에 화재를 발견하여 진압하는 경우가 있었다고 하더라도 그 점만으로 한국공항공단 소속 청원경찰의 직무가 같은 공단 소방직 근로자인 공항 소방대원의 직무와 동일 또는 유사하다고 볼 수 없어 이를 전제로 한 임금 차액 지급 청구는 이유 없다. (대법원 1996. 7. 30. 선고 95다12804 판결)

07 정답 ①

청원주는 청원경찰이 다음 각 호의 어느 하나에 해당하게 되면 대통령령으로 정하는 바에 따라 청원경찰 본인 또는 그 유족에게 <u>보상금을 지급하여야 한다.</u> (법 제7조)

08 정답 ⑤

무기와 탄약을 반납할 때에는 손질을 철저히 하여야 하며, 근무시간 이후에는 무기와 탄약을 <u>청원주에게 반납하거나 교대근무자에게 인계하여야 한다.</u>

09 정답 ④

치매, 조현병, 조현정동장애, 양극성 정동장애(조울병), 재발성 우울장애 등의 정신질환으로 인하여 무기와 탄약의 휴대가 적합하지 않다고 <u>해당 분야 전문의가 인정하는 사람</u>

10 정답 ①

시·도경찰청장, 관할 경찰서장 또는 청원주는 청원경찰에게, 성실히 직무를 수행하여 근무성적이 탁월하거나 헌신적인 봉사로 특별한 공적을 세운 경우 공적상 표창을 <u>수여할 수 있다.</u>

11 정답 ⑤

청원경찰(국가기관이나 지방자치단체에 근무하는 청원경찰은 제외한다)의 직무상 불법행위에 대한 배상책임에 관하여는 「민법」의 규정을 따른다.

12 정답 ②

시·도경찰청장의 배치 결정을 받지 않고, 국가 중요 시설 외의 시설에 청원경찰을 배치한 경우 : 과태료 400만 원

13 정답 ③

A : 10시간, B : 5시간

14 정답 ①

금고 이상의 형의 선고유예를 받은 경우 사회적 비난가능성이 크거나 직무수행에 대한 국민의 신뢰 등에 미치는 부정적인 영향이 크다고 일률적으로 단정하기 어렵다. (헌법재판소 결정 [2018. 1. 25. 2017헌가26])

15 정답 ⑤

청원주가 청원경찰배치의 폐지·중지 또는 인원감축에 관한 도지사의 결정 또는 명령 없이 또한 청원경찰배치의 폐지·중지 또는 감축신청서를 제출하지 않은 채 청원경찰과 사이의 사법상 <u>근로계약관계를 해소하였다고 하더라도 사법상 행위의 효력에 무슨 영향이 있는 것은 아니다.</u> (대법원 1997. 8. 29. 선고 97다12006 판결)

○─○ **16~30 경찰관직무집행법** ○─○

---

16 정답 ⑤

대통령은 법률에서 구체적으로 범위를 정하여 위임받은 사항과 법률을 집행하기 위하여 필요한 사항에 관하여만 대통령령을 발할 수 있으므로, 법률의 시행령은 모법인 법률에 의하여 위임받은 사항이나 법률이 규정한 범위 내에서 법률을 현실적으로 집행하는 데 필요한 세부적인 사항만을 규정할 수 있을 뿐, 법률에 의한 위임이 없는 한 법률이 규정한 개인의 권리·의무에 관한 내용을 변경·보충하거나 법률에 규정되지 아니한 <u>새로운 내용을 규정할 수는 없다.</u> (이것을 포괄위임금지의 원칙이라 한다)

17 정답 ②

임의동행에 동의한 사람은 <u>언제든지 자유로이</u> 동행과정에서 이탈 또는 동행 장소로부터 퇴거할 수 있다.

18 정답 ④

경찰관은 구호대상자가 휴대하고 있는 무기 · 흉기 등 위험을 일으킬 수 있는 것으로 인정되는 물건을 경찰 관서에 <u>10일 이내</u> 임시로 영치(領置)하여 놓을 수 있다.

19 정답 ⑤

공무원이 공무를 수행하는 과정에서 위법행위로 타인에게 손해를 가한 경우, 국가 등이 손해배상책임을 지 는 외에 개인은 고의 또는 중과실이 있는 경우 손해배상책임을 지며, <u>경과실만 있는 경우에는 책임을 면한 다.</u>(대법원 2021. 11. 11. 선고 2018다288631 판결)

20 정답 ⑤

감금죄에 있어서의 감금행위는 사람으로 하여금 일정한 장소 밖으로 나가지 못하도록 하여 신체의 자유를 제한하는 행위를 가리키는 것이고, 그 방법은 반드시 물리적, 유형적 장애를 사용하는 경우뿐만 아니라 <u>심리 적, 무형적 장애에 의하는 경우도 포함된다.</u>(대법원 1997. 6. 13. 선고 97도877 판결)

21 정답 ⑤

경찰청장은 위해성 경찰장비를 새로 도입하려는 경우에는 대통령령으로 정하는 바에 따라 안전성 검사를 실시하여 그 안전성 검사의 결과보고서를 국회 소관 상임위원회에 제출하여야 한다.

22 정답 ②

경찰관은 총기 또는 폭발물을 가지고 대항하는 경우를 제외하고는 14세 미만의 자 또는 임산부에 대하여 권 총 또는 소총을 발사하여서는 아니 된다.

23 정답 ②

경찰관은 살수차 외의 경찰장비로는 그 위험을 제거 · 완화시키는 것이 현저히 곤란한 경우, <u>시 · 도경찰청 장의 명령에</u> 따라 살수차를 배치 · 사용할 수 있다.

24 정답 ①

「형법」상 <u>정당방위와</u> 긴급피난에 해당할 때

25 정답 ①

국가는 경찰관의 적법한 직무집행으로 인하여 법률이 정하는 사유에 해당하는 손실을 입은 자에 대하여 정 당한 보상을 <u>하여야 한다.</u>

26 정답 ⑤

보상금을 지급받을 사람이 동일한 원인으로 다른 법령에 따라 보상금 등을 지급받은 경우 그 보상금 등에 상당하는 금액을 제외하고 보상금을 지급한다. (시행령 제9조⑤항)

27 정답 ④

위촉위원의 임기는 2년으로 한다.

28 정답 ③

공무원에게 부과된 직무상 의무의 내용이 단순히 공공 일반의 이익을 위한 것이거나 행정기관 내부의 질서를 규율하기 위한 것이 아니고 전적으로 또는 부수적으로 사회구성원 개인의 안전과 이익을 보호하기 위하여 설정된 것이라면, 공무원이 그와 같은 직무상 의무를 위반함으로 인하여 피해자가 입은 손해에 대하여는 상당인과관계가 인정되는 범위 내에서 국가가 배상책임을 진다. (대법원 2017. 11. 9. 선고 2017다228083 판결)

① 경찰관 직무집행법 제12조(벌칙)
② 대법원 2017. 11. 9. 선고 2017다228083 판결
④ 대법원 2017. 11. 9. 선고 2017다228083 판결
⑤ 대법원 2003. 3. 14. 선고 2002다57218 판결

29 정답 ③

구체적인 사정에 따라 경찰관이 권한을 행사하여 필요한 조치를 하지 아니하는 것이 현저하게 불합리하다고 인정되는 경우에는 권한의 불행사는 직무상 의무를 위반한 것이 되어 위법하게 된다. (대법원 2016. 4. 15. 선고 2013다20427 판결)

① 대법원 2017. 3. 15. 선고 2013도2168 판결
② 대법원 2017. 3. 15. 선고 2013도2168 판결
④ 대법원 2004. 9. 23. 선고 2003다49009 판결
⑤ 대법원 1972. 6. 27. 선고 72도863 판결

30 정답 ⑤

공공복리의 달성(X) → 공공의 안녕과 질서 유지

제2과목 / 국제선박항만보안법

01	02	03	04	05	06	07	08	09	10	11	12	13	14	15
⑤	③	⑤	⑤	①	②	③	⑤	②	⑤	①	⑤	④	③	④
16	17	18	19	20										
②	②	③	①	②										

01 정답 ⑤
비상업용 목적으로 사용되는 선박으로서 국가 또는 지방자치단체가 소유하는 국제항해선박에 대하여는 이 법을 적용하지 아니한다.

02 정답 ③
항만시설소유자가 항만시설보안책임자를 지정한 때, <u>7일 이내</u>에 그 사실을 해양수산부장관에게 통보하여야 한다.

03 정답 ⑤
해양수산부장관이 항만시설보안계획서를 승인하는 경우, 미리 관계 국가보안기관의 장과 <u>협의하여야 한다.</u>

04 정답 ⑤
해양수산부장관은 항만시설에서 보안사건 등이 발생하는 경우, 특별항만시설보안심사를 <u>실시할 수 있다.</u> 이 경우 관계 국가보안기관의 장과 <u>미리 협의하여야 한다.</u>

05 정답 ①
해양수산부장관은 최초보안심사 또는 갱신보안심사에 합격한 항만시설에 대하여 해양수산부령으로 정하는 항만시설적합확인서를 교부하여야 한다.

06 정답 ②
해양수산부장관은 항만시설소유자로부터 항만시설적합확인서의 유효기간 연장신청을 받으면 그 사유의 타당성을 검토하여 <u>3개월의 범위에서</u> 항만시설적합확인서의 유효기간을 연장할 수 있다.

07 정답 ③

다만, 부득이하게 일시적으로 항만시설을 운영하여야 하는 때로서 <u>해양수산부령으로 정하는 경우</u>에는 그러하지 아니하다.

08 정답 ⑤

항만시설보안평가서와 항만시설보안계획서의 검토 및 보완에 관한 사항

09 정답 ②

보안검색은 해당 국제여객터미널을 운영하는 <u>항만시설소유자</u>가 실시한다.

10 정답 ⑤

항만시설의 <u>보안등급이 상향</u>되거나 보안상 위협에 관한 정보의 입수 등에 따라 개봉검색이 필요하다고 인정되는 경우

11 정답 ①

거짓이나 그 밖의 부정한 방법을 사용하여 시험기관으로 지정을 받은 경우 : <u>필요적 취소사유</u>에 해당한다.

12 정답 ⑤

해양수산부장관은 경비 · 검색업무 수탁업체 지정을 취소하는 경우 <u>청문을 하여야 한다.</u>

13 정답 ④

도검은 해당되지 않는다. (법 제33조 제2항, 시행령 제11조의 3)

14 정답 ③

선박보안책임자와 항만시설보안책임자는 선박항만연계활동 또는 선박상호활동을 함에 있어서 상호 간에 이행하여야 하는 구체적인 보안조치사항에 대한 보안합의서를 작성하여 <u>교환할 수 있다.</u>

15 정답 ④

선박이력기록부의 교부 · 재교부

16 정답 ②

국제항해선박소유자와 항만시설소유자는 보안책임자 및 보안담당자 등이 공동으로 참여하는 합동보안훈련을 매년 1회 이상 실시하여야 한다. 이 경우 <u>보안훈련의 간격은 18개월을 초과하여서는 아니 된다.</u>

17 정답 ②

보안감독관은 점검결과, 법 또는 법에 따른 명령을 위반한 사실을 발견한 때에는 지체 없이 관할 <u>지방해양수산청장</u>에게 보고해야 한다.

18 정답 ③

항만시설소유자가 항만시설보안료를 징수하려는 때, 징수요율에 대하여 해양수산부장관의 <u>승인</u>을 받아야 한다.

19 정답 ①

과태료와 같은 행정질서벌은 행정질서유지를 위하여 행정법규위반이라는 객관적 사실에 대하여 과하는 제재이므로 반드시 현실적인 행위자가 아니라도 법령상 책임자로 규정된 자에게 부과되고 또한 특별한 규정이 없는 한 원칙적으로 <u>위반자의 고의·과실을 요하지 아니한다.</u> (대법원 1994. 8. 26. 선고 94누6949 판결)
② 대법원 1969. 7. 29.자 69마400 결정
③ 대법원 2007. 7. 12. 선고 2006두4554 판결
④ 대법원 1984. 5. 15. 선고 84도529,84감도86 판결
⑤ 대법원 2001. 10. 9. 선고 2001두3068 판결

20 정답 ②

총괄보안책임자 : 국제항해선박 승무경력, 보안업무에 종사한 경력 또는 해양수산업 관련 단체에서 근무한 경력을 합산한 경력이 5년 이상인 자로서, 선박 관련 내용의 보안교육을 18시간 이상 받은 자

실전모의고사 제4회 정답과 해설

제1과목	청원경찰법, 경찰관직무집행법

01	02	03	04	05	06	07	08	09	10	11	12	13	14	15
⑤	②	③	③	⑤	①	⑤	⑤	②	⑤	④	③	①	②	②
16	17	18	19	20	21	22	23	24	25	26	27	28	29	30
④	④	④	③	①	③	②	⑤	③	①	③	④	⑤	⑤	②

○─ 01~15 **청원경찰법** ─○

01 정답 ⑤
청원경찰의 직무·임용·배치·보수·사회보장을 규정하고 있다(청원경찰법 제1조).

02 정답 ②
청원경찰을 배치 받으려는 자는 관할 시·도경찰청장에게 청원경찰 배치를 신청하여야 한다(청원경찰법 제4조 제1항). 시·도경찰청장은 배치 신청을 받으면 지체 없이 그 배치 여부를 결정하여 신청인에게 알려야한다(청원경찰법 제4조 제2항).

03 정답 ③
주된 사업장의 관할 경찰서장을 거쳐 시·도경찰청장에게 한꺼번에 신청할 수 있다(청원경찰법 시행령 제2조).

04 정답 ③
금고 이상의 실형을 선고받고 그 집행이 종료되거나 집행을 받지 아니하기로 확정된 후 5년이 지나지 아니한 자는 청원경찰로 임용될 수 없다.

 Plus Tip

> 헌법재판소는 2018년 1월 25일 재판관 전원 일치 의견으로, 청원경찰이 금고 이상의 형의 선고유예를 받은 경우 당연 퇴직되도록 규정한 청원경찰법(2010. 2. 4. 법률 제10013호로 개정된 것) 제10조의6 제1호 중 제5조 제2항에 의한 국가공무원법 제33조 제5호에 관한 부분이 헌법에 위반된다는 결정을 선고하였다. [위헌]

05 정답 ⑤

(가) 청원경찰의 배치 결정을 받은 자(청원주)는 그 배치 결정의 통지를 받은 날부터 <u>30</u>일 이내에 배치 결정된 인원수의 임용예정자에 대하여 청원경찰 임용승인을 <u>시·도경찰청장</u>에게 신청하여야 한다(청원경찰법 시행령 제4조 제1항).

(나) 청원주가 청원경찰을 임용하였을 때에는 임용한 날부터 <u>10</u>일 이내에 그 임용사항을 관할 <u>경찰서장</u>을 거쳐 시·도경찰청장에게 보고하여야 한다. 청원경찰이 퇴직하였을 때에도 또한 같다(청원경찰법 시행령 제4조 제2항).

06 정답 ①

감봉은 1개월 이상 3개월 이하로 하고, 그 기간에 보수의 3분의 1을 줄인다(청원경찰법 시행령 제8조 제3항).

07 정답 ⑤

모두 경력에 해당하는 사항이다(청원경찰법 시행령 제11조 제1항).

08 정답 ⑤

호루라기는 장구의 종류이다. 기타 부속물로서는 넥타이핀, 단추 및 장갑이 있다.

09 정답 ②

무기와 탄약을 지급받았을 때에는 별도의 지시가 없으면 무기와 탄약을 분리하여 휴대하여야 하며, 소총은 "우로 어깨 걸어 총"의 자세를 유지하고, 권총은 "권총집에 넣어 총"의 자세를 유지하여야 한다(청원경찰법 시행규칙 제16조 제3항 제2호).

10 정답 ⑤

청원경찰이 직무를 수행할 때 직권을 남용하여 국민에게 해를 끼친 경우에는 「청원경찰법」 제10조에 의하여 6월 이하의 징역이나 금고에 처한다고 규정하고 있다.

11 정답 ④

30일 이내에 배치 결정된 인원수의 임용예정자에 대하여 청원경찰 임용승인을 시·도경찰청장에게 신청하여야 한다(청원경찰법 시행령 제4조).
① 청원경찰법 제8조 제2항
② 청원경찰법 제10조의5 제3항
③ 청원경찰법 제5조의2 제2항, 제3항
⑤ 청원경찰법 제10조의4 제2항

12 정답 ③

퇴직 후 2년 이내에 사망한 경우에 해당하게 되면 대통령령으로 정하는 바에 따라 청원경찰 본인 또는 그 유족에게 보상금을 지급하여야 한다(청원경찰법 제7조).

① 청원경찰법 제6조 제1항
② 청원경찰법 제6조 제2항
④ 청원경찰법 제7조의2
⑤ 청원경찰법 제4조 제3항

13 정답 ①

㉠ 정신교육은 8시간이다.
㉡ 형사법은 10시간이다.
㉢ 청원경찰법은 5시간이다.
(청원경찰법 시행규칙 별표1)

14 정답 ②

(가)의 경우는 500만 원이고, (나)의 경우는 300만 원이다.

청원경찰법 시행령 [별표2] 과태료의 부과 기준

위반행위	해당 법조문	과태료 금액
1. 법 제4조 제2항에 따른 시·도경찰청장의 배치 결정을 받지 않고 다음 각 목의 시설에 청원경찰을 배치한 경우	법 제12조 제1항 제1호	
가. 국가 중요 시설(국가정보원장이 지정하는 국가보안 목표 시설을 말한다)인 경우		500만원
나. 가목에 따른 국가 중요 시설 외의 시설인 경우		400만원
2. 법 제5조 제1항에 따른 시·도경찰청장의 승인을 받지 않고 다음 각 목의 청원경찰을 임용한 경우	법 제12조 제1항 제1호	
가. 법 제5조 제2항에 따른 임용 결격사유에 해당하는 청원경찰		500만원
나. 법 제5조 제2항에 따른 임용 결격사유에 해당하지 않고 청원경찰		300만원
3. 정당한 사유 없이 법 제6조 제3항에 따라 경찰청장이 고시한 최저부담기준액 이상의 보수를 지급하지 않은 경우	법 제12조 제1항 제2호	500만원
4. 법 제9조의3 제2항에 따른 시·도경찰청장의 감독상 필요한 다음 각 목의 명령을 정당한 사유 없이 이행하지 않은 경우	법 제12조 제1항 제3호	
가. 총기·실탄 및 분사기에 관한 명령		500만원
나. 가목에 따른 명령 외의 명령		300만원

15 정답 ②

청원경찰 단추의 색상 및 재질은 은색 금속지이고, 모자의 색상 및 재질은 금색 금속지이다.

○ 16~30 경찰관직무집행법 ○

16 정답 ④

오늘날 조리법(불문법)이 성문화되어가는 추세이다.

1. 비례의 원칙 : 경찰관직무집행법 제1조 제2항

2. 권리남용금지의 원칙 : 경찰법 제4조, 경찰관직무집행법 제1조 제2항

17 정답 ④

긴급피난의 경우도 보충성이 요구되지만 경찰관직무집행법에서는 명시적으로 보충성을 규정하지 않고 있다.

18 정답 ④

경찰청장 또는 시·도경찰청장은 손실보상심의위원회의 심의·의결에 따라 보상금을 지급하고, 거짓 또는 부정한 방법으로 보상금을 받은 사람에 대하여는 해당 보상금을 환수하여야 한다(경찰관직무집행법 제11조의2 제4항).

19 정답 ③

"경찰관서의 장"은 직무수행에 필요하다고 인정되는 상당한 이유가 있을 때에는 국가기관 또는 공사단체 등에 대하여 직무수행에 관련된 사실을 조회할 수 있다. 다만, 긴급을 요할 때에는 소속경찰관으로 하여금 현장에 출장하여 당해 기관 또는 단체의 장의 협조를 얻어 그 사실을 확인하게 할 수 있다(경찰관직무집행법 제8조 제1항).

① 동법 제5조 제2항, ② 동법 제6조, ④ 동법 제8조 제2항

20 정답 ①

경찰관직무집행법 제4조 제2항에 명시되어 있는 내용이다.

② 긴급구호나 보호조치의 경우 지체 없이 구호대상자의 가족들에게 연락해 주어야 한다(경찰관직무집행법 제4조 제4항).

③ 자살기도자에 대하여는 경찰관서에 24시간 이내 보호가 가능하다(경찰관직무집행법 제4조 제7항).

④ 임시영치 기간은 10일을 초과할 수 없으며, 법적 성질은 대물적 즉시강제이다(경찰관직무집행법 제4조 제7항).

⑤ 임의동행 시 경찰관서 체류시간은 6시간 내이다(경찰관직무집행법 제3조 제6항).

21 정답 ③

국민의 의무와 관련이 있는 경우이어야 한다.

22 정답 ②
경찰상 즉시강제의 일반법인 경찰관직무집행법 제3조(불심검문)에 해당하는 것으로 대인적 즉시강제의
일례이다. 유력설에 의하면 불심검문을 경찰조사로 본다.

23 정답 ⑤
경찰관은 다음 각 호의 직무를 수행하기 위하여 부득이한 경우에는 현장책임자가 판단하여 필요한 최소한
의 범위에서 분사기(「총포·도검·화약류 등의 안전관리에 관한 법률」에 따른 분사기를 말하며, 그에 사용하
는 최루 등의 작용제를 포함) 또는 최루탄을 사용할 수 있다(경찰관직무집행법 제10조의3).
1. 범인의 체포 또는 범인의 도주 방지
2. 불법집회·시위로 인한 자신이나 다른 사람의 생명·신체와 재산 및 공공시설 안전에 대한 현저한 위해
　의 발생 억제

24 정답 ③
무기사용의 근거법이다. 무기휴대의 근거법은 경찰공무원법이다.

25 정답 ①
정신착란자 또는 자살기도자에 대하여는 경찰관서에 24시간 이내 보호가 가능하다(경찰관직무집행법 제4
조 제7항).
② 구호대상자를 공공보건의료기관이나 공공구호기관에 인계하였을 때에는 즉시 그 사실을 소속 경찰서
　장이나 지방해양경비안전관서의 장에게 보고하여야 한다(제4조 제3항, 제4항).
③ 보호조치대상자가 소지하고 있는 물건에 대한 임시영치 기간은 10일이다(제4조 제7항).
④ 보호조치의 대상자에는 정신착란을 일으키거나 술에 취하여 자신 또는 다른 사람의 생명·신체·재산에
　위해를 끼칠 우려가 있는 사람, 자살을 시도하는 사람, 미아·병자·부상자 등으로서 적당한 보호자가 없으
　며 응급구호가 필요하다고 인정되는 사람이 있다. 다만, 본인이 구호를 거절하는 경우는 제외한다(제4조
　제1항).
⑤ 임의동행은 그 장소에서 질문하는 것이 그 사람에게 불리하거나 도로가 좁다든지 교통량이 많아서 일반
　교통에 방해가 되는 때 인정된다.

26 정답 ③
보상금심사위원회의 위원은 소속 경찰공무원 중에서 경찰청장, 시·도경찰청장 또는 경찰서장이 임명한다
(제11조의3 제4항).
① 제11조의3 제2항
② 제11조의3 제3항
④ 제11조의3 제5항

27 정답 ④

대간첩 작전의 수행 시 무장간첩이 경찰관의 투항명령을 받고도 이에 불응하는 경우에는 보충성을 요하지 않는다.

28 정답 ⑤

경찰관직무집행법 제12조에 '이 법에 규정된 경찰관의 의무를 위반하거나 직권을 남용하여 다른 사람에게 해를 끼친 사람은 1년 이하의 징역이나 금고에 처한다.'고 명시되어 있다.

29 정답 ⑤

경찰관이 이유 없이 개인적 주거에 침입하는 것은 경찰공공의 원칙을 위반하는 것이다.

30 정답 ②

경찰관서에서의 보호는 24시간을 초과할 수 없다. 따라서 24시간 내에 병원, 구호기관 등에 인계하거나 귀가시키거나 보호조치를 해제하여야 한다.

제2과목	국제선박항만보안법

01	02	03	04	05	06	07	08	09	10	11	12	13	14	15
①	①	③	①	④	③	③	①	④	①	④	②	④	③	⑤
16	17	18	19	20										
①	①	④	①	②										

01 정답 ①

이 법은 국제항해에 이용되는 선박과 그 선박이 이용하는 항만시설의 보안에 관한 사항을 정함으로써 국제항해와 관련한 보안상의 위협을 효과적으로 방지하여 국민의 생명과 재산을 보호하는 데 이바지함을 목적으로 한다(국제선박항만보안법 제1조).

02 정답 ①

보안사건이 발생할 수 있는 위험의 정도를 단계적으로 표시한 것으로서 「1974년 해상에서의 인명안전을 위한 국제협약」에 따른 등급구분 방식을 반영한 것을 말한다.

03 정답 ③

대한민국 국적 또는 외국 국적의 국제항해선박과 선박항만연계활동이 가능한 항만시설이 대상이다. 그러나 비상업용 목적으로 사용되는 선박으로서 국가 또는 지방자치단체가 소유하는 국제항해선박에 대하여는 이 법을 적용하지 아니한다(국제선박항만보안법 제3조 제2항).
⑤ 동법 제3조 제1항 제1호 다목

04 정답 ①

해수부장관은 국가항만보안계획이 수립된 때에는 이를 관계 행정기관의 장과 항만에 관한 업무를 관장하는 해수부 소속 기관의 장(지방청장)에게 통보하여야 하며, 국가항만보안계획을 통보받은 관계 행정기관의 장 및 지방청장은 그 시행을 위하여 필요한 조치를 하여야 한다(국제선박항만보안법 제5조 제4항).
국가항만보안계획을 통보받은 지방청장은 국가항만보안계획에 따른 관할 구역의 항만에 대한 보안계획(지역항만보안계획)을 수립·시행하여야 한다(국제선박항만보안법 제5조 제5항).

05 정답 ④

해양수산부장관은 보안등급을 설정하거나 조정하는 경우에 다음 보안사건을 일으킬 수 있는 위험에 관한 정보의 구체성, 긴급성, 신뢰성, 보안사건이 일어날 때 예상되는 피해 정도를 고려하여야 한다(국제선박항만보안법 시행령 제4조 제1항). 확신성은 해당하지 않는다.

06 정답 ③

(가), (나), (다) 모두 옳다.

(가), (나) 국제선박항만보안법 시행규칙 제3조 제1항

(다) 국제선박항만보안법 제6조 제5항

07 정답 ③

(가), (나), (다) 모두 해당한다.

(가) 국제선박항만보안법 시행규칙 제27조 제3항 제8호

(나) 국제선박항만보안법 시행규칙 제27조 제3항 제9호

(다) 국제선박항만보안법 시행규칙 제27조 제3항 제10호

08 정답 ①

거짓이나 그 밖의 부정한 방법으로 지정받은 경우는 지정취소사유에 해당한다(국제선박항만보안법 제40조 제3항 제1호).

09 정답 ④

항만친수시설, 도심과 인접한 지역 및 관광지 등의 경우 항만보안을 유지할 수 있는 범위에서 윤형철조망 등 장애물을 설치하지 아니할 수 있다. 다만, 높이는 2.7m 이상을 유지하고, 폐쇄회로 텔레비전과 감지기 등 침입탐지장비를 중복하여 설치하여야 한다(국제선박항만보안법 시행규칙 별표 4).

10 정답 ①

항만시설소유자는 항만시설적합확인서 또는 임시항만시설적합확인서의 원본을 주된 사무소에 비치하여야 한다(국제선박항만보안법 제27조 제4항).

 Plus Tip

> 해수부장관은 최초보안심사 또는 갱신보안심사에 합격한 항만시설에 대하여 해수부령으로 정하는 항만시설적합확인서를 교부하여야 한다.

11 정답 ④

항만시설소유자는 경비·검색인력을 「경비업법」에 따른 특수경비업무의 허가를 받은 경비업자 중 지정받은 업체에 대한 경비·검색업무의 위탁으로 확보하여야 한다(국제선박항만보안법 제31조 제2항).

12 정답 ②

틀린 것은 (나), (마) 2개이다.

(나) 출입증은 해당 지역 출입 시 경비·검색 업무를 담당하는 직원이나 다른 사람이 볼 수 있도록 가슴에 달 것(국제선박항만보안법 시행령 제11조 제2항 제2호)

(마) 출입증은 전출·퇴직 또는 발급받은 목적의 달성 등으로 필요가 없게 되었을 때에는 지체 없이 발급한 자에게 반납할 것(국제선박항만보안법 시행령 제11조 제2항 제5호)

13 정답 ④

11 + 7 + 1 = 19이다.

<u>11개</u> 이상의 지방사무소를 두는 경우 <u>7곳</u> 이상의 특별시, 광역시, 특별자치시, 도 또는 특별자치도에 각각 <u>1개</u> 이상의 지방사무소를 두어야 한다(국제선박항만보안법 시행규칙 제46조 제3호).

14 정답 ③

항만시설보안심사관의 심사경력 자격기준은 항만시설보안심사(최초보안심사·갱신보안심사 또는 중간보안심사)에 1회 이상 참여한 경력이 있는 자이다(국제선박항만보안법 시행규칙 별표 5).

15 정답 ⑤

(가), (나), (다), (라) 모두 보안 3등급 조치사항이다(국제선박항만보안법 시행규칙 별표 1).

16 정답 ①

항만시설소유자는 항만시설보안평가의 결과를 반영하여 보안취약요소에 대한 개선방안과 보안등급별 조치사항 등을 정한 보안계획서(항만시설보안계획서)를 작성하여 주된 사무소에 비치하고 계획서에 따른 조치를 시행한다(국제선박항만보안법 제25조 제1항).

② 국제선박항만보안법 제25조 제2항

③, ④ 국제선박항만보안법 제25조 제3항

⑤ 국제선박항만보안법 시행규칙 제28조 제3항

17 정답 ①

해양수산부장관은 협의한 결과 <u>국가정보원장</u>이 요청하면 「보안업무규정」에 따른 보안사고 조사와 연계하여 특별항만시설보안심사를 할 수 있다(국제선박항만보안법 시행령 제9조).

18 정답 ④

항만시설소유자가 실시하는 보안검색 중 신체 및 휴대물품의 보안검색의 업무에 대하여는 관할 경찰관서의 장이 지도·감독한다(국제선박항만보안법 제30조의2 제4항).

① 국제선박항만보안법 제30조의2 제1항

②, ③ 국제선박항만보안법 제30조의2 제2항

⑤ 국제선박항만보안법 제30조의2 제4항

19 정답 ①

① 「경비업법 시행규칙」에 따른 특수경비원 신임교육이수증(특수경비원 신임교육이수증)을 교부받은 특수
경비원이 100명 이상일 것(국제선박항만보안법 시행규칙 제38조 제3호)

②, ③, ④ 특수경비원 신임교육이수증을 교부받은 특수경비원이 50명 이상일 것

⑤ 특수경비원 신임교육이수증을 교부받은 특수경비원이 20명 이상일 것

20 정답 ②

보안위원회의 심의 사항(국제선박항만보안법 제34조 제2항)
- 국가항만보안계획의 수립에 관한 사항
- 보안등급의 설정·조정에 관한 사항
- 선박 및 항만시설에 대한 보안의 확보 및 유지에 관한 사항
- 선박 및 항만시설의 보안과 관련된 국제협력에 관한 사항
- 그 밖에 선박 및 항만시설의 보안에 관련된 사항으로서 해양수산부령으로 정하는 사항

편저자 **고용수**

약력

동아대학교 법학과 대학원 졸업
현) 스터디채널 해양수산부 청원경찰 대표 강사
현) 스터디채널 감정평가사 민법 대표 강사
부산경상대학교 부동산경영학과 겸임 교수
중구한국법학원 공인중개사 민법 전임 교수

저서

『한권으로 끝내는 감정평가사 민법총칙』, 2021 북스케치
『한권으로 끝내는 감정평가사 물권법』, 2021 북스케치
『멘토링 감정평가 관계법규』, 2022 북스케치

해양수산부 청원경찰
ALL PASS
과목별 이론정리+실전모의고사

초 판 발 행   2023년 05월 15일
개 정 판 발 행   2024년 05월 30일
편 저 자   고용수
펴 낸 곳   북스케치
출 판 등 록   제2022-000047호
주 소   경기도 파주시 광인사길 193 2층(문발동)
전 화   070-4821-5513
학 습 문 의   booksk@booksk.co.kr
홈 페 이 지   www.booksk.co.kr
I S B N   979-11-94041-02-3

정오표 | 북스케치 홈페이지 ▶ 도서정오표